Der Kosmos-Pflanzenführer

KOSMOS NATURFÜHRER

Dietmar und Renate Aichele
Heinz-Werner und Anneliese Schwegler

Der Kosmos-Pflanzenführer

Blütenpflanzen, Farne,
Moose, Flechten, Pilze, Algen
in 653 Farbbildern

Kosmos
Gesellschaft der Naturfreunde
Franckh'sche Verlagshandlung
Stuttgart

Umschlag von Georg Lechler unter Verwendung einer Zeichnung
von Marianne Golte-Bechtle
Das Bild zeigt Klatschmohn, Stengellosen Enzian, Grünblättrigen Schwefelkopf, Buchenfarn, Silber-Birnmoos, Schlüsselflechte und Land-Reitgras
Mit 653 Farbzeichnungen von Marianne Golte-Bechtle (542), Gabriele Gossner (69), Sigrid Haag (40) und Walter Söllner (2)
sowie einem graphischen Bestimmungsschlüssel, gezeichnet von Sigrid Haag und einer bildlichen Darstellung der wichtigsten Fachausdrücke, gezeichnet von Marianne Golte-Bechtle
Zeichnung der Brombeere von Marianne Golte-Bechtle

CIP-Kurztitelaufnahme der Deutschen Bibliothek

Der Kosmos-Pflanzenführer : Blütenpflanzen, Farne, Moose, Flechten, Pilze, Algen / Dietmar u. Renate Aichele . . . – 1. Aufl. – Stuttgart : Franckh, 1978
(Kosmos-Naturführer)
ISBN 3-440-04387-8
NE: Aichele, Dietmar [Mitarb.]

Franckh'sche Verlagshandlung, W. Keller & Co., Stuttgart / 1978

Printed in Czechoslovakia / Imprimé en Tchécoslovaquie / LH 14 dö /
ISBN 3-440-04387-8
Gesamtherstellung: Svoboda, Prag

Der Kosmos — Pflanzenführer

Vorwort

Pflanzen — das sind nicht nur die Schlüsselblumen und Anemonen, die den kahlen Frühlingswald zieren, die bunten Blüten in der Juniwiese oder die seltenen Orchideen an sonnigen Rainen. Bäume und Sträucher, meist ohne farbige Blüten, aber dennoch nicht zu übersehen, prägen das Gesicht des Waldes, Moose, Farnpflanzen und Flechten decken seinen Boden und im Herbst brechen allüberall die Fruchtkörper der Pilze hervor. Den Hauptanteil in der Wiese halten die Gräser, echte Gräser in der Mähwiese und auf den Weiden bis hinab zu den sumpfigen Senken, wo allmählich Binsen und Seggen die Überhand gewinnen. Wenn das Wasser dann offen in Erscheinung tritt, im Tümpel, im See und am Fluß, treten auch die Algen stärker hervor, die auf feuchter Erde oft übersehen werden.
Wenn wir von einer mittleren Fassung des Artbegriffs ausgehen, können wir für Deutschland — grob geschätzt — mit 10 000 Pflanzenarten rechnen. Davon sind etwa 3000 Blütenpflanzen, 2000 bunte und rund 1000 Gräser, Nadelhölzer, einfachblütige Laubbäume und Krautpflanzen. Der Rest besteht aus ca. 1000 Farngewächsen und Moosen, 4000 Pilzen (doch höchstens die Hälfte davon ansehnlich) und 2000 Flechten, Tangen, Algen sowie Bakterien, die wie ein Teil der Algen nur mikroskopisch sichtbar sind. All diese Pflanzen kann man in bestimmten Lebensräumen und in einer ganz bestimmten Zusammensetzung antreffen — die einen, häufigen, öfter, die besonders auffälligen unter den seltenen doch hin und wieder, sofern man offenen Auges durch die Natur streift.
Dieses Buch soll dem interessierten Naturfreund erste Eindrücke vermitteln über die Vielfältigkeit des Pflanzenkleides seiner Heimat. Mit seiner Hilfe soll er häufige oder auffällige Gewächse kennenlernen und zugleich allerlei Wissenswertes über sie erfahren. Bei dem nur begrenzt zur Verfügung stehenden Raum haben wir bewußt die Pflanzenbeschreibung gegenüber der Allgemeinen Biologie vernachlässigt, wenn es nicht gerade, wie bei den Gift- und Speisepilzen, aus rein praktischen Gründen geboten schien, durch das zusätzliche Wort Identifizierungshilfe zu leisten.
Wir konnten um so leichter auf morphologische Daten verzichten, als uns ein Bildmaterial zur Verfügung stand, das in der Wirklichkeitstreue seiner Ausführung und in seiner Exaktheit bis ins kleinste Detail zu den Einmaligkeiten dessen zählt, was derzeit an naturwissenschaftlichen Pflanzenzeichnungen geboten wird. Wir danken Frau Gabriele Gossner für die Überlassung ihrer Pilzaquarelle und Frau Sigrid Haag für die Anfertigung von Nadel- und Laubholztafeln.
Unser besonderer Dank gilt Frau Marianne Golte-Bechtle, die den Hauptanteil aller Tafeln mit großer Akribie und viel Liebe verfertigt hat. Die meisten ihrer Bilder hat sie nach lebenden Pflanzen gemalt, geschützte Arten und seltenere Formen nach Farbfotografien und Herbarmaterial. Dieses wurde uns in dankenswerter Weise vom Staatlichen Museum für Naturkunde, Stuttgart, Abteilung Botanik (Ludwigsburg, Arsenalbau) zur Verfügung gestellt. Herr Dr. S. Seybold von dort konnte uns für alle gewünschten Arten herbarisierte Vorlagen ausleihen. Wir möchten ihm hier für seine Mühe herzlich danken. Vollständigkeit zu erreichen war bei dem gesteckten Ziel und innerhalb des gegebenen Rahmens nicht unsere Absicht. Wer tiefer eindringen will, dem seien die speziellen Kosmos-Naturführer empfohlen, in denen er auch Hinweise auf weiterführende Literatur finden kann. Wenn trotz der vorgegebenen Zahlen die bunten Blütenpflanzen beinahe zwei Drittel des Buches ausfüllen, dann liegt das in ihrer Auffälligkeit begründet. Um sie auseinanderzuhalten und um auch die anderen Gruppen identifizieren zu können, haben wir einen Formenschlüssel beigegeben, der vor allem auf bestimmte Konturen abhebt. Die Anordnung in systematischer Reihenfolge erlaubt nicht die Trennung nach Farben, doch genügt nach einer raschen Orientierung über die möglichen Buchseiten das Durchblättern und der Vergleich mit der aufgefundenen Pflanze zur Identifizierung.

Bildliche Darstellung der wichtigsten Fachausdrücke

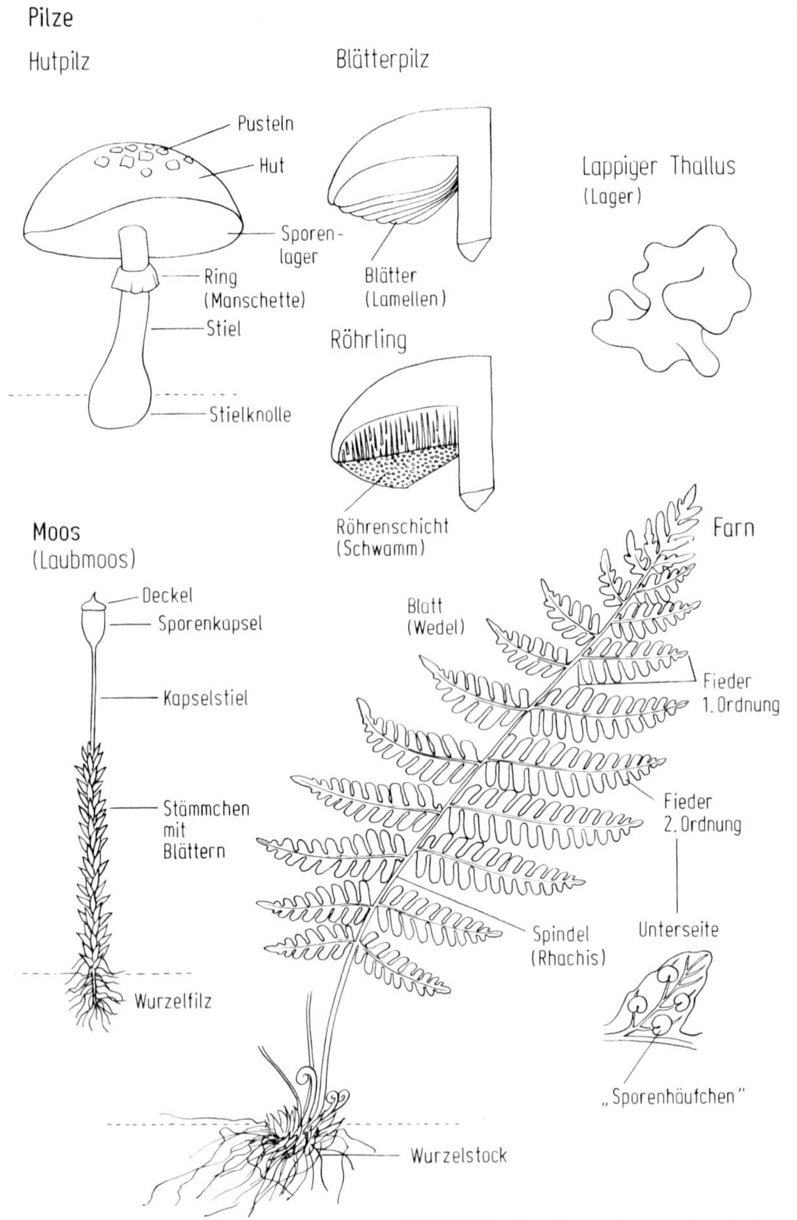

Blütenpflanze

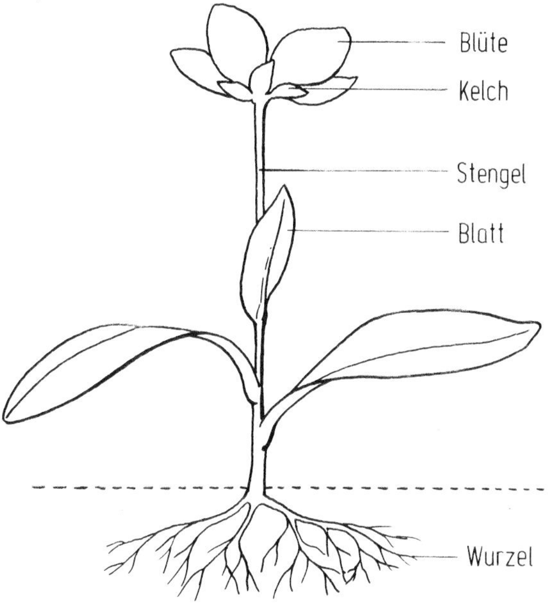

Blüte

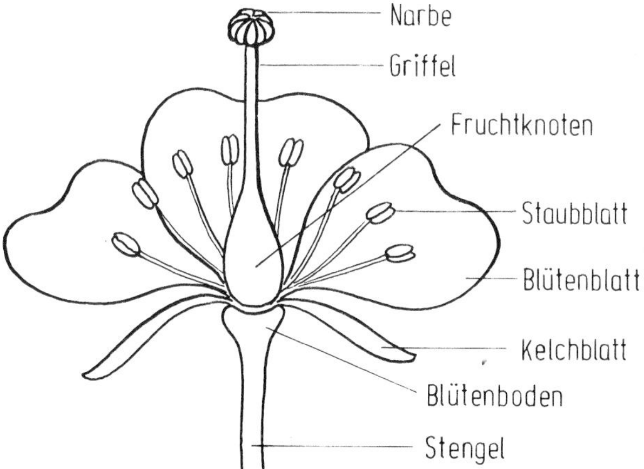

Blütenstände

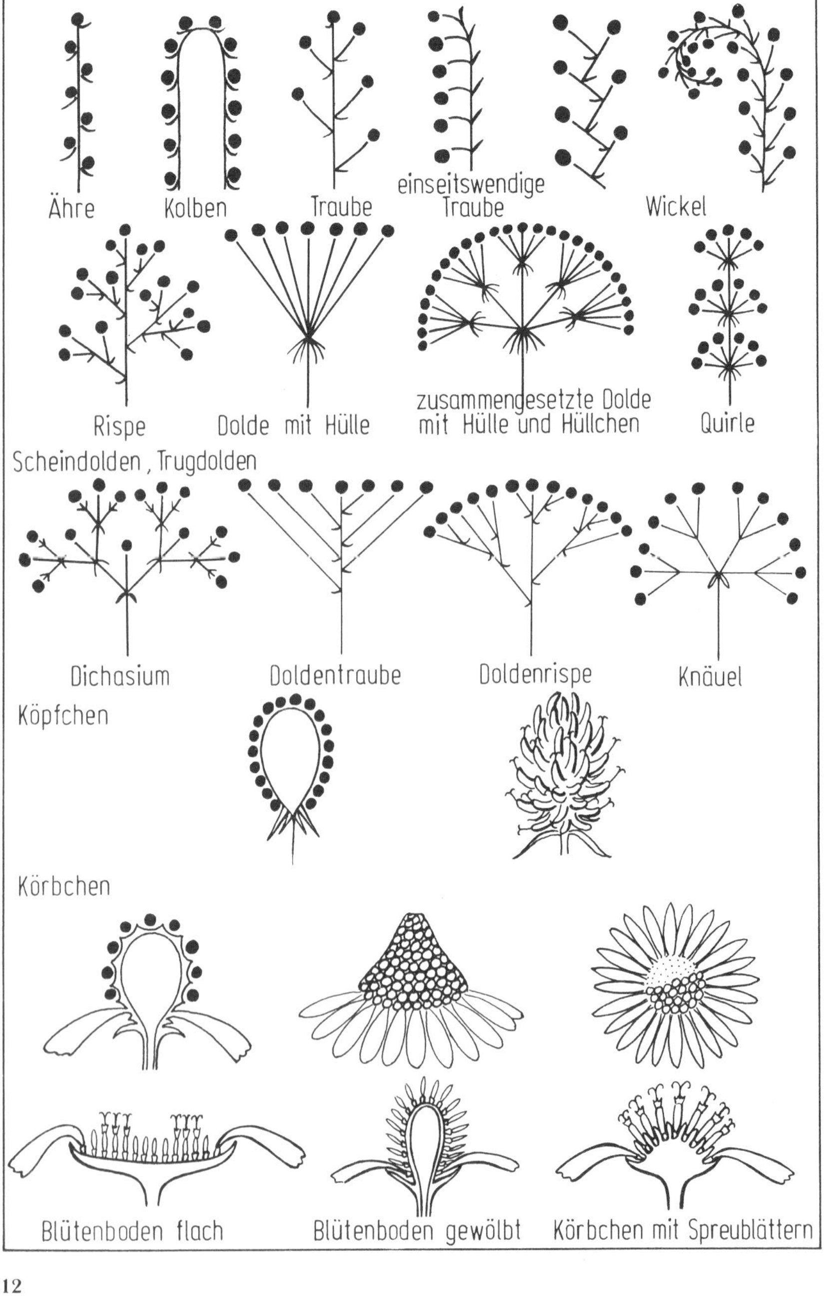

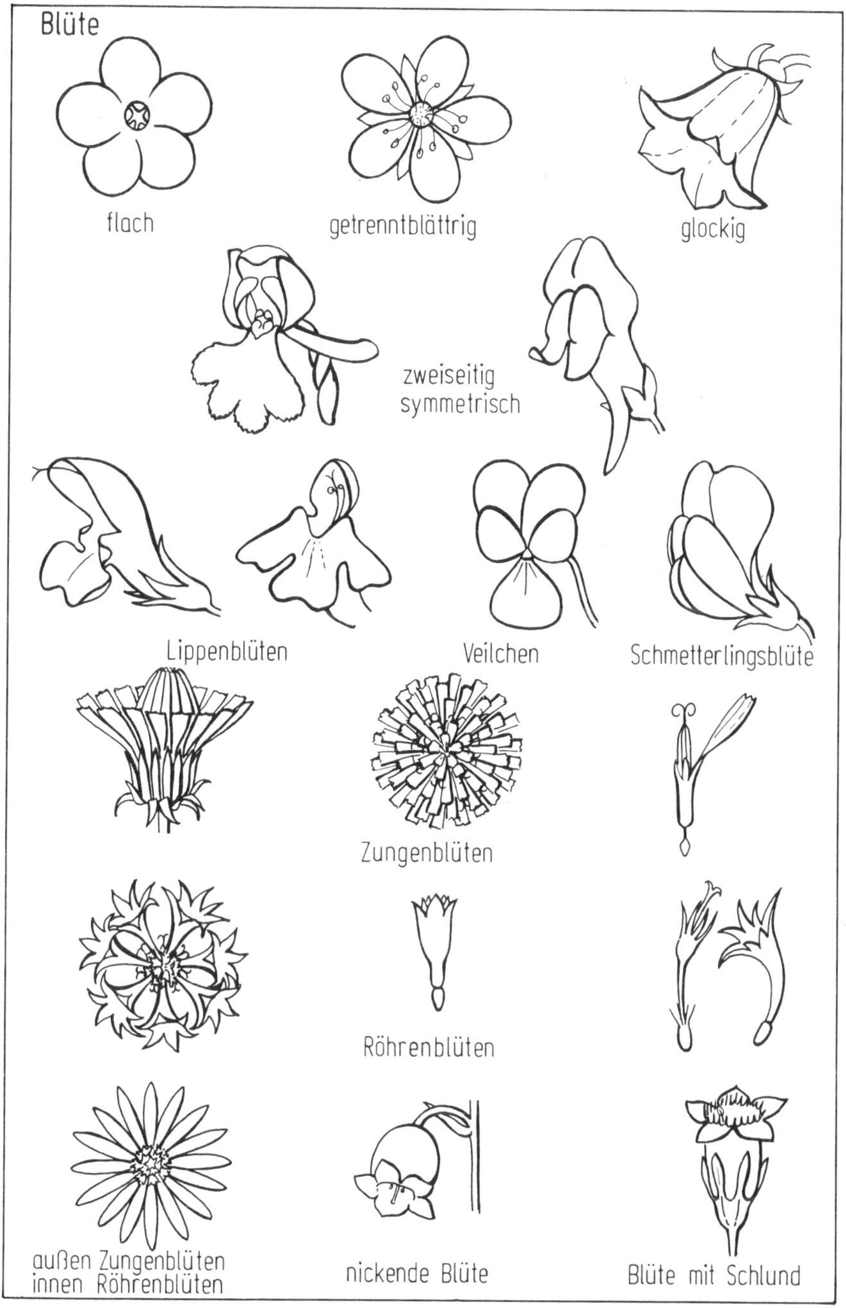
Blüte
flach
getrenntblättrig
glockig
zweiseitig symmetrisch
Lippenblüten
Veilchen
Schmetterlingsblüte
Zungenblüten
Röhrenblüten
außen Zungenblüten innen Röhrenblüten
nickende Blüte
Blüte mit Schlund

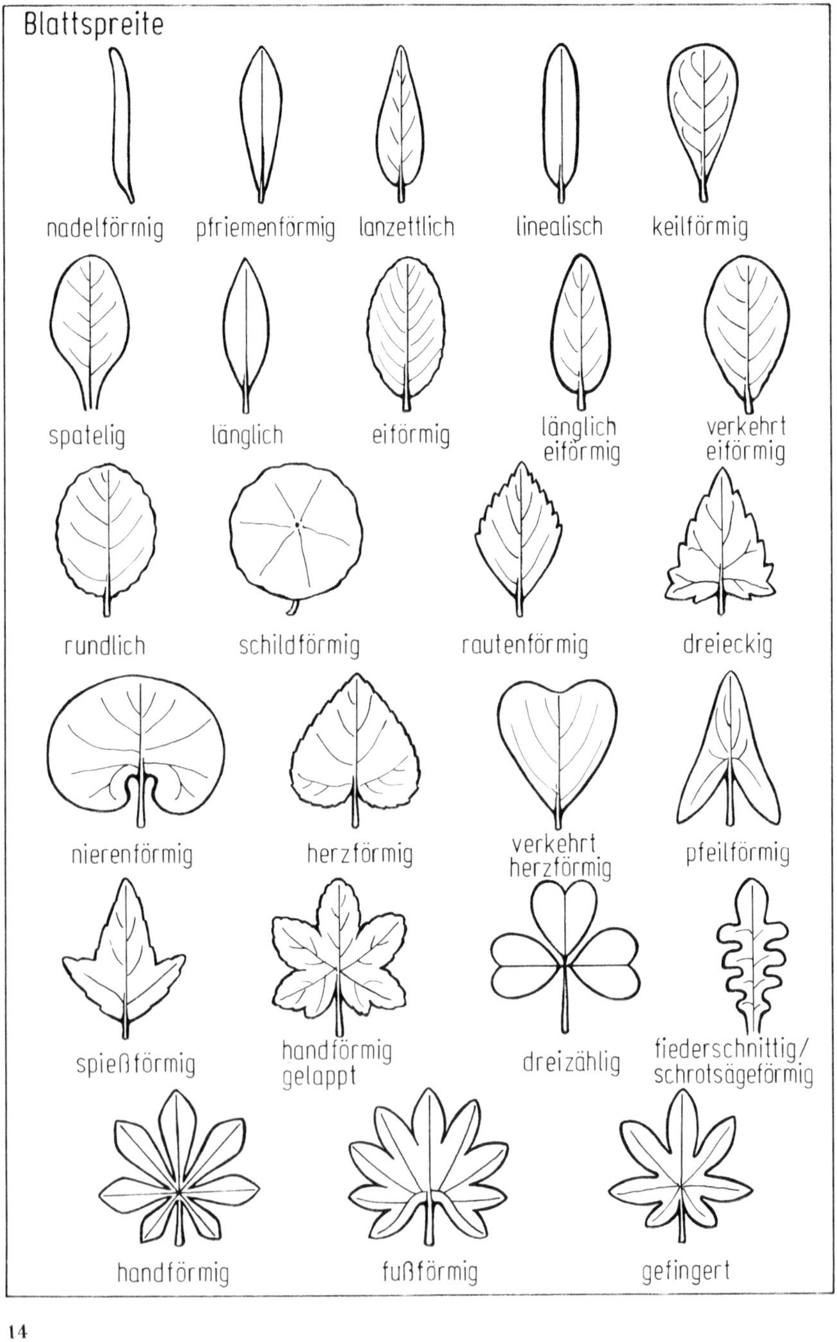
Blattspreite
nadelförmig
pfriemenförmig
lanzettlich
linealisch
keilförmig
spatelig
länglich
eiförmig
länglich eiförmig
verkehrt eiförmig
rundlich
schildförmig
rautenförmig
dreieckig
nierenförmig
herzförmig
verkehrt herzförmig
pfeilförmig
spießförmig
handförmig gelappt
dreizählig
fiederschnittig/ schrotsägeförmig
handförmig
fußförmig
gefingert

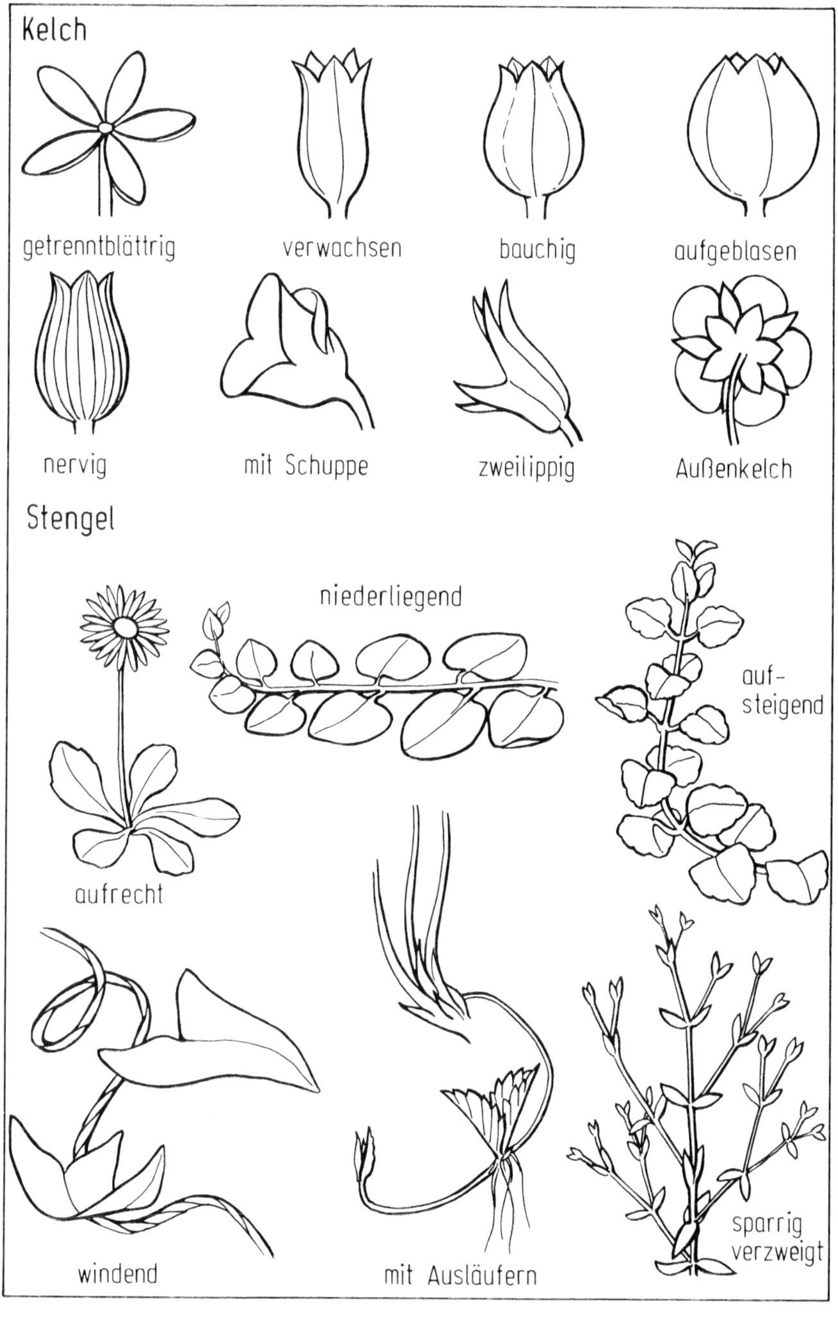
Kelch
getrenntblättrig
verwachsen
bauchig
aufgeblasen
nervig
mit Schuppe
zweilippig
Außenkelch
Stengel
niederliegend
auf-
steigend
aufrecht
windend
mit Ausläufern
sparrig
verzweigt

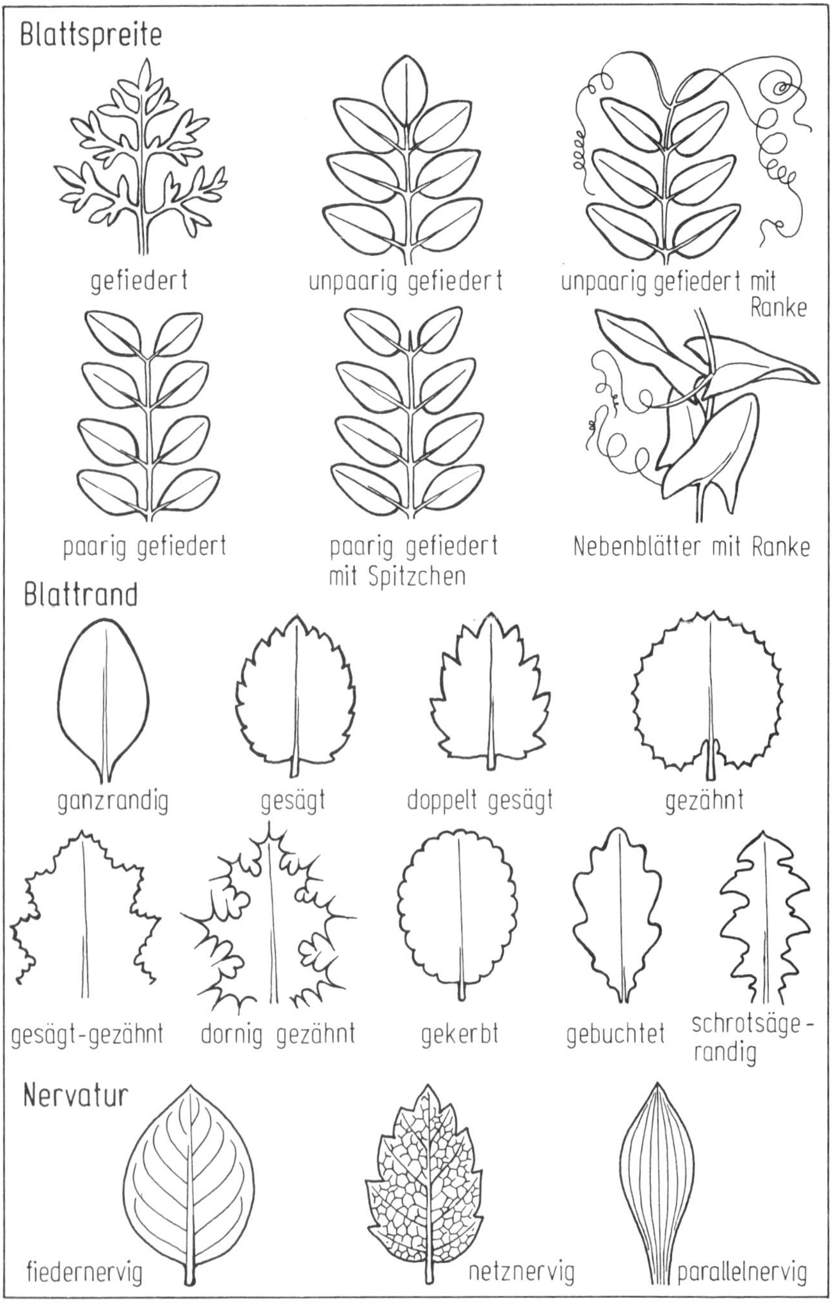
Blattspreite
gefiedert
unpaarig gefiedert
unpaarig gefiedert mit Ranke
paarig gefiedert
paarig gefiedert mit Spitzchen
Nebenblätter mit Ranke
Blattrand
ganzrandig
gesägt
doppelt gesägt
gezähnt
gesägt-gezähnt
dornig gezähnt
gekerbt
gebuchtet
schrotsäge-randig
Nervatur
fiedernervig
netznervig
parallelnervig

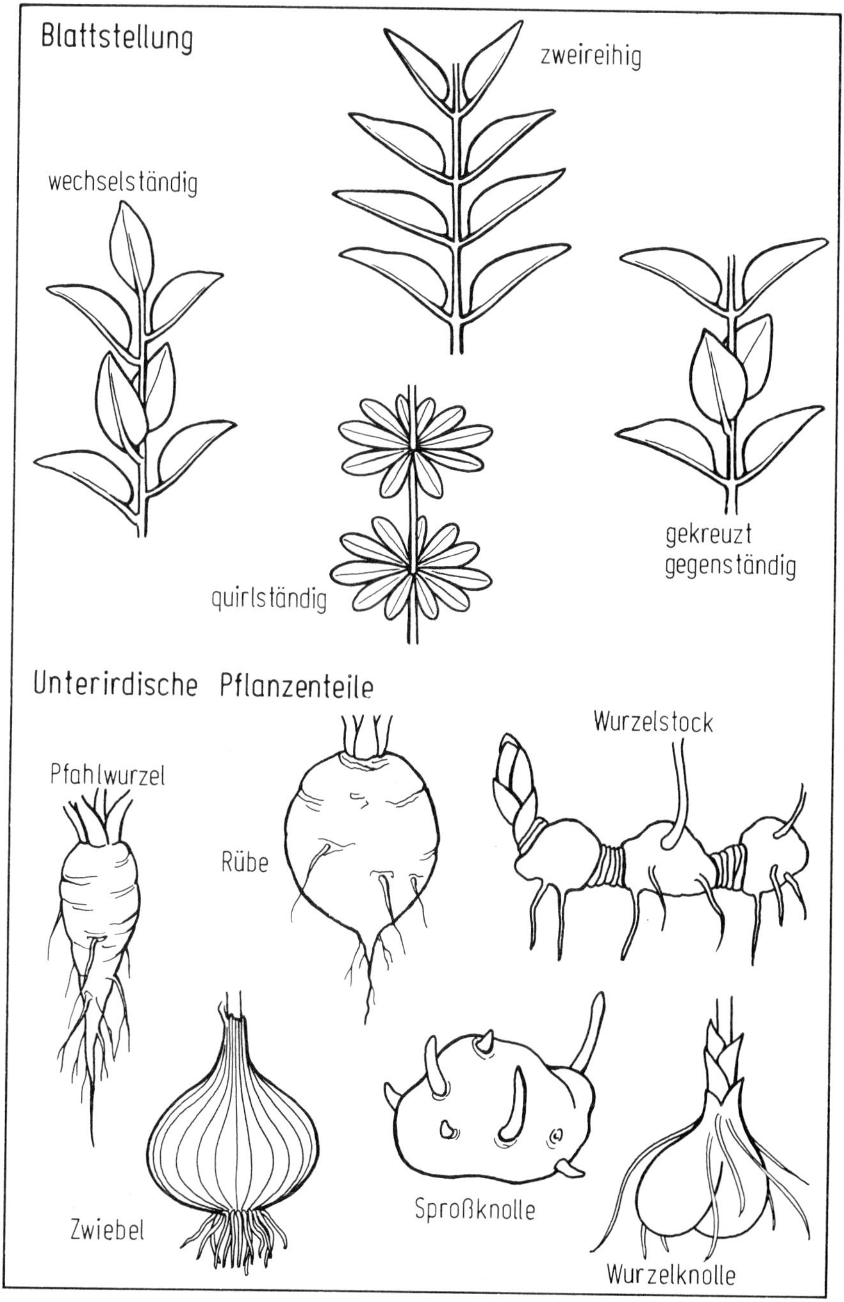

Blattstellung
zweireihig
wechselständig
gekreuzt
gegenständig
quirlständig
Unterirdische Pflanzenteile
Wurzelstock
Pfahlwurzel
Rübe
Sproßknolle
Zwiebel
Wurzelknolle

I Wasserpflanzen
untergetaucht oder auf der Wasseroberfläche schwimmend, höchstens den Blütentrieb darübergereckt . . . . S. 20

II A) Lagerpflanzen
wenig gegliederte Körper

Staub, Pusteln, Warzen oder Fäden
S. 32, 36, 46, 118

derbe Krusten oder laubartige Lappen
S. 43, 44, 45, 116–120

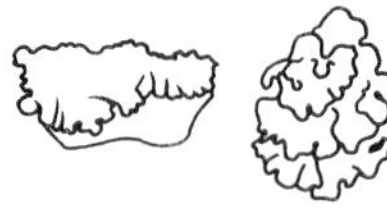

gallertige Lager, lappig, schüssel- oder gekröseartig
S. 32, 38, 44–50

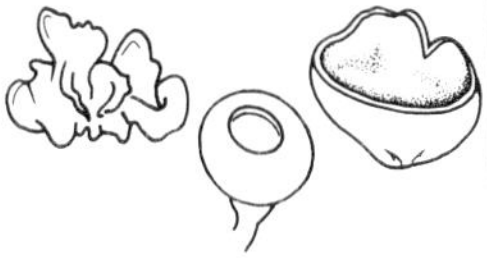

Konsolen, Teigfladen, ungestielte Schirme
S. 36, 44, 56

Zweigartige Gebilde
S. 36, 48, 58, 116, 118

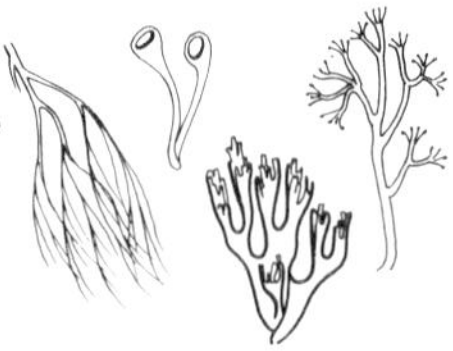

Knollen, Kugeln – teils mit Anhängseln
S. 42, 48–52

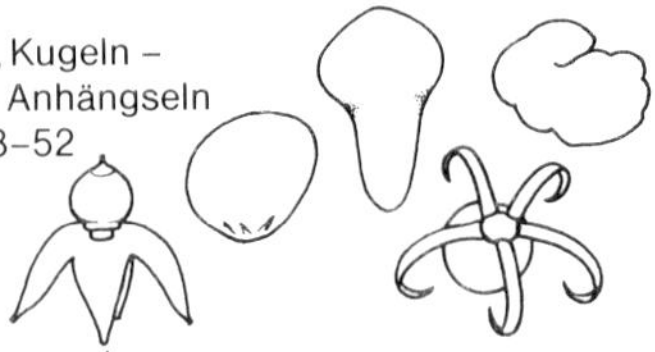

gestielte Köpfe oder Schirme (Hüte)
S. 21

II B) Blütenlose Sproßpflanzen
deutlich in Stengel und Blatt gegliedert; ohne echte Blüten, oft mit Sporenbehältern

dünne, niedere Stämmchen, oft in Polstern, oft mit gestielten Sporenkapseln
S. 120–126

derbe Stämmchen, oft weitkriechend, Blätter nadelartig aber weich; Sporenähren
S. 128

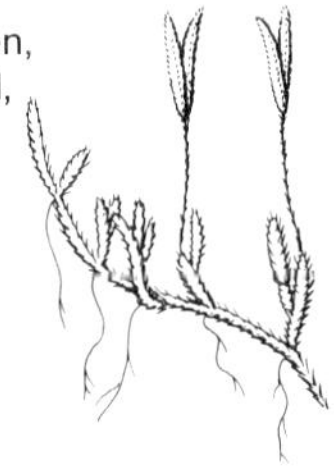

Stämmchen aus ineinandergeschachtelten Gliedern, Blätter nur als Schuppenscheide; Sporenähren
S. 130

Stämmchen unterirdisch, treibt große, oft reich zerteilte Blätter (Wedel); unterseits mit »Sporenhäufchen«
S. 132–136

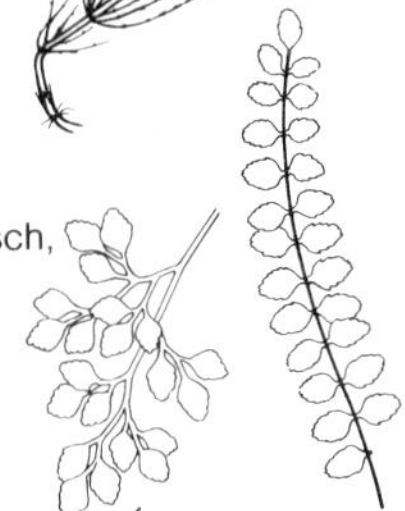

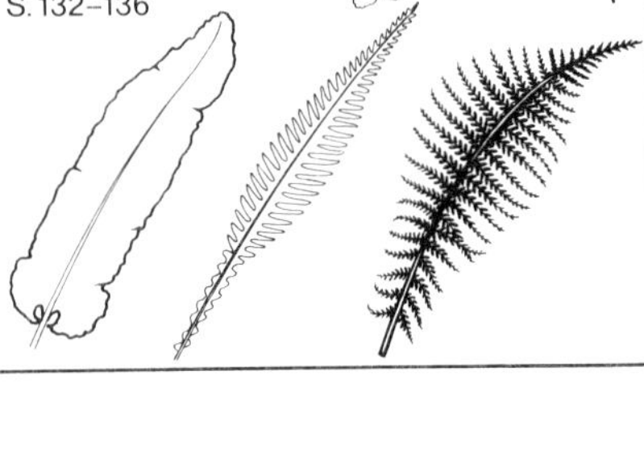

II Landpflanzen

auf nasser oder trockener Erde (auch auf anderen Pflanzen wachsend), höchstens mit den unteren Teilen im Wasser

II C) Blütenpflanzen

in Stengel und Blatt (und Wurzel) gegliedert; echte Blüten mit Fruchtknoten und Staubblättern – hierher alle Holzgewächse und alle blattgrünfreien Pflanzen mit Schuppenblättern.

- Bäume, Sträucher, Zwergsträucher: Zweige holzig . . . . . . S. 22, 23
- krautige Pflanzen mit bogennervigen Blättern – hier alle mit rundlichen (schnittlauchartigen) oder grasartigen Blättern und alle mit Bodenblüten S. 24, 25

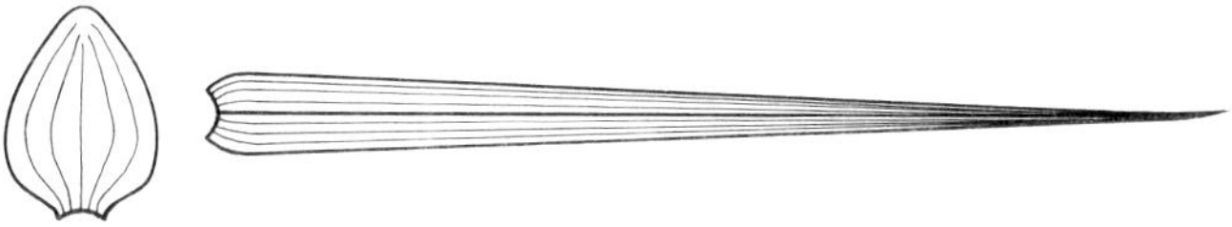

- krautige Pflanzen mit netznervigen (fieder- oder handnervigen) Blättern – hierher alle mit zusammengesetzten, gelappten, stark gesägten oder gekerbten Blättern

Blüten klein und unscheinbar oder groß, aber nicht in Kelch und Krone geschieden
S. 26, 27

Blüten mit Kelch und zumindest am Grund verwachsener Krone (oft weit verwachsen) – hierher Pflanzen mit Blüten in Körbchen, die von einer gemeinsamen Hülle umgeben sind
S. 28, 29

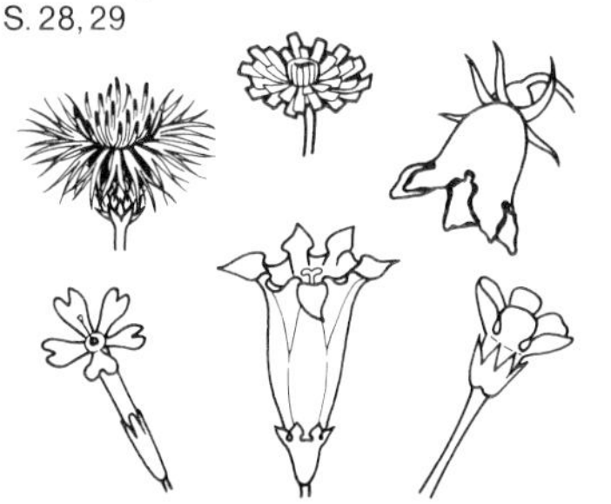

Blüten mit (gelegentlich röhrig verwachsenem) Kelch und stets freien (getrennten) Kronblättern
S. 30, 31

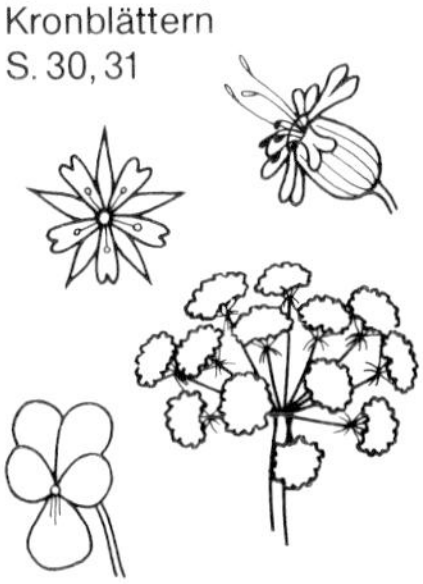

I Wasserpflanzen

– **Pflanzen des Meeres** . . . . **S. 34, 144, 192**

– **Süßwasserpflanzen stehender oder fließender Binnengewässer**

frei schwimmend oder schwebend

Watten aus dünnen Fäden S. 32

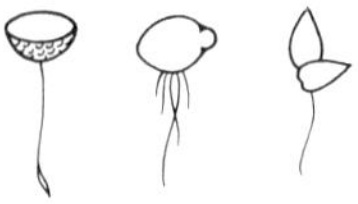

laubartige, kaum 1 cm große Glieder S. 162

Blätter zerschlitzt, mit Bläschen

S.326

Blattrosetten

Blätter breitlinealisch S. 146

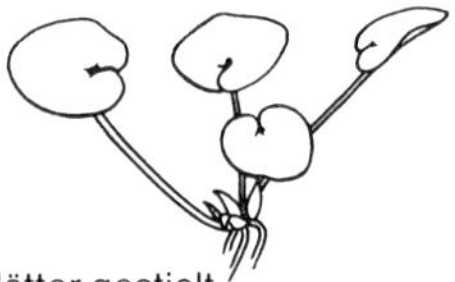

Blätter gestielt, rund-herzförmig S. 146

festgewachsen aber mit Schwimmblättern (auf der Wasserfläche), diese:

bogennervig, 6–12 cm

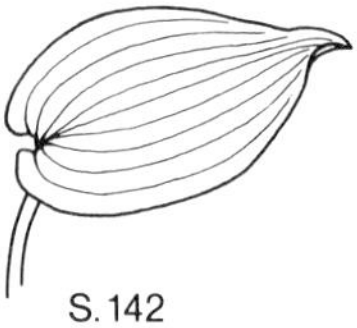

S. 142

fiedernervig, 10–50 cm

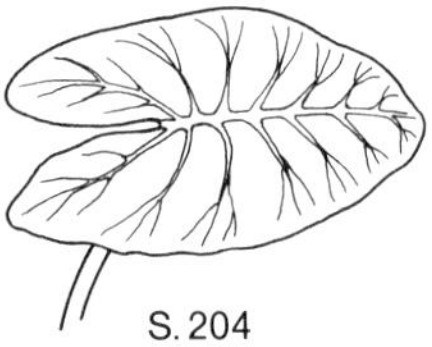

S. 204

gelappt, um 1 cm

S. 204

festgewachsen, untergetaucht oder langflutend

»Blätter« einfach, fädlich, büschelig oder quirlständig

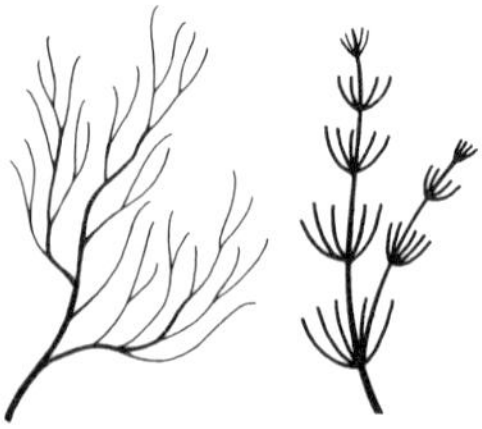

S. 32

Blätter mit flacher Spreite

S. 142, 146

Blätter in fädige Zipfel zerschlitzt

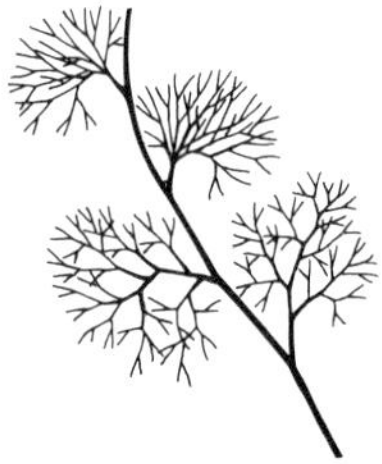

S. 204, 326

II A Lagerpflanzen mit Stiel und Kopf (Hut)

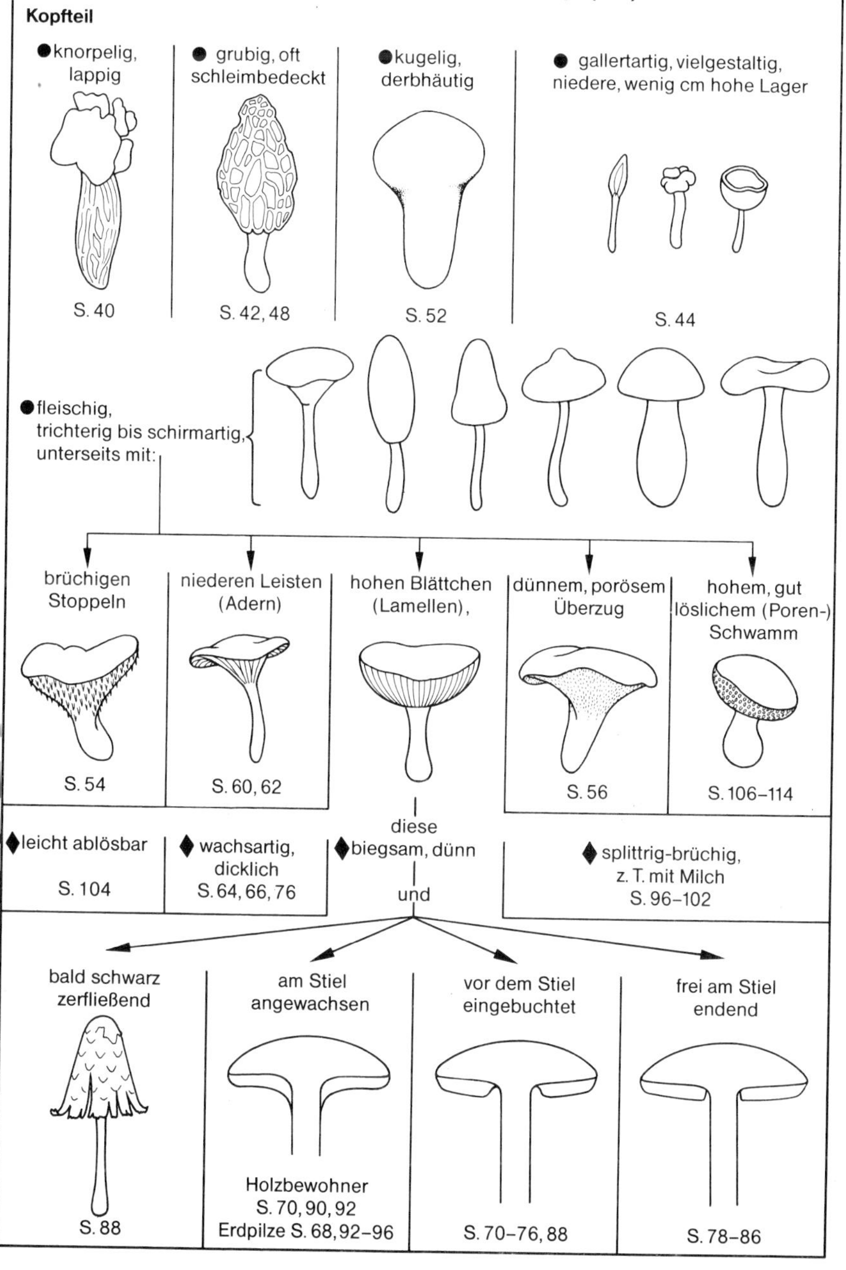

II C 1 Holzgewächse (Bäume, Sträucher, Zwergsträucher)

✶ Blätter
gegen- oder quirlständig

● zusammengesetzt
S. 208, 258, 292, 332

● gelappt S. 258, 332

● einfach, höchstens gezähnt

♦ kahl, derb-ledrig

Überpflanze (auf anderen wachsend)
S. 186

aufrechter Strauch
S. 256, 292

Kriechstrauch
S. 280, 298

♦ unterseits behaart, dünnlaubig
S. 276, 332

✶ Blätter wechselständig
oder gebüschelt

dazu

► **gelappt**

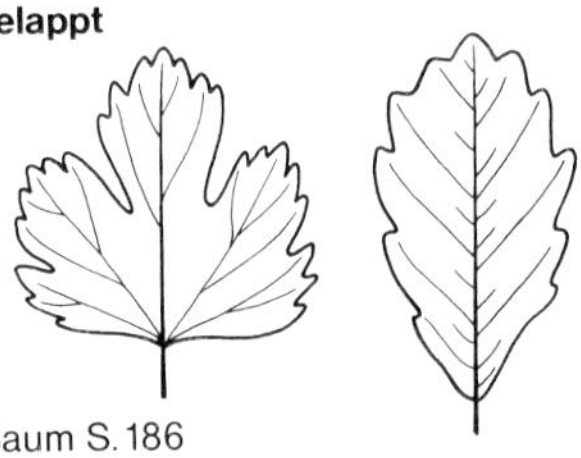

Baum S. 186

Strauch S. 184, 226

Kletterpflanze S. 276, 314

► **zusammengesetzt**

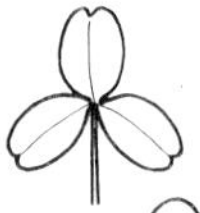

Blüten
strahlig-symmetrisch
S. 226, 234

Blüten zweiseitig
S. 236, 238, 246

II C 1 Holzgewächse (Bäume, Sträucher, Zwergsträucher)

Blätter nadelig oder schuppenartig

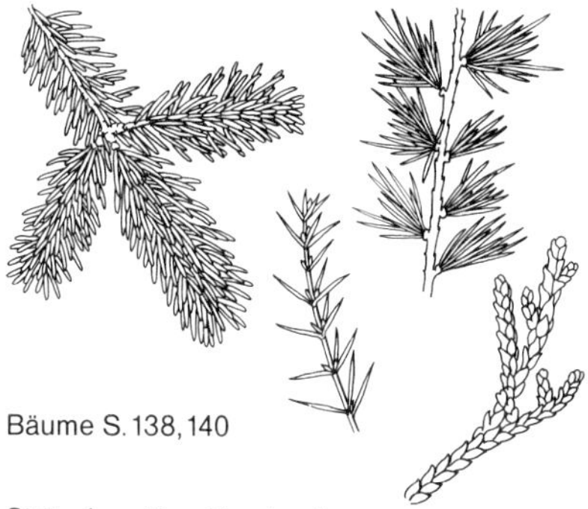

Bäume S. 138, 140

Sträucher, über ½ m hoch
S. 140, 236

Zwergsträucher, kaum 50 cm hoch
S. 276, 280, 284

Blüten vor den Blättern

unscheinbar,
in Kätzchen
S. 182, 184

winzig,
rosa-braun-grün
in Büscheln
S. 186, 292

kaum 1 cm breit,
gelb (grün),
Dolden
S. 258, 276

groß, weiß oder rot
S. 234, 266

einfach, am Rand gesägt – gekerbt

Blüten unscheinbar
in Büscheln
oder Kätzchen
S. 182–186

Blüten in Dolden
mit Flugblatt
S. 260

Blüten weiß,
Kronblätter frei
S. 234

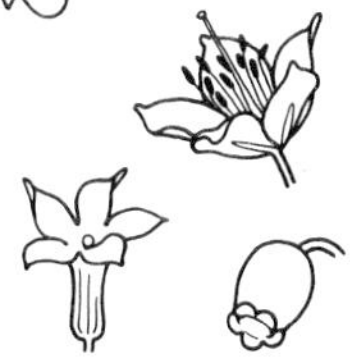

Blüten rot, grünlich;
Kronblätter am Grund
oder weit hinauf
verwachsen
S. 280, 282

einfach, ganzrandig

● Blätter ledrig-derb

Blüten zweiseitig S. 252

Blüten 4zipflig
S. 266, 282

Blüten tief 5zipflig
S. 276–280

Blüten 5zipflig, weit verwachsen
S. 278–284

● Blätter dünnlaubig,
unten silberschülfrig S. 268

● Blätter dünnlaubig, sommergrün

Blüten in Kätzchen oder
Büscheln S. 182, 186

Schmetterlingsblüten S. 236

strahlige Blüten S. 266, 314

krugförmige Blüten S. 282

II C 2 Stengel krautig, Blätter parallelnervig (bogennervig)

Blüten auffällig:
weiß oder bunt,
selten braun oder grün,
dann aber groß
oder eigentümlich geformt

Blüten unscheinbar
(in Kolben)
doch mit auffälligem
Hüllblatt
S. 142, 162

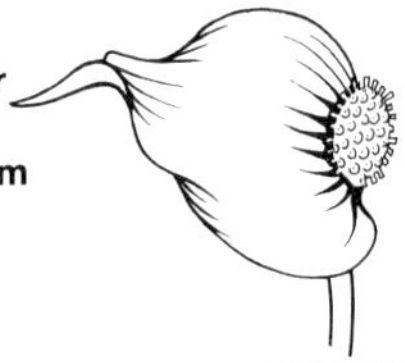

direkt aus der Erde brechend

Frühling S. 172
Herbst S. 166

am Stengel,
strahlig-symmetrisch

am Stengel, zweiseitig
(Lippe; oft mit Sporn)

S. 174–180 (Orchideen)

Fruchtknoten unterständig

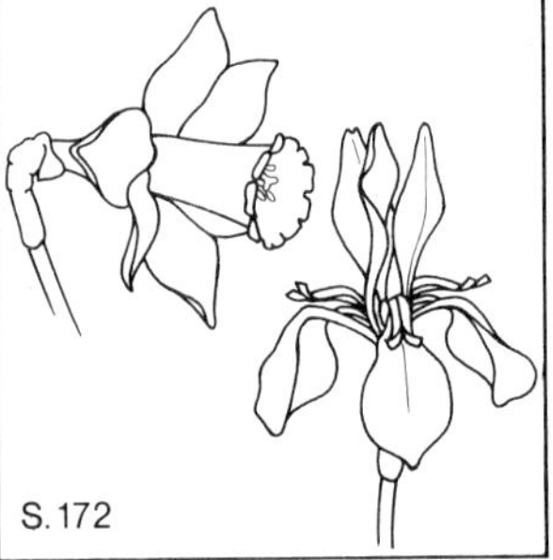

S. 172

Fruchtknoten oberständig

Blüte 3zählig
S. 144

Blüte 4zählig
S. 170, 294

Blüte 5zählig
S. 294, 296

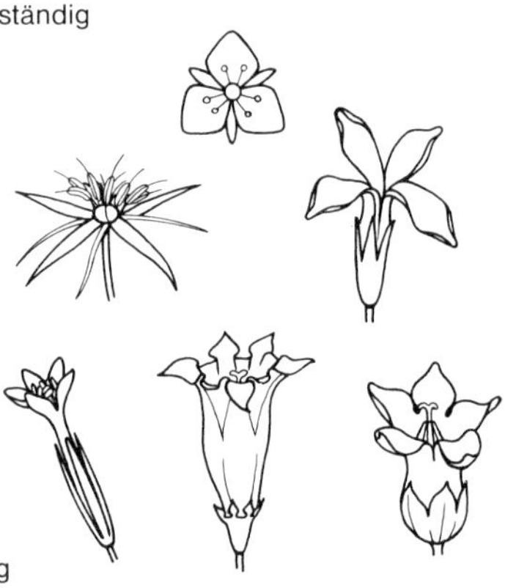

Blüte 6zählig

wenig verwachsen

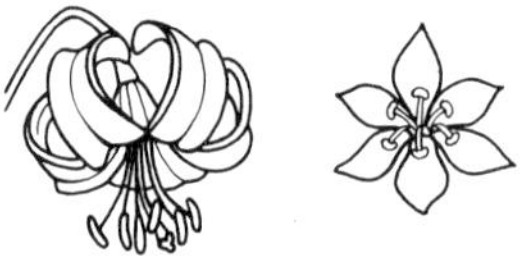

S. 146, 164–168, 296

stark verwachsen

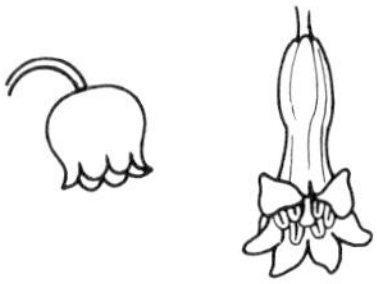

S. 168, 170

II C 2 Stengel krautig, Blätter parallelnervig (bogennervig)

Blüten unscheinbar,
spelzig-trocken oder häutig,
grün oder braun,
selten weiß oder rot getönt,
oft in Büscheln
oder Ährchen

Halm dreikantig

S. 158–162 (Riedgräser)

Halm rundlich,
± glatt

Halm rundlich oder
zweischneidig, mit Knoten

S. 148–156 (Süßgräser)

Blüten sitzend
oder kurzgestielt

doppelter Kolben
S. 142

einfacher Kolben
S. 328

lockere Ährentraube
S. 144

viele igelige Köpfchen
S. 142

Blüten locker,
langgestielt

S. 152, 158, 164

II C 3 a Stengel krautig, Blätter netznervig, Blütenhülle einfach

Blüten groß, über 1 cm, einzeln oder gebüschelt, nie mit gemeinsamer Hülle

Blüten in Körbchen oder Köpfchen von gemeinsamer Hülle umgeben

S. 162, 270, 336, 344–374

Blüten zweiseitig-symmetrisch

mit Sporn

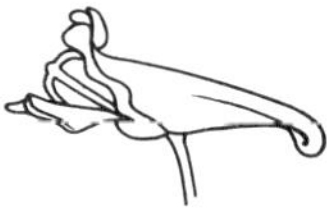

S. 214

S. 256

S. 206

ohne Sporn

S. 188

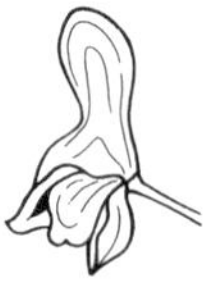

S. 208

Blüten strahlig symmetrisch

Blütenhülle verwachsen, 3- bis 6zipflig S. 188

Blütenhülle frei, 4blättrig

Pflanze mit Milchsaft S. 214

Pflanze ohne Milchsaft S. 170

Blütenhülle frei, 5- bis mehrblättrig

S. 206–212

II C 3 a Stengel krautig, Blätter netznervig, Blütenhülle einfach

Blüten klein,
einzeln oder geknäuelt
(nie in gemeinsamer Hülle),
oft sehr unscheinbar.
Die Blätter sind:

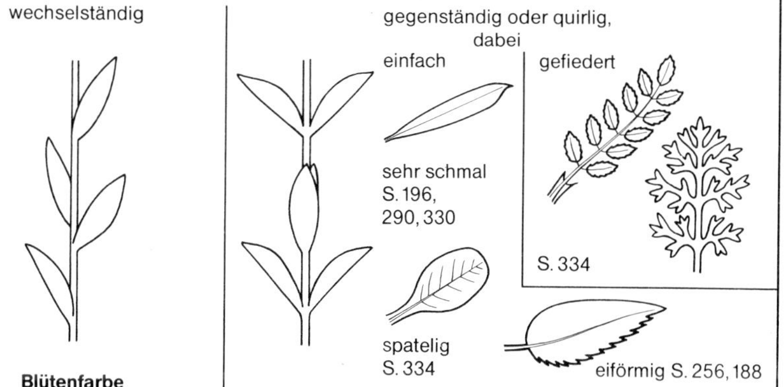

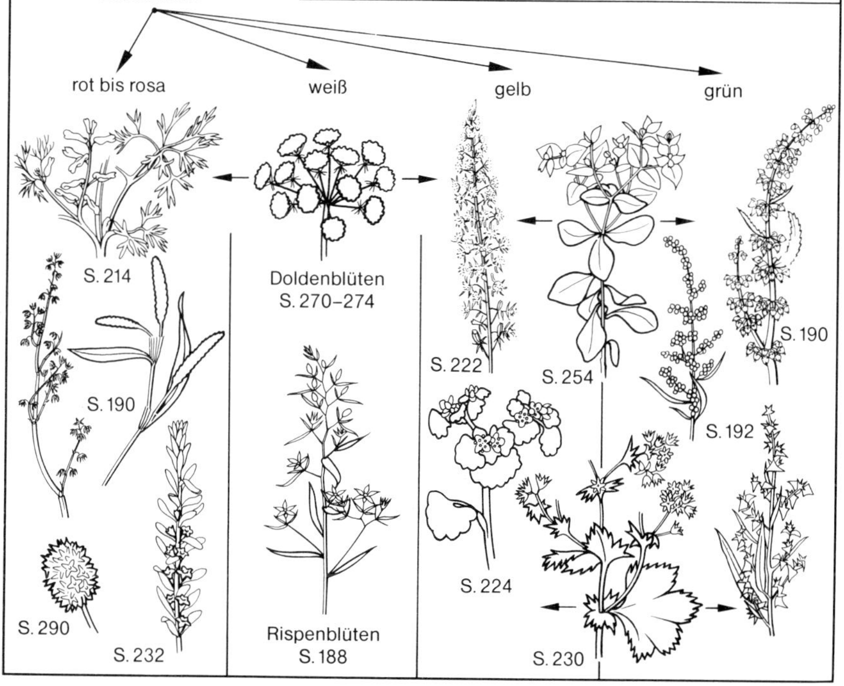

II C 3 b Stengel krautig, Blätter netznervig, Kelch und verwachsene Kronblätter

✶ Blüten frei, zweiseitig symmetrisch

● Schmetterlingsblüten
S. 242

● Krallenblüten
S. 342

● Sternblüten

gelb	blau	rot (violett)
S. 316	S. 318	S. 302, 312

● Trichterblüten

rot, gelb
S. 324

blau
S. 300

● Lippenblüten (auch Rachenblüten)

→ gespornt

Blätter zerteilt
S. 206
Blätter einfach
S. 316
Blätter dicklich, klebrig
S. 326

↓ ungespornt

4teiliger Fruchtknoten
S. 304–312

Fruchtknoten einfach

Grüne Pflanzen
S. 318–322

Pflanze ohne Blattgrün
S. 278, 324

✶ Blüten in Körbchen oder Köpfchen mit gemeinsamer Hülle

nur Zungenblüten
S. 366–372

nur Röhrenblüten
S. 344, 354–364

Zungen- und Röhrenblüten
S. 342–358

fädliche Blüten
S. 346–356

Stieltellerblüten
S. 292

geschlitzte Blüten
S. 342

Blüten lappig zweilippig
S. 336

Blüten schmalzipflig
zweilippig S. 326

✶ Blüten frei, strahlig symmetrisch 4zipflig

nur Grundblätter
S. 328

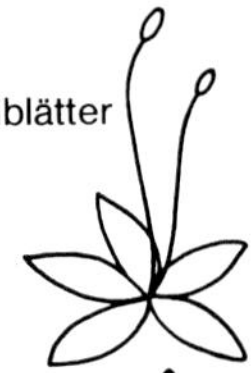

1 Hochblattquirl
S. 334

viele Blattquirle
S. 330

gegenständige Blätter
S. 294, 312, 318

II C 3 b Stengel krautig, Blätter netznervig, Kelch und verwachsene Kronblätter

✶ Blüten frei, strahlig symmetrisch 5- bis mehrzipflig

● Krone tief gespalten

nur bleiche Schuppen

S. 278

nur Grundblätter

S. 250

S. 278

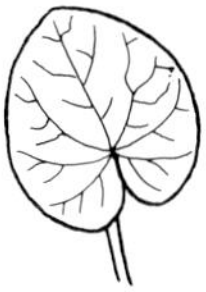

S. 288

wechselständige Blätter

S. 316

S. 314, 338

gegenständige Blätter

Blüte gelb
S. 290, 296

Blüte andersfarbig
S. 334

● Krone bis etwa ½ verwachsen

trichterig
S. 294, 296

◀ Blätter wechselständig
S. 300, 302

Blätter gegenständig ▶
S. 334

kurzröhrig

● Krone stark verwachsen

♦ glockig

Fruchtknoten eingeschlossen

S. 288

S. 314

Fruchtknoten unterständig

S. 338, 340

♦ stieltellerförmig

Blätter

derb, matt S. 292

derb, glänzend S. 298

borstig S. 300, 302

grundständig S. 286

gegenständig S. 294

♦ trichterig

mit freien Zipfeln

grundständige Blätter, Stengel mit Schuppen
S. 292

Blätter wechselständig
S. 300

Blätter gegenständig

Blüten klein (unter 1 cm)
S. 330, 334

Blüten groß
S. 294, 296

fast ganz verwachsen

Blüten gebüschelt
S. 300, 302

Blüten einzeln

weiß oder rot
S. 298, 314

blau
S. 296

II C 3 c Stengel krautig, Blätter netznervig, Kelch und freie Kronblätter

Körbchen (mit Hülle) oder Doppeldolden

Schmale Blätter
S. 272, 292

Fiederblätter
S. 270–274

Blüten zweiseitig, ohne gemeinsame Hülle

mit Sporn

S. 264

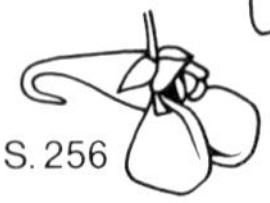

S. 256

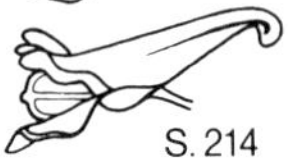

S. 214

S. 206

ohne Sporn

♦ helmartig
S. 208

♦ krallenartig
S. 342

♦ scheinstrahlig

4zählig
S. 268

5zählig
S. 252

6zählig
S. 222

♦ kreuzblümchenförmig
S. 252

♦ schmetterlingsartig

einfache Blätter
S. 236

dreiteilige Blätter
S. 238–244

Fiederblätter
S. 244–248

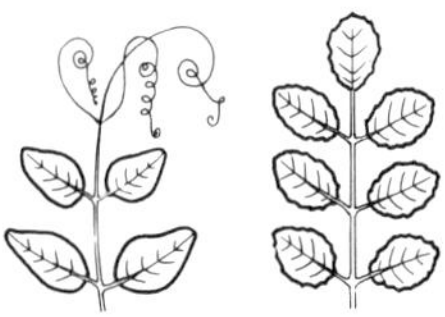

Blüten ohne

Blätter mit Milchsaft
(gelb oder weiß)

tiefgelappt
S. 214

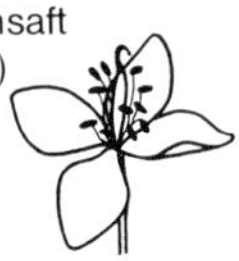

ganzrandig
S. 254

ungeteilt, höchstens

♦ Blüten 4zählig

weiß,
Blätter
gegenständig
S. 194

rosa,
Blätter
gegenständig
S. 268

♦ Blüten 5zählig

rot oder weiß

Kelchblätter frei
S. 194, 196

Kelch verwachsen
S. 196–202

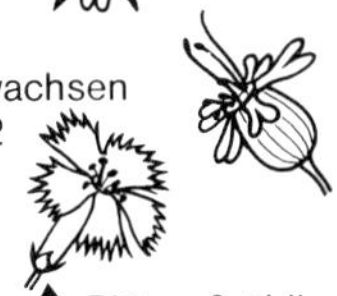

♦ Blüten 6zählig

purpurn
S. 268

II C 3 c Stengel krautig, Blätter netznervig, Kelch und freie Kronblätter

gemeinsame Hülle, strahlig-symmetrisch, 4-, 5- oder vielzählig

Blätter dünn, gegen- oder quirlständig

Blätter dickfleischig, glatt

S. 222/224

Blätter dünn, wechsel- oder grundständig

Zahl der Blütenblätter

Blätter dicklich, mit Stieldrüsen

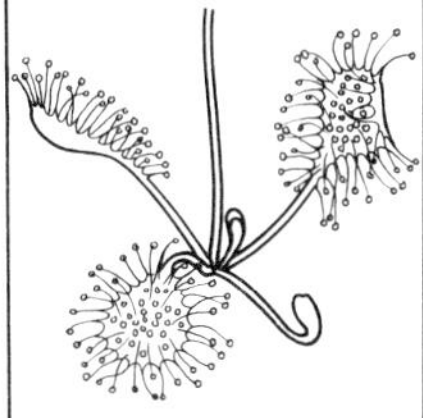

S. 222

gesägt

stark zerteilt

S. 250

weiß, Blätter quirlständig S. 330

gelb

3 Büschel Staubblätter S. 262

3 große, 2 kurze Kelchblätter S. 264

gelb, 5–6 schmale Kronzipfel S. 296

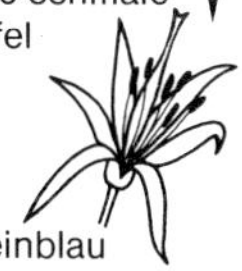

(weiß, reinblau S. 342)

4

dunkelrote Blütenköpfchen S. 232

Kreuzblüten (4 Kelchblätter, 4 Blütenblätter, 4 lange, 2 kurze Staubblätter, 1 Stempel) S. 216–220

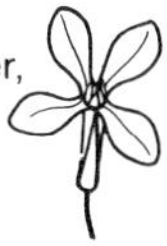

Blüten flach ausgebreitet

rot (bis rosa) S. 268

gelb

S. 228

S. 224

grünlich

S. 170

5

Blüten aufrecht

S. 260

S. 224

S. 250

S. 224

S. 228–232

Blüten nickend

S. 278

rot S. 230
grün S. 206

S. 208

S. 252

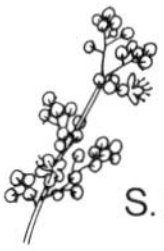

S. 232

S. 206, 210, 212

mehr als 5

Blatt:

abwechselnd große und kleine Fiedern S. 232

rundlich ganzrandig bis handförmig – – fiedrig zerschlitzt

S. 212

S. 210

S. 206, 210

S. 208

Algen — Ökologische Gruppe der Erd- und Süßwasseralgen

1 **Gallertalge,** Zitteralge, Sternschneutzer *Nostoc*
Es sind recht stattliche Lager, die man nach längeren Regenperioden vom Frühjahr bis zum Herbst auf Rasen, Wald- und (nicht zu stark bestreuten) Schotterwegen oft in Massen antrifft. Blaugrüne bis olivbraune, wellig gefaltete Gallerthäute von einigen Zentimetern Breite bergen Fäden aus kugeligen, nicht miteinander in Kontakt stehenden Blaualgenzellen. Die Blaualgen, mit den Bakterien verwandt, haben wie diese einen gegenüber allen anderen Organismen sehr ursprünglichen Zellbau — so fehlt ihnen zum Beispiel ein fester Zellkern. Man kann sie zu den Urpflanzen zählen.

2 **Urkorn-Grünalge,** Kugel-Grünalge *Chlorococcum*
Grüne, locker mehlige, nicht schleimige Überzüge auf Erde, an Mauern und Bäumen, die man oft sehr leicht mit den Kleidern abstreift und sehr schwer wieder entfernen kann, werden von dieser einfach gebauten Grünalge gebildet. Es handelt sich dabei um abertausende einzelliger, grüner, mikroskopisch kleiner Kügelchen, die eine hohe Vermehrungsrate besitzen und gegen Umwelteinflüsse sehr zäh sind. Nur Feuchtigkeit benötigen sie in ausreichendem Maße zum Gedeihen, und so markieren sie an den Bäumen, Holzwänden und Mauern stets die Wetterseite.

3 **Astalge,** Zweigfadenalge *Cladophora*
Die büschelig verzweigte festgewachsene Grünalge kommt in mehreren Arten in Seen und — oft langflutend — in Fließgewässern jeder Größe vor. Die früher häufigste Art fiel im Frühjahr durch das tiefe, fast bläuliche Grün ihrer Büschel auf (sommers voll mit Stärke und gelblichgrün) — sie deutet auf reines Wasser hin. Andere Arten halten fast als letzte noch starker Wasserverunreinigung stand. Eine Besonderheit der ganzen Familie sind die Zellen, die stets mehrere Zellkerne enthalten (von denen jeder einen begrenzten Zellbereich „regiert").

4 **Schlauchalge** *Vaucheria*
Früher zu den Grünalgen, heute zu den Gelbgrünalgen *(Xanthophyceae)* gerechnet, zählt die häufig auftretende Gattung zu den interessanten Untersuchungsobjekten der Mikroskopiker. Die sparsam verzweigten Fäden weisen überhaupt keine Querwände mehr auf, das ganze Individuum ist ein vielkerniges Gebilde. Nasse Erde, Ufer, Blumentöpfe und vor allem Furchen in den abgeernteten Getreidefeldern sind oft quadratdezimeterweit von dem grünen oder gelblichgrünen, dünnen und straffen Fadengeflecht der Schlauchalgenarten bedeckt. Allerdings kann man nur mit dem Mikroskop unterscheiden, ob nicht Moosvorkeime vorliegen (Querwände!).

5 **Schraubenalge** *Spirogyra*
Die Jochalgen zeichnen sich durch besonders bizarre Formen aus. Die fädigen bilden zur Vermehrung Brücken zwischen den Einzelzellen der aneinanderliegenden Zellfäden aus (Joche!). Unter allen dürfte unsere Algengattung zu den bekanntesten zählen. Im Mikroskop erkennt man über die ganze Fadenlänge hinweg ein schraubig gewundenes Blattgrünband. Die Arten sind in stehenden Gewässern (vom Wiesentümpel an) überaus häufig und bilden flottierende Watten, die besonders zur „Jochzeit" überaus schleimig sind. Der Einzelfaden ist unverzweigt.

6 **Armleuchteralge** *Chara*
Sieht man zum ersten Male eine oft 20—30 cm hohe Unterwasserwiese aus dichtstehenden Armleuchteralgen — am Seeufer, in Wiesenmoortümpeln oder Gräben —, ist man geneigt, an eine Höhere Pflanze zu denken, vor allem, wenn man in den „Blattachseln" der regelmäßig quirlig-stockwerkartig aufgebauten Alge die kugeligen, grünlichen Eierbehälter entdeckt, die wie Früchtchen aussehen, und darüber die orangeroten Behälter für die männlichen Schwärmer, die Blütenknospen ähneln. Die oft kalkinkrustierten Pflanzen stehen innerhalb des Algensystems sehr isoliert.

4
3
6
5
1
2
gb

Algen — Ökologische Gruppe der Meeresalgen (Tange)

1 Meersalat *Ulva lactuca*
Auffälliger Vertreter der relativ wenigen Salzwassergrünalgen. Die dünnen, salatblattähnlichen Lappen können bis über 1/2 m m lang werden und sind mit einem schmalen Anfangsteil festgeheftet. Der Meersalat ist an seichten Stellen der europäischen Küsten überall häufig (schmale, lange Formen gehören zum Darmtang). Begeißelte Vermehrungssporen werden am Lappenrand gebildet; werden sie entlassen, erscheint der Saum heller gefärbt. Leicht im Salzwasseraquarium zu haltende Pflanze, die mancherorts als Salat verzehrt oder bei starker Anschwemmung zu Dünger verarbeitet wird.

2 Perltang, Gemeiner Knorpeltang *Chondrus crispus*
Ledrig-knorpeliges, vielfach gegabeltes Pflänzchen von bandartig-flachem Wuchs, an den Enden aber oft gekräuselt. Wie alle Rotalgen mit roten Pigmenten gefärbt, die das tiefdringende Blaulicht absorbieren und zur Assimilation nutzbar machen können. Je nach Gewässertiefe purpurn, bräunlich, hellrot oder — im seichten Wasser — rein grün. Heilpflanze, getrocknet als Carrageen oder Irländisch Moos offizinell; wird auch zur Gewinnung von Polysacchariden industriell verwertet. Weniger verbreitet ist sein Gebrauch als Nahrungsmittel (mit Zucker eingekocht).

3 Purpurblatt, Nabel-Porphyra *Porphyra umbilicalis*
Die meist tief rotbraune, seltener blaß- oder dunkelviolett gefärbte Rotalge ähnelt im Habitus sehr stark dem (stets grünen) Meersalat (s. oben) und gibt so ein gutes Beispiel für Konvergenz (Konvergenz: verwandschaftlich nicht nahestehende Arten bilden durch Auslese unter gleichen Umweltbedingungen oft ähnliche Formen (analoge Formen)). Die Zerlappung ist aber meist stärker und geht auch sehr oft in die 3. Dimension. Die Pflanze kommt im Küstenbereich von Mittelmeer und Atlantik einschließlich Nordsee häufig vor und findet sich auch noch vereinzelt in der Ostsee.

4 Blasentang *Fucus vesiculosus*
Die olivgrüne, bandartige, bis zu 1 m lange, gabelig verzweigte Braunalge ist das Urbild aller Tange schlechthin. Sie ist ungemein häufig, besiedelt die mittlere Gezeitenzone, die bei Ebbe oft trockenliegt und fällt deshalb jedem Wattwanderer auf. Untrügliches Kennzeichen sind (neben der „Mittelrippe") die ovalen, gasgefüllten Schwimmblasen, die meist auf gleicher Höhe, beidseits der Mittelrippe liegen. Heil- und Nutzpflanze: Man gewinnt aus den angeschwemmten Tanghaufen Dünger, Viehfutter und, nach Bearbeitung, Jod, Soda oder Alginsäure (Schleimstoff, verwendet in der Nahrungsmittel- und Kosmetikindustrie).

5 Sägetang *Fucus serratus*
Diese Braunalge ist nicht ganz so häufig wie der mit ihr eng verwandte Blasentang, kommt aber in derselben Gezeitenzone — vielleicht im Mittel knapp unterhalb des Blasentangs — vor. Daraus erklärt sich der im Vergleich meist sichtbare tiefere Braunstich. Der gabelig verzweigte, bandartig flache Pflanzenkörper trägt in der Regel keinerlei Schwimmblasen und ist an seinen Rändern sägezähnig. Der Sägetang braucht zum Gedeihen fast ausschließlich felsigen Untergrund. Wo er in größeren Mengen angeschwemmt wird, kann er wie der Blasentang genutzt werden (s. o.).

6 Zuckertang *Laminaria saccharina*
Allen Laminarien gemeinsam ist der runde bis daumendicke Stiel, der sich unten wurzelartig verzweigt und sich im Untergrund festkrallt, während er nach oben in den flachen, blattartigen Assimilationsteil übergeht. Der Stiel wurde früher getrocknet (als Quellstift) medizinisch zur Erweiterung von Wunden und zu Abtreibungen verwendet. Alle Laminarien, der unverzweigte Zuckertang wie auch die handförmig zerteilten Palmen- und Fingertange, wachsen in tieferen Zonen und werden, wo sie häufig sind, zur Herstellung von Jod, Alginsäure, Soda und Dünger genutzt.

4
6
2
1
5
3
gb

Pilze — Niedere Pilze: Klasse Schleimpilze *Myxomycetes* — Klasse Algenpilze *Phycomycetes* — Klasse Schlauchpilze *Ascomycetes*

1 Lohblüte *Fuligo varians (Aethalium septicum)*
Vertreter der Schleimpilze, früher viel auf Gerberlohe (Eichenrinde), heute in immer stärkerem Ausmaße in Wäldern, über Moosen und Baumstubben, vor allem aber an Rindenhaufen, die vom maschinellen Baumstammschälen an Wegrändern zurückgelassen werden. Anfänglich zentimeterdicke, (weich-)teigig nach allen Seiten zerfließende, leuchtend gelbe Fladen von quadratzentimeter- bis quadratdezimetergroßem Umfang, später ockerbraun nachdunkelnd, mit körneliger Oberfläche und schaumig-fädigem, sporenerzeugendem Innengerüst. Pflanze sehr unklarer systematischer Stellung.

2 Falscher Hirtentäschelmehltau *Peronospora candida*
Mehltaupilze sind Schmarotzerpflanzen, die ihre Wirte letztendlich mit einem weißen Fasergeflecht überziehen, das eifrig Vermehrungssporen produziert. Die befallenen Pflanzen sehen dann „wie mit Mehl bestäubt" aus. Vor allem im Herbst sieht man solche weiß bestäubten Pflanzenteile bei Rosen, Eichen, Doldengewächsen, Weinreben und vielen anderen Pflanzensorten. Für den Naturfreund ist die Unterscheidung in „Echten" und „Falschen" Mehltau belanglos. Der häufig auftretende Mehltau beim Hirtentäschel (s. S. 218) verändert etwas dessen Wuchsform. Er gehört zum „Falschen Mehltau".

3 Schimmelpilze: *Mucor* (Köpfchenschimmel); *Aspergillus* (Gießkannenschimmel); *Penicillium* (Pinselschimmel)
Die Schimmelpilze sind keine systematische, sondern eine ökologische Gruppe: Sie gehören verschiedenen Pilzklassen an. Allen gemeinsam ist ihre fädliche Grundstruktur und die Eigenart, auf organischen Resten (von Tieren und Pflanzen) zu wachsen und dort (verschiedengefärbte) Rasen zu bilden. Sie wandeln (tote) organische Substanz verschiedener Herkunft in arteigene Schimmelpilzsubstanz um und bilden eine Menge Vermehrungssporen. Ihre Konkurrenten sind vor allem die Bakterien, gegen die sie Abwehrstoffe entwickelt haben (Antibiotika, so z. B. der Pinselschimmel *Penicillium* das Penicillin).

4 Geweihförmiger Holzstiel *Xylaria hypoxylon*
Häufig auf Baumstubben und — seit immer mehr Astholz in unseren Wäldern liegenbleibt — auch auf alten Zweigen und liegengebliebenem Leseholz. Unverkennbarer Schlauchpilz der Unterklasse Perithezienpilze *(Pyrenomycetidae)*. Perithezien sind flaschenförmige, in den Pilzkörper eingesenkte Gebilde, die die Produkte der geschlechtlichen Fortpflanzung, die Sporenschläuche bergen. Daneben gibt es auch noch ungeschlechtliche Sporenträger, die Konidien. Bei unserem Pilz liegen die Perithezien im unteren, schwarzen Teil, während die weißen Gabelenden Konidien tragen.

5 Pustelpilz *Nectria*
Sehr häufig findet man auf totem Holz, vor allem auf der Rinde von Ästen der verschiedensten Laubholzarten in Menge rote Pusteln. Hier bilden sich die ungeschlechtlichen Vermehrungskörper (Konidien) eines rindenbewohnenden Schlauchpilzes (Art: Zimtroter Pustelpilz). Später entstehen an gleicher Stelle die Perithezien (siehe oben). Andere Pustelpilze bilden weiße Fruchtkörper, so vor allem der Gallen-Pustelpilz, der lebendes Holz befällt und dieses zu krebsartigen Wucherungen veranlaßt (Obstbaumkrebs).

6 Mutterkorn *Claviceps purpurea*
Parasitiert in den Körnern verschiedener Grasarten, vor allem beim Pfeifengras (s. S. 152) und besonders beim Roggen. Bildet dort über die Spelzen vorragende, holzige, schwarze „Sklerotien", vom Volk wegen der Größe als „Mutter" der übrigen Körner bezeichnet. Durch Alkaloide giftig. In der Heilkunde früher zur Abtreibung und als wehenförderndes Mittel verwendet. Gab im ungereinigten Getreide nach dem Mahlgang und dem Verbacken zu gebietsweisen „Epidemien" mit zahlreichen Todesfolgen Anlaß. Zu Boden gefallene Sklerotien treiben im folgenden Frühjahr aus und verbreiten neue Sporen.

2
5
4
6
3
1

1 Leuchtender Prachtbecherling *Plicariella fulgens (Caloscypha fulgens)*
Die Schlauchpilze sind unter den eßbaren Pilzen wenig vertreten. Die meisten Vertreter stellt noch die Ordnung der „Gedeckelten Scheibenpilze", *Pezizales* (S. 40, 42). Schlauchpilze zeichnen sich gegenüber den außensporentragenden Ständerpilzen dadurch aus, daß sie ihre (in der Regel 8) Sporen in einem schlauchförmigen Sporenbehälter entwickeln. Bei den Scheibenpilzen stehen diese Schläuche (Asci) dicht an dicht zusammen mit unfruchtbaren Fäden (Saftfäden, Paraphysen) aufrecht auf der Innenseite schüssel- oder becherförmig gestalteter Fruchtkörper von wenigen Millimetern Durchmesser bis zur stattlichen Breite von mehreren Zentimetern. Man nennt diese offenen, im Endzustand oft fast scheibenförmig ausgebreiteten Gebilde Apothecien („offene, freie Theke", dem Wortsinn nach verwandt mit Apotheke, womit man früher den Abstell- oder Vorratsraum für Heilkräuter bezeichnete). Die Ordnung der *Pezizales* ist nun noch dadurch gekennzeichnet, daß sich die Asci in ihren Apothecien durch einen vorgebildeten Deckel an genau festgelegter Stelle öffnen und dort ihre Sporen entlassen. Hierher gehört die Familie der Großbecherlinge, die bei uns durch ein Dutzend oder noch mehr auffälliger Arten vertreten ist. Die eigentlichen Becherlinge zeichnen sich durch einen konzentrischen, schüssel-, scheiben- oder krugbecherförmigen Bau ihres Fruchtkörpers aus. Neben olivfarbenen und beigen Farbtönen sind vor allem ein tiefes Braun, ein helleres oder intensives Violett und Rot in allen Schattierungen als Farben der recht dünnschichtigen Fruchtkörper von knorpeliger bis brüchig-wachsartiger Beschaffenheit häufig.
Der Leuchtende Prachtbecherling zählt zu den weniger häufigen Arten, erscheint aber als einer der Ersten mit dem abtauenden Schnee im zeitigen Frühjahr. Er bevorzugt Bergwälder des südlichen Mitteleuropas, wo er vor allem in moosigen Nadelholzbeständen heimisch ist. Dort tritt er in günstigen Jahren in Massen auf, so daß sich das Einsammeln des wohlschmeckenden Pilzes schon lohnt, obwohl er wegen seiner Brüchigkeit ein Transportproblem darstellt.
Anfangs wächst der Fruchtkörper in unaufälliger, olivbrauner Kugelgestalt heran, dann öffnet und erweitert er sich an seinem oberen Ende immer mehr, so daß das etwas wellige, leuchtend orange- bis mennigerote Sporenlager frei sichtbar wird. Der ausgewachsene Becher mit seinem oft wellig-lappig zerschlissenen Rand hat einen Durchmesser von durchschnittlich 2—3 cm, selten mehr. Wenn andere Becherlinge mit roter Sporenschicht auftreten, ist unser Pilz schon längst wieder verschwunden. Im Herbst erscheint der viel häufigere, 1—10 cm breite Orangerote Becherling (einzeln oft schon im Mai) in Wäldern und an Waldwegen zwischen Gräsern und Moosen. Fast alle Becherlinge sind eßbar. Eindringlich gewarnt werden muß vor dem Kronenbecherling *(Sarcosphaera eximia)* mit innen violett gefärbtem Sporenlager. Der 5—10 cm breite, recht dickfleischige Fruchtkörper wächst zunächst halbunterirdisch als Hohlkugel, die dann becherartig in einige dreieckige Lappen aufreißt, die den „Kronsaum" der Schüssel bilden. Das Gift dieses Nadelwaldbewohners ist fast so stark wie das des Knollenblätterpilzes, hat aber Ähnlichkeit mit dem der Lorcheln (S. 40): Durch Kochen (! und Abgießen des Kochwassers) wird es vermindert. Wenn man den Pilz nur kurz überbrüht und dann zu Salaten verarbeitet, wird er gefährlich.

2 Eselsohr *Otidea onotica*
Die Ohrpilze sind mit den Becherlingen (s. oben) nahe verwandt. Sie zeichnen sich im allgemeinen durch einen stattlicheren Wuchs aus und sind meist an einer Seite in charakteristischer Weise bis zum Grunde gespalten, während die gegenüberliegende Seite durch stärkeres Wachstum verlängert ist: So kommt die bezeichnende Ohrform zustande. Die Farben der häufigsten Ohrlinge bewegen sich zwischen (orange)gelb und dunkelbraun. Das Eselsohr wird 4—8 cm hoch, ist außen gelblich, innen mehr orangerot gefärbt und wächst gesellig ab Juli in mullreichen (Laub-)Wäldern über Kalkgestein. Es zählt zu den guten Speisepilzen, wenn auch am einzelnen Exemplar recht wenig dran ist. Eher in Nadelwäldern findet sich das sehr ähnliche, etwas kleinere (2—5 cm hohe), mehr bräunliche und ebenfalls sehr schmackhafte Hasenohr *(Otidea leporina)*.

1

2

Pilze — Familie Lorchelpilze *Helvellaceae*

1 Herbst-Lorchel, Krause Lorchel *Helvella crispa*
Morcheln und Lorcheln sind innerhalb der Ordnung der Gedeckelten Scheibenpilze (s. vorige Seite) die Vertreter der Schlauchpilze, die in Hut und Stiel gegliedert sind. Dabei zeichnet sich jedoch die Herbst-Lorchel durch eine besonders bizarre Gestalt aus: Auf 1—10 cm hohem, 1—3 cm dickem, nach unten verbreitertem, längsrippig-längsgrubigem, knorpeligem Stiel, der weiß gefärbt und von Hohlräumen durchzogen ist, sitzt ein „Hut" aus mehreren, in Größe und Form recht unterschiedlichen, faltigen und krausgewellten, recht dünnen Lappen, cremefarben bis weißlich, oft umgeschlagen, im ganzen kaum über 5 cm breit. Die Oberfläche, die das Sporenlager darstellt, schimmert feinsilbrig. Wie bei allen Vertretern der Scheibenpilze (s. auch vorige und nachfolgende Seite) „explodieren" die Schläuche des Sporenlagers und senden sichtbare, zigarettenrauchähnliche Sporenwolken aus, wenn die Schicht Erschütterungen oder dem direkten Sonnenlicht ausgesetzt wird, auch, wenn man vorsichtig darüberreibt (Wärme!), oder die Pflanze in die Zimmerwärme holt.
Die Hauptwuchszeit des Pilzes ist September und Oktober, bis zu den ersten Frösten im November. Man findet ihn vorzugsweise in Laubwäldern und hier vor allem an Waldwegen. Er zählt zu den wohlschmeckenden Speisepilzen und zeichnet sich vor allem durch die sehr knorpelige, auch beim Kochen nicht erweichende Konsistenz seines Fleisches aus. Bei der Zubereitung ist nicht so sehr auf Maden zu achten, sondern vielmehr auf allerlei sonstige Waldbewohner, die in den vielen äußeren und inneren Spalten und Höhlungen Unterschlupf gefunden haben. Sommer- und Herbstlorcheln sind ungefährlich, auch wenn ihr Hut, wie bei der grauschwarzen Gruben-Lorchel, düstere Farben aufweist. Bei den Frühlingslorcheln ist Vorsicht geboten: Die kiefernbegleitende Früh-Lorchel sowie die nadel- und laubwaldbewohnende Riesen-Lorchel mit ocker- bis kastanienbraunem Hut enthalten Helvellasäure, die lange Zeit als das Lorchelgift angesehen wurde und die sich, da wasserlöslich, durch Abschütten des Kochwassers entfernen läßt. Neuere Forschungen haben aber ergeben, daß ein anderer Stoff (Gyromitrin) viel gefährlicher ist. Er enthält nicht nur das krebsfördernde Methylhydrazin, sondern wirkt auch (als Zellgift) leberzerstörend. Der schleichende Prozeß kann durch wiederholten Genuß von Lorchelgerichten beschleunigt werden. Kinder und Frauen scheinen empfindlicher auf das Gift zu reagieren, das sich weder durch Abbrühen noch bei einem Trocknungsprozeß ganz entfernen läßt.

2 Mützen-Lorchel, Bischofsmütze *Gyromitra infula*
Diese Art der braunhütigen Lorcheln ist ohne Vorbehandlung eßbar, doch ist sie nur in sehr wenigen Gegenden wirklich häufig. So lohnt sich ihr Einsammeln kaum, da sie, ihrer knorpeligen Beschaffenheit wegen, nicht gut mit andern Pilzen zu einem Mischgericht verwertet werden kann. Mit Genuß kaubar ist sowieso nur der Hut. Allerding findet man zuweilen Prachtexemplare, von denen wenige Stück zusammen schon über 1 kg wiegen.
Meist erscheint der zimt- bis kastanienbraune Hut durch vollkommen unregelmäßig angehäufte Lappen verschiedener Größe ohne jegliche Ordnung aufgebaut zu sein, man findet jedoch immer wieder Exemplare, bei denen die Form der Bischofsmütze klar angedeutet ist: zur Mitte hin eingesattelt, ragen nach 3 oder 4 Seiten tütenartig zugespitzte Lappen empor. Der ganze Hut kann bis 10 cm breit und mindestens ebenso hoch sein. Sein Fleisch ist mehr oder weniger wachsartig-brüchig.
Der meist gerade, seltener etwas gebogene Stiel hat eine wulstige, faltige und mehr oder weniger grubige Oberfläche. Er zeichnet sich durch eine weißliche bis rötlich- oder gelbviolette Farbe aus, ist 5—10 cm lang, 1—3 cm dick und zumindest im Alter hohl. Er ist von zähknorpeliger Konsistenz.
Gelegentlich findet man die Bischofsmütze schon im Mai, ihre Hauptzeit ist aber der Herbst. Da findet man sie dann auf gut durchfeuchteten, grasigen oder moosigen, nicht zu stark beschatteten Stellen der Nadelwälder, seltener auch im krautreichen Laubwald, vorzugsweise in der Nähe von Feuerstellen oder an Holzlagerplätzen; gelegentlich besiedelt sie Baumstubben. Die giftigen, braunhütigen Lorcheln (s. oben) zeichnen sich durch kürzere Stiele und stärker lappig unterteilte Hüte aus (Lappen in fast gehirnartige Windungen gelegt).

1

2

1 Rund-Morchel, Speise-Morchel *Morchella esculenta*
Alle Morchelpilze Mitteleuropas sind eßbar, sie zählen sogar zu den wohlschmeckenden Speisepilzen. Kenner loben ihren zarten, aromatischen Geschmack, der sowohl Gerichten aus frisch zubereiteten Pilzen eigen ist, sich aber auch bei den leicht zu trocknenden Exemplaren fast ohne Einbuße erhält. Ältere Pilzkochbücher weisen darauf hin, daß ein Abbrühen vor der Zubereitung nicht nötig sei (wie bei manchen Lorcheln, s.S. 40), doch gab es nach neueren Erfahrungen auch Menschen, die nach dem Genuß gekochter, doch nicht abgebrühter Morcheln in einen leichten Rauschzustand verfielen. Ein Abbrühen ist nach solchen Erfahrungen anzuraten. Morcheln sind innen hohl, sie tragen auf glattem, nur selten etwas faltigem, rundlichem Stiel einen kugeligen bis kegelförmig langgestreckten Hut, der mit zellenartigen, entfernt an Bienenwaben erinnernden Kammern bedeckt ist. Die Farbe schwankt zwischen Hellocker bis Tiefbraun.
Die Rund-Morchel wird bis zu 20 cm hoch, ihr Hut ist dabei um 10 cm lang und etwa 6 cm breit. Sehr oft sind die Kanten der Kammerwände orange- bis rostrot überlaufen. Rund-Morcheln sind Frühjahrspilze, wenngleich man sie auch vereinzelt im Herbst findet. Ihre Haupterntezeit fällt in den April und Mai. Sie zeigen eine besondere Vorliebe für Laubholz, besonders Eschen und Pappeln, und finden sich daher bevorzugt in Auwäldern und bachbegleitendem Gehölz, doch auch in Parkanlagen, an Waldwegen und an Waldrändern.

2 Spitz-Morchel *Morchella conica*
Der Hut dieser Art ist nach Morchelart aus wabenartigen, bei unserer Pflanze recht regelmäßigen, langgestreckten Kammern gebildet, die mit der Sporenschicht überkleidet sind. Er ist deutlich langgestreckt und zugespitzt. Der etwas knorrig erscheinende Stiel sieht wie mit kleiigem Mehl bestäubt aus (körnelige Oberflächenstruktur). Die Pflanze erscheint ab März (bis höchstens Anfang Mai) an Waldrändern, in Gebüschen, gerne auch an Brandstellen und bevorzugt sandige, kalkarme Böden. Sie wird um 5, gelegentlich bis zu 10 cm hoch und ist ein wohlschmeckender Speisepilz ohne jede Giftwirkung. Es soll aber auch gesagt sein, daß manche Pilzfeinschmecker Morcheln ablehnen und zwar sowohl wegen ihres andersartigen Geschmackes als auch wegen ihrer Konsistenz und dem düsteren, kaldaunenartigen Aussehen eines solchen Gerichtes.
Die sehr ähnliche und ebenso wohlschmeckende Grau-Morchel hat in der Farbe oft einen Graustich und bevorzugt vor allem kalkreichere Böden. Sie wird oft nur als ökologische Rasse der Spitz-Morchel betrachtet. Mehr unterscheidet sich die bis über 20 cm lange Hohe Morchel, mit ebenfalls körneligem Stiel und kegeligem Hut, die sich außer durch die Größe auch durch minderen Wohlgeschmack und durch eine spätere Erscheinungszeit hervortut. Sie ist allerdings sehr ergiebig. Ihr Hauptvorkommen liegt im höheren Bergland.

3 Weiße Trüffel *Choiromyces maeandriformis*
Mancher ist enttäuscht, wenn er zum ersten Male die Vertreterin der „Edeltrüffeln" entdeckt hat, die bei uns wohl am häufigsten vorkommt. Der Fruchtkörper, 4—10 cm im Durchmesser, selten bis kindskopfgroß, kartoffelähnlich, ragt ein wenig über den Erdboden heraus, ist also nicht ganz versteckt. Man trifft ihn in Laub-, besonders aber in (jüngeren) Nadelwäldern ab etwa Juli bis in den September hinein an. Oft entdeckt man nach dem ersten Fund viele weitere Exemplare. Das bandartig marmorierte Innenfleisch ist aber meist völlig geruchlos, was so gar nicht den Vorstellungen vom Wohlgeschmack der Trüffeln entspricht. Erst im Alter ist es aromatisch, dann ist aber meist der Pilzkörper mit Fraßstellen überdeckt; später wird der Geruch fast unerträglich widerlich. Gekocht als Würze oder als Gericht zubereitet, entfaltet aber der noch junge, duftlose und graufleischige Pilz die ganze Palette seines Wohlgeschmacks, wenn er auch nicht ganz an den der klassischen Speisetrüffeln heranreicht, die, einer anderen Gattung zugehörend, fast nur in Frankreich und Italien gesammelt werden können. Vor Verwechslungen mit dem oberirdisch wachsenden giftigen Kartoffelbovist (S. 50), der sich innen früh schwarz färbt, ist zu warnen.

1

2

3

Pilze — Ordnung Ungedeckelte Scheibenpilze *Helotiales* Familien: Erdzungen *Geoglossaceae,* Zwergbecherlinge *Helotiaceae,* Schmarotzerbecherlinge *Sclerotiniaceae*

1 **Grüne Erdzunge** *Microglossum viride*
Alle Erdzungen ähneln einander in der Form: Auf einem für die Gesamtgröße des Pilzes recht stattlichen runden Stiel sitzt ein keulenartiger, bei unserer Art ziemlich abgeflachter Hut. Die Pilze ähneln damit einigen Keulenpilzen, die aber zu ganz anderen Pilzgruppen zählen (Keulenpilze sind keine Schlauch- sondern Ständerpilze). Die 4—8 cm hohe Grüne Erdzunge erscheint ab Mitte August in Laubwäldern. Sie ist nicht allzu häufig, wird aber auch gerne übersehen, obwohl der olivgrüne „Hut" auf dem oft einen Stich ins Türkisgrüne zeigenden Stiel sich gegen das braune Laub des Waldbodens schön abhebt, und obwohl die zugegebenermaßen kleinen Fruchtkörper oft in ganzen Büscheln aus dem Boden brechen. Bis in den Oktober hinein kann man die Pilze finden. Etwas niedriger sind andere Arten (Gattungen) von gleicher Form aber schwarzer Farbe: die Klebrige Erdzunge im Moor, die Rauhhaarige in Berg- und Seggenwiesen.

2 **Grüngelbes Gallertkäppchen** *Leotia gelatinosa (Leotia lubrica)*
Die kaum 5 cm hohen Pilzzwerge gehören in die Familie der Erdzungen. Sie zeichnen sich durch eine gallertartige (gelatinöse! wiss. Artname) Beschaffenheit ihres Fruchtkörperfleisches aus. Auf einem gelben, rauh punktierten, stämmigen, manchmal sich nach oben konisch verjüngenden, manchmal aber auch nach oben zu dicker werdenden Stiel sitzt das rundliche „Käppchen", meist etwas unregelmäßig geformt und höchstens 2 cm breit. Seine Farbe schwankt von Hellgelb bis Dunkelolivgrün. Die Pilze findet man zerstreut, aber an ihren Standorten sehr gesellig in Laubwäldern (äußerst selten auch in Nadelwaldungen) vom Hochsommer bis in den Herbst hinein. Sie sind zwar nicht giftig und auch nicht von unangenehmem Geschmack, eignen sich aber wegen ihrer Winzigkeit und auch wegen ihrer Beschaffenheit kaum für die menschliche Nahrung (höchstens als Salatpilz). Verwechslungen mit ebenfalls eßbaren verwandten Kreislingen, Spatelpilzen und Haubenpilzen können dem Anfänger leicht unterlaufen.

3 **Schwarzer Schmutzbecher** *Bulgaria polymorpha*
Dieser Pilz gehört zu den leicht kenntlichen Arten, wenn man nur ein wenig auf das Vorkommen achtet. Überall dort, wo gefällte Eichenstämme eine Weile mitsamt ihrer Rinde gelagert werden (also vorzugsweise in der Eichenregion zwischen 200 und 500 m Meereshöhe), brechen aus der Borke die konsolartigen, schwarzbraunen, oben mit einer flachen, rundlichen und tiefschwarzen Scheibe abschließenden, 1—3 cm breiten (und oft etwas höheren) Fruchtkörper. Man findet sie in Massen und fast zu jeder Jahreszeit. Das Fruchtkörperfleisch ist von zäh-gallertartiger Beschaffenheit. Die (obere) Scheibe stellt das Sporenlager dar. Der Pilz ist zwar nicht giftig, doch auch nicht genießbar. Man beachte die einigermaßen beschreibbare Form der Einzelpilze! Ungeformte, gekröseartige, schwarze Gallertmassen (in der Form dem Zitterling, S. 48, ähnlich) gehören dagegen zum Drüsling, einem Ständerpilz.

4 **Anemonenbecherling,** Anemonen-Schmarotzerbecherling *Sclerotinia tuberosa*
Vom März bis in den Mai hinein kann man in den Kolonien der Busch-Windröschen, vor allem an Standorten, die sich durch eine hohe Bodenfeuchtigkeit auszeichnen, diesen 3—8 cm hohen Pilz finden. Er ist nicht gerade sehr häufig, doch fehlt er in keinem größeren Gebiet. Sein Fasergeflecht schmarotzt auf den Wurzelstöcken der Anemonen (Busch-Windröschen, *Anemone nemorosa,* s.S. 210) und bildet nach reichlicher Nahrungsentnahme ein knotiges, schwarzes Dauergeflecht von 1—2 cm Durchmeser (ein „Sklerotium"). Ihm entspringen dann im Frühjahr 1—(ca.) 6 gestielte, rehbraune Fruchtkörper. Die Stiele tragen zunächst wohlgeformte, glattrandige, urnenförmige Becher, die sich im Verlauf der Sporenreife zu sehr flachen, am Rand mehr oder weniger stark gelappten Schüsseln erweitern. Ihr Durchmesser beträgt dann 1—3 cm. Die Art, die nicht jedes Jahr mit gleicher Häufigkeit erscheint, ist die stattlichste heimische Vertreterin ihrer Gattung (s. auch nächste Seite).

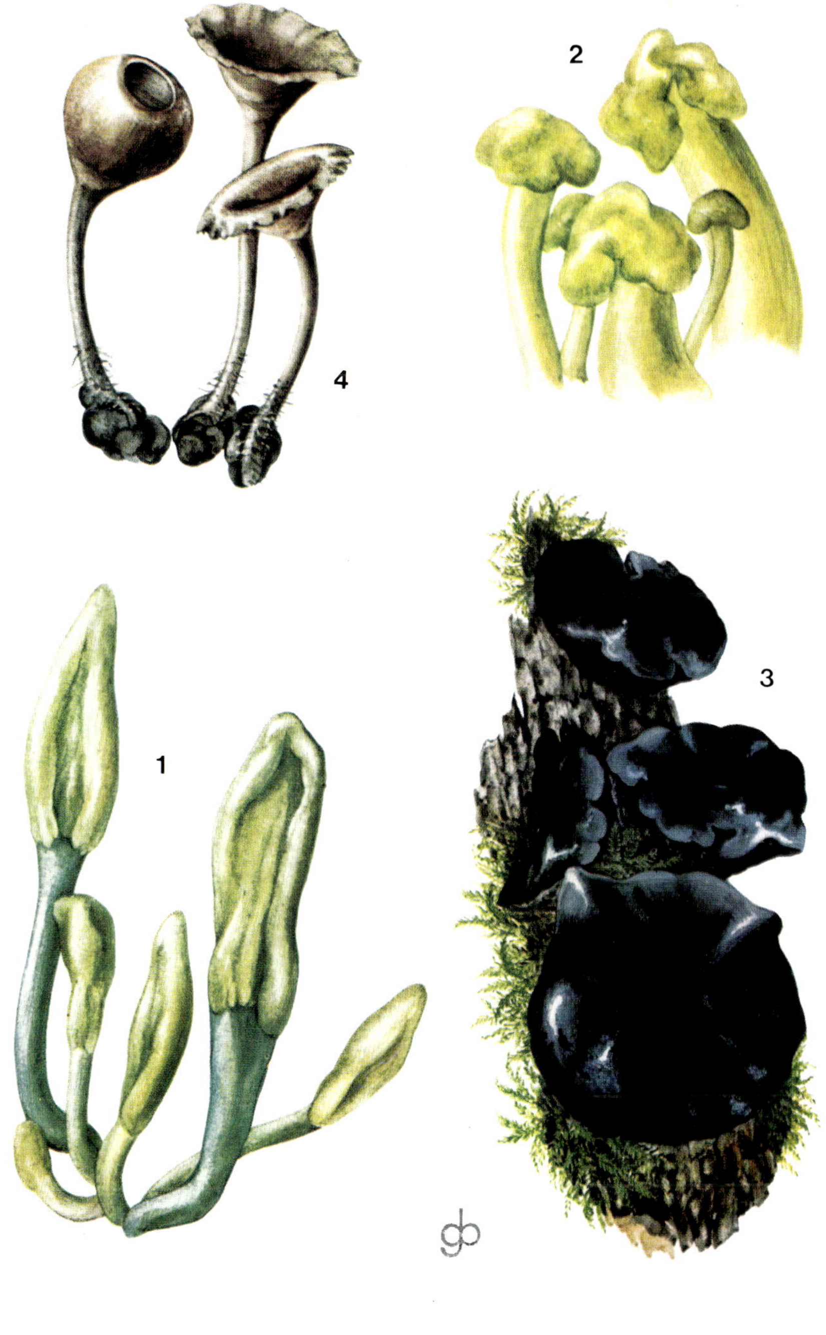
4
2
1
3

Pilze — Ökologische Gruppe der (Nutz-)Pflanzenparasiten aus den Klassen der Schlauch- und Ständerpilze

1 **Moniliafäule** *Sclerotinia fructigena*
Häufig treten bei Äpfeln und Birnen an Faulstellen weiße Pusteln, oft in konzentrischen Kreisen auf. Die Ausbildung der Pusteln ist eine lichtabhängige Reaktion, so daß der Wechsel von Pusteln und pustelfreien Stellen den Tag-Nachtrhythmus dokumentiert. Der Pilz wächst, sich scheibenartig vergrößernd, von einem Ausgangspunkt aus. Er gehört zur selben Gattung wie der Anemonenbecherling (vorige Seite). Die Pusteln sind Konidien, eine ungeschlechtliche Vermehrungs(neben)form, erst im Frühjahr erscheinen auf den vertrockneten Früchten die Apothecien (s.S. 38).

2 **Ahorn-Runzelschorf** *Rhytisma acerinum*
Dieser Schlauchpilz aus der Familie der Büschelschorfpilze *(Phacidiaceae)* schmarotzt auf den Blättern verschiedener Ahornarten. Schon im Spätsommer kann man auf den Spreiten helle Flecke erkennen, die sich dann bis zum Herbst zu rundlichen bis unregelmäßigen schwarzen Lagern mit gelbem Rand auswachsen. Sie überleben den Blattfall und die Winterkälte und bilden dann im Frühjahr die Fruchtschicht mit den vielen, leichten und weitschwebenden Sporen aus. Eng verwandte Arten verursachen die Kiefernschütte und den Weidenblattschorf.

3 **Birnen-Gitterrost** *Gymnosporangium sabinae*
Häufig finden wir gegen den Herbst zu auf der Oberseite der Birnbaumblätter rote, zuweilen gelbgerandete Flecke. Auf der Unterseite ragen an diesen Stellen mehrere kegelige braune Warzen hervor. Es sind Lager mit Bechersporen. Wie jeder Rostpilz (Familie Schwarzrostpilze *Pucciniaceae)* entwickelt unsere Art mehrere hintereinanderfolgende Sporengenerationen, die nicht alle auf demselben Wirt parasitieren. So bildet sich die Wintersporengeneration des Birnen-Gitterrostes auf Wacholdergewächsen, vorzugsweise auf dem Sadebaum *(Juniperus sabinae!)*.

4 **Erbsen-Rost** *Uromyces pisi*
Der Parasit (Familie Schwarzrostpilze, *Pucciniaceae)* befällt mit seiner Wintersporengeneration die Saat-Erbse, viel bekannter ist aber seine Bechersporengeneration, die nicht nur auf der Zypressen-Wolfsmilch schmarotzt, sondern diesen Zwischenwirt auch in seiner Vitalität schwer schädigt und Bauänderungen an ihm hervorruft (vergl. S. 25). In Wolfsmilchbeständen (oft auch bei der Mandel-Wolfsmilch) findet man häufig die Elendsgestalten, die sich durch rote Pusteln auf der Blattunterseite als infiziert erweisen.

5 **Rispengras-Schwarzrost** *Puccinia poae*
Sehr viele Vertreter der Schwarzrostpilze *(Pucciniaceae)* schmarotzen auf Wildgräsern und Getreidearten (schwarze, oder — bei anderen Arten — rotbraune punktierte Streifen auf den Blättern). Als Zwischenwirt kommen bei den verschiedenen Arten sehr unterschiedliche Pflanzen für die stets als rostbraune Pusteln auftretende Bechersporengeneration in Betracht (Berberitze, Busch-Windröschen, Sauerklee, Pfefferminze, Geißfuß). Unsere Art, eine der häufigen, bildet die Bechersporen auf den Blättern des Huflattichs aus (s.S. 356).

6 **Mais-Brand** *Ustilago zeae*
Die Familie der Brandpilze *(Ustilaginaceae)* stellt sehr viele Getreideschädlinge. Sie erzeugen in den Körnern eine Unmenge schwarzer Sporen (Brand!). Der Mais-Brand verbreitet sich derzeit epidemieartig, er erzeugt nicht nur an den Kolben, sondern auch an Halmen und Blättern des Maises beulenartige Geschwüre die (jung in Mexiko angeblich als Delikatesse verzehrt) bald mit schwarzer Sporenmasse erfüllt sind. Eine Schädigung des Viehs wird vermutet, ist aber bislang noch nicht erwiesen. Bekämpfung durch Fruchtwechsel und Anbau resistenter Maissorten.

1
3
4
5
6
2
gb

Pilze — Klasse der Ständerpilze, Vertreter kleinerer Ordnungen

1 Schönhorn, Klebriger Hörnling *Calocera viscosa*
Eine sehr häufige Art aus der Familie der Gallerttränenpilze *(Dacrymycetaceae),* dessen Fruchtkörper allerdings nicht die weichgallertige (tränige) Beschaffenheit seiner Verwandten aufweist, sondern der zum Leidwesen aller Pilzsammler so korkig-zäh ist, daß er wegen seiner Konsistenz als ungenießbar bezeichnet werden muß. Ein altes Pilzbuch empfiehlt ihn zum „Garnieren von Speisen". Seine sattdottergelbe bis leuchtendorangegelbe Färbung ist wirklich eine Pracht. So leuchtet er schon von weitem aus dem dunklen Nadelwald, wo er mit Vorliebe die Stubben und Wurzelwinkel besiedelt. Der Anfänger verwechselt ihn leicht mit einem kleinen Ziegenbart — in der Tat ist die Konvergenz im Bau dieser nicht sehr eng verwandten Pilze ganz erstaunlich. Das Schönhorn wird 3—8 cm hoch und ist meist etwas korallenartig verzweigt. Die Zweige fühlen sich klebrig-schlüpfrig an. Der Pilz erscheint schon im Sommer und hält häufig bis zum Winter durch.

2 Goldgelber Zitterling *Tremella mesenterica*
Die Vertreter der Familie der Gallertpilze *(Tremellaceae)* zeichnen sich in überwiegender Mehrheit durch einen sehr ähnlichen Bau aus: Der gelatinöse bis knorpelig-gallertige, relativ dünnhäutige Fruchtkörper ist reichlappig verzweigt oder gehirnartig, beziehungsweise gekröseförmig gewunden (Mesenterium = Gekröse; s. Artname). Unter den meist schwarzen oder braunen Gestalten ist unsere Art schon von weitem auffällig. Die Farbe ist in der Regel goldgelb, doch kommen auch entschieden blassere Stücke häufig vor. Bei Trockenheit schwinden die Fruchtkörper zu einer fast braunroten, hornartigen Masse zusammen, bei Feuchtigkeit quellen sie wieder auf und können bis zu 5 cm breit und nicht viel weniger hoch werden. Man findet sie das ganze Jahr über, besonders aber zwischen den Herbst- und Frühjahrsregenzeiten, auf der Rinde abgefallener Laubholzäste. Da im modernen Forstbetrieb Fallholz und auch die Zweige geschlagener Bäume kaum einmal mehr abgeräumt werden, breitet sich der Pilz in den letzten Jahren ganz erstaunlich aus.

3 Gemeine Stinkmorchel *Phallus impudicus*
Stinkmorcheln im Laub- und auch im Nadelwald sieht man meist zuerst nicht, man riecht sie. Der unverkennbare Aasgeruch verrät den Verursacher Dutzende von Metern weit: 10—15 cm hoch reckt sich das phallische Gebilde mit der schmierig-schleimigen Sporenmasse auf dem Hut. Mit seinem Gestank lockt es Aasfliegen und andere Insekten an, die sich mit der olivgrünen Sporenmasse beschmieren und so die Verbreitung dieses Vertreters aus der Familie Rutenpilze *(Phallaceae)* übernehmen. Am Ende ist die ockerbräunliche, grubig-wabige Hutoberfläche freigelegt und so macht der Pilz seinem Volksnamen „Leichenfinger" alle Ehre. Doch nicht nur Schlechtes ist zu berichten: Alle Rutenpilze haben ein „Knospenstadium": Der Fruchtkörper der Stinkmorchel gleicht dann einem etwas rundlichen Ei und führt auch den Namen „Hexenei". Unter einer ledrigen Hülle befindet sich innerhalb einer Gallertschicht die festfleischige Stielknospe — ohne jeden Geruch. Feinschmecker schwärmen von panierten und gebratenen Hexeneierscheiben aus der französischen Küche.

4 Tintenfischpilz *Anthurus muellerianus*
Die Familie der Gitterpilze ist eine exotische Gruppe aus südlichen Ländern. Der Tintenfischpilz wurde in den 20iger Jahren, aus dem Elsaß kommend, bei uns eingeschleppt und ist in steter Ausbreitung begriffen. Sein Auftreten im Elsaß wird mit der Anwesenheit fremder Truppen während des 1. Weltkriegs in Verbindung gebracht, doch ist über die genaue Einwanderungsgeschichte wenig bekannt. Jedenfalls kann er im Hügel- und Bergland Westdeutschlands mancherorts als häufiger Laubwaldpilz bezeichnet werden. Er tritt im Sommer und Herbst oft sehr zahlreich auf. Sein Jugendstadium ist ein halb im Boden verstecktes graubläuliches „Ei", aus dem sich dann 4 bis 6 violett- bis orangerote, sehr luftig konstruierte Arme entfalten. Sie sind von Flocken der schwarzen Fruchtschicht bedeckt, die einen gewaltigen Aasgestank entwickeln, den man dieser fremdartig anmutenden Schönheit gar nicht zutrauen würde. Wie bei der Stinkmorchel (s.o.) werden dadurch Aasinsekten angelockt, die für die Weiterverbreitung der Sporen sorgen.

4
2
1
3

Pilze — Familien Staubpilze, Weichboviste *Lycoperdaceae,* Nestlinge *Nidulariaceae,* Hartboviste *Sclerodermaceae*

1 **Rotbrauner Erdstern** *Geastrum rufescens*
Die Erdsterne sind Vertreter der Staubpilze. Sie bilden unterirdische Kugeln, die von zwei derben Hüllen umgeben werden. Im Innern der zweiten Hülle wächst die Sporenmasse zur Reife. Die erste Hülle bricht auf. Durch Risse vom oberen Pol zum unteren Ende bilden sich mehrere Lappen, die sich nach außen krümmen und so den ganzen Fruchtkörper an die Erdoberfläche befördern. Zum Schluß reißt auch die zweite Hülle oben auf und die staubfeinen Sporen treten nach außen, meist passiv durch Tritt oder Stoß, aber auch, wenn die zweite Hülle allmählich zusammenwelkt. Der nicht allzu häufige Rotbraune Erdstern ist der größte der heimischen Vertreter. Man findet seine bis über 10 cm breiten Fruchtkörper vom Sommer bis in den Herbst hinein in trockenen Wäldern aller Art. Die Außenhülle ist meist in mehr als 5 Lappen geteilt und von bräunlich-rötlicher Farbe. Ein besonderes Artkennzeichen ist die glatte Mündung des Austrittslochs der Sporen.

2 **Gefranster Erdstern** *Geastrum fimbriatum*
Diese Art ist nicht ganz so selten wie die vorige, sie hat denselben Entwicklungsgang (s.o.), kommt aber fast ausschließlich im Nadelwald vor. Der Pilz wird nur etwa 5—8 cm breit, seine in 5—10 (15) Lappen gespaltene Außenhülle zeigt schmutzigweiße bis hellbräunliche Farbtöne. Die Mündung des Austrittslochs der Sporen an der Spitze der Innenhülle ist etwas kegelig vorgezogen und mit feinseidigen Fransen dicht besetzt (Name!). Auch bei diesem Erdstern sitzt die Innenhülle der Außenhülle meist dicht auf, während sie bei anderen Arten gestielt ist. Man findet den Gefransten Erdstern ab August bis in den Herbst hinein, ausgetrocknete Überständer kann man noch im Frühsommer des folgenden Jahres entdecken. Sehr ähnlich ist der zu den Hartbovisten gerechnete Wetterstern, der auf Sand in Nadelwäldern zerstreut vorkommt. Die Lappen seiner Außenhülle sind je nach Luftfeuchtigkeit zurückgerollt, flach ausgebreitet oder über die Innenkugel geschlagen.

3 **Tiegel-Teuerling** *Cyathus crucibulum*
Die Nestlinge bilden becherartige Fruchtkörper aus, die bei den Teuerlingen anfänglich mit einer Deckelhaut verschlossen sind. In diesen Bechern (Nestern) befinden sich — wie Eier im Vogelnest — linsenförmige Körperchen aus Fasergeflecht, die Peridiolen, die der Vermehrung dienen (sie bilden die Sporenmasse). Die Zahl der Peridiolen im Becher, die mit Getreidekörnern oder Münzen gleichgesetzt wurden, sollten der abergläubischen Bevölkerung früherer Zeiten weissagen, wie der Ernteertrag oder die Geldeinnahmen des laufenden Jahres seien. Bei bevorstehenden Teuerungen sollten entsprechend wenig Peridiolen im Becher vorzufinden sein (Name!). Die als Speisepilze wertlosen, weil viel zu kleinen Exemplare, sind ½—1 cm hoch, knapp 1 cm breit und erscheinen von Juli bis November an Holz, auf Sägemehl und an Baumstümpfen. Wie der auf ähnlichen Stellen, doch auch auf bloßer Erde wachsende Gestreifte Teuerling (Bechermembran heller, nicht gelblich[-orange] getönt) ist unsere Art sehr häufig, doch wird sie leicht übersehen.

4 **Kartoffelbovist** *Scleroderma*
Der Hartbovist kommt vor allem in zwei Formen vor, die meist Artrang haben: der Dünnschalige Kartoffelbovist, *Scleroderma verrucosum,* ein Laubwaldbewohner mit ockerbraunem, dunkelbraun kleingeschupptem Fruchtkörper von bis zu 4 cm Durchmesser und der häufige Dickschalige oder Gemeine Kartoffelbovist, *Scleroderma aurantium,* ein Kiefernbegleiter mit hellerem, bis zu 6 cm breitem Fruchtkörper, der vor allem in Sandgebieten zu finden ist. Beide ähneln den eßbaren Bovisten, sind aber sehr früh mit schwärzlichvioletter Sporenmasse erfüllt und auch durch ihre schuppige, nie reinweiße Außenhaut charakterisiert. Der Geruch der Innenmasse lädt nicht gerade zum Verspeisen ein, doch wird der Pilz, zumindest jung, gegessen und später noch als Würze verwendet. Obwohl in neueren Pilzbüchern die Ungefährlichkeit des Pilzes hervorgehoben wird, möchten wir doch vom Verzehr abraten: Nach seinem Genuß sind Vergiftungserscheinungen beschrieben worden, die allerdings übereinstimmend als nicht tödlich geschildert werden (Schwindel, Magenverstimmungen).

4

2

3

1

gb

1 Flacher Stäubling, Niedergedrückter Stäubling *Lycoperdon hiemale*
Etwa fünf der in Deutschland vorkommenden Stäublingsarten können mit Sicherheit nur durch mikroskopische Untersuchungen ihrer Sporen sauber bestimmt werden. Für den Pilzsammler ist diese Tatsache unwichtig, denn alle Stäublinge sind eßbar, solange ihre Innenschicht noch rein weiß ist; über den Geschmack eines Bovistgerichtes gehen allerdings die Meinungen auseinander, nicht zuletzt wegen der etwas watteartig-pappigen Konsistenz.
Die abgebildete Art bewohnt Wiesen und Wegraine und zeichnet sich durch kugelige bis kreiselförmige Fruchtkörper von etwa 5 cm Breite aus, die oben abgeflacht sind (Name!) und eine grobkörnelige Oberfläche besitzen. Die Fruchtkörper erscheinen oft in Massen, vor allem im Frühherbst. Verwechslungen mit anderen Bovisten oder auch ganz jungen Egerlingen (Champignons) können vorkommen, sind aber in Bezug auf die Genießbarkeit belanglos. Alte Pilze, deren Sporenmasse im Innern schon gelbliche oder gar bräunliche Farbe zeigt, sind ungenießbar.
Der Eier-Bovist hat eine glatte, splittrig abbrechende Oberhaut, der Hasen-Stäubling hat mehr birnförmig gestaltete Fruchtkörper. Andere ähnliche Arten besiedeln vor allem Wälder und Waldränder. Nicht allzu selten treffen wir auf den Riesenbovist oder Riesen-Stäubling, dessen Fruchtkörper von Männerfaustgröße bis über Kindskopfgröße, im günstigsten Fall mit einem Durchmesser bis zu 50 cm den Lokalzeitungen gegen Ende der Saure-Gurkenzeit wertvollen Füllstoff liefert. Auch er ist jung eßbar. In Scheiben geschnitten und gebraten, liefert er Pilzschnitzel für ganze Familien. Die Sporenreife beim Flachen Stäubling kündigt sich durch gelbliche Verfärbung der Innenschicht an, die bald ins Olivbraune übergeht. Zugleich wird das anfangs relativ feste Fleisch immer weicher und pulvriger. Bei Regenwetter schlägt die Farbe der Sporenschicht auf die Außenhülle durch, die sich allmählich hellbraun färbt. Sie bekommt zunächst am oberen Pol ein Loch, durch das die Sporen entweichen können, zerfällt dann mit zunehmendem Alter vollständig bis auf den langlebigen unteren Fruchtkörperteil, der als häutiger Becher lange erhalten bleibt.

2 Flaschen-Stäubling, Flaschenbovist *Lycoperdon perlatum*
1–3 cm breit, aber bis über 8 cm hoch wird der Fruchtkörper dieses sehr häufigen, waldbewohnenden Stäublings. Seine namengebende (verkehrt-)flaschenförmige Gestalt kommt dadurch zustande, daß der rundliche Sporenkörper einem nicht ganz so dicken, sich aber nach oben zu etwas erweiternden Stielteil aufsitzt. Das Ganze ist überzogen von einer derben, körnelig warzigen Haut, von der sich die härtlichen Körnchen abreiben lassen. Er erscheint gesellig ab Mitte Juni und bildet bis November noch frische Fruchtkörper, die solange gesammelt werden können, wie sich ihre Innenmasse noch nicht gelblich verfärbt hat — oder (in diesem speziellen Fall gültig) bis sich der Kopfteil vom Stielteil nicht mehr mit einem deutlich wahrnehmbaren Knall abbrechen läßt. Kenner empfehlen das Braten in der Pfanne, doch wird in feuchten Jahren trotz allem ein Sieden daraus, denn die Pilze geben beim Erhitzen Unmengen Wasser ab.
Im Alter verfärbt sich das Innere ins Olivbraune und trocknet zu staubfeinem Pulver aus, das durch eine Öffnung am oberen Pol des Fruchtkörpers ins Freie treten kann, explosionsartig unter Entwicklung einer eindrucksvollen Staubwolke, wenn dies durch Tritt oder Stoß veranlaßt wird („Stäubling"). Die Art der Ausstoßung hat zum Namen Bovist geführt, der Latinisierung des niederdeutschen Bofist, wobei „fist" nichts anderes als „Wind" bedeutet und das Präfix „bo" sich entweder von buffen = schwellen herleitet oder etwas mit „Bube" zu tun hat. Im wissenschaftlichen Gattungsnamen wird dasselbe Vergehen dem bösen Wolf angelastet (lycops, gr. = Wolf, perdonei, gr. = einen Wind lassen).
Die Hülle bleibt nach Ausstreuen des Sporenstaubes lange Zeit fast vollständig erhalten (s. oben). Der Sporenstaub ist nicht giftig, Kinder nehmen ihn oft als Pfefferersatz. In die Augen gebracht kann er natürlich wie aller Staub zu Entzündungen führen. Verwechslungen mit dem verwandten Birnenbovist sind unbedenklich, junge Knollenblätterpilze erkennt man am Längsschnitt: Man sieht den Stiel und die Anlagen der Lamellen (Blätter).

1

2

Pilze — Familie Stachelpilze, Stoppelpilze *Hydnaceae*

1 **Semmelpilz,** Stoppelpilz *Hydnum repandum*
Die bekanntesten Stachelpilze sind aus Stiel und Hut aufgebaut. Ihr besonderes Kennzeichen ist die Hutunterseite: Die Sporenschicht überzieht weder Lamellen noch Röhren, sondern dichtstehende Zäpfchen, Zähnchen oder schmale Stachelchen, die relativ leicht abbrechen.
Der Semmelpilz ist der bekannteste und nutzbarste Vertreter der Familie. Seine Hutoberseite ist oft semmelfarben, zuweilen aber auch noch heller oder noch häufiger mit einem Stich ins Hellrote versehen. Der meist etwas bucklige Hut hat einen Durchmesser von normalerweise um 10 cm, es sind aber auch schon Breiten von über 25 cm gemessen worden. Er sitzt auf einem stämmigen, 4—8 cm hohen Stiel. Stiele und vor allem die Hüte benachbart stehender Exemplare verwachsen oft. Den Pilz findet man vom Juli bis in den November hinein im Laub- und Nadelwald oft in großen Mengen, es gibt aber auch Jahre, in denen er kaum auftaucht. An der Stoppelunterseite des Hutes ist er einwandfrei zu erkennen, wenn er auch von Ferne einen Pfifferling vortäuscht. In Nadelwäldern wächst eine kleinere, meist dunkler getönte Unterart. Sie ist aber durch gleitende Übergänge mit der Hauptart verbunden.
Semmelpilze sind ergiebige Speisepilze, die in den meisten Fällen ganz ohne Maden sind. Allerdings hat der Sammler einige Kleinigkeiten zu beachten: Das angeschnittene, erst reinweiße Fleisch läuft etwas gelblich an. Eine geringe Menge Saft beginnt dabei zu verharzen. Dieses Harz teilt sich samt Farbe und etwas strengem Geruch den Fingern mit. Der Geruch schwindet aber beim Braten. Semmelpilze eignen sich dafür besonders, während sie gekocht weder rein noch untergemischt schmecken. Die leicht abbrechenden Stachelchen der Hutunterseite verunreinigen andere Pilze. Man sollte entweder nur Semmelpilze (d. h. Bratpilze) sammeln oder Bratpilze und Kochpilze in besondere Behälter bringen. Ältere Stücke sind oft etwas bitterlich. Es wird empfohlen, entweder die Oberhaut zu schälen, die die meisten Bitterstoffe enthält, oder die Pilze abzukochen und das Kochwasser abzuschütten. Bei dem oft reichlichen Vorkommen empfiehlt es sich, nur die jüngeren Exemplare zu nehmen.

2 **Habichtspilz** *Sarcodon imbricatus*
Auch dieser Pilz ist sicher zu identifizieren, wenn man ihn umdreht und die dichte, fast samtige Stachelbekleidung der Hutunterseite beachtet, die der Art auch noch Volksnamen wie Rehfellchen oder Hirschling eingebracht haben. Die Hutoberseite ist schuppig, andeutungsweise gesperbert wie ein Habichtsbalg. Der bis zu 30 cm breite Hut sitzt satt auf dem nur wenig über 5 cm hohen Stiel. Die Breite und die Bodennähe erinnern zusammen mit den federgleichen Schuppen auch an eine mit breitgespreiztem Gefieder hockende Glucke und daraus erklärt sich ein weiterer, weitverbreiteter Volksname: „Waldhenne".
Der Pilz ist ein treuer Kiefernbegleiter. Diesen Bäumen folgt er auf alle Böden, so daß man ihn nicht nur in Sandgebieten, sondern auch auf besseren Böden finden kann, wenn nur geschlossener Wald mit Kiefern vorhanden ist. Er erscheint ab August und findet sich meist gesellig bis in den Oktober hinein.
Sein Speisewert ist sehr umstritten. Abgesehen von der Tatsache, daß er gerne von Maden befallen ist, macht eine früh einsetzende Bitterkeit seine Verwendung problematisch. Neben der Empfehlung, nur junge Stücke zu sammeln, wird ein Abbrühen mit heißem Wasser angeraten. Der Bitterstoff soll auch durch Trocknen zerstört werden. Ansonsten wird der Pilz besonders auch wegen seines aromatischen Geschmacks und seiner Würzkraft geschätzt und vor allem als Suppenpilz empfohlen. Zu Pulver zermahlene Trockenpilze ergeben eine begehrte Pilzwürze.
Vielleicht rührt auch ein Teil des Verrufs als Bitterpilz von Verwechslungen mit dem verwandten Gallen-Stacheling her, der mehr gelbbraune Hutschuppen besitzt und einen schwärzlichgrün überlaufenen Stielanfang. Diese Art ist wirklich abscheulich bitter. Ein anderer Pilz hat nur von oben betrachtet Verwechslungsähnlichkeit. Es ist der Strubbelkopf, der zwar eßbar, doch von geringer Güte ist. Im Umdrehen erkennt man aber an der Röhrenschicht der Hutunterseite sofort den Doppelgänger aus der Familie der Schuppenröhrlinge. Beide Arten sind sehr viel seltener als der echte Habichtspilz.

1

2

Pilze — Familie Porlinge *Polyporaceae*

1 Kiefern-Braunblättling *Gloeophyllum sepiarium (Lenzites sepiarium)*
Porlinge zeichnen sich dadurch aus, daß auf ihrer Fruchtkörperunterseite eine nichtablösbare Fruchtschicht aus kurzen Röhrchen entwickelt ist. Die vorgestellte Art ist ein Vertreter der kleinen, aber sehr häufig vorkommenden Gruppe von Porlingen, bei denen die Röhrenschicht in eine Art (nicht ablösbarer) Lamellen oder Leisten umgewandelt wurde. Alle anderen Eigenschaften passen dagegen zum Familienstandard.
Man findet den Kiefern-Braunblättling das ganze Jahr über zerstreut, im Herbst jedoch häufig, auf Kiefernholz, vorzugsweise an Baumstubben, aber auch auf Kieferbrettern, -balken und -latten (weshalb er auch den Namen Zaun-Blättling erhielt). Ein Stiel ist nicht ausgebildet, der Fruchtkörper sitzt seitlich konsolartig an, seltener wächst er auf einer horizontalen Fläche mehr oder weniger flachtrichterich. Die Fruchtkörpersubstanz ist von korkig-zäher Beschaffenheit, die Oberfläche gezont, zottig-kurzhaarig und ockerfarben bis rostbraun, die Blätter sind bräunlich (Name!).

2 Schmetterlings-Tramete, Bunter Porling *Trametes versicolor*
Eine der häufigsten Porlingsarten. Sie findet sich ganzjährig an altem Holz, vorzugsweise an den Stubben der verschiedenartigsten Laubhölzer. Der gesamte Fruchtkörper besteht aus einer Vielzahl dachig übereinandergestellter, halbkreis- bis nierenförmiger Einzelhüte. Diese sind dünn, lederzäh, am Rand wellig und oberseits gezont und fein samtig behaart. Die Zonen sind durch verschiedene Färbung oft noch deutlich voneinander abgehoben, die Tönung ist innen kräftiger als gegen den Rand zu. Mögliche Farben sind Weiß, Blaßgelb, Hellbraun, Grau, Schieferblau, Schwarzbraun, Rostrot (selten). Auf der Unterseite sitzt die kurze, cremefarbene bis ockergelbe, nicht ablösbare Röhrenschicht. Der einzelne Hut ist bei einer Dicke von weit weniger als 1/2 cm bis zu 10 cm breit und über 5 cm tief. Ganz alte Stücke sind oft ausgebleicht und von einer Beschaffenheit wie feinstes Ziegenleder. Die ledrige Beschaffenheit des Pilzfleisches stuft die Art in die Gruppe der ungenießbaren Pilze ein.

3 Striegelige Tramete, Striegeliger Lederporling *Trametes hirsuta*
Auf Baumstümpfen und totem Holz von Laubbäumen finden wir überall häufig und das ganze Jahr über, doch besonders massenhaft im Herbst zwei Arten weißlicher Porlinge, die mit konsolartigem, ledrig-korkigem Fruchtkörper seitlich ansitzen. Oft stehen einige Exemplare dachig übereinander. Die Unterseite trägt die festsitzende Röhrenschicht, die Oberseite ist gezont, wulstig und mehr oder weniger stark samt- und striegelhaarig. Sie zeigt Farben von fast reinem Weiß bis Grauoliv, wenn nicht bei älteren Stücken einzellige Grün- oder Blaualgen eine Umfärbung vorgenommen haben.
Das eine ist die Gebuckelte Tramete, ihre Fruchtkörper sind oft einige Zentimeter dick, sitzen mit einem buckeligen Höcker an und werden bis zu 20 cm breit. Die Zonen sind meist mit kurzen Samthaaren besetzt und nur zwischendurch kommt ein Ring längerer Samthaare (Striegelhaare). Die Striegelige Tramete ist oft dünner, meist kleiner, mehr ins Graue gefärbt und hat viele Striegelhaarzonen. Beide sind nicht giftig, aber ungenießbar.

4 Schaf-Porling, Schafeuter *Albatrellus ovinus*
Ein stämmiger Pilz, der meist in Gruppen oder in Kreisen, öfters mit verwachsenen Hüten, im Nadelwald des Berglandes und noch höherer Regionen zerstreut vorkommt. Die Hüte sind recht verschiedenartig geformt, oft verbogen, im Alter felderig aufgerissen, weißlich mit einem Stich nach Gelb oder Grau. Auf der Unterseite ist eine fest angewachsene, kurze Röhrenschicht, die am Stiel etwas herabläuft. Der Stiel endet nicht immer genau in der Hutmitte. Das wohlriechende Fleisch ist fest aber brüchig, die Bruchstellen sind nicht faserig (Apfelbruch) und laufen, wie auch Druckstellen, leicht gelb an. Der kalkliebende Pilz erscheint ab Juli und kommt bis in den Oktober hinein immer wieder neu. Er ist ein schmackhafter Speisepilz; wem das derbe Fleisch nicht zusagt, mag ihn, zerhackt, zu Pilzküchlein verarbeiten. Ein ungefährlicher Doppelgänger ist der Semmel-Porling, mit semmelgelber Hutoberseite und meist verzweigtem, mehrhütigem Stiel. Er bewohnt Nadelwälder über Sandböden. Im Alter wird er leider sehr bitter.

3
2
4
1

1 Bleicher Ziegenbart, Bauchweh-Koralle *Ramaria (Clavaria) pallida*
Der kurze Strunk des Fruchtkörpers teilt sich schon weit unten in längliche, mehrfach verzweigte Ästchen, die am Ende in 2—3 kurze Spitzchen auslaufen. Das Sporenlager überzieht vor allem die Oberfläche dieser Endigungen, wobei durch die weitere Aufteilung eine Oberflächenvergrößerung erreicht wird. Im allgemeinen wächst diese Art mehr in die Höhe als in die Breite, ihre Durchschnittsgröße erreicht etwa die Maße einer Männerfaust. Anfangs sind die Zweige blaßockerfarben (pallidus, lat. = blaß, bleich) und die Spitzen lilarötlich angehaucht, im Alter nehmen alle Teile ein schmutziges Hellbraun an. Das reinweiße, nicht wäßrig marmorierte Fleisch riecht säuerlich, sein Geschmack ist bitter.
Der Pilz wächst gesellig, oft in Ringen oder Reihen in Nadel- oder Buchenwäldern (selten auch unter anderem Laubholz). Er wird vor allem im Frühherbst gefunden. Als Standorte werden Wälder bevorzugt, die über Kalkgestein stocken.
Diese Art muß als giftig bezeichnet werden, obwohl glaubwürdige Pilzsammler versichern, daß sie die Koralle ohne Beschwerden verspeisen. Bei sehr vielen Menschen löst aber der Verzehr schon nach 15—30 Minuten eine Reihe von Reaktionen aus, die je nach allergischer Veranlagung leichter oder sehr heftig verlaufen können: Erbrechen, kolikartige Leibschmerzen und Durchfall. Oft wird behauptet, die Giftwirkung der Zweigspitzen wäre besonders stark und man solle diese bei der Zubereitung abschneiden. Andere meinen, der Anfälligkeitsgrad gegen diese Koralle beruhe auf Veranlagung und Dritte sprechen von lokalen Rassen mit geringerem Giftgehalt. Die ganze Diskussion ist in Bezug auf die Verwertbarkeit des Pilzes ziemlich müßig, denn selbst die beste Küchenkunst kann aus den auch gekocht noch säuerlich-bitter schmeckenden Stücken kein besonders wohlschmeckendes Gericht zaubern.
Die Korallen haben gegenüber den Hutpilzen alle einen Nachteil: Deren Hut mit seiner meist derben Haut schützt Sporenschicht und auch das Fleisch gegen Regenwasser. Dieses wird aber bei den Ziegenbärten in ihrem Gezweig festgehalten und durchdringt das Pilzfleisch. Es begünstigt die Zersetzung des Proteins in oft giftige, zumindest wenig bekömmliche Spalt-und Abbauprodukte.

2 Goldgelber Ziegenbart, Goldgelbe Koralle *Ramaria (Clavaria) aurea*
Aus einem weißen, dicken Strunk entwickeln sich viele, zunächst sehr gedrungene, verzweigte Ästchen, die sich später strecken und zu jenem korallenartigen Aussehen führen, das diesen Pilzen ihren Namen gegeben hat (clava, lat. = Keule; ramus, lat. = Zweig, Ast). Bei der Goldgelben Koralle (aureus, lat. = golden) sind diese Ästchen zumindest in der Jugend bis in die Spitzen hinein gleichmäßig goldgelb gefärbt. Andere, nicht ganz so bekömmliche oder wohlschmeckende Arten zeichnen sich durch hellere Farben aus oder aber ihre Zweigenden sind andersfarbig getönt. Das sehr ähnliche, doch stets kleinere Schönhorn (Klebriger Hörnling, S. 48, ohne Speisewert) besitzt zwar auch durchgehend sattgelb gefärbte Zweige, jedoch keinen weißen Strunk. Im Alter geht aber die Farbe des Goldgelben Ziegenbartes ins Trübbraune über. Dann ist er nur noch sehr schlecht von Doppelgängern zu unterscheiden. Man sollte die Fruchtkörper, die oft breiter als hoch wachsen, sowieso nur jung für Speisezwecke sammeln, solange sie in allen Teilen frisch sind und keine Faulstellen zeigen. Allerdings sind sie jung oft tief im Moos oder im Laub versteckt und ragen gerade mit ihren noch krumpelig aussehenden Zweigenden ein wenig heraus. Da die Pilze aber oft in Reihen oder Kreisen wachsen, verraten die älteren, schon ungenießbaren Stücke den Standort der jüngeren. Das wäßrig durchzogene Fleisch ist weiß und riecht säuerlich, ein Geruch, der sich beim Kochen verliert. Man findet die Pilze vom Hochsommer bis zur Herbstmitte in Wäldern aller Art, besonders bei Buchen und Fichten. Sie sind gebietsweise, vor allem in Kalkgebieten, sehr häufig. Der Pilz gehört, zumindest jung, zu den wohlschmeckenden Korallenarten. Der Anfänger sei aber gerade vor den Korallenpilzen eindringlich gewarnt: Sie sind zwar nicht tödlich giftig, können jedoch sowohl unangenehme Verdauungsstörungen hervorrufen oder ungefährlich, aber durch Bitterstoffe fast ungenießbar sein. Nur wer die einzelnen Arten gut auseinanderhalten kann, erlebt bei den Ziegenbärten ungetrübte Gaumenfreuden.

1

2

Pilze — Familie Leistenpilze *Cantharellaceae*

1 Herbsttrompete, Totentrompete *Craterellus cornucopioides*
So düster wie sein Name ist auch die ganze Erscheinungsform des Pilzes, der oft in Massen vom Hochsommer bis zum Herbst in Laubwäldern zu finden ist. Nur selten trifft man ihn einmal in einem moosigen Fichten-Altholzbestand an. Er bevorzugt eindeutig gut zersetzten Laubmull unter Buchen, geht allerdings auch gerne in die sauren Laubholzvarianten bis hin zum Eichen-Birken-Wald.
Hinter der düsteren Maske verbirgt sich ein wertvoller Würzpilz, fleischarm zwar, aber deswegen leicht zu trocknen. Beim Dörren entwickelt er erst sein fruchtiges Aroma. Die zerstoßenen Trockenprodukte lassen sich in luftdicht schließenden Behältern lange aufbewahren. Trotz einer gewissen Zähigkeit lassen sich aus Frischpilzen auch schmackhafte Gemüse bereiten, wenn man sie nur kleinschneidet. Dazuhin ist der Pilz leicht kenntlich und alle seine „Verwechslungsmöglichkeiten" sind ebenfalls eßbar, wenn auch vielleicht nicht von derselben Qualität. Das Massenvorkommen erlaubt es auch, nur junge Stücke zu sammeln und die alten abgestandenen Fruchtkörper mit dem schwärzlichen, runzeligen Außenrand stehenzulassen. Der einzige schwerwiegende Nachteil, den wir aus eigener Erfahrung anfügen können, ist der Umstand, daß sich bei feuchtem Wetter die Farbe (wie sie auch nebenstehendes Bild zeigt) in ein sehr dunkles Blauschwarz verwandelt, und daß dann gewisse Arten von kleinen Nacktschnecken wegen ihrer gleichartigen Farbe zum Teil wenigstens übersehen werden.
Die Form des Pilzes gleicht einem Füllhorn (craterellus, lat. = kleiner Krater; cornucopioides, lat. = füllhornähnlich), oder auch einer Trompete. Die Farbe ist je nach Feuchtigkeit ein Graubraun bis fast Schwarz. Die Außenseite zeigt nicht einmal mehr Leisten, doch ist sie grob längsrunzelig. Sie trägt die Sporenschicht und ist durch die bald austretenden weißen Sporen heller grau getönt. Der Fruchtkörper verjüngt sich nach unten, am oberen Rand ist er umgeschlagen, später auch runzelig verbogen oder gelappt. Seine Höhe beträgt etwa 5—15 cm, die Breite zwischen 3 und 8 cm. Er ist bis unten hin hohl und nach längeren Regenperioden oft weit hinauf mit Wasser gefüllt. Beim Sammeln solcher Pilze sollte man den unteren Teil nicht mitnehmen.
Wenn der Pilz an der Unterseite dicke, gegabelte und entfernt stehende, doch miteinander verbundene Leisten trägt, dann liegt der ähnliche Ganzgraue Pfifferling *(Cantharellus cinereus)* vor. Er gehört zur gleichen Familie, ist etwas zierlicher und ebenfalls eßbar, allerdings viel seltener und fehlt weiten Gebieten.

2 Trompeten-Pfifferling *Cantharellus tubaeformis*
Wer in schlechten Pilzjahren im Bergland sammelt, dem bleibt oft als letzte Rettung die Fichtenschonung oder das Stangenholz in der Mulde oder am Hang, wo oberflächlich austretendes Sickerwasser zu einer reichen Moosflora, eventuell schon mit dicken Polstern von Torfmoosen, geführt hat. Dort findet der Kenner dann meist noch in Mengen die Trompeten-Pfifferlinge. Allerdings muß es schon richtig Herbst geworden sein, bevor sie erscheinen. Auf derbem, rundlichem oder sehr oft zusammengedrücktem, 2—10 cm hohem Stiel von sattgelber Farbe sitzt der feucht braune, trocken mehr grau-hellbraune Hut. Anfangs gewölbt, geht er bald in seine typische Flachtrichterform über. Nicht selten ist in der Trichtermitte ein kleines Loch. Der Rand ist meist unregelmäßig gewellt. Auf der Unterseite finden sich die etwas herablaufenden, netzig verwachsenen Leisten, die den Pilz als Pfifferling kennzeichnen. Sie färben sich durch die blaßgelben Sporen bald grau.
An dem einzelnen Pilz ist nicht viel dran, denn der Hut ist sehr dünnfleischig und der derbe Stiel sollte nicht weit hinab mitgenommen werden. Durch das massenhafte Vorkommen kann man aber bis zum Schneefall manches Pilzgericht ernten. Die Pilze sind von angenehmem mildem Geschmack, doch wenig aromareich. Ihres dünnen Fleisches wegen lassen sie sich auch leicht dörren. Wenn man ihnen wenige Echte Pfifferlinge beimischen kann, eignen sie sich gut zum Eindünsten. Ein minderwertiger, doch immerhin eßbarer Doppelgänger ist der Duftende oder Starkriechende Leistling *(Cantharellus lutescens)*. Er bevorzugt ebenfalls den Nadelwald (mehr auf kalkigem, weniger auf sauer-sandigem Untergrund), sein Stiel ist jedoch deutlich orangegelb gefärbt. Sein Fleisch riecht stark süßlich aromatisch, bei älteren Exemplaren schon fast widerlich.

1
2

Pilze — Familie Leistenpilze *Cantharellaceae*

1, 2 Echter Pfifferling *Cantharellus cibarius*
Einer unserer bekanntesten Speisepilze. Dutzende Volksnamen beweisen seinen Bekanntheitsgrad: Nach der Farbe heißt er Eierschwamm, Dotterpilz, Gelbling, Gehlchen und Galuschel, nach dem leicht pfeffrigen Geschmack eben Pfifferling, nach seinem Aprikosenduft Marillenschwamm, nach der Jugendform Nagerl, die ohrmuschelartige Einkremplung des ausgewachsenen Trichters brachte das Gelböhrchen, die Leisten den Leistling, daneben gibt es noch zahlreiche Kosenamen, die sich auf den kleinen, aber doch feisten Wuchs beziehen (auch auf den Waldstandort): Rehling, Reherl, Rehfüßchen. Seine Farbe kann von strohgelb (fahlweiß) bis tief dottergelb schwanken. Das Jugendstadium heißt auch „Kragenknopfstadium", später wird die kurzgestielte Trichterform erreicht (kantharos, gr. = trichterförmiger Becher, cantharellus ist die latinisierte Verkleinerungsform). Wichtig sind die Leisten: An der Hutunterseite sind keine Lamellen, sondern adrig verzweigte, niedere Stränge, die das Sporenlager tragen. Das unterscheidet die Träger von den normalen Blätterpilzen und bringt sie neuerdings in die Verwandtschaft der Korallen-, Stachel- und Keulenpilze. Das aromatisch riechende Fleisch ist weiß, zuweilen etwas gelblich, fest oder schwach faserig und hat roh einen fadlaugigen, ins Pfefferartige übergehenden Geschmack, der sich aber beim Kochen bis auf eine letzte, pikante Würznote auflöst. Maden finden sich selten, von Schnecken wird der Fruchtkörper verschmäht. Er geht überdies nur sehr schwer in Fäulnis über. Dies macht den Pfifferling zu einem der wertvollsten Marktpilze; allerdings hängt damit auch seine Schwerverdaulichkeit zusammen. Aroma und Vitaminreichtum gleichen aber diesen Mangel vor allem in heutiger Zeit weitgehend aus, wo es ja häufig darum geht, nicht zu viel an Nährstoffen zu sich zu nehmen. Eine Gefahr bleibt allerdings bestehen: Pfifferlinge faulen zwar selten, werden aber gelegentlich — vor allem an sehr feuchten Standorten — äußerlich von Schimmelpilzen befallen. Man hüte sich davor, Pilze mit einem kurzflaumig-filzigen Überzug noch verwerten zu wollen. Zumindest eine Magenverstimmung kann die Folge sein.
Die Redensart: „keinen Pfifferling wert", die den Wert eines Pfifferlings gleich Null setzt, gilt heutigentags nicht mehr. Pilzkundige stellen überall einen rapiden Rückgang in der Häufigkeit gerade dieses Pilzes fest und in den Marktberichten hat der Erlös für ein Kilogramm Pfifferlinge schon eine stattliche Höhe erreicht. Vor allem im Umland der Großstädte läßt der Segen stark nach und die Berichte alter Sammler vom Pfifferlingsreichtum der Wälder klingen oft wie Märchen. Schon sind manche Gemeinden zu Sammelverboten für Pilze übergegangen. Da unser Pilz zu den leichtkenntlichen Arten zählt und da er außerdem einen exklusiven Geschmack besitzt, wird ihm natürlich intensiv nachgestellt. Von Juni bis Oktober, bei milder Witterung bis November ist Erntezeit. Der eigentliche Pilz ist nur der Fruchtkörper eines ausgedehnten, unterirdischen Fadengeflechtes, dem das Abernten so wenig schadet wie das Pflücken der Äpfel dem Baum. Wenn hier aber Äste abgerissen werden und dort Erde umgewühlt wird und dabei das zarte Fasergeflecht des Pilzes beschädigt wird, wenn die Pilze ausgerissen werden und das Fasergeflecht freigelegt wird, so daß es abstirbt, dann allerdings geht oft die ganze Pflanze zugrunde. Pilzesammeln als Freizeitgestaltung ist in seinem gesundheitspolitischen und volkswirtschaftlichen Wert nicht hoch genug einzuschätzen, doch bringt nur Bedacht, ja sogar eine gewisse Muße den Ausgleich (zur Alltagshektik). Neben dem Pfifferling gibt es noch eine ganze Reihe weiterer schmackhafter Pilze, die ebenfalls leicht kenntlich sind und auf die man zum Schutz der Pfifferlingspopulationen ausweichen sollte.
Vom Pfifferling gibt es mehrere Varietäten, sowohl dem Bau als auch dem Standort nach. Zwei davon sind hier abgebildet. Der Typ der Art, die Normalform 1 (ssp. *cibarius* — cibaria, lat. = Speise) wird vor allem in Fichtenbeständen und zwar sowohl Schonungen, Stangenwäldern wie moosreichen Altholzbeständen gefunden. Der Bleiche Pfifferling 2 (ssp. *pallidus*) ist von stattlicherem Wuchs und von sehr heller, fahlgelber Farbe. Er wächst vor allem in den Laub-, besonders den Buchenwäldern auf Kalkböden. Seltener sind dann noch der Weizen-Pfifferling (ssp. *albus*) mit fast reinweißem Hut und ebensolchen Leisten und die (Berg-)Form der montanen Buchen-Tannenwälder, der Violettschuppige Pfifferling (ssp. *amethysteus*) dessen schwefelgelber Hut mit feinen violetten Schüppchen bedeckt ist.

1

2

1 Frost-Schneckling Gelbblättriger Schneckling *Hygrophorus hypothejus*
Dieser Schneckling zählt zu den wertvollen Speisepilzen. Er eignet sich für Suppen und ergibt auch schmackhafte Gemüse. Anfangs ist er zwar von einer dicken Schleimschicht bedeckt, doch verteilt sich diese beim Größerwerden etwas und fließt auch teilweise ab. Der Rest kann dann leicht abgeschabt werden.
Der dunkelbraune Hut ist anfangs kegelig gewölbt, wird aber bald flach und zum Schluß zumindest angedeutet trichterig. Er ist meist nur gegen 5 cm breit und blaßt gelegentlich nach Gelb oder Rötlichgelb aus. Seine Lamellen verfärben sich von reinweiß nach gelb und orangerötlich. Das feste Fleisch verfärbt sich an der Luft ins Gelbliche. Es riecht nur ganz schwach und dann eher angenehm fruchtig. Der schlanke, 3 bis knapp 10 cm lange Stiel erreicht meist nur Bleistiftdicke. Der Frost-Schneckling ist gebietsweise sehr häufig, fehlt andererseits vor allem den Lehm- und Kalkgebieten oder kommt dort nur gelegentlich vor. Er besiedelt sandige Heiden mit viel Heidekraut und zeigt eine enge Bindung an Kiefern. Sein Hauptvorteil für die Pilzverwertung besteht darin, daß er erst nach den ersten Nachtfrösten in größeren Mengen erscheint und dann bis in den Winter hinein in Frost und Schnee ausharrt. Sein spätes Erscheinen bringt es mit sich, daß er meist wenig von Maden befallen wird.
Verwechslungen können höchstens mit anderen eßbaren Schnecklingen vorkommen, die allerdings fast durchweg früher erscheinen. Da ist vor allem der Olivgestiefelte, Olivbraungeschuppte oder Natternstielige Schneckling *(Hygrophorus olivaceoalbus)*, mit olivbraunem Hut, weißbleibenden Lamellen und graubraun genattertem Stiel, der von Juli bis November vorzugsweise unter Fichten gefunden werden kann. Auf der sauren Nadelstreu kommt er auch in Kalkgebieten gut durch, doch zieht er die Bergregion vor.

2 Verfärbender Schneckling, Starkriechender Schneckling *Hygrophorus cossus*
Die Großgattung *Hygrophorus* wird heute von einigen Pilzsystematikern auf einige kleinere Gattungen aufgeteilt, wie das die Pilzsammler aus rein praktischen Gründen schon lange tun. Anderen Forschern erscheinen die Unterschiede zwar auffällig, aber in ihrer Zahl zu gering, als daß sie zur Trennung ausreichten. Alle diese Pilze haben farblose Sporen und ein Fleisch von weicher, wachsartiger Beschaffenheit, sowie dicke, weit entfernt stehende Blätter. Der Kenner unterscheidet innerhalb dieser Gruppe die Saftlinge (S. 66) mit glasigem Hut und auffälligen Farben, die Ellerlinge mit feuchten, aber nicht klebrigen und die Schnecklinge mit zumindest in der Jugend schleimig-klebrigen Hüten. Die Gruppe der Schnecklinge stellt bei uns die meisten Vertreter. Eigentliche Giftpilze sind keine darunter, doch fallen einige Arten durch besonders unangenehmen Geruch und Geschmack auf und müssen daher als zumindest „für Speisezwecke ungeeignet" deklariert werden. Zu diesen gehören der Verfärbende Schneckling und seine nähere Verwandtschaft. Er besitzt denselben Geruch wie die Raupe des Weidenbohrers (Schmetterling; *Cossus cossus;* Name!), die sich mit dieser Ausdünstung mögliche Feinde vom Leib hält.
Auf schleimigem, nach oben dicker werdendem, etwa 5—10 cm langem Stiel sitzt ein anfangs weißer, aber bald vergilbender, schleimbedeckter, 4—8 cm breiter Hut. Die Fruchtkörper erscheinen schon im August und sind bis Oktober in mullreichen Wäldern mit guter Bodenzersetzung häufig anzutreffen. Bevorzugt werden aber Standorte unter Buchen.
Eine ganze Reihe anderer Schnecklinge können mit dieser Art verwechselt werden. Über ihren Wert als Speisepilz entscheidet lediglich die Intensivität des Geruchs nach Weidenbohrerraupen. Da ist vor allem der als wohlschmeckend gerühmte Elfenbein-Schneckling (*Hygrophorus eburnus;* eburnus, lat. = elfenbeinern), auch nach seinem Hauptvorkommen Fichten-Schneckling genannt. Sein Hut bleibt reinweiß. Manche Autoren unterscheiden als eigene Art den stark riechenden Gelbrand-Schneckling (*Hygrophorus chrysaspis;* chrysaspis, gr. = Goldschild), dessen Hut sich intensiver gelb verfärben, an Trockenstellen des Randes sogar braunorange werden soll (siehe Abbildung, Pilz ganz links). Die Gruppe benötigt dringend eine eingehende Revision, denn es scheint so zu sein, daß je nach Wuchsgebiet sowohl Färbung als auch Stärke des Geruchs schwanken, und daß auch in den verschiedenen Gegenden unter demselben Namen ganz Verschiedenes verstanden wird.

1

2

Pilze — Familien Wachsblättler *Hygrophoraceae,* Gelbfüßler *Gomphidiaceae*

1 Schwärzender Saftling *Hygrophorus conicus*
Hygrophorus ist in freier Übersetzung der Wasserträger (eigentlich: Feuchtigkeitsträger) und auch der deutsche Artname deutet auf das besonders saftige Fleisch der Vertreter dieser Gattung hin, die im übrigen meist nur in der offenen Landschaft, kaum im schattigen Walde zu finden sind. Die Hüte zeigen auffällige Farben und weisen die charakteristischen, dicken, entferntstehenden Lamellen auf, die wachsartig aussehen und der Familie den Namen gegeben haben.
Der Schwärzende Saftling hat einen kegeligen (konischen!), oft deutlich bespitzten Hut, der zunächst leuchtend gelbrot bis scharlachrot ist, im Alter dann ganz allmählich eine schwärzliche Farbe annimmt. Dasselbe geschieht beim Abpflücken oder spätestens beim Kochen. Der meist hohle Stiel ist zunächst etwas heller als der Hut gefärbt, macht dann aber auch dessen Umwandlung nach. Kenner unterscheiden zwei Arten, die sich aber äußerlich nur durch die Hutform unterscheiden. Oft kommen beide nebeneinander vor, so daß die Frage nach dem Artrang zumindest offen ist.
Unter den Saftlingen ist unsere Art noch eine der kräftigsten. Wir können von einer mittleren Hutbreite um 5 cm und einer fast ebensogroßen Stiellänge ausgehen. 10 cm werden nicht überschritten. Obwohl sie als guter Suppenpilz gilt, bringt sie deshalb nur geringe Erträge, wenn sie nicht gerade in Massenwuchs auftritt. Da die Fruchtkörper leicht brechen und zerdrückt werden können, müssen sie beim Einlegen in den Korb und beim Transport schonend behandelt werden. Verwechslungen können nur mit eßbaren Arten derselben Gattung eintreten.
Vom Sommer bis in den Herbst finden wir die Saftlinge auf Grasplätzen, Matten, Waldwiesen und Rasenstreifen neben den Wegen, auch in sehr lichten Parkanlagen und in Obstgärten. Niederschlagsreiches Klima fördert ihr Auftreten, weshalb sie vor allem im Bergland und in den Vorgebirgen häufig anzutreffen sind.

2 **Großer Gelbfuß,** Schmierling, Kuhmaul *Gomphidius glutinosus*
Eine dicke, zusammenhängende Schleimschicht überzieht den ganzen Pilz im Anfangsstadium. Beim weiteren Wachstum reißt sie dann auf, überdeckt aber zumindest die Hutoberseite vollständig. Sie ist fast farblos, zumindest durchscheinend und läßt sich bei genügender Vorsicht an einem Stück, sonst aber immerhin noch in wenigen großen Fetzen abschälen. Die Hutfarbe ist violett- bis schmutziggraubraun. Der anfangs gewölbte Schirm geht später in eine Kreiselform über. Die dicken, wachsartigen Lamellen laufen am Stiel hinab. Sie sind erst weißlich, dann von den Sporen grau bis schwarz verfärbt. Der weiße, 5—10 cm hohe Stiel ist von unten her chromgelb verfärbt. Diese Farbe teilt sich auch dem sonst weißen Fleisch mit, das im übrigen etwas wäßrig-weich ist. Meist befinden sich am oberen Stielende die Reste des früheren Schleimüberzuges als Wulst angehäuft, der durch die herabfallenden Sporen bald rußig bestäubt erscheint.
Das Kuhmaul finden wir vorzugsweise in Fichtenwäldern und zwar besonders in Beständen mittleren Alters mit dichter Nadelstreue. Reine Laubwälder werden gemieden, die Vorkommen mit Nadelhölzern außer Fichten sind sehr selten. So ist dieser Pilz eigentlich ein Bergbewohner. Wenn er heute im Tief- und Hügelland auftritt, dann hängt das mit der weiten künstlichen Verbreitung der Fichten durch den Menschen zusammen. Man trifft ihn vom Sommer bis zum Herbst an, in manchen Jahren liefert er Massenernten.
Obwohl eßbar, wird der „Rotzer" seines unappetitlichen Aussehens wegen von vielen Pilzsammlern nicht beachtet. Andere loben ihn dagegen als einen der besten Speisepilze. Er ist auf jeden Fall, trotz seines weichen Fleisches eine wertvolle Bereicherung von Mischpilzgerichten (die man allerdings nicht stundenlang kochen sollte, da er sonst sülzig zerfällt). Ein ganz großer Vorteil ist seine Unverwechselbarkeit. Höchstens nahe Verwandte, zum Beispiel der ebenfalls eßbare Kupferrote Gelbfuß, könnten aus Versehen mitgesammelt werden. Ganz alte Stücke mit schwarz verfärbten Lamellen lasse man weg und befreie alle anderen schon vor dem Einlegen in den Sammelkorb von ihrer Schleimschicht. Zum Trocknen eignen sich die sehr wäßrigen Schmierlinge nicht.

1

2

Pilze — Familie Hellblättler *Tricholomataceae*

1 Weißer Gifttrichterling, Feld-Trichterling *Clitocybe dealbata*
Ein gefährlicher Giftzwerg, der sehr viel Fliegenpilzgift (Muscarin) enthält und der in alten Pilzbüchern zuweilen als eßbar beschrieben wird. Er schmeckt angenehm mild und sein Geruch nach Mehl macht ihn unverdächtig. Beim Auftreten von Vergiftungserscheinungen (Schwindelgefühlen) muß man sofort einen Arzt zuziehen und in der Zwischenzeit versuchen, den Magen des Erkrankten zu entleeren. Die fortgeschrittene Vergiftung äußert sich in schwerem Durchfall und einsetzendem Delirium. Vermutlich ist es nur der Kleinheit des Pilzes zu verdanken, daß bislang noch so wenige Vergiftungen durch ihn erfolgt sind.
Die Stielhöhe überschreitet selten 4—5 cm und auch die Breite des Hutes schwankt nur zwischen 2 und 5 cm. Die Hutfarbe ist ein mattglänzendes, reines Weiß, das aber früh schon ins Schmutzigweiße bis Hellgelbliche hinüberaltert. Der anfängliche Buckelhut wird zum Trichter, dessen Rand bald kraus und wellig überhängt. Der dünne, etwa um 1/2 cm breite Stiel ist faserig, verjüngt sich nach oben zu kaum und bekommt im Alter eine schwach hellrosa Tönung. Die engstehenden, schmalen, erst blaßgelben dann schmutzigocker nachdunkelnden Lamellen laufen ein wenig am Stiel herab.
Der Weiße Gifttrichterling meidet den Wald. Er findet sich vom Hochsommer bis in den Herbst hinein auf Grasplätzen aller Art, besonders Nutzwiesen und Weiden. Er kommt in ganz Europa und auch in Nordamerika vor, doch ist er in manchen Gebieten nicht sehr häufig. Meist wächst er in Ringen, aber auch Wachstum in unregelmäßig verteilten Trupps kommt vor. Dort, wo die Fruchtkörper stehen, ist das Gras stets von satterem Grün.
Verwechslungen können am ehesten vorkommen mit dem meist kräftigeren Pflaumenrötling (Mehlräsling, Mehlpilz, Weißgrauer Moosling — *Clitopilus prunulus*), der in manchen Gegenden als ausgezeichneter Speisepilz gesammelt wird — in den allermeisten Fällen aber nur von wirklichen Pilzkennern. Er ist mehr am Waldrand und in lichten Wäldern zu finden und seine Lamellen färben sich bald rot ein; die von ihm verursachten Geruchseindrücke sind individuell sehr verschieden — nach Gurken, Mehl oder Pflaumen (lat. = prunus). Nur große Unaufmerksamkeit kann zu Verwechslungen mit dem Nelken-Schwindling (S. 76) führen, der, an denselben Standorten vorkommend, sich durch eine Vielzahl von Merkmalen unterscheidet: Zähelastischer Stiel, weitstehende Lamellen und die deutliche Ockerfarbe des Hutes gehören zu den wichtigsten.

2 Mönchskopf, Ledergelber Riesentrichterling *Clitocybe geotropa*
Man braucht tatsächlich nur wenig Phanthasie, um beim Anblick des noch jungen Hutes an eine Tonsur zu denken. Ein rundlicher Buckel in der Mitte stellt den geschorenen Kopf dar, der verflachte Randteil mit dem bogig nach unten gezogenen Saum kann als Haarkranz gedeutet werden. Die Rippen auf der Oberseite signalisieren die geradegekämmten Haarsträhnen.
Während sich nun der Stiel auf 10 bis über 20 cm Höhe streckt, bleibt der Hut in fast derselben Form und in einer Breite von 2—6 cm lange erhalten. Erst in der Endphase des Wachstums macht er dem Namen Trichterling endlich Ehre und weitet sich zu einem hohen, 10—30 cm breiten Trichter — in dessen Mitte allerdings noch in den meisten Fällen der „Anfangsbuckel" zu sehen ist. Der ganze Pilz ist dann ockerfarben, auch die Lamellen, die etwas am Stiel herablaufen. Das Innere ist weiß, das Hutfleisch sehr fest (bald aber zäh), das Stielfleisch locker, watteartig; sein Geruch angenehm aromatisch.
Man findet den Pilz vom Herbst bis in den Winter hinein in großen Ringen oder in Reihen in Wäldern aller Art über kalkhaltiger und saurer Unterlage, doch stets auf mullreichen Böden. Seine Standhaftigkeit auch gegenüber Frösten deutet gleichzeitig auf schwere Verdaulichkeit hin. Nur junge Pilze, noch in der Mönchskopfform, eignen sich vorbehaltlos zum Verzehr.
Grundsätzlich sollte man das Sammeln von Trichterlingen Kennern überlassen, denn einmal gibt es einige gefährliche Verwechslungsmöglichkeiten (in unserem Fall mit dem Riesen-Rötling), zum andern sagt der Geschmack einiger nahe verwandter Arten nicht jedermann zu — manche müssen direkt als ungenießbar bezeichnet werden und drittens reagieren manche Menschen gegenüber Trichterlingen, die allgemein als eßbar gelten, mit Verdauungsbeschwerden oder Immunreaktionen (Nesselausschlägen).

1

2

Pilze — Familie Hellblättler (Ritterlinge) *Tricholomataceae*

1 Hallimasch *Armillariella mellea*
In Waldgegenden gehört dieser Pilz oft zu den häufigsten Arten und tritt auch in schlechten (trockenen) Jahren noch massenhaft auf. Sein relativ zähfleischiger Hut kann alle Honigfarben zeigen (mel, mellis lat. = Honig) und geht in der Regel vom jugendlichen Gelb ins Rosabräunliche, später ins Graubraune und Braune über (oft zeigen die alten Hüte einen bläulichen Schimmelanflug). Er ist mit (abwischbaren) dunkleren Schüppchen besetzt, die gelegentlich vom Regen abgewaschen sein können. Der Stiel trägt über der Mitte einen häutigen, flockig-weißschuppigen Ring (armilla, lat. = Armband, Armspange, den Ring meinend). Die zunächst weißlichen Lamellen verfärben über Gelblichrot nach Braun, um beim Einsetzen der Sporenreife weißmehlig bestäubt zu erscheinen.
Der Pilz erscheint schon im Spätsommer, massenhaft aber im Herbst. Er bricht in dichten Büscheln aus Baumstubben, Bäumen und Wurzeln, scheinbar auch direkt aus dem Boden, doch stecken dann stets Baumwurzeln darunter. Meist erfolgt das Auswachsen fast gleichzeitig, so daß man in einem größeren Gebiet nahezu nur gleichaltrige Stücke antrifft. Das Pilzgeflecht durchwuchert vor allem totes Holz, doch können auch lebende Bäume (vor allem junge Kiefern und Fichten, gelegentlich Obsthölzer) von ihm befallen werden. Der Pilz zählt deshalb zu den Forstschädlingen und ist gar als Waldverwüster verschrieen. Doch muß gesagt werden, daß er in der Regel nur solche Bäume befällt, die in ihrer Lebenskraft geschwächt sind; zum Beispiel, weil sie auf völlig ungeeignete Böden ausgepflanzt wurden. Im Bast, dem Verjüngungsteil zwischen Rinde und Holz, bildet sich oft die sogenannte Rhizomorpha, das sind meterlange dunkelbraune Stränge, stricknadeldick, oft netzig miteinander verbunden. Sie werden vor allem als Vorratsspeicher angesehen, können aber durch die Erde zu Nachbarbäumen wachsen und diese infizieren. Sie haben den typischen seifig-zusammenziehenden Geschmack des rohen Pilzfleisches. Freigelegtes Pilzgeflecht (Abschrammen der Rinde) leuchtet im Dunkeln phosphoreszierend. Der rohe Pilz ist ungenießbar. Seinen wirklich unangenehmen Geschmack erfährt man erst nach längerem Kauen. Dieser verliert sich jedoch beim Kochen, vor allem, wenn man nur junge Hüte einsammelt. Die zäh-holzigen Stiele werden nicht weich, man läßt sie am besten draußen. Bei Pilzessern ist der Wert des Hallimaschs dennoch umstritten: Ungenügend gekochte Stücke führten schon zum Erbrechen, beim längeren Kochen zieht die Speise Schleim, und „Pilzgeschmack" ist nur spärlich entwickelt. Andere sind von der reichlich zur Verfügung stehenden Ware angetan. Sie bereiten ein Gericht aus je einem Drittel würziger (z.B. Pfifferling) und geschmacksneutraler Pilze und dem Hallimasch, wobei die einzelnen Komponenten in der Quantität auch wechseln können.
Der exotisch klingende Name ist urgermanisch und setzt sich zusammen aus einer Ableitung des Stammes helan = verbergen, hehlen! (verwandt: Halle, Hülle, Hölle) und masche: Gewirke, Netz, Masche! also bezugnehmend auf das unter Rinde verborgene Pilzgeflecht.

2 Grünling, Echter oder Edel-Ritterling *Tricholoma flavovirens*
Gelbreizker, Gänschen, Grünreizker, Sandgrünchen oder einfach Sandling sind weitere Volksnamen für diesen hochgeschätzten Speisepilz, wobei die Vielzahl seine Beliebtheit verrät. Die Namen beziehen sich einmal auf die gelbe, oft ins Grünliche spielende Farbe des leicht klebrigen Hutes und zum andern auf den Hauptstandort, die sandigen Kiefernwälder Norddeutschlands. Man findet ihn auch in sauren Heiden und seltener in reinen Fichtenforsten. Meist stehen ganze Trupps beieinander. Haupterntezeit ist der Herbst.
Lamellen und Stiel sind ebenfalls gelb, sogar das milde Fleisch zeigt einen hellen Gelbton. Die Güte des Pilzes, der zudem oft in Massen auftritt, ist über alle Zweifel erhaben, nur der kurze Stiel sorgt für die einzige Unanehmlichkeit: Die Pilze sind gerne stark versandet. Die Huthaut (die allerdings leicht abziehbar ist) bildet ein wahres Heftpflaster für Nadeln, Sand und Krumen, doch auch die Lamellen müssen oft, da vollkommen versandet, in der Küche ausgeschnitten werden.
Leider gibt es einige Verwechslungsmöglichkeiten mit minderwertigen, wertlosen oder gar giftverdächtigen Pilzen. Man achte zuerst auf die vor dem Stiel zu einem Graben eingebuchteten Lamellen, den klebrigen Hut, den schwachen, angenehmen Mehlgeruch und dann auf den milden Geschmack.

2

1

1 Lilastiel, Lilastiel-Ritterling *Rhodopaxillus personatus*
Mit dem Epithet *personatus,* von lat. persona = Maske, werden von den Erstbeschreibern oft solche Formen belegt, die leicht mit anderen Arten zu verwechseln sind (also in deren Maske auftreten), oder die sehr variabel sind. Der Lilastiel kann oft für ein kräftiges Exemplar des Violetten Rötelritterlings gehalten werden — er ist im Durschschnitt, bei etwa gleicher Hutbreite (8—15 cm), im Stiel höher und dicker (5—10 cm hoch, 2—3 cm dick). Die Hutfarbe ist zu keiner Zeit violett, sondern stets fahlbraun bis graublaß. Nur der Stiel zeigt anfangs eine satte Lilafarbe (d.h. weniger blau- als rotviolett). Die Lamellen sind fast weiß (wäßrig-blaß) bis sehr hell bräunlich.
Man findet den Lilastiel im Spätherbst (und bis weit in den November hinein) vor allem auf Wiesen, Weiden und in Obstgärten, seltener in Bachgehölzen. Er bringt, in langen Reihen oder in Ringen wachsend, oft reichliche Ernten, auch wenn man auf die älteren, etwas herbsäuerlich schmeckenden Individuen verzichtet. Sein Geruch ist nicht gerade verlockend, eher neutral-undefinierbar, doch gibt er durchaus eßbare Gerichte, wenn er sich auch nicht mit den Edelpilzen an Wohlgeschmack messen kann. Er ist nicht ganz so häufig wie der Violette Rötelritterling und fehlt vor allem auf Sandböden oft über weite Strecken.

2 Violetter Rötelritterling, Violetter Ritterling *Rhodopaxillus nudus*
Von den eigentlichen Ritterlingen unterscheiden sich die Rötelritterlinge dadurch, daß sie anstelle weißlicher Sporen rötlich getönte erzeugen (Name!; rhodon, gr. = Rose, Rosenfarbe; paxillus, lat. = Pfahl, Pflock = stämmiger Pilz). Von Kennern wird der Violette Rötelritterling innerhalb seiner Sippschaft als der für Speisezwecke am besten geeignete erachtet und vor allem für das Einlegen in Essig empfohlen. Andere können sich mit dem fadsüßlichen, beinahe widerlichen Geruch und Geschmack nicht abfinden, die dem Pilz auch nach der Zubereitung noch, wenn auch nur sehr schwach, anhaften. Vielleicht spielen hier auch verschiedene, ganz individuelle Geschmacksempfindungen eine Rolle. Die dürften aber mit Sicherheit verhindern, daß diese Art zu einem gängigen Marktpilz werden kann, und das ist eigentlich schade. Denn einmal gibt es oft wahre Massenernten im Spätherbst, wenn das Angebot der übrigen Pilzarten schon etwas spärlicher wird und zum anderen gehört der Violette Ritterling zu den wenigen Formen, bei denen schon die künstliche Zucht (in offenen Gartenbeeten) gelungen ist. Im übrigen leidet der Pilz wenig unter Madenbefall. Zudem ist sein Fleisch zwar recht zart, aber doch von so großer Festigkeit, daß es beim Kochen nicht zerfließt. Man findet die Fruchtkörper meist so ab etwa Ende September/Anfang Oktober gesellig in Reihen und Kreisen zwischen dem Fallaub im Mull der Laubwälder, in humusreichen Nadelwäldern, auch in Wiesen und Gärten, wenn nur der Boden eine gut zersetzte, milde und durchfeuchtete, aber nicht nasse Humusdecke aufweist.
Die jungen Pilze sind in allen Teilen schön blauviolett gefärbt. Dann aber geht der kahle, glatte Hut allmählich zu bräunlichen Farbtönen über, auch die Lamellen verfärben nach rötlichbraun und das anfangs ebenfalls intensiv violette Fleisch zeigt blassere (grünlichgelbe bis bräunliche) Farben und sieht etwas wäßrig, oft auch ein wenig marmoriert aus. Sein schon erwähnter Geruch wird von manchen Autoren mit dem der Veilchenwurzel verglichen. Verwechslungen mit anderen Rötelritterlingen sind möglich, so vor allem mit dem oben beschriebenen Lilastiel. Sie sind ungefährlich, wenn auch die anderen Arten einen geringeren Wohlgeschmack besitzen. Der Lilastiel besiedelt vor allem die offenen Grasflächen, während der Violette Ritterling doch mehr den Wald bevorzugt. Doch können beide an denselben Standorten wachsen. Unaufmerksame Pilzsammler können allerdings an violette Arten der Schleierlinge geraten, die sich nicht nur durch die tief rostbraunen Lamellen zu erkennen geben, sondern auch durch den widerlich süßlich-karbidähnlichen Geruch. Sie können ein Pilzgericht verhunzen, da ihr Geschmack sehr bitter ist. Empfindliche Personen werden augenblicklich zum Erbrechen angeregt, weshalb die Schleierlinge, allen voran der häufige Liladickfuß zur Kategorie der schwach giftigen Pilze gezählt werden müssen. Die Vergiftungsgefahr ist allerdings gering, da spätestens beim Zerschneiden nicht nur das safrangelbe Fleisch stutzig macht, sondern auch der intensiv auftretende ekelerregende Geruch eine Weiterverwendung geradezu verbietet.

1

2

Pilze — Familie Hellblättler (Ritterlinge) *Tricholomataceae*

1 Tiger-Ritterling *Tricholoma pardinum*
Gedrungen-kräftiger Pilz mit einer Hutbreite von etwa 6—10 cm bei einer Stielhöhe von 4—8 cm. Prachtexemplare mit den Maßen 12/10 cm sind nicht allzu selten. Die silbergraue, oft ins Violett spielende Hutoberseite trägt in der Regel breite, dunkelbraune bis graubraune Schuppen. Diese „Tigerung" gab dem Gewächs seinen Namen (pardus, lat. = Panther, Leo„pard"). Die Lamellen der Hutunterseite sind vor dem Stielansatz eingebuchtet, ihre Farbe ist ein Schmutzigweiß mit gelblichem oder grünlichem Einschlag. Vor allem in feuchter Umgebung ist ihre Schmalseite mit kleinen Wassertröpfchen besetzt. Diese finden sich auch am Stielende unterhalb der Lamellen. Das Fleisch ist weißlich, schmeckt mild und riecht angenehm nach Mehl. Wir haben es aber beim Tiger-Ritterling mit einem Giftpilz zu tun. Es sind zwar noch keine Todesfälle durch seinem Genuß bekannt geworden, doch verursacht er Darmstörungen, die nur langsam auskuriert werden können. Aus Süddeutschland und der Schweiz ist eine große Zahl von Vergiftungsfällen bekannt geworden. Das hängt mit dem häufigen Vorkommen des appetitlich aussehenden Pilzes zusammen, der in Laub- und Nadelwäldern vor allem in Kalkgebieten anzutreffen ist. Hier erscheint er im Spätsommer und oft bis in den Herbst hinein in kleinen Trupps und oft in großer Zahl. Es gibt eine Reihe eßbarer Verwandter, mit denen er verwechselt werden kann, vor allem, wenn seine charakteristischen Merkmale (breite Schuppen, Wasserperlen, kräftiger Wuchs) nur undeutlich ausgebildet sind. Auch der Mehlgeruch, der für einige eßbare Ritterlingsarten gilt, verleitet manchen Sammler zum Mitnehmen. Ritterlinge mit Hutschuppen und graubrauner Farbe sollten stets mit Vorsicht und Bedacht gesammelt werden, denn nicht alle sind Erdritterlinge (siehe unten).

2 Gilbender Erdritterling *Tricholoma scalpturatum*
Innerhalb der artenreichen Gattung Ritterling wird eine Gruppe von Pilzen mit grauen bis schwärzlichen, schuppigen Hüten unter dem Namen „Erdritterlinge" ausgegliedert. Es handelt sich dabei weniger um eine streng taxonomisch umrissene Untergattung, als um eine nach praktischen Gesichtspunkten zustandegekommene Gruppierung von Formen, die nach äußerlichen Merkmalen nicht leicht auseinanderzuhalten sind. Streng genommen müßte hier auch der oben beschriebene Giftritterling eingereiht werden, dem öfters gerade die Sammler von Erdritterlingen zum Opfer fallen. Die Ritterlinge selbst zeichnen sich durch ihren weißen Sporenstaub aus. Er wird auf dünnen Lamellen erzeugt, deren Höhe kurz vor dem Stiel rasch schwindet, so daß rings um diesen eine Vertiefung entsteht, der „Graben der Ritterburg".
Der Gilbende Erdritterling wird um die 5 cm hoch und auch sein Hut erreicht im allgemeinen ein nur wenig größeres Maß als Durchmesser. Anfangs kegelig-glockig, spannt er oft fast waagrecht aus, ohne allerdings seinen Buckel in der Mitte ganz zu verlieren. Häufig reißt dabei der dünnfleischige Schirm radial ein. An solchen Rissen, doch auch am Stiel und den alternden Lamellen kann man die eintretende leichte Gelbtönung feststellen, die dem Pilz zu seinem Artnamen verholfen hat. Die Hutfarbe ist ein sehr helles Silbergrau, zuweilen mit violettem oder ockerfarbigem Stich. Die Schuppung ist sehr zierlich, daher fühlt sich die Hutoberseite samtig-filzig und trocken an. Das Fleisch schmeckt mild und hat den charakteristischen Mehlgeruch.
Die Art bevorzugt Nadelwälder auf kalkhaltigen Böden mit guter Humusgare. Sauren Rohhumus meidet sie. An geeigneten Standorten kommt sie oft in großen Massen vor und bildet dichtbestandene, ausgedehnte Hexenringe. Dort zieht sie auch unter Laubbäume und ein Stück vor den Waldrand in die angrenzenden Wiesen. Sie erscheint oft schon im Juni und hält bis zu den ersten Frösten durch. Leider kann sie nicht nur mit einer Reihe ähnlicher eßbarer Arten verwechselt werden, allen voran mit dem Mäusegrauen Erdritterling, der an fast denselben Standorten wächst, eine etwas dunklere Hutfarbe aufweist und nicht nach Mehl riecht. Die Gefahr der Verwechslung mit Formen des Tiger-Ritterlings (siehe oben), die keine ausgeprägten Hutschuppen entwickeln, ist sehr groß.
Die Güte eines Pilzgerichtes aus Erdritterlingen ist sehr umstritten. Während einige zumindest lobende Worte finden, wird der Speisewert dieser Arten von anderen sehr gering erachtet und der ganzen Sippschaft nur das Prädikat genießbar erteilt.

1

2

1 Nelken-Schwindling, Feld-Schwindling *Marasmius oreades*
Die Schwindlinge zeichnen sich dadurch aus, daß sie bei Trockenheit „schwinden", das heißt, zu einer hornartigen Masse zusammenschrumpeln; bei feuchtem Wetter entfalten sie sich wieder und leben weiter. Auf das Schwinden nimmt auch der Gattungsname Bezug (marasmos, gr. = welken, schwinden). Die allermeisten Vertreter der Sippe sind kleiner als unser Nelken-Schwindling und wachsen im Wald, während er die offenen Grastriften bevorzugt (wie die Bergnymphen, die Oreaden; Name!).
Auf dem steifen, 4—8 cm hohen und nur um 1/2 cm dicken, doch sehr zähen Stiel sitzt ein 2—6 cm breiter, kegelig-glockiger, später auch tellerförmig flacher oder sogar am Rand etwas aufgewölbter Hut. Seine Farbe ist blaßbraun bis rötlichocker und bleicht beim Trocknen aus. Im Alter erscheint ein sehr unregelmäßiges Wabenmuster aus dunkleren Linien. Die dicklichen, vor dem Stielansatz eingebuchteten Lamellen stehen sehr locker. Sie haben eine hellere Farbe als die Hutoberseite. Der Duft des frischen Pilzes wird sowohl mit dem nach Gewürznelken als auch mit dem der Nelkenblüten oder mit dem von frischem Holz umschrieben. Er ist auf jeden Fall aber angenehm und aromatisch, doch muß betont werden, daß auch winzige Mengen Blausäure (Bittermandel) austreten.
Man findet den Nelken-Schwindling vom Frühjahr bis in den Herbst hinein auf Grasplätzen aller Art, sehr selten auch in Wäldern, wo er meist frühere Grünlandnutzung anzeigt. Sehr oft bildet er lückenlose Hexenringe, wobei das Gras am Rand besonders prächtig gedeiht. Da oft sehr viele Exemplare beisammenstehen, lohnt sich das Einsammeln trotz des Umstandes, daß nur die (jungen) Hüte, nicht aber die zähen Stiele verwendet werden können. Mit dem Pilz lassen sich vor allem wohlschmeckende Suppen und würzige Soßen herstellen. Man merkt ihm an, daß er Mitglied einer berühmten Würzpilzgattung ist, zu der noch die waldbewohnenden Knoblauch Schwindlinge gehören, die als Mousseron Eintritt in die Feine Küche gefunden haben.
Wenn man auf den Wiesenstandort, den steifen Stiel und die (auch jung) hellbräunliche Hutfarbe achtet, sind Verwechslungsmöglichkeiten kaum gegeben. Gefährlich ist der Weiße Gifttrichterling (S. 68), dessen Hut aber lange Zeit reinweiß ist und sich erst im Alter nach Gelblichweiß verfärbt. Er wächst ebenfalls in Hexenringen auf Wiesen und Weiden.

2 Blauer Lackpilz *Laccaria amethystina*
Die Lackpilze bilden innerhalb der Hellblättler eine sehr eigenständige Gattung, wofür schon die tief violettblauen und nur bei der Sporenreife hell bestäubten Blätter der Hutunterseite ein Zeugnis ablegen. Sie sind sehr grob (dick) und stehen weit voneinander entfernt. Der Hut ist bei unserer Art, zumindest jung und feucht, von tiefvioletter Farbe, mit glatter Oberfläche, gleichmäßig gewölbt und in der Mitte eingedellt. Später kann er fast trichterig werden. Bei Trockenheit blaßt die Farbe bis ins Weißliche aus, so daß er von oben oft kaum mehr vom sehr nahe verwandten Roten Lackpilz (feucht fleischrot, trocken weißlich), *Laccaria laccata,* unterschieden werden kann. Bei beiden behalten aber die Lamellen ihre charakteristische Farbe bei. Der faserige, dünne Stiel wird in der Regel nur wenige Zentimeter bis 1 Dezimeter lang, Ausnahmeexemplare mit 20 cm langem Stiel sind schon beschrieben worden.
Der Pilz wächst sehr häufig in allen Waldtypen, im Mull, im Humus und an den Wegrändern. Seltener wagt er sich in Parkanlagen und Gärten, wo er auch schon in Laubmullböden erfolgreich gezogen wurde. Er ist sehr feuchtigkeitsbedürftig, fehlt zwar in trockenen Jahren nie ganz, kommt aber erst nach regenreichen Sommern in wahrer Massenentfaltung vor. Er tritt gelegentlich schon im Juni auf und hält bis in den Spätherbst aus.
Er ist wie der stellenweise seltenere Rote Lackpilz eßbar, doch nur von mäßigem Wohlgeschmack; auch sind seine Stiele recht trockenfaserig, so daß man am besten nur das obere Drittel mitverwendet. Für Mischpilzgerichte ist er als Grundlage dennoch zu empfehlen, denn manchmal bietet er oft die letzte Rettung zur Sicherung einer ausreichenden Pilzmenge, zum anderen ist er leicht kenntlich und kaum zu verwechseln. Nur Rettich-Helmlinge (sehr minderwertige, wäßrige Küchenpilze) ähneln in Form und (beiden) Farben, geben sich aber durch helle, engstehende Lamellen und deutlichen Rettichgeruch leicht zu erkennen.

1

2

Pilze — Familie Freiblättler *Amanitaceae*

1 Grüner Knollenblätterpilz, Grüner Wulstling *Amanita phalloides*
Auf dieser Seite sind die gefährlichsten Pilze Mitteleuropas vereint. 90 % aller tödlichen Pilzvergiftungen kommen auf ihr Konto. Die Gifte sind in kleinsten Mengen wirksam, schon ein pfenniggroßes Pilzstückchen kann einen Menschen töten. Da die Hauptwirkung erst 8—48 Stunden nach Einnahme der Mahlzeit eintritt, nützen sonst übliche Rettungsversuche, wie das Auspumpen des Magens, überhaupt nichts. Die Gifte beeinflussen die Zellatmung und den Informationsfluß zwischen Kern und Zellplasma, wirken im Endeffekt schädigend auf die Leber und zerstörend auf die Roten Blutkörperchen.
Leider sieht der Pilz recht appetitlich aus, riecht zumindest jung kaum und hat nach Aussagen Geretteter keinen unangenehmen Geschmack. Derzeit stellen landesunkundige und oft unserer Sprache kaum mächtige Gastarbeiterfamilien einen hohen Prozentsatz der jährlichen Vergiftungsfälle, doch sind aus den Hungerjahren erschreckende Zahlen von Todesfällen unter der doch anscheinend aufgeklärten einheimischen Bevölkerung bekannt: 1918 starben in einem Ferienheim 31 Kinder, 1946 wurden innerhalb weniger Tage in Berlin über 50 Menschen Opfer von Knollenblätterpilzen.
Als Laie meide man alle Pilze mit Stielknolle, Stielmanschette und weißen Lamellen!
Der Kenner kann diese Giftpilze nicht nur sicher von Champignons, Täublingen und Ritterlingen unterscheiden, sondern auch von verwandten, ungiftigen Arten derselben Gattung. Ob er diese allerdings verzehrt, ist eine Frage der persönlichen Einschätzung in Bezug auf die Sicherheit bei der Identifikation. Wir möchten zur selbstkritischen Bescheidenheit mahnen, da uns Fälle bekannt sind, in denen selbst in Fachkreisen berühmte Floristen — nicht gerade mit Knollenblätterpilzen aber mit anderen, schwächeren Giftlingen — sich und ihren Familien versehentlich einige unangenehme Tage bereitet haben.
Hauptkennzeichen des Grünen Knollenblätterpilzes: Weiße, höchstens ganz leicht grünlichgelbe Lamellen auf der Hutunterseite, die frei sind; das heißt, sie ziehen sich nicht bis ganz zum Stiel hin; Stielknolle in einer lappig gerandeten Scheide steckend; am Stiel eine weiße Manschette (Haut, die anfangs die Unterseite des Hutes bedeckt hat); Hutfarbe der Normalform: ganz jung weiß, bald aber olivgrün.
Der bis zu 15, meist aber nur um 10 cm breite Hut hat gelegentlich auf seiner Oberseite noch einige weiße Hautfetzen, die von der anfänglich alles umkleidenden Hülle stammen, deren Hauptanteil die Knollenscheide des ausgewachsenen Fruchtkörpers ist. Der schlanke Stiel ist selten reinweiß, meist grünlich gezont oder durch Zickzackstreifen „genattert". Das weiße, feste Fleisch ist meist madenfrei. Schnecken benagen den Pilz gerne: Man soll sich ja nicht darauf verlassen, daß Pilze, die von Tieren gefressen werden, für den Menschen ebenfalls ungiftig seien. Für das Erkennen von Giftpilzen gibt es kein allgemeingültiges Zeichen! Man muß sie einzeln ansprechen können.
Der Pilz erscheint ab Juli, in größeren Mengen meist erst ab August in Parkanlagen und in Laubwäldern, vorzugsweise im Eichengebiet. Gelegentlich sind einige Exemplare reinweiß. Eine Form, die heute meist als eigene Art angesprochen wird, ist der zumindest engverwandte Frühlings-Knollenblätterpilz der, mit mehr südlicher Ausbreitungstendenz, im Frühjahr vereinzelt in Laubwäldern über Kalkboden anzutreffen ist. Manche halten ihn nur für eine Saison-Spielart des Grünen Knollenblätterpilzes.

2 Spitzhütiger Knollenblätterpilz, Kegelhütiger Knollenblätterpilz, Kegel-Wulstling *Amanita virosa*
Er ist seltener als der Grüne Knollenblätterpilz, aber genauso gefährlich. Er besiedelt vor allem Nadelwälder auf sauren Böden. Er ist reinweiß, später mit einem Stich ins Gelbliche und vor allem durch seinen (spitz-)kegelig-glockigen Hut charakterisiert. Die Lamellen sind weiß und frei, der Stiel trägt eine Manschette und steckt mit seiner Knolle in der Scheide, die mit einem lappigen Hautrand abschließt; er scheint (des schmalen Hutes wegen) besonders hochgeschossen zu sein.
Gegen Knollenblätterpilzvergiftung gibt es kein Heilmittel, wohl aber ein von tschechischen Wissenschaftlern entdecktes Gegenmittel (Gegengift!), das der Giftwirkung hemmend entgegensteht, die Thioctsäure. Sie wirkt allerdings umso eher, je rascher die Vergiftung erkannt wird.

1

2

1 **Gelblicher Knollenblätterpilz,** Zitronengelber Wulstling *Amanita citrina*
Ein fast harmloser Vetter der giftigen Knollenblätterpilze. Er kommt häufig schon ab Ende August, bis in den November hinein ausdauernd, in Nadelwaldungen und sauren Heiden, selten auch unter Buchen und Birken von den Niederungen bis in mittlere Höhenlagen vor. Der schlanke, glatte Stiel steckt mit seiner Fußknolle in einer häutigen, ziemlich glattrandigen Scheide. Die Haut, die im Jugendstadium die Hutunterseite abschließt, hängt später als stulpenartige Manschette im oberen Stieldrittel. In eine Höhe von 8—12 cm spreizt sich der anfangs glockige, bald aber sehr flach ausgebreitete Hut. Seine gelbliche Farbe kann bis zum reinen Weiß variieren. Die Oberseite ist von unregelmäßigen Hautfetzen bedeckt, die meist etwas dunkler gefärbt sind. Es handelt sich um die Überreste der Schutzhülle, die den Jungpilz vollkommen umschlossen hat. Sie können leicht abgewischt werden.
Auf der Hutunterseite stehen die reinweißen, später blassen Lamellen, die nicht bis an den Stiel heranreichen (freie Blätter!). Das weiche, weiße Fleisch riecht dumpf kartoffelartig. Schon allein dadurch lockt der Pilz nicht zum Verzehr; auch gekocht soll er wenig schmackhaft sein. Heutzutage wird er nur noch als unbekömmlich eingestuft: In geringen Mengen genossen soll er harmlos sein, nach dem Verzehr größerer Quantitäten sollen lediglich mehr oder minder heftige Verdauungsstörungen auftreten. Nur unachtsame Sammler verwechseln die weißen Formen, denen kein besonderer taxonomischer Wert zugesprochen wird, mit Champignons, die weder Knollenhülle noch Hüllrestfetzen auf dem Hut besitzen und die vor allem rötliche bis dunkelbraune Lamellen aufweisen. Eher zu verwechseln sind der Narzissengelbe Wulstling (mit vergänglicher Manschette, deutlich gerieftem Hutrand und weißlichen Hüllfetzen auf tief- bis ockergelbem Hut) sowie der auf S. 78 beschriebene Grüne Knollenblätterpilz, dessen Knollenscheide am Rand gelappt ist und der nicht nach Kartoffeln riecht. Der Grüne Knollenblätterpilz ist tödlich giftig!

2 **Fliegenpilz** *Amanita muscaria*
Ein allbekannter und märchenträchtiger Waldpilz, wenn er auch nicht „das Männlein mit dem Purpurmäntlein" ist, das „auf einem Bein im Walde steht" (dies ist die Hagebutte) und wenn er auch Abarten (z. B. mit braunem Hut) und Standortmodifikationen aufweist (z. B. Hutfarbe bis zu hellem Orangegelb ausgewaschen), die nicht mit dem oft gemalten Glückssymbol übereinstimmen. Im Jugendzustand ist die Knollengestalt des Pilzes von einer Hülle umgeben, auf der die weißen Pusteln in konzentrischen Kreisen angeordnet sind. Während der erst glockige Hut immer größer wird und sich zuletzt flach ausbreitet, vermehren sich die Pusteln nicht, so daß immer mehr von der roten Hutfarbe sichtbar wird. Bei regelmäßigem und ungestörtem Wachstum sind die Tupfen nachher sehr gleichmäßig über die Oberfläche verteilt. Das Fleisch direkt unter der Huthaut ist charakteristisch gelb verfärbt. Der weiße, massive oder hohle, bis über 20 cm lange und bis 3 cm dicke Stiel ist etwas flockigwarzig, trägt eine Manschette und endet unten in einer Knolle.
Der Fliegenpilz ist ungemein häufig und wächst besonders gern in Nadelwaldungen mittleren Alters über sauren Böden.
Er ist giftig — obwohl es Menschen gibt, die ihn vertragen (bzw. Gebiete, in denen er weniger Giftstoffe produziert). Früher hat man Hutstücke, in Milch gekocht oder mit Zucker bestreut, gegen Fliegen ausgelegt, doch wurden die Tiere öfters nur vorübergehend betäubt. Der Pilz enthält (in wechselnden Mengen) zwei Gifte, die sich möglicherweise bei ganz bestimmter Zusammensetzung in ihrer Wirkung gegenseitig ausschließen, die jedoch auch nacheinander wirken können: das erregende und Rauschzustände erzeugende Muscarin (bei sibirischen Völkerschaften oft als Rauschdroge verwendet) und das lähmende Muscaridin, auch Pilzatropin genannt, weil es eng mit dem Gift der Tollkirsche, dem Atropin, verwandt ist. Beide Gifte sollen, da wasserlöslich, durch Überbrühen der Pilze entfernt werden können. Es gibt jedoch heutzutage ungefährlichere Möglichkeiten, sein Verlangen nach einem Pilzgericht zu stillen. Wenn bei uns in Hungerzeiten wohl tonnenweise Fliegenpilze verzehrt worden sind, so kamen doch auch stets Vergiftungen vor, die gelegentlich sogar tödlich waren.

2

1

Pilze — Familie Freiblättler *Amanitaceae*

1 Perlpilz, Rötender Wulstling *Amanita rubescens*
Der Pilz liefert äußerst wohlschmeckende Gerichte und ist zudem in weiten Gebieten Deutschlands (zumindest in der Hügel- und Bergregion Süddeutschlands) der häufigste Großpilz im Sommer und Frühherbst. Leider ist er ein naher Verwandter der Knollenblätterpilze und relativ leicht mit dem unten beschriebenen Pantherpilz zu verwechseln, so daß er nur von wirklichen Kennern gesammelt werden sollte. Er ist in Farbe und Form sehr variabel, durch folgende Merkmale aber sicher anzusprechen: Das Fleisch, von angedeuteter rosa Verfärbung, rötet sich nach Verletzung (Schnitt, Bruchstelle) an der Luft langsam aber deutlich. Oft sind am Pilz alte Fraßstellen oder Madengänge vorhanden, die stets dunkelweinrot umsäumt sind. Die Stielmanschette zeigt eine feine (Radial-)Riefung (bleibende Eindrücke der zuvor von ihr bedeckten Lamellen). Die Stielbasis ist nicht abgesetzt knollig, sondern eher konisch-zwiebelig angeschwollen und in mehreren Ringen schuppig gegürtet.
Weitere Kennzeichen sind der hellrotbräunliche, fleischrote oder kupferrötliche Hut, der nur in seltenen Fällen auch einmal blaßrosa sein kann. Er ist mit abwischbaren (und — vom Regen- abwaschbaren) Pusteln bedeckt, die nie reinweiß sind, sondern bräunlich oder zumindest einen Stich ins Rötliche haben. Die reinweißen Blätter, die frei stehen oder am Stiel etwas angeheftet sind, werden mit zunehmendem Alter rot- bis braunfleckig.
Der Perlpilz ist so recht ein Pilz zum Selbersammeln. Einmal benötigt man dazu die richtigen Kenntnisse und zum zweiten eignet sich das Gewächs trotz seiner robust erscheinenden Maße (Hutbreite 5—15, Stielhöhe 8—15 cm) nicht gut zum Markthandel: das wäßrig-weiche Fleisch verträgt Lagerung und Druck sehr schlecht und die zerquetschten Stellen werden durch die rötlichbraune Verfärbung bald unansehnlich. Die Wäßrigkeit des Fleisches ist auch die Ursache dafür, daß sich der Pilz nur sehr schlecht zum Trocknen eignet (als Frischgemüse hingegen ist er hervorragend).

2 Pantherpilz, Panther-Wulstling *Amanita pantherina*
Dieser Geselle ist der lebensgefährliche Doppelgänger des Perlpilzes. Er enthält dieselben zwei Gifte wie der Fliegenpilz, doch anscheinend stets in einem so ungünstigen Mischungsverhältnis, daß sich die zeitlich verschieden einsetzende Wirkung eher durch den anderen Anteil noch verstärkt. Der einzige „Vorteil" in der Giftwirkung gegenüber den Knollenblätterpilzen besteht darin, daß sich die Vergiftung schon wenige Minuten nach dem Verspeisen, im Höchstfall spätestens nach ½ Stunde bemerkbar macht, so daß in den allermeisten Fällen ein Arzt noch rettend eingreifen kann — vorausgesetzt der Betroffene besitzt einen stabilen Kreislauf. Neben Magenbeschwerden mit Erbrechen und Schwindelgefühlen macht sich eine solche Pilzvergiftung wegen des mitwirkenden Atropins auch durch abnorme Pupillenerweiterung mit Sehstörungen und durch unkoordinierte Bewegungen bemerkbar.
Der Pantherpilz ist nicht allzu selten, er erscheint nur sehr unregelmäßig von Jahr zu Jahr. Er besiedelt die Nadelwälder des Berglands und der Mittelgebirgslagen (Tannen und Fichten), während er in den Niederungen auch in den Eichenwäldern, vor allem aber unter Kiefern zu finden ist.
Oberstes (doch nicht einziges und alleiniges!) Charakteristikum ist das „Bergsteigersöckchen": Der Wulst der Knollenscheide ist glatt und abgerundet, der Stiel steckt in der Knolle wie ein Bein im Bergstiefel; zwischen Stiel und Knolle ist ringsum eine schmale Furche. Daneben zeigt der blaß- bis umbrabraune Hut reinweiße Pusteln (selten ganz abgewaschen) und bis auf eine Abart einen gerieften Rand, wogegen die Manschette am Stiel stets ungerieft ist. Das feste, weiße Fleisch hat einen Geruch, der an einen schlecht gelüfteten Lagerkeller für Rettiche und Rüben erinnert.
Der eigentliche Doppelgänger des Pantherpilzes ist der eßbare Graue oder Gedrungene Wulstling (unscharf abgesetzte Knolle, ungeriefter Hutrand, feingeriefte Manschette, Hutfarbe mehr grau), den selbst erfahrene Pilzspezialisten nur ungern zu Speisezwecken mitnehmen. Der Perlpilz jedoch wird von vielen Menschen gezielt gesammelt (eine Verwechslung mit dem Grauen Wulstling ist ungefährlich), deswegen ist — vom menschlichen Standpunkt aus betrachtet — das Paar Perlpilz/Pantherpilz von größerer Wichtigkeit.

1

2

1 Riesen-Schirmling, Parasol *Lepiotia procera (Macrolepiotia procera)*
Ein leicht kenntlicher und allbekannter Pilz, Prototyp aller Schirmpilze (Hutpilze mit schirmartig flach ausgebreitetem Hut) was sich auch in seinem Volksnamen ausdrückt, wobei „Parasol" ebenfalls nichts anderes als „Sonnenschirm" bedeutet. Der wissenschaftliche Gattungsname bezieht sich auf die dachziegelig angeordneten Hutschuppen (lepion, gr. = Schüppchen) während der Artname auf schlanken und hohen Wuchs verweist (procerus, lat. = schlank, hochgewachsen). In der Tat erreicht kaum ein anderer heimischer Pilz die Höhe dieses Schirmlings: Es wurden schon Stielhöhen über 40 cm und Hutbreiten bis zu 30 cm gemessen, der Durchschnitt liegt allerdings bei 20/20 cm. Sehr charakteristisch ist am ausgewachsenen Pilz der verschiebbare Ring, der im oberen Bereich des genatterten, schlanken und hohlen Stiels steht. Die Stielbasis ist knollig verdickt, doch ohne besondere Hülle. Der Schirm, anfänglich kugelig-eiförmig geschlossen (Paukenschlegelstadium) löst sich ausgewachsen sehr leicht vom Stiel und trägt auf seiner Unterseite dichtstehende, weiße, relativ dicke Blätter, die frei sind, also nicht am Stiel angewachsen. Das Fleisch des Hutes ist sehr zart, watteartig, von angenehmem Geruch und nußartigem Geschmack. Im Stiel wird es bald zähfaserig und dürr (und unverdaulich!).
Der Pilz zählt zu den guten Speisepilzen, sollte allerdings im Paukenschlegelzustand geerntet werden, wobei nur die Hüte Verwendung finden sollten, nicht das rohfaserhaltige Stielfleisch. Gerade aufgeschirmte Hüte ergeben, paniert, köstliche Pilzschnitzel, alte Stücke, sofern madenfrei, lassen sich zu Pilzwürze verarbeiten (Trocknen und Pulverisieren).
Leider kommt die häufig zu nennende Art sehr selten in größeren Rudeln vor. Sie ist vorzugsweise an die Kiefer gebunden und beansprucht für gutes Gedeihen außerdem Licht. Waldränder, Lichtungen, auch sehr kleine, sowie gelegentlich Äcker und Gärten bieten zusagende Standorte. Dort findet man den Pilz von Juli bis in den November hinein. Verwechslungsmöglichkeiten sind höchstens mit dem (untenstehenden) Safran-Schirmling gegeben, die aber keine Folgen haben, da dieser ebenfalls eßbar ist. Nur roh sollte man weder Schirmlinge, für die dies gelegentlich empfohlen wird, noch je andere Pilze genießen (abgesehen von Geschmacksproben an ganz kleinen Stückchen bei ganz speziellen Entscheidungen, wobei man das Zerkaute aber auch nicht schlucken soll). Für viele Menschen sind rohe Pilze einfach unbekömmlich. Das mag damit zusammenhängen, daß ihre Zellwände nicht, wie bei Pflanzen üblich, aus Zellulose aufgebaut sind, sondern aus Chitin, einem Stoff, der eher als Panzermaterial aus dem Insektenreich bekannt ist. Der chemische Unterschied zwischen Chitin und Zellulose ist zwar nicht so gewaltig, wie manchmal dargestellt wird (man kann Chitin als eine Art Zellulose mit stickstoffhaltigem Anhängsel auffassen), doch scheinen besonders „veranlagte" Menschen mit der Verwertung des Chitins Schwierigkeiten zu haben.

2 Safran-Schirmling, Rötender Schirmling *Lepiotia rhacodes (Macrolepiotia rhacodes)*
In allen Teilen der kleinere Vetter des Riesen-Schirmlings. Hervorstechendes Merkmal ist neben der stets geringeren Höhe (Stiel durchschnittlich 10, Hut ebenfalls um 10 cm breit), die safrangelbe bis ziegelrote Verfärbung, die an Bruch- oder Schnittstellen innerhalb weniger Minuten auftritt.
Der Pilz ist seltener als der Riesen-Schirmling, doch an zusagenden Standorten — mehr im Nadel- als im Laubwald — oft in Massen anzutreffen. Er ist in seinem Vorkommen nicht an bestimmte Bäume gebunden, sondern an besondere Beschaffenheiten der oberen Bodenschicht, die für ihn aus schwer zersetzbarem Rohhumus bestehen sollte. Außerdem ist er sehr stark von Klimaschwankungen abhängig und bildet oft jahrelang keine Fruchtkörper aus, um dann wieder Massenernten zu liefern.
Seine Speisequalität ist über alle Zweifel erhaben. Es lassen sich bei ihm zumindest die oberen Stielteile mitverwerten. Nur sind Verwechslungen mit (sehr seltenen) kleineren Schirmlingen nicht ganz auszuschließen, die gefährlich giftig sein können. Sie zeichnen sich vor allem durch brüchiges Hutfleisch und ihre Kleinheit aus. Wer auf alle Merkmale, auch auf den Standort achtet, kann zuweilen in „schlechten Pilzjahren" mit dem Safran-Schirmling seine Enttäuschungen kaschieren.

1

2

Pilze — Familie Egerlinge *Agaricaceae*

1 **Dünnfleischiger Anisegerling,** Anis-Champignon *Agaricus silvicola*
Silvicola, der Waldbewohner: Der Artname trifft ins Schwarze, denn in Laub-und Nadelwäldern aller Art, auf nicht allzu sauren Böden finden wir diese Art vom Frühling bis in den Herbst hinein, einzeln, in Gruppen oder gar in Kreisen. Beim Gattungsnamen stimmt in unserem speziellen Falle gar nichts. Egerling (Äckerling, vergleiche auch Egarte, die Brache aus Zeiten der Dreifelderwirtschaft), Champignon (von französisch champ, Feld — genauer aus champegnuel, altfranzösisch = Feldpilz) und *Agaricus* deuten alle auf Feld- und Wiesenstandorte hin. In der Tat finden wir die beliebtesten Speisepilze dieser Gattung auf Äckern und in Wiesen, doch bringt eben auch der Wald gute Ernten. Manche Menschen scheuen die weißhütigen Waldegerlinge aus Furcht vor Verwechslung mit den Knollenblätterpilzen. Ein untrügliches Kennzeichen sind die Lamellen, die sich vom anfänglichen Blaßrosa bis zum Schokoladebraun verfärben. Knollenblätterpilze haben weißbleibende Lamellen. Bei unserer Art, bei der sich die Blätter relativ spät einfärben, kommt noch als Kennzeichen der deutliche Anisgeruch hinzu, sowie eine gelbe Verfärbung nach Berührung, auch nach Säurezugabe (Essig, s. u.). Andere Kennzeichen sind der Ring am Stiel und die Verdickung des Stielgrundes (keine echte Knolle), die unbescheidet ist. Der Hut ist ohne Pusteln, reinweiß oder angegilbt, mit glatter oder seidig feinschuppiger Oberfläche. Er ist ausgesprochen dünnfleischig.
Der Pilz ist ein guter Speisepilz, der sich besonders für Mischgerichte eignet, da sich der süßliche Anisgeruch beim Kochen nie ganz verliert. Daneben kann er auch in Essig konserviert werden, oder als Pilzsalat Verwendung finden (nie roh!). Wenn man auf die Lamellenfarbe achtet, kann man ihn höchstens mit anderen Arten der Gattung verwechseln, die alle, bis auf die unten beschriebene Form, ungefährlich sind. Die dem Speisewert nach edleren Vertreter findet man, ohne Anisduft, im Freien. Es wurde in letzter Zeit viel Aufhebens um sie gemacht, da sie anscheinend in der Lage sind, Kadmium anzureichern, ein Element, das nicht ganz allen Unbedenklichkeitsansprüchen genügt. Es ist aber sicher verfrüht, die ganzen Egerlinge bis auf die käuflichen durch Pauschalurteile abzuqualifizieren, denn genau wie diese auf kadmiumfreien Böden gezogen werden, wachsen sicher auch im Freien viele Exemplare in kadmiumfreier Umgebung. Wem jedoch das Risiko zu groß erscheint, der greife nach der Dose, andere Sammler dieser begehrten Beute werden froh darüber sein.

2 **Gift-Egerling,** Blasser Tintenegerling *Agaricus xanthodermus*
Nicht alle Egerlinge besitzen einen weißen Hut — es gibt sogar einige mit zimt- oder dattelbrauner Schirmoberseite und nicht alle Egerlinge sind wohlschmeckend. Der „gefährlichste" unter ihnen ist der Gift-Egerling, der in zwei Spielarten auftritt, einmal weißhütig und dann dem Aussehen nach dem Anisegerling sehr ähnlich, zum andern, als „Perlhuhnform", mit einem Hut, der dicht, fast gefiederartig mit rauchgrau-schwärzlichen Schüppchen bedeckt ist (wenn die Schüppchen eine mehr ins Braune gehende Farbe aufweisen, liegt die sehr seltene „Rebhuhnform" vor). Auch der weiße Hut bekommt später einen bräunlich-grauen Anflug. Bei Berührung oder Schnitt läuft das Fleisch sofort sattchromgelb an, vor allem im verdickten Stielende. Noch sicherer ist der eigenartige, widerliche Karbolgeruch, der am stärksten beim Zerreiben und beim Kochen auftritt. Mit „Karbol" ist der Geruch allerdings nur ungenau beschrieben und zwar für die Menschen der heutigen Zeit. Die Älteren mögen sich an die violette Tinte ihrer Jugend (Eisengallustinte) zurückerinnern und haben dann eine genaue Geruchsentsprechung. Dieser Geruch gab dem Pilz auch seinen deutschen Namen.
Er riecht schlecht und schmeckt nicht gut, schadet aber in kleineren Mengen auch nicht sehr, während andererseits von Verdauungsstörungen und Verdauungsbeschwerden nach dem Genuß größerer Quanten berichtet wurde (wobei bei dem schlechten Geruch der Verzehr wohl keinen Genuß bietet). Man ordnet den Gift-Egerling am besten in die Gruppe der unbekömmlichen Pilze ein.
Er ist gebietsweise sehr selten, kommt dafür an manchen Orten in Massen vor, ist aber in seinem jährlichen Erscheinen recht launenhaft. Man findet ihn im Sommer und bis zur Herbstmitte im Gebüsch, an Waldrändern, in Parkanlagen und auf Heiden, zuweilen auch an Abfallplätzen, gerne über Kalkböden.

1

2

Pilze — Familien Rotblättler *Rhodophyllaceae,* Schwarzblättler *Coprinaceae*

1 **Riesen-Rötling,** Gift-Rötling *Rhodophyllus sinuatus*
Massiger Pilz mit bis zu 20 cm breitem, dickfleischigem, erst blaß ockerfarbenem, später gelblich-lederbraunem Hut. Die abgebildeten Exemplare gehören zu einer helleren Rasse. Lamellen derb, bauchig vorgewölbt, kurz vor dem Stielansatz niedriger geschwungen, dadurch einen „Burggraben" wie bei den Ritterlingen (s.S. 74) bildend. Sie sind erst gelblichcremefarben, zuletzt fleischrötlich. Der 4—12 cm hohe Stiel kann schlank oder sehr stämmig wirken, es wurden Durchmesser zwischen 0,5 und 6 cm beschrieben. Er ist stark längsfaserig, innen mit flockigem Mark erfüllt oder (im Alter) hohl. Seine Farbe ist grauweiß. Das Fleisch riecht angenehm nach frischem Mehl, sein Geschmack wird als vorzüglich geschildert; doch 15—30 Minuten nach dem Genuß auch nur weniger Brocken erfolgt heftiges Erbrechen mit nachfolgendem Durchfall unter kolikartigen Schmerzen und tagelang andauernde Übelkeit mit Kopfweh. Die Patienten fühlen sich noch lange Zeit sehr erschöpft. Todesfälle sind noch keine bekannt geworden, doch wirkt sich so eine Vergiftung oft langfristig negativ auf die allgemeine Körperkonstitution aus. Der Pilz ist mancherorts häufig, erscheint schon im Mai und hält dann oft bis Anfang November durch. Er kommt in Laub- und Laubmischwäldern über schweren Böden gerne im Gefolge von Buchen vor und geht auch schon einmal in die angrenzenden Wiesen hinaus. Er ist der kräftigste einer ganzen Reihe eßbarer oder ungenießbarer bis giftiger Rötlinge, von denen sich viele durch ein frühes Erscheinen auszeichnen. Sie sind alle gekennzeichnet durch den Besitz fleischroter Sporen, die den Lamellen ihre Farbe geben.

2 **Schopf-Tintling** *Coprinus comatus*
Die Tintlinge stellen eine etwas anrüchige Gruppe meist kleinerer Pilze dar: Die meisten Vertreter gedeihen am besten auf Mist der verschiedensten Herkunft, wie das der wissenschaftliche Name schon ausdrückt (*Coprinus* = Mistling). Da sie leicht und billig zu halten sind, wurden manche Winzlinge der Gattung als Forschungsobjekte berühmt.
Der recht häufige Schopf-Tintling ist der große Vetter und gilt jung als sehr guter Speisepilz, kann aber seine Herkunft nicht immer verbergen. Man findet ihn häufig an nicht sehr appetitlichen Stellen, auf Schuttplätzen und Müllhalden, aus Komposthaufen sprießend, im Schmutz der Waldwegränder wachsend oder zu Massen aus überdüngten Wiesen brechend. Vornehme Standorte wie gepflegte Parkanlagen und sogar den Rasen am Haus meidet er aber keinesfalls.
Er ist an seiner Gestalt leicht kenntlich: auf bis zu 20 cm langem, weißem und zartfaserigem Stiel sitzt der walzenförmige, schmalglockige Hut, dessen Oberhaut aus breiten, am Ende etwas bogig aufgewölbten Schuppen von weißer bis bräunlicher Farbe besteht.
Zunächst ist der Hut unten durch eine Haut abgeschlossen, die später einen vergänglichen Ring bildet. Bis zu diesem Stadium ist der Pilz zu Speisezwecken zu gebrauchen. Wenn die Haut aufreißt, färben sich die weißen Blätter von unten nach oben rosa, um dann die schwarze Farbe der reifen Sporen anzunehmen. Der ganze Hut wird schwarz und zerfließt zu einer schmierigen, stinkenden Brühe, die abtropft, eventuell auch durch Aasinsekten weiterverbreitet wird; sie enthält in der Hauptsache Sporen. Tintlinge muß man deshalb nach dem Einsammeln rasch verarbeiten, denn schon nach einem Tag können die mit rosa Lamellen gesammelten Stücke zerfließen. Bei den meist in Massen auftretenden Exemplaren fällt es einem leicht, auf die älteren Stücke zu verzichten. Andererseits sprießen am selben Standort oft tagelang junge Pilze nach, so daß man mehrere Ernten einbringen kann. Bei raschem Trocknen soll man sogar eine sehr gute Pilzwürze gewinnen können.
Je nach der Höhe des Niederschlags findet man die ersten Exemplare schon Ende April und kann die letzten noch nach den ersten leichten Frösten, oft bis in den November hinein, bergen. Leider ist die Art nicht standorttreu, nach wenigen Jahren, oft sogar schon übers Jahr ist der ganze Pilzsegen zu Ende.
Verwechslungen mit anderen Pilzen sind fast unmöglich. Eine Abart, mit kürzerem, eiförmigem Hut und braun statt rosa verfärbenden Lamellen wurde früher einmal wichtig genommen, sie ist jedoch durch gleitende Übergänge mit dem Typ verbunden.

2
1

1 Rauchblättriger Schwefelkopf *Hypholoma capnoides (Nematoloma capnoides)*
Schüpplinge und Schwefelköpfe sind (eng verwandte) Pilze, deren meiste Vertreter, gestielt und wohlbehütet, in Büscheln aus dem Holz lebender oder den Stubben abgesägter Bäume hervorbrechen. Das Stockschwämmchen (s. nächste Seite) gehört als taxonomischer Einzelgänger zur selben Verwandtschaft. Die Schüpplinge tragen kleine, dunkel gefärbte und etwas sparrig abstehende Schüppchen auf Hut und Stiel. Sie sind allesamt nur wenig als Speisepilze zu empfehlen. Da sie aber in Massen, zum Beispiel aus Obstbaumholz, hervorbrechen, hat es nicht an Versuchen gefehlt, sie trotz ihrer Herbheit und Zähigkeit für die Küche brauchbar zu machen. Sie sind nicht direkt giftig, doch kann vorheriges Abbrühen nicht schaden. Man sollte sie sich zumindest für Notzeiten vormerken.
Anders die Schwefelköpfe. Es sind allesamt häufige Wald(baum)pilze mit unbeschupptem Hut und Stiel, und der erste Vertreter ist ein hervorragender Speisepilz, der sich besonders zur Herstellung von Suppen eignet, wobei, wie auch sonst, nur die Hüte und weniger die zähen Stiele verwertet werden sollten. Die anderen Arten sind nicht nur vor Bitterkeit ungenießbar, sondern manchmal sogar direkt giftig, so daß man gut daran tut, sich die wesentlichen Merkmale genau einzuprägen:
Der Rauch- oder auch Graublättrige Schwefelkopf ist vor allem durch seine Sporen- bzw. Lamellenfarbe zu erkennen. Die Hutoberseite kann als hell- bis honiggelb beschrieben werden, die Mitte ist meist (vor allem im Alter) leicht hellrostfarben (doch nie ziegelrot!). Die jung ganz blaßgelben Blätter nehmen zur Sporenreife den charakteristischen Graulilaton an, den man an dicken Zigarrenrauchschwaden sieht. Sie können dann noch bis Schwarzviolett verfärben. Leider ist im Waldesschatten die Lamellenfarbe nicht immer eindeutig auszumachen und dann hilft eben doch nur das Kauen einer kleinen Probe. Bleibt der Geschmack mild (wird er nach einiger Zeit nicht bitter!) haben wir die rechte Art, die dann meist auch in der näheren Umgebung anzutreffen ist. Es soll allerdings schon vorgekommen sein, daß beide Arten gleichzeitig denselben Baumstubben besiedelten. Doch bleibt dies die Ausnahme. Häufiger ist nach eigenen Erfahrungen der Fall, daß die Arten sich gelegentlich im zeitlichen Vorkommen ausschließen.
Der Rauchblättrige Schwefelkopf tritt vor allem im Frühjahr und dann wieder im Herbst auf. Er besiedelt fast ausschließlich die Stümpfe von Fichten, seltener geht er an anderes Nadelholz, fast nie an Laubholz (Unterscheidungsmerkmal!).

2 Grünblättriger Schwefelkopf *Hypholoma fasciculare (Nematoloma fasciculare)*
Die Schwefelköpfe sind alle weniger Schmarotzer an lebenden Bäumen als vielmehr Fäulnisbewohner an moderndem Holz, wobei sie durch ihre Lebenstätigkeit viel zur raschen Vermorschung der Stubben beitragen. Ihr Fadengeflecht durchwuchert das feste Holz, die Fruchtkörper entstehen unter der sich ablösenden Rindenschicht.
Der Grünblättrige Schwefelkopf ist kein Kostverächter. Er nimmt Laubholz geradesogut an wie Nadelholz, er geht auch aus dem Wald in die Obstgärten und wenn er die Stubben zermorscht hat, befällt er auch noch die Wurzeln, sodaß es manchmal scheint, er bräche aus der Erde. Man findet ihn, mit wechselnder Häufigkeit, oft das ganze Jahr über, manchmal sogar durchgefroren in Eis und Schnee mitten im Winter.
Leider ist der so häufige und auch appetitlich schwefelgelb aussehende Pilz zumindest ungenießbar, denn er ist von einer auch durch Abkochen nicht zu beseitigenden Bitterkeit. Sein Genuß kann bei empfindlichen Personen zu Magenbeschwerden führen, doch ist die Bitterkeit das größere Übel vor der höchstens nur schwachen Giftwirkung.
Seine Lamellen verfärben sich grünlich, bekommen aber bei der Sporenreife einen schwärzlichen Beiton, man muß die Farbunterschiede zum Rauchblättrigen schon genau beachten. Eine kleine Kostprobe überzeugt. Ähnlich ist der Ziegelrote Schwefelkopf, mit ziegelrotem bis rotgeflecktem Hut und grünen bis grauen Lamellen, ebenfalls bitter und ungenießbar. Er wächst fast ausschließlich auf Laubholz. Man meide am besten alle Schwefelköpfe auf Laubholzstubben und untersuche die der Fichten auf Lamellenfarbe und Geschmack, wenn man sicher gehen will. Kleine Kostproben mindern bei dem Massenwuchs den Sammelertrag nicht.

1

2

Pilze — Familien Dunkelblättler *Strophariaceae,* Schleierblättler *Cortinariaceae*

1 **Stockschwämmchen,** Stock-Schüppling *Kuehneromyces mutabilis (Pholiota mutabilis)*
Das Stockschwämmchen ist einer der wenigen Speisepilze, dessen Kultur in letzter Zeit wirklich erfolgreich gelungen ist. Es ist auch im Wald (vorzugsweise auf Laubholzstümpfen, ausnahmsweise nur auf Nadelholz) einer unserer häufigsten Pilze und fast das ganze Jahr über, zumindest aber mit dem Frühling, anzutreffen. Da es meist in ganzen Büscheln und sehr gesellig wächst, kann man reiche Ernten einbringen, auch wenn man nur die besten (nicht zu alten und auch nicht die ganz jungen) Exemplare mitnimmt und den zähfaserigen Stiel beiseite läßt.
Der dünnfleischige Hut wird um die 5 cm breit; 10 cm Durchmesser zählen schon zu den berichtenswerten Riesengrößen, die nur selten gefunden werden. Er ist bräunlichgelb, in der Mitte fast fuchsig und hat eine dunklere (weil durchfeuchtete) Randzone (die Hygrophanie, das Nachdunkeln der Farbe im feuchten Zustand, ist eine für viele Pilzarten charakteristische Erscheinung). Der um 5 cm lange Stiel trägt die wesentlichen Identifizierungsmerkmale: einen kleinen häutigen Ring und überall dunkle, abstehende Schüppchen. Dies, sowie das büschelige Wachstum, das Vorkommen an den Baum „stöcken" (Name!) und der gelbfarbene, in der Mitte und am Rand dunkler gefärbte Hut charakterisieren den Pilz zur Genüge.
Das Fleisch riecht angenehm würzig (etwas „holzartig") und ist von mildem Geschmack. Der Pilz wird vor allem für Suppen sehr empfohlen, doch kann man ihn auch anderweitig, beispielsweise gebraten, gut verwenden. Verwechslungen mit anderen Pilzen sind kaum möglich, wenn man auf alle Merkmale achtet. Die ebenfalls büschelig auf Baumstümpfen wachsenden Schwefelköpfe (s. vorige Seite) besitzen einen glatten, nicht schuppigen Stiel; ein ebenfalls büschelig hervorbrechender Baumpilz trägt am Hutrand einen vergänglichen, faserigen Schleier und besitzt auch keinen Stielring: Der Waßrige Saumpilz *(Psathyrella hydrophila),* der als guter Speisepilz gilt. Sein Stiel ist weiß, er wird deswegen auch Weißes Stockschwämmchen genannt. Die ungiftigen aber minderwertigen Schüpplinge endlich, die allernächsten Verwandten, sind an ihrem Hut erkennbar, der samt dem Stiel mit Schüppchen bedeckt ist.

2 **Runzeliggeriefter Schleimfuß** *Cortinarius mucifluus*
Die Gattung *Cortinarius* (cortina, lat. = Haarschleier) umfaßt mindestens 200, in weitester (moderner) Fassung sogar über 400, zum Teil noch wenig erforschte Arten. Sie zeichnen sich durch rostbraune Sporen aus und den Schleier aus vielen zarten Fäden, der sich statt einer Haut bei jungen Exemplaren vom Stiel zum Hutrand zieht und so die Lamellen bedeckt.
Die 6 Untergattungen Wasserköpfe, Hautköpfe, Gürtelfüße, Dickfüße, Schleimköpfe und Schleimfüße sind untereinander verschieden durch Form, Beschaffenheit und Schleimüberzug von Stiel und Hut. Die Schleimfüße haben neben einem Schleimüberzug des Hutes auch eine schleimige Hülle um den Stiel. Ihr Schleier ist ebenfalls verschleimt. Unter den Schleimköpfen finden sich oft sehr ähnliche Formen, nur ist deren Stiel stets ohne Schleim und der Schleier trocken-spinnwebfaserig.
Unsere Art gehört zu den häufigeren Laubwaldbewohnern (in den Kieferngebieten Mittel- und Norddeutschlands ist der ähnliche, mehr fuchsrote Heide-Schleimfuß charakteristisch). Der weißliche Stiel ist meist violett angehaucht, die Oberfläche des Hutes ist schiefergrau bis ockergelb. Die anfangs graublassen Blätter verfärben sich zur Sporenreife rostrot.
Verwechslungen mit anderen Arten der Gattung sind leicht möglich, vor allem wenn man ausschließlich auf die Schleimhülle des Hutes und den Schleier achtet. Doch haben sich bislang alle untersuchten Schleimköpfe und Schleimfüße (und das sind die verbreiteten Arten) als ungiftig, wenn auch von unterschiedlicher Güte, herausgestellt, manche sind bitter oder haben einen unangenehmen Geruch oder Geschmack. Der Pilzsammeladept sollte sich zunächst einmal nicht um die Gattung kümmern. Gefährlich kann es werden, wenn man sich auf nur ein einziges Merkmal verläßt: Es gibt auch giftige Schleierlinge (Gift-Hautkopf); sie tragen zwar den Schleier, ihre Huthaut ist aber nie schleimig. Man beachte immer, daß es kaum einen Pilz gibt, der sich durch ein einziges charakteristisches Merkmal sicher identifizieren läßt!

1

2

Pilze — Familie Schleierblättler *Cortinariaceae*

1 Kegeliger Rißpilz *Inocybe fastigiata*
Der Pilzsammler sollte die gesamte Gattung Rißpilz oder Faserkopf *(Inocybe)* tunlichst meiden. Charakteristisch für alle Arten, die zu den kleinen bis höchstens mittelgroßen Pilzen zählen, ist der anfangs kegelige Hut, dessen Spitze auch später die Aufschirmbewegung nicht mitmacht, so daß ein charakteristischer Buckel in der Hutmitte verbleibt. Das stark radialfaserige Fleisch reißt meist an mehreren Stellen zur Mitte zu auf. Die Oberfläche ist nie schleimbedeckt, sondern seidigglatt oder mit winzigen, glatten Schüppchen bedeckt. Nicht ganz so charakteristisch ist der hinfällige, dünne Faserschleier zwischen Hutrand und Stiel. Die Lamellen sind meist aschgrau bis olivfarben, verfärben aber bei einigen Arten auf Druck nach (Fuchs-) Rot.
Das Fleisch sehr vieler Arten hat den typischen „Inocybe-Geruch", der, widerlich-laugenartig, mit dem nach Sperma verglichen wird; andere, ebenfalls gefährliche Vertreter haben einen etwas abgestandenen, süßlichen Mostbirnenduft. Der Stiel trägt nie einen Ring, ist auch nie schleimig, dafür zumindest im obersten Teil fein weißflockig mehlig bestäubt und längsfaserig.
Sehr viele Rißpilze enthalten dasselbe Gift wie der Fliegenpilz, das Muscarin, und zwar ausschließlich und oft in großen Dosen. Die Vergiftungserscheinungen machen sich schon bald nach dem Genuß bemerkbar (30—120 Minuten). Sie beginnen mit vermehrtem Speichelfluß und Schweißausbrüchen. Dann folgen, bei auffälliger Gesichtsrötung, Schüttelfröste, Schwindel und Krämpfe, darauf, bei vollem Bewußtsein, Sprachstörungen, Verengung der Pupille bis zum Erblinden und krampfartige Entleerungen des Magen-Darm-Traktes. Nach weniger als einem halben Tag tritt der Tod ein, falls keine Gegenmaßnahmen ergriffen werden (Auspumpen des Magens, Gegengifte auf der Basis des Tollkirschengiftes Atropin). Wenn trotz der immensen Giftigkeit jährlich relativ wenig Vergiftungen durch Rißpilze gemeldet werden, hängt das vielleicht einmal mit der Kleinheit der Arten zusammen und andrerseits mit der Abneigung vieler „Pilzanfänger" gegen die zerrissenen Hüte und die nicht gerade appetitlichen Farben.
Unsere, ebenfalls sehr giftige Art gehört zu den größten. An besonders mullreichen Standorten werden die gelblichen, hell- bis braunockerfarbenen Hüte bis zu 10 cm breit. Der erst reinweiße, später braun verfärbende Stiel kann bis ebenfalls 10 cm hoch werden. Meist sind aber die Exemplare kleiner. Man findet sie in allen Waldarten, auch auf Rasen in Waldnähe (so an den Rändern der Waldstraßen) vom Sommer bis in den Herbst hinein. Der Pilz muß als häufig bezeichnet werden. Man kann ihn leicht mit anderen Arten verwechseln.

2 **Erd-Faserkopf,** Seiden-Rißpilz *Inocybe geophylla*
Auf unserem Bild sind drei Formen der überaus häufigen Art gezeigt, die gewöhnlich nicht nebeneinanderstehen. Der Haupttyp zeichnet sich durch einen reinweißen, seidenschimmrigen Hut aus, wie ihn die linke Gruppe zeigt. Nicht selten ist auch die Farbvariation mit dem lilagetönten Hut (rechte Gruppe), während die gelbliche Variante seltener ist (mittlere Gruppe). Oft ist die gelbliche Verfärbung auch nur eine Alterserscheinung, vor allem, wenn die Stücke Frost abbekommen haben.
Der stets gebuckelte, wenig eingerissene Hut wird 2—4 (5) cm breit, sein weißer, schlanker, etwas gebogener Stiel ist 4—6, sehr selten bis zu 10 cm hoch. Die Blätter verfärben sich zu einem schmutziggrauen Olivbraun (erdgrau: Name!, auch: geos, gr. = Erde, phyllos, gr. = Blatt). Das Fleisch hat den Inocybegeruch (s. oben). Der Pilz ist äußerst giftig.
Er ist sehr verbreitet und findet sich, selten im Sommer, vor allem aber im Herbst bis zu den ersten Frösten in Wäldern aller Art und gleich welchen Untergrundes auch in Parkanlagen, Gebüschen und auf offenen Rasen. Oft tritt er gleich in großen Mengen auf. Sie könnten bei sehr unbedachtem Sammeln mit Champignons verwechselt werden, doch spricht die ganze Pilzgestalt, der dünne, unberingte Stiel, die Lamellenfarbe und der Geruch dagegen. Es sind auch bis jetzt noch keine Vergiftungen durch diese Art bekannt geworden.
Die ganze Gattung ist noch sehr wenig erforscht, vor allem die Verbreitung der vielen Arten ist nur bruchstückweise bekannt. Dies hängt in erster Linie damit zusammen, daß sich eben doch die meisten Pilzfreunde nur um solche Gattungen kümmern, die für Speisezwecke in Betracht kommen.

2

1

1 Frauen-Täubling, Papageien-Täubling *Russula cyanoxantha*
Alle Sprödblättler sind typische Baummykorrhizapilze, das heißt, ihr unterirdisches Fadengeflecht steht mit den Wurzeln der Bäume in einer Art Symbiose (die zuweilen Formen von Parasitismus annimmt): Durch das weitverzweigte Fasersystem erhalten die Bäume Wasser, die Pilze von den Bäumen vor allem gewisse Stoffwechselprodukte. Sehr oft sind die Pilze auf ganz bestimmte Partner spezialisiert, dazuhin spielt für ihr Vorkommen auch der Säuregrad des Bodens eine Rolle. Die enge Bindung der Sprödblättler an die Bäume bringt es mit sich, daß man Täublinge fast nur in Wäldern oder in unmittelbarer Nähe von Bäumen antrifft. Keine Art wächst aber direkt auf Holz.
Der Frauen-Täubling gehört zu den Buchenbegleitern. Überall wo Buchen stehen, kann man ihn finden, er ist gebietsweise einer der häufigsten Vertreter seiner Gattung. Vor allem Kalk- und Kalklehmgebiete sagen ihm zu, bei Silikatuntergrund ist er teilweise selten. Seine Hauptzeit beginnt schon im Hochsommer und dauert bis zum Herbst.
Wenn er trotz seines sehr angenehmen Geschmacks dennoch nicht das Wohlgefallen aller Sammler erregt, ist dies einmal auf seine häufige Madigkeit und sein bald nicht mehr einladendes Äußeres zurückzuführen. Der doppelfarbene, in allen Schattierungen von Violett und Grün auftretende Hut zeigt zuweilen noch eine hellere Ausblassung oder radiale Streifungen. Er ist, kaum daß er aus dem Boden herausbricht, alsbald mit Fraßlöchern von Schnecken überdeckt und zeigt auch sonst häufig Nagespuren. Der Hut kann über 15 cm breit werden. Anfangs ist er meist halbkugelig, später flach bis trichterig. Seine weißen Blätter auf der Unterseite sind weich, etwas schmierig, so daß sie beim Darüberstreichen öfters miteinander verkleben. Durch die Beschaffenheit seiner Lamellen setzt sich der Papageien-Täubling in Gegensatz zu fast allen anderen Arten seiner Familie (Sprödblättler!), deren Blätter brüchig-spröd sind. Dafür zeigt sein Stiel wiederum die typischen Täublingsmerkmale: Er ist ringlos und besitzt ein nicht faseriges, mürbtrockenes Fleisch, das im Bruch „apfelartig“ aussieht.

2 Brauner Ledertäubling *Russula integra*
Innerhalb der Gattung bilden die Ledertäublinge eine besondere Gruppe. Ihre spröden, brüchigen Lamellen sind zunächst auch weiß, verfärben sich aber dann über Gelb nach Hellbraun (Ledergelb). Es sind allesamt gute Speisepilze, die allerdings beim Kochen wenig Eigengeschmack entwickeln. Ihr Fleisch schmeckt roh gekaut (kleine Probe!) mild, nußartig und ist ohne besonderen Geruch. Problematische Doppelgänger mit hellgelben Lamellen besitzen oft einen auffälligen Geruch oder sind zumindest bei der Geschmacksprobe scharf.
Während die anderen Gruppenvertreter im Hut noch mehr Rot- (zuweilen auch Gelb-) Töne aufweisen, ist der Braune Ledertäubling oberseits in der Regel Purpurbraun bis Reinbraun, doch genügt die Farbe keinesfalls als Erkennungsmerkmal. Die Hutoberseite ist in der Trockenheit glänzend, bei feuchter Witterung schmierig. Der aus halbkugeligen Anfangsformen flach oder trichterig aufschirmende Hut wird um die 10 cm breit und ist am Rand oft auffällig gerieft. Der stämmige Stiel ist meist reinweiß, selten mit rosa Flecken und besitzt eine feste Außenschicht, die ein schwammiges Mark umschließt. Oft kann man eine Art Längsadern an ihm erkennen.
Hauptfundort ist der Nadelwald, wo die ersten Vorboten schon im Frühsommer erscheinen und noch im Herbst reiche Ernten einzuholen sind, denn der Pilz wächst oft in großen Massen — allerdings gilt auch für ihn die betrübliche Tatsache, daß er sehr oft von Maden befallen und sehr stark dem Tierfraß ausgesetzt ist. Vor allem in gesunden Fichtenbeständen über guten Böden trifft man ihn häufig an, während er dort, wo Sumpfwiesen („mit Gewalt“) in Holzäcker umgewandelt werden sollen, kaum auftritt — er kann also als eine Art Zeiger für naturnahe Bestände von Fichte, doch auch von Kiefer, angesehen werden. Seine nächsten Verwandten, insgesamt vier Arten (Weißstieliger, Rotstieliger, Kurzstieliger und Kleinsporiger Ledertäubling), gedeihen mehr unter Eichen, Buchen und Tannen, doch alle bevorzugen Wälder, die über Kalk stocken. Über ihre genaue Ökologie ist nichts Sicheres bekannt, da sie früher sehr viel miteinander verwechselt worden sind.

1

2

1 Spei-Täubling, Kirschroter Speitäubling *Russula emetica*
Die Speitäublinge sind keine systematische Gruppe, sondern wurden allein aus praktischen Gesichtspunkten zusammengefaßt. Es handelt sich um meist rothütige, doch auch andersfarbige Täublinge, die scharf schmecken und wohl auch großenteils unbekömmlich sind. Ihre früher behauptete tödliche Giftigkeit muß allerdings ins Reich der Fabel verwiesen werden und neuerdings hat sich sogar bei unserer Art herausgestellt, daß gerade dieser Pilz, gut durchgekocht, unter Umständen gegessen werden kann und sich nur bei empfindlichen Personen als „Speiteufel" erweist (manche Ethnologen führen den Namen Täubling auf eben dies „Teuflinge" zurück; siehe aber unten!). Dennoch ist für den Normalverbraucher vom Genuß abzuraten. Für das Sammeln von Täublingen und ihre Verwertung gelte folgendes: Es gehören nur Pilze ohne Milchsaft, ohne Stielring und mit spröden Lamellen dazu! Es sind nur solche Pilze genießbar, die bei der Geschmacksprobe (Kauen eines kleinen Lamellenstückchens) mild schmecken! Nur wirklich gute Pilzkenner sollten es auf die Ausnahmen absehen: So gibt es (s. vorige Seite) einmal Täublinge mit weichen Lamellen, zum andern sind manche Arten nur roh scharf und schmecken abgekocht sehr angenehm. Die Qualität der Täublinge für Speisezwecke ist bei alledem noch sehr umstritten, nicht jedermann lobt sie als besonders gute Mahlzeit. Andererseits sind sie in pilzarmen Jahren oft die einzigen auffälligen Vertreter der ganzen Klasse. Für den unkundigen Anfänger ergibt sich aber als weitere Schwierigkeit der Umstand, daß nach dem dritten scharfen Pilzbrocken (im Übereifer zu groß gewählt) seine Zunge taub geworden ist und nicht mehr unterscheiden kann. Das Mitführen von trockenen Brotstücken oder Äpfeln hilft da wenig.
Der Kirschrote Speitäubling gehört mit seinem leuchtend hellroten, oft auch ausblassendem Hut zu den auffälligen Pilzen. Die Hutoberseite ist feucht schmierig, die Blätter der Unterseite sind weiß oder doch schmutzigweiß und nicht ganz so splitterig spröde wie bei manchen anderen Arten. Der weiße Stiel hat oft ein sehr schwammiges, wäßriges Fleisch, das nach Dörrobst duftet — aber scharf pfefferartig schmeckt.
Man findet die Art vom Sommer bis zum Herbst in feuchten Nadelwäldern oder, vor allem, im Buchenwald sehr häufig. Nach neueren Forschungen unterscheidet man die Nadelwaldform von einer Laubwaldform und einer speziellen Buchenform, deren Fleisch im Bruch gelblich anläuft.

2 Speise-Täubling *Russula vesca*
Der Speise-Täubling ist nur eine der vielen eßbaren Täublingsarten, wenn er auch von Kennern als Speisepilz (neben dem Gefelderten Grüntäubling) innerhalb seiner Gattung besonders hoch geschätzt wird. Sein Kennzeichen ist ein flacher, in der Mitte meist trichterig vertiefter Hut, dessen scharfer Rand oft etwas von der Oberhaut entblößt ist, so daß die weißen, wenig spröden Lamellen vorsehen. Alte Lamellen sind oft rostrot punktiert. Die Hutfarbe ist hell- bis dunkelfleischrot, der stämmige Stiel ist weiß, gelegentlich schwach rostfleckig. Das Fleisch schmeckt mild und hat keinen besonderen Geruch, es ist sehr mürb.
Man findet die Art von Juni bis Oktober in jeder Art von Wald, meist aber doch mehr auf sauren, sandigen Böden. Auch sie wird leider gerne von Maden befallen. Verwechslungen mit anderen Täublingen (es gibt über 100 Arten und über 300 besondere Formen) können vorkommen, für das Sammeln zu Speisezwecken muß man sich an die Regeln halten, die für das Einbringen von Täublingen gelten (s. oben). Vor dem Rohgenuß, der gerade für diesen Pilz immer wieder empfohlen wird, ist dringend abzuraten. Pilze sollten nie in größeren Mengen roh gegessen werden.
Die Gattung erhielt ihren Namen nach den vielen Rotfarben, die der Hut sehr vieler Arten, auch der unseren, aufweist (russus, lat. = rötlich). Die Herkunft des Wortes Täubling ist sehr unklar: manche leiten es von „Taube" ab, weil innerhalb der Gattung auch taubengraue Arten auftreten, andere stellen eine Beziehung zu „Teufel" her, wegen der Schärfe mancher Arten (s. oben), während dritte gerade das Gegenteil annehmen — die milden (= tauben) Arten hätten zum Gattungsnamen geführt. Die Artnamen der Pilze dieser Seite beziehen sich auf den Speisewert (vesca, lat. = eßbar), bzw. die angebliche Giftigkeit (emetica, lat. = giftig).

1

2

1 Pfeffer-Milchling *Lactarius piperatus*
Es ist schade, daß dieser mancherorts häufige und auch in großen Mengen auftretende, sehr ausgiebige Pilz so wenig wohlschmeckend ist. Er ist selten von Maden befallen und kommt auch in weniger guten Pilzjahren mit großer Regelmäßigkeit an seinen Standorten in Laub-(und Nadel)wald vor. Man findet ihn, oft in Reihen oder Ringen, von Juni bis Oktober. Aus den Ländern unserer östlichen und westlichen Nachbarn sind Zubereitungsvorschriften für diesen dort offenbar sehr geschätzten Milchling bekannt. Er soll nicht gekocht und, um die Milch nicht zu verlieren, möglichst grob zerteilt in heißem Fett gebraten werden. Das Braten würde die Schärfe nehmen und das Gericht wäre von besonders exklusivem bitterlich-aromatischen Geschmack, zudem sehr gesund, da harntreibend und gegen Steinbildung aller Art bewährt. Wir können uns, wie fast alle reizkerverwöhnten Menschen, solchem Urteil nicht anschließen und möchten den Pilz als „gebraten eßbar" und „für Notzeiten gut geeignet" bezeichnen.
Der Hut ist glatt und weiß, im Alter auch gerunzelt, dann vor allem auch hellocker verfärbt und felderig aufgerissen. Er wird um 10 cm breit, kann aber auch 20 cm Durchmesser erreichen. Der Rand ist längere Zeit etwas nach innen gebogen, die Hutmitte schon sehr früh nabelig vertieft, zuletzt trichterig. Charakteristisch sind die weißen, sehr engstehenden, fein gegabelten Lamellen, die im Alter nach Gelb verfärben. Ein weiteres Charakteristikum ist die weiße, pfefferig scharfe Milch, die reichlich vorhanden ist. Bei einer Abart verfärbt sie an der Luft nach Graugrün (Grünender Pfeffer-Milchling).
Es gibt eine Reihe weißer Arten, mit denen der Pilz verwechselt werden könnte. Da sind die ebenfalls milchenden Erdschieber, der Milde und vor allem der Wollige *(Lactarius vellereus* var. *vellereus* et *velutinus)*, die sich aber durch einen mit wolligem Filz bedeckten Hut unterscheiden und deren Lamellen nicht so dicht stehen — im Alter verkahlen sie etwas, vor allem in der Hutmitte. — Der Letztere ist so scharf, daß er als völlig ungenießbar bezeichnet werden muß, obwohl er durch mehrmaliges Abkochen schließlich doch noch verzehrfähig gemacht werden könnte. Der Weiße Täubling, ein genießbarer, wenn auch nicht hervorragender Speisepilz kann auf den ersten Blick ebenfalls für den Pfeffer-Milchling gehalten werden, doch enthält er keinerlei Milchsaft. Schließlich zeigen ganz junge Formen des Rosascheckigen Milchlings noch Ähnlichkeit. Sie bekommen aber bald rosa Flecken. Der Pilz ist ungenießbar.

2 Brätling, Birnen-Milchling *Lactarius volemus*
Kastanienbrauner bis orange-fuchsroter Hut, samtig bereift, dazu die reichlich vorhandene weiße Milch, die sich an der Luft langsam braun verfärbt und ein nicht zu überriechender Duft, der sehr verdünnt an Weißdornblüte, in stärkerer Konzentration aber an Heringslake erinnert, dies alles kennzeichnet den beliebten Bratpilz. Sein Hut ist ohne konzentrische Muster (ungezont), erst flachgewölbt, am Rand etwas umgebogen, später flachschalig vertieft und oft mit einigen Radialrissen versehen. Sein Fleisch ist derb. Er wird 5—10, gelegentlich bis über 15 cm breit. Die hellgelben Lamellen werden im Alter braunfleckig. Der Stiel, von gleicher Farbe wie der Hut, ist meist sehr stämmig, öfters bauchig und wird in der Regel um 5 cm lang, doch sind auch schon Höhen von über 12 cm gemessen worden.
Den Brätling kann man ab Juli bis zum Herbstende in Wäldern aller Art finden, er ist gebietsweise nicht allzu häufig, während er andernorts als Massenpilz gilt. Es scheint, daß er in niederen Lagen mehr den Laubwald bevorzugt, andererseits in den Fichtenwäldern der Mittelgebirge ebenfalls häufig ist.
Verwechslungen kann es mit einigen ähnlichen, teils schärferen teils milden Milchlingen geben, wenn man nicht auf den Heringsgeruch achtet, der sich beim Braten übrigens verliert. Der Brätling hat seine Liebhaber unter den Pilzfreunden, die ihn, wie Schnitzel paniert und gebraten, sehr empfehlen. Ob er allerdings wirklich der Beste ist (volemus, oskisch-lat. = der Größte, der Beste) sei dahingestellt. Man hüte sich auf jeden Fall vor dem Versuch, ihn zu Pilzgemüse verwerten zu wollen, weil er beim Kochen zu einer zähgallertigen Masse wird. Früher wurde sogar der Rohgenuß mit Salz empfohlen, von dem — ganz allgemein — abgeraten werden muß.

1

2

1 **Echter Reizker,** Blut-Reizker, Wacholder-Milchling *Lactarius deliciosus*
Als Reizker bezeichnet man die eßbaren, wohlschmeckenden Milchlinge mit farbiger Milch und ihre hellmilchenden Doppelgänger. Die moderne Taxonomie hat die alte Art in einen ganzen Artenschwarm aufgelöst, unterschieden nach Standort (bei verschiedenen Waldbäumen), Rotverfärbung der Milch beim Eintrocknen und Grünfleckigkeit. So gibt es heute die Blutreizker mit dunkelroter Milch und zwar als Fichten-, Tannen- und Kiefern-Blutreizker, dann einige Arten von (besonderen) Kiefernreizkern. Die abgebildete Art ist der „Spangrüne Kiefern-Blutreizker“. Den Pilzsammler mag das nicht scheren, alle Reizker mit karotten- oder weinroter Milch sind eßbar und gleich bekömmlich. An den Namen der Formen mag er aber erkennen, daß er sie nur unter Nadelhölzern finden kann, im reinen Laubwald nicht, wohl aber vielleicht unter der einzigen eingesprengten Kiefer. Selbst der Wacholder auf den Heiden wird als Nadelholz angenommen. Der Pilz ist sehr unterschiedlich verbreitet, stellenweise ist er sehr häufig, dann wieder fehlt er über weite Strecken. Eine Vorliebe für besondere Böden kann bei ihm nicht nachgewiesen werden.
Der trichterige, orangerote Hut ist gezont, zuweilen grünspanfarbig gefleckt — auch alle Verletzungen, selbst die Madengänge laufen grün an. Seine Breite beträgt etwa 5—15 cm. Der Stiel ist hohl, höchstens ganz jung mit weißlichem Mark erfüllt. Das Fleisch ist brüchig und sehr reichlich mit Milch durchsetzt. Der untenstehende Birken-Reizker ist dem Echten nach dem Aussehen oft täuschend ähnlich, die rote Milch entscheidet aber sofort die Zugehörigkeit.
Der Echte Reizker wird gelegentlich als Essigpilz oder zu Suppen empfohlen, ganz ausgezeichnet aber schmeckt er gebraten. Man verwendet dazu die jüngeren Hüte, die man vorher noch paniert hat. Leider ist der Pilz oft madig; vor allem der Stiel und die großen Hüte sind oft durch und durch von den grünen Madengängen durchsetzt. Es gibt aber bei dem geselligen Vorkommen der Art genügend junge Exemplare, bei denen wenigstens der obere Teil noch unbewohnt ist. Hochsommer bis Spätherbst ist Erntezeit, oft bringen einige warme Tage nach Kälte einen Schub junger Pilze hervor, bei denen die Pilzmücken nicht so schnell mit dem Eierlegen nachkommen. Reizker leiden aber auch unter parasitischen Pilzen (nicht nur den üblichen Schimmelpilzen, die alte Stücke oft ganz überziehen), die die Lamellen verformen oder verkrusten lassen. Die Qualität soll darunter nicht leiden. Es ist erstaunlich, wie trotz der Milch, die ja zweifellos ein Abwehrmittel darstellen soll, diese Pilze von allen möglichen Tieren und Pflanzen befallen werden.

2 **Birken-Reizker** *Lactarius torminosus*
Die weiße Milch, der blaß bis kräftig fleischrötliche, gezonte Hut und der zottig-wollige Rand sind die besonderen Kennzeichen dieses Pilzes. Zumindest jung ist die ganze Hutoberseite zottig-wollig behaart. Die Lamellen sind gelblichweiß, höchstens schwach rosa getönt, das Fleisch ist weiß, die Milch brennend scharf, der Geruch schwach terpentinartig.
Der trichterige, gezonte Hut, der brüchige, hohle Stiel können schon an einen Echten Reizker denken lassen. Selbst der Standort ist scheinbar derselbe. Während aber der Echte Reizker an die Kiefer oder den Wacholderstrauch gebunden ist, steht der Doppelgänger mit der Birke daneben in Symbiose. Der Pilz kommt überall vor, wo Birken wachsen, doch nirgendwo anders. Deshalb ist er auch im Norden Europas besonders häufig. Bei uns erscheint er zwischen August und Oktober. Er muß als ungenießbar bezeichnet werden. Für empfindliche Personen ist er sogar giftig. Doch ist aus den nordischen Ländern bekannt, daß man den Pilz nach Wässern, Abkochen und Abgießen des Kochwassers ohne Schaden verzehren kann.
Die Milchlinge sind bei uns zusammen mit den Täublingen (beides Großgattungen) die einzigen Vertreter der Familie Sprödblättler. Im Grunde genommen unterscheiden sich die beiden nur durch die Milch. So mag auch hier die Regel gelten, daß alle mild schmeckenden Milchlinge eßbar seien. Doch gehören mit Ausnahme des Echten Reizkers zu beiden Gattungen keine Edelpilze, so daß man alle Arten mit spröden Lamellen und weißer Milch beim Sammeln übersehen kann, solange man genügend bessere Stücke findet.

1

2

1 Kahler Krempling, Empfindlicher Krempling *Paxillus involutus*
Empfindlich wird der Pilz deswegen genannt, weil alle Druckstellen, besonders die an den olivgelben Lamellen sofort dunkelbraun anlaufen. Im Alter entstehen oft dieselben Flecken; sie sind schmierig, was dem Pilz ein recht unappetitliches Aussehen gibt. Dazu trägt auch die recht trübe, gelbolivbraune Färbung des Hutes bei, der am Rand typisch eingerollt (eingekrempelt) und weichfilzig behaart ist. Seine anfänglich flachglockige Form geht in einen 6—10(—20) cm breiten Trichter mit flachem Rand über. Die Hutoberfläche verkahlt und wird bei Regen recht schmierig. Die Lamellen stehen sehr dicht, sind vorne zuweilen gegabelt und am Stielteil oft grobnetzig miteinander vermascht, so daß es aussieht, als trüge der Pilz hier eine Porenschicht. In der Tat zeigen die Kremplinge verwandtschaftliche Beziehungen zu den Röhrlingen (Familie *Boletaceae,* s.S. 106 ff.), so daß sie nicht zu den Blätterpilzen, sondern in die Ordnung der Röhrlingspilze gestellt werden. Typisch ist auch, daß sich ihre Lamellenschicht zusammenhängend vom Hutfleisch lösen läßt, was bei den echten Lamellenpilzen nicht gelingt, wohl aber bei der Schwammschicht der Röhrlinge.
Der stämmige, feste, zuweilen etwas knollige Stiel wird kaum über 5 cm lang. Er ist blaßbraun, zuweilen mit Rosastich und dunkelt im Alter (und beim Anfassen) nach. Das zarte und saftige Fleisch riecht etwas säuerlich, dabei nicht unangenehm, und hat zunächst eine blaßgelbe Farbe, läuft aber an der Luft braun an und verfärbt sich beim Kochen noch viel dunkler.
Der Kahle Krempling wächst, oft sehr gesellig in Reihen oder Ringen, vom Hochsommer bis in den Spätherbst in Wäldern aller Art, vorzugsweise aber in Nadelwäldern auf sauren Böden, doch auch in Gärten, Sumpfwiesen und Hochmooren. Er ist überall häufig. Er galt früher als mäßig giftig, sollte nicht roh genossen werden (was man sowieso mit keinem Pilz machen soll), wurde aber gebraten oder gekocht durchaus empfohlen, vor allem in kleinen Mengen, zum Beispiel als guter Würzpilz in Mischgemüsen. Schon immer aber hieß es, daß er bei empfindlichen Menschen Verdauungsstörungen hervorrufen könne. Auch wurde empfohlen, ihn zur Vorsicht abzukochen und das erste Kochwasser wegzuschütten. Seit neuestem aber weiß man, daß dieser Pilz ein sehr gefährliches, leberschädigendes und blutzersetzendes Gift enthält, das sich durch Kochen weder ganz ausziehen, noch zerstören läßt. Es wirkt sehr heimtückisch, dergestalt, daß es sich erst nach mehrmaligem Genuß (während einer Vegetationsperiode) einer Kremplingmahlzeit soweit potenziert hat, daß es zum schlagartigen Tod durch Lebervergiftung führen kann.

2 Samtfuß-Krempling *Paxillus atrotomentosus*
Ein äußerst schmucker, stattlicher und leicht kenntlicher Bewohner der Nadelholzstubben. Oft im dunkelsten, tiefsten Wald noch zu finden. Er erscheint auch in trockenen Jahren, denn er lebt in einer Art Symbiose mit der „toten“ Baumwurzel, deren mechanischer Teil des Wassersaugsystems noch nach dem Absterben funktioniert.
Er erscheint vom August an bis in den November hinein überall, wo Nadelholz wächst, tritt an den Stubben oft gesellig auf, wächst aber kaum einmal in wirklichen Massen.
Er ist charakterisiert durch seinen erst braunsamtigen, später verkahlenden, 8—20 cm breiten Hut mit eingerolltem Rand, der auf der Unterseite blaßgelbe, leicht ablösbare Lamellen trägt. Er sitzt exzentrisch auf dem dicken Stiel, der ein dunkelbraunsamtiges Filzfellchen trägt (atrotomentosus, lat. = schwarzsamtig).
Der Geruch des fast stets madenfreien, festen Fleisches ist schwach säuerlich, beim Kauen merkt man, daß es sehr wasserhaltig ist und dumpf unangenehm, dazu noch bitterlich schmeckt. Das Bittere verliert sich beim Abkochen, doch hat das Fleisch so gar keinen Eigengeschmack und ist auch schwer verdaulich. Man sollte den Pilz besser stehen lassen, zumal sich sein obenstehender Verwandter, dem zunächst auch Schwerverdaulichkeit nachgesagt wurde, als giftig erwiesen hat. Verwechslungen können nicht auftreten, wenn nur auf den samtigen Fuß geachtet wird. Selbst die oft behauptete Verkennung mit dem selten auf Baumstümpfe ziehenden, oben beschriebenen Kahlen Krempling halten wir für unwahrscheinlich.

1

2

1 **Schmerling,** Körnchen-Röhrling *Suillus granulatus*
Beide auf dieser Seite vorgestellten Röhrlinge können sich auf den ersten Blick täuschend ähnlich sehen. Form, Farbe und auch die Schmierigkeit des Hutes (Schmerling = Schmierling) gleichen sich; doch gibt es zwischen den beiden auch ein untrügliches Unterscheidungsmerkmal: der Stielring, der dem Schmerling fehlt und den der Butterpilz stets besitzt. Solange der Körnchen-Röhrling noch jung ist, besitzt er einen leicht eingeschlagenen Hutrand, und der ganze Schirm ist von einem rötlichbraunen Schleim überzogen. Vermutlich, und das gilt für alle schleimigen Pilze, verhindert eine solche Schicht das Vordringen gefräßiger Insekten und Schnecken bis zum Fleisch, es ist sogar denkbar, daß auch Nager durch einen solchen Belag abgehalten werden, denn man findet auf solchen Schleimlingen relativ wenig Fraßspuren. Da sich die frische Huthaut leicht abziehen läßt, bringt das Schleimproblem für den Sammler lediglich glitschige Finger. Solange die Porenschicht auf der Hutunterseite noch nicht reif ist, scheidet sie einige kleine, weißliche Milchtröpfchen aus. Dies geschieht meist bei feuchtem Wetter und ist mit der Gutation höherer Pflanzen (z. B. Frauenmantel, S. 230) zu vergleichen. Die Tröpfchen trocknen zu braunen Körnchen ein, man findet sie vor allem am oberen Teil des Stiels. Sie sind von fettiger Beschaffenheit. Der Name Körnchen-Röhrling bezieht sich auf dieses arteigene Merkmal. Die anfangs helle Porenschicht färbt sich im Alter olivgelb, dann hat auch der Hut typisch aufgeschirmt: Der Rand ist nach oben gehoben. In dem Zustand ist das vorher schon recht weiche Fleisch ziemlich schwammig (und meist madig). Da es leicht in Fäulnis übergeht, sollte man zu Speisezwecken nur junge Pilze sammeln.
Der Schmerling ist in seinem Vorkommen streng an die Kiefer gebunden. Wo sie auf nicht zu sauren, kalkhaltigen Böden stockt, kann man ihn finden. Oft erscheint er schon im Mai, seine Hauptzeit ist aber doch von Juli bis Oktober. Der Pilz ergibt gute Gerichte; man muß ihm beim Aufnehmen die Huthaut abziehen und sollte ihn nicht mit derberen Stücken zusammen transportieren. Manchen sagt die Weichheit des Fleisches und der milde Eigengeschmack des Pilzes allerdings nicht so zu.

2 **Butterpilz,** Butter-Röhrling *Suillus luteus*
In der Regel zeigt der Hut dieser Art ein viel dunkleres Braun als derjenige des Schmerlings, der sogar ockergelb aussehen kann. Doch gibt es fast übereinstimmende Formen und beide Arten kommen sogar nebeneinander an denselben Standorten vor. Auch der Butterpilz ist kieferngebunden, wenn er auch eine größere ökologische Breite zeigt: Er besiedelt sowohl Sand- als auch Kalkböden und begleitet sämtliche Kiefernarten. So steigt er mit den Latschen im Gebirge bis zur Baumgrenze. Aufgrund seiner größeren Anpassungsfähigkeit ist er insgesamt gesehen viel häufiger als sein Vetter. Untrügliches Kennzeichen ist neben der braunen Hutfarbe der Ring am Stiel, ein Überrest der Haut, die am jungen Pilz die Röhrenschicht nach unten abschließt. Der schmierige, gewölbte Hut wird 4—10 cm breit, der Stiel 3—10 cm hoch. Der anfangs weißliche Ring, der manschettenartig überhängt, verfärbt sich braunviolett. Das buttergelbe Fleisch (Name!) ist sehr weich und soll beim Transport schonend behandelt werden. Es ist oft madenfrei. Wegen seiner Wäßrigkeit wird der Pilz zwar oft zum Braten empfohlen, doch sollte man ihn dazu (nach Abziehen der Huthaut und Kontrolle auf Madenfreiheit) nicht mehr waschen, sondern eher längere Zeit trocknen lassen: Man kann trotzdem erleben, daß die Bratpfanne vom ausgeschiedenen Wasser fast überläuft. Der Pilz ist wohlschmeckender als der Körnchen-Röhrling und erfreut sich allgemeiner Wertschätzung. In jeder Gegend hat er andere Volksnamen (teilweise gemeinsam mit der anderen Art): nach der schmierigen Huthaut Schmerling, Rotzer, Schmalzling, weil sie sich leicht abziehen läßt Schälpilz, wegen der Stielmanschette Ringpilz. Der Gattungsname *Suillus* geht auf eine alte Bezeichnung von Plinius zurück, die wohl nicht unserer Art gegolten hat, sie leitet sich ab von sus, lat. = Schwein und bedeutet, sicher im abwertendem Sinn, nichts anderes als Schweinepilz. Vielleicht wollte er aber nur auf die schmalzige Beschaffenheit der Huthaut oder das schmalzig-wäßrige Fleisch abheben.

1

2

Pilze — Familie Röhrlinge *Boletaceae*

1 Rotkappe, Rothäubchen *Leccinum testaceo-scabrum (Leccinum rufescens)*
Wer ihn kennt, lobt ihn. Der Geschmack dieses vorzüglichen Speisepilzes ist über alle Zweifel erhaben, wenn auch ein Rotkappengericht zunächst gar nicht so einladend aussieht. Schon beim Anschnitt läuft das weiße Fleisch schiefergrau-lila an und beim Kochen schwärzt es sich dann vollends. Wenn man die Pilze aber nicht zu alt eingesammelt hat, so daß das Fleisch noch kernig fest ist, läßt sich das Gericht mit dem der besten anderen Speisepilze wohl messen. Geselliges Wachstum, wenig Tierfraßstellen, geringer Madenbefall, dazu die leichte Kenntlichkeit machen die Rotkappe zu einem der beliebtesten Pilze. Man kann von ihr leicht zwei Sorten unterscheiden: Die hellere Art mit dem orangegelben bis gelbbraunen Hut, wie sie unsere Abbildung zeigt, kommt vor allem in Gesellschaft der Birke vor. Man findet sie aber auch in Buchen-Tannen-Wäldern, seltener im reinen Nadelwald, eher noch auf sandigen Heiden mit Besenheide *(Calluna)* und Heidelbeeren. Man nennt sie Birken-Rotkappe. Die Espen-Rotkappe dagegen hat einen orangefarbenen bis rotbraunen Schirm und gedeiht besonders bei der Zitter-Pappel (Espe), dann auch bei Hainbuchen und seltener bei anderen Laubhölzern. In die Verwandschaft gehören noch einige Formen mit braunem Hut, wie der Birkenpilz und der Hainbuchen-Röhrling. Alles sind Rauhfüße, d. h., ihr Stiel ist mit dunklen, rauhen, oft nur pünktchenkleinen Schuppen übersät (der Gattungsname *Leccinum* läßt sich frei mit „aschebestäubt" übersetzen).
Für Rotkappen ganz charakteristisch ist der überlappende Hutsaum, der vor allem im Jugendstadium des Pilzes deutlich sichtbar ist. Der junge Hut sitzt zunächst einmal wie eine Verschlußkappe auf dem gleichdicken oder gar dickeren Stiel. Nach dem Aufschirmen wird die weißliche, sehr dünne Röhrenschicht sichtbar, die sich mächtig streckt, graugelblich wird und eine Dicke bis zu 4 cm erreichen kann. Sie ist nicht mit dem Stiel verwachsen und läßt sich sehr leicht vom Hut lösen. Der Hut selbst, dessen Oberfläche sich trocken feinfilzig anfühlt, bei Regenwetter aber etwas schmiert, erreicht einen Durchmesser bis zu 20 cm (meist aber 8—12 cm). Erscheinungszeit für die Rotkappen ist der Sommer und Herbst.

2 Maronenpilz, Braunhäubchen *Xerocomus badius*
Der Pilz wächst nicht vorzugsweise im Lande Baden, der wissenschaftliche Artname leitet sich von lat. badius = braun ab. Damit wird auf die Hutfarbe abgehoben, die mit der Farbe von Früchten der Edel-Kastanie (den Maronen) übereinstimmt. Es ist ein Filzröhrling, sein Hut ist mit einem feinsamtigen Filzüberzug bedeckt (*Xerocomus* = Trockenschopf). Aber nur der „Nadelstreumaroni", der im Trockenen aufgewachsen ist — ein stämmiger, untersetzter Geselle — hat wirklich diesen trockenen Samthut. Der „Moosmaroni", langstieliger, schlanker Bewohner feuchterer Standorte, zeichnet sich durch eine hellere, schmieriggländende Bedeckung aus. Beide sind aber nur Standortmodifikationen ein und derselben Art und durch Übergänge miteinander verbunden. Hauptcharakteristikum ist neben der Hutfarbe die dicke, schwammige Porenschicht, erst blaßgelb, später grünlichgelb, die auf Druck sofort blau anläuft. Eine langsamere und schwächere Blaufärbung zeigt auch das helle bis gelbliche Fleisch, das sich aber mit der Zeit wieder entfärbt.
Maronenpilze besiedeln vor allem Nadelwälder und zwar vorzugsweise solche, die auf sauren Sandböden stocken. Gelegentlich findet man sie auch im Laubwald. In manchen Jahren treten sie in kaum zu bergenden Massen auf und erlauben einige Wochen lang Riesenernten, dann sind sie nach kurzer Zeit nur noch von Maden zerfressen anzutreffen. Beim Sammeln kann man bei älteren Exemplaren auf die leicht ablösbare Schwammschicht verzichten. Manchen Leuten sagt auch der derbe Stiel nicht zu. Der Pilz gilt als vorzüglicher Speisepilz von ausgezeichnetem Wohlgeschmack, wenn er auch seines weichen Fleisches wegen nicht ganz an die Qualität des Steinpilzes heranreicht. Er eignet sich gut für alle Arten der Zubereitung.
Die ersten Pilze können schon im Juni erscheinen, Haupterntezeit ist aber doch der Frühherbst, obwohl bei milder Witterung noch im Dezember neue Fruchtkörper gefunden werden können. Bergwälder werden gegenüber den Wäldern der Niederungen eindeutig bevorzugt, doch findet man auch dort unter Kiefern oftmals reiche Beute. Der Maronispezialist weiß, daß er nach dem ersten Fund die Umgebung ruhig mustern muß, um alsbald immer neue der gut getarnten Heerscharen zu finden.

1

2

1 Sand-Röhrling, Sandpilz *Suillus variegatus*
Man kann zwar grundsätzlich davon ausgehen, daß Röhrlinge mit gelbem Porenschwamm unter dem Hut nicht giftig sind, doch findet man darunter immerhin einige ungenießbare, weil bittere (s. Dickfuß-Röhrling, S. 114), und bei den übrigen kann man schon Unterschiede im Wohlgeschmack herausfinden. Der Sandpilz ist einer der Eßbaren, doch weniger Schmackhaften der Röhrlingsfamilie, doch soll ihm nicht vergessen werden, daß er in zurückliegenden Hungerjahren Tausenden von Menschen willkommene Zunahrung gab. Er ist ein Massenpilz der sandigen Kiefernwälder, wo er vor allem im Oktober in Scharen auftritt, wobei die ersten Vorboten schon im Juni erscheinen und die letzten bis in den November hinein aushalten. Seine Bindung an die Kiefer ist obligatorisch, doch bevorzugt er vor allem saure, zum Teil dazu noch sumpfige Böden. Man kennt ihn auch aus dem Hochgebirge sowie aus Torfmooren (mit Latsche bzw. Birke).
Seinen Namen hat er nicht so sehr von seinem oft sandigen Standort, sondern wegen der „Sandkörner" auf seinem gelbgrauen bis braungelben Hut. Sie rühren von der noch etwas dunkler gefärbten obersten Huthaut her, die feinfilzig gebaut, schon früh in kleinste Schüppchen aufreißt. Diese bestehen aus niederen Härchenbüscheln, die abwischbar sind und bei Feuchtigkeit auch etwas verschmieren. Der Pilz ist ja ein Vertreter der Schmierröhrlinge, die sich durch schmierige Schirmoberseite auszeichnen.
Die (zweite) Oberhaut ist nicht abziehbar. Der Hut hat eine Breite von 6—15 cm und bleibt meist polsterartig gewölbt, wobei er zusammen mit der besonders dunkelolivfarbenen Porenschicht 2—4 cm dick wird. Die Porenschicht läuft bei Druck etwas blau an und läßt sich nicht ganz so leicht vom Hut trennen, wie man das von anderen Röhrlingen gewohnt ist. Der Stiel ist stämmig und festfleischig. Das gelbliche Fleisch läuft an der Luft meist etwas bläulich an, es riecht säuerlich. Verwechslungen mit ähnlichen Arten, die am selben Standort gedeihen sind möglich (und ungefährlich), aber gänzlich auszuschließen, wenn man auf die Faserschüppchen des Hutes achtet. Ein Pilz derselben Gattung, der Kuh-Röhrling, ist etwas kleiner, heller, glatthütig und sehr elastisch. Die Poren seiner Schwammschicht sind auffallend weit. Beide Arten kommen oft zusammen vor. Im (Speise) Wert entsprechen sie sich etwa.

2 Rotfuß-Röhrling, Rotfuß *Xerocomus chrysenteron*
Der mittelgroße, 3—7 cm breite Hut sitzt auf einem sehr schlanken Stiel. Anfänglich tief dunkelbraun, hellt er sich beim Aufschirmen zu Graubraun hin auf, wobei er sehr oft, vor allem am Rand, eine rissig-felderige Oberflächenstruktur erhält. Er ist mit feinsamtigem, feucht nicht schmierendem Filz überzogen. Die Röhrenschicht ist gelb, bei Druck nimmt sie öfters eine grünblaue Farbe an. Der nie netzig strukturierte Stiel ist zumindest am Grund, oft über die ganze Länge, schön rot gefärbt — nur bei der Herbstform können reingelbe Stiele auftreten. Charakteristisch ist die allmähliche Rotverfärbung des Hutfleisches, überall dort, wo Luft zutreten kann: an Fraßstellen und Wachstumsrissen. Der Pilz ist an keine besondere Baumart gebunden und erscheint zwischen Juni und November in Wäldern aller Art, in manchen Jahren oft zu Abertausenden. Im Gebirge steigt er kaum über die untere Mittelgebirgszone. Oft wird er mit der Ziegenlippe *(Xerocomus subtomentosus)* verwechselt. Deren Röhrenmündungen sind leuchtend goldgelb, der Stiel nie rot, ebensowenig wie Verletzungen des Hutes.
Der Rotfuß wird als wohlschmeckender Speisepilz bezeichnet, doch sagt das weiche Fleisch nicht jedermann zu. Man kann nur die ganz jungen Exemplare empfehlen. Leider sind auch sie oft schon durch und durch madig. Mit den Herbstformen ist es etwas besser. Das Fleisch kann sehr schnell faulen, deshalb muß man die gesammelten Pilze besonders rasch verwerten. Oft kann man im Wald ältere Exemplare stehen sehen, die, innerlich ganz verwest, bei Berührung in sich zusammensinken. Gerne sind die Pilze auch von einem erst weißen, später goldgelb werdenden Schimmelgeflecht überzogen. Diese Watten gehören dem Goldschimmel, *Peckiella chrysosperma*. Die so befallenen Pilze — leider oft alle in einem ganzen Waldstück — dürfen auf keinen Fall mehr verzehrt werden.

1

2

1 **Gallen-Röhrling** *Tylopilus felleus*
Dieser Röhrling ist der gallenbittere (fel, fellis, lat. = Galle) und für die meisten Menschen daher ungenießbare Doppelgänger des begehrten Steinpilzes. Es soll Leute geben, deren Geschmacksinn für die Bitterstoffe nicht empfänglich ist und die deshalb den völlig ungiftigen Pilz mit Genuß verspeisen. Da er meist in Jahren besonders häufig auftritt, in denen die Steinpilze rar sind, hat er bestimmt schon viele hoffnungsfreudige Sammler genarrt. Beim Altpilz ist die Unterscheidung keine Kunst. Der Gallen-Röhrling ist unser einziger Rosaporenröhrling, d. h., der einzige einheimische Pilz der Familie, dessen Schwammschicht auf der Hutunterseite eine rosa Farbe annimmt (an Druckstellen oft rostigrot). Dies und der pastellockerbraune Stiel mit einem grobmaschigen Adernetz kennzeichnen den Bitterling zur Genüge. Wer es nicht glaubt, mag ein kleines Stückchen kauen oder auch nur anlecken. Man muß nur warnen, wer es zu häufig macht, hat alsbald eine taube, unbrauchbare Zunge. Kostproben oder Übung lassen auch den jungen Gallen-Röhrling erkennen, dessen Porenschicht noch weißlich und dessen Stiel relativ glatt ist. Allerdings ist bekannt, daß selbst ein Kenner auf den allerersten Gallen-Röhrling der Saison hereinfallen kann, wenn er sehnsüchtig nach Steinpilzen Ausschau hält. Nur wer kühlen Herzens prüft, ist vor bitteren Überraschungen gefeit.
Der Pilz hat eine Vorliebe für Nadelwälder, wo er von (Mai) Juli bis Oktober auf kalkarmen Böden wächst. Wenn er auch nicht jedes Jahr erscheint, so ist er doch recht fundortstreu. Wenn der Frühsommer recht trocken war, bleibt der Pilz meist aus.

2 **Steinpilz,** Herrenpilz *Boletus edulis*
Der Pilz der Pilze. Die Speise der Herren des Mittelalters, des Adels und der Geistlichkeit. Bolitos war im alten Griechenland der feste, kompakte Pilz, für die Römer wurde der Speisepilz zum boletus (s. wissenschaftlicher Name), daraus entstand bei uns über bolets und buliz das Wort Pilz.
Der Steinpilz ist fast unerreichbar im Geschmack, vielseitig verwendbar und gibt gut aus. In Steinpilzjahren ist er schon von einzelnen Sammlern zentnerweise eingebracht worden. Er ist einer der wichtigsten Marktpilze, relativ gut haltbar und kann auch auf jede mögliche Art zur Vorratshaltung verwendet werden. Der anfangs oft weißliche bis graubraune Hut kann hell- oder dunkelbraun werden. Er erreicht Breiten zwischen 10 und 20 cm, zuweilen auch das Doppelte und ist fast stets mehr oder weniger kugelig gewölbt, trocken ist er rauhsamtig, feucht leicht schmierig. Die Röhrenschicht ist anfangs weiß, später olivgelb und leicht ablösbar. Der stämmige Stiel ist weißlich bis hellbraun, ganz feinmaschig und wenig erhaben geadert. Er kann bis zu 5 cm dick und bis 15 cm hoch werden.
Steinpilze findet man ab Mai bis in den Herbst hinein in mehreren Unterarten (s. u.) auf verschiedenen Standorten, doch stets im Wald (Bindung an Bäume durch Mykorrhiza) und vorzugsweise auf kalkarmen, sauren, oft sandigen oder durch Nadelstreu oberflächlich versauerten lehmigen Böden. Alle paar Jahre gibt es Massenernten, dazwischen findet man ihn recht standortstreu doch mäßig an meist sehr geheimgehaltenen Plätzen, die auch dem besten Mitpilzfreund nicht verraten, und die nach ungeschriebenem Komment unter echten Pilzsammlern auch nicht erfragt werden.
Die wichtigsten Formen (heute oft als selbständige Arten geführt) sind der meist erst im Spätsommer erscheinende Fichten-Steinpilz (ssp. *edulis),* mit weißlichem, nur oben genetztem Stiel. In Fichtenwäldern auf sauren Böden häufig. Dann der Kiefern-Steinpilz (ssp. *pinicola),* mit runzligem rotbraunem Hut und dunkelbraunem, genetztem Stiel. In Nadelwäldern, im Tiefland vor allem unter Kiefern, im Bergland unter Fichten. Tritt schon im Sommer auf. Der Eichen- oder Sommer-Steinpilz (ssp. *reticulatus = B. aestivalis)* erscheint bei feuchtwarmem Wetter schon im Mai. Sein Stiel ist graubraun, stark und von oben bis unten genetzt, sein Hut ebenfalls hellbraun bis graubraun und oft gefeldert. Man findet ihn im Laubwald, gern unter Eichen. Im Bergland wird er schon selten. Der Bronze-Steinpilz (Bronze-Röhrling, Schwarzer Steinpilz; ssp. *aereus)* ist ein seltener Südeuropäer. Er wächst vor allem im (warmen) Weinbaugebiet, wo man ihn besonders unter Eichen findet. Sein kupferbrauner Stiel trägt einen schwarzbraunen Hut.

1

2

1 **Dickfuß-Röhrling,** Bitterpilz, Schönfuß-Röhrling *Boletus calopus*
Ein farbenprächtiger Pilz. Der polsterartig gewölbte, graubraune bis hellgraue Hut, öfters mit einem schönen Muster der Riß-Felderung überzogen, sitzt auf einem stattlichen breitknolligen bis keuligen Stiel, der in Farbabstufungen vom purpurroten Grund bis zum sattgelben Ende prunkt. Darüber wirkt sich eine gleichmäßige grobmaschige Oberflächennetzstruktur. Zuweilen erscheinen an der Basis auch Brauntöne mit. Druckstellen verfärben sich zu (oft zurückgehender) grünblauer Marmorierung, ebenso Schnittflächen. Bei einer Stielhöhe von 6—15 cm (Dicke 2—6 cm), spannt der Hut 6—15 cm breit, bei besonderen Prachtexemplaren auch 20 cm. Die Röhren sind zunächst zitronengelb, dunkeln aber dann etwas nach. Das feste, rahmgelbe Fleisch riecht etwas säuerlich, aber durchaus nach „Pilz"; der Geschmack, bei soviel Schönheit, ist allerdings eine einzige Enttäuschung: Er ist widerlich und bitter zugleich. Durch Abkochen und Wegschütten des Kochwassers wird er anscheinend etwas gemildert, doch selbst dann ist der Pilz schwer verdaulich und für empfindliche Personen sogar unbekömmlich.
Dickfußröhrlinge sind nicht allzu häufig. Sie treten zwar oft in kleineren Trupps auf, doch liegen die Fundorte weit auseinander. Saurer Boden wird entschieden bevorzugt, obwohl auch eine Kalkbodenform bekannt ist. Diese wächst mehr in den (guten) Laubwäldern, während der Typ vorzugsweise im Nadelwald oder im Nadelmischwald (Tanne-Buche) anzutreffen ist. Er erscheint im Sommer und verschwindet schon bald wieder Mitte Herbst. Von Ferne ähnelt er sehr den Rotsporern (siehe unten) mit ihren kräftigen Farben, dem Hut nach kann er für einen Satanspilz gehalten werden. Die gelben Röhren (die relativ schwer vom Hut zu trennen sind) charakterisieren unsere Art jedoch eindeutig. Von den Pilzen mit gelben Röhren, z. B. von hellhütigen Steinpilzen, unterscheidet ihn die prächtige Stielfarbe (neben dem bitteren Geschmack), so daß er bei einiger Aufmerksamkeit eindeutig zu identifizieren ist.

2 **Netzstieliger Hexenpilz,** Netzstieliger Hexenröhrling *Boletus luridus*
Die Rotsporer unter den Röhrlingen sind ein Kapitel für sich, an das sich erst Pilzsammler mit Erfahrung wagen sollten. Neben anderen, seltenen Arten kommen die Hexenpilze und der Satanspilz relativ häufig vor, wenn auch meist nicht in großen Massen. Sie zeichnen sich dadurch aus, daß sich die (sichtbaren) Enden ihrer gelblichen Poren bald durch die auftretenden Sporen tiefrot verfärben. Eine Faustregel zur Unterscheidung von Satans- und Hexenpilz ist die, daß der „Satan" bei Verletzung langsam blau anläuft, die „Hexen" schlagartig (vor allem bei großer Luftfeuchtigkeit).
Der Netzstielige Hexenpilz ist nun vor allem durch seinen gelb und rot gefärbten Stiel charakterisiert, der mit einem erhabenen Adernetz überzogen ist. Wenn man die Porenschicht ablöst, kommt darunter der hell- bis orangerote Hutboden zum Vorschein. Die Poren am alten Hut sind nach Ausstreuung der Sporen wieder schmutziggelb gefärbt (alte Pilze, ganz allgemein, niemals zu Speisezwecken verwerten!).
Unsere Art bevorzugt den Laubwald, der möglichst über kalkhaltigen Böden stocken sollte. Man findet sie vorzugsweise bei Buchen und Eichen. Dort und an kalkgeschotterten Waldwegen kann man sie zerstreut, vom Juni bis in den Oktober hinein, in kleinen Gruppen antreffen.
Alle Rotsporer sind als Speisepilze zunächst einmal kritisch, sie haben aber einen Anhängerkreis von Feinschmeckern, der sie über alles lobt. Zwar sind sie nicht so giftig, wie früher dargestellt, selbst der Satanspilz enthält nur wenig Gift. Es reicht aber zu schweren Verdauungsstörungen. Die Gifte sind aber alle thermolabil, das heißt, sie können durch gründliches Kochen zerstört werden. Bestimmte Menschen reagieren auch dann noch allergisch (unter solchen Gesichtspunkten müßten auch Eier, Erdbeeren und Spargel als giftig bezeichnet werden, weil auch sie bei manchen Allergien auslösen).
Für unsere Art gilt folgendes Giftsignalelement: Enthält ein Gift aus der Gruppe der Fliegenpilzgifte, das zusammen mit Alkohol tödlich wirkt, das aber durch intensives Kochen (100 °C/20 min) zerstört wird. In Deutschland selten, in Frankreich häufig als Speisepilze verwertet. Nie roh verzehren!

1

2

Flechten — Morphologische Gruppen der Strauch- und Blattflechten

Flechten sind Doppelwesen. Ein Pilz, bei den meisten heimischen Arten ein Schlauchpilz, lebt in Symbiose mit Blau- oder Grünalgen. Beide Partner, die auch getrennt leben können, bestimmen Bau (mehr der Pilz), Farbe (mehr die Alge) und Lebensweise. Die Vermehrung erfolgt nur ungeschlechtlich durch Soredien (von Pilzgeflecht umsponnene Algengruppen), manchmal auch nur durch Bruchstücke. Der Pilz kann sich noch allein geschlechtlich vermehren; in Apothecien (s. S. 38) bildet er seine Sporenschläuche aus. Beide Partner können zusammen Extremstandorte besiedeln, die für den einzelnen zu lebensfeindlich wären; beide Partner zusammen können auch Stoffe produzieren (Flechtenfarbstoff, Flechtensäure), die weder Pilz noch Alge allein herstellen können. Über Flechtenwuchsformen siehe nächste Seite.

1 **Rentierflechte** *Cladonia rangiferina*
Ausgedehnte Bestände auf mageren, unfruchtbaren Böden in Heiden und Kiefernwäldern. Der Thallus ist strauchartig verzweigt (klados, gr. = Zweig), wenige Zentimeter hoch, weißlichgrau bis blaugrau und sehr starr, trocken auch spröde. Die Stiele sterben unten allmählich ab, während sie oben immer weiterwachsen, deshalb kann man diese Erdflechten leicht vom Boden abheben. Die Sporenlager befinden sich an den sichelig gekrümmten Zweigenden.

2 **Scharlachflechte** *Cladonia coccifera* (und andere)
Diese oft nur durch chemische Proben sicher zu unterscheidenden Flechten fallen dadurch auf, daß ihre Sporenlager am Ende der Thallusauswüchse durch den Farbstoff Rhodocladonsäure leuchtend rot gefärbt sind. Die Thallusauswüchse sind becherförmig oder nur stielartig, die Sporenlager pilzhutförmig. Die Tieflandrassen sind in der Farbe oft heller als die graugrünen bis gelblichen Bergformen.

3 **Trompetenflechte,** Becherflechte *Cladonia pyxidata* (und andere)
Charakteristisch für diese Formen ist das krustenartige, blaugrüngraue Lager auf dem Boden, aus dem sich später becherförmige Gebilde (manchmal aufeinandergeschachtelt) erheben. Auf deren Rand entstehen, gestielt oder ungestielt, knöllchenartige, dunkelgefärbte Sporenlager (des Pilzes! s. oben). Die eigentliche Art trägt 1—4 cm hohe Becher und bevorzugt mageren, doch zumindest schwach kalkhaltigen Boden.

4 **Waldflechte** *Cladonia arbuscula (Cladonia sylvatica)*
Gleicht der eng verwandten Rentierflechte und besiedelt ähnliche Standorte. Ihre Haupt-„stiele" sind nach unten zu verdickt und gelblich(grün). Beide Flechten werden oft zur Herstellung von Modell-Landschaften verwendet (grün eingefärbt als Gebüsch oder Wald). Beide sind sehr bitter, werden aber vom Wild und, in der Tundra, vor allem von Rentieren in der (Winters-)Not gefressen (deren Darminhalt soll von Lappen als Gemüse verwertet werden).

5 **Schüsselflechte,** Rinden-Schüsselflechte, Rindenflechte *Parmelia physodes*
Überaus häufige Blattflechte (Laubflechte) mit graugrünem bis weißlichem Lager, das krustenartig und gelappt die Rinde der Waldbäume bedeckt. Dabei sind die Vertiefungen meist etwas dunkler, durch eingewaschenen Staub und Rindenabrieb oft schwärzlich gefärbt. Die rundlichen Apothecien der Gattung wurden mit der parma, dem Rundschild römischer Gladiatoren verglichen (Name!), sie sind auch die Schüsseln der deutschen Bezeichnung.

6 **Schildflechte,** Hundsflechte *Peltigera canina* (und andere)
Diese Bodenflechte fällt durch stattliche Größe auf. Ihr grob gelappter Thallus hat oft mehrer Quadratdezimeter an Fläche. Er ist unterseits runzlig-netzig und grau gefärbt, oben meist glatt und auch feucht graubraun oder graugrün. Der Algenpartner ist die Blaualge *Nostoc* (Gallertalge, S. 32). Die Apothecien des Pilzes stehen am Rand der Lappen; sie wurden mit der pelta, dem halbmondförmigen griechischen Leichtschild verglichen (gero, lat. = ich trage).

1
6
5
4
2
3

Flechten — Morphologische Gruppen der Krusten-, Blatt- und Bartflechten

Aus praktischen Gründen teilt man die Flechten in 4 Gruppen ein, die sich in der Wuchsform unterscheiden. Diese Einteilung ist nicht nach systematischen Gesichtspunkten vorgenommen, nahe verwandte Arten haben oft andersartige Wuchsform. Wir unterscheiden die Krustenflechten, deren Lager mit seiner Unterlage so fest verbunden ist, daß man es nicht im Ganzen abheben kann, die Blattflechten (oder Laubflechten), die sich locker der Unterlage anschmiegen und deshalb auch leicht abgehoben werden können, die aufrechten, stielartig wachsenden und oft verzweigten Strauchflechten, sowie die ebenfalls strauchigen, aber locker und lang herabhängenden Bartflechten. Über Flechtenbiologie siehe vorige Seite.

1 **Schriftflechte** *Graphis scripta*
Auf glatten Rinden im luftfeuchten Lokalklima findet man diese Krustenflechte überall. Besonders befallen sind Eschen, die ja auch meist über nassem Grund stehen. Die Flechte bildet auf der Stammrinde pfennig- bis geldscheingroße hellgraue Flecke mit unruhiger Begrenzung. Darin brechen dann die länglichen und auch verzweigten, schwarzen Sporenlager auf, die an Runen oder eine exotische Schrift erinnern.

2 **Landkartenflechte,** Geographenflechte *Rhizocarpon geographicum*
Vor allem dem Alpenwanderer mag diese farbenfrohe Flechte schon aufgefallen sein, die in den Urgebirgsalpen überall krustig das Gestein überzieht. Sie kommt auch in tieferen Lagen auf saurem Fels vor, doch ist sie ab etwa 600 m auffällig häufiger. Das ausgedehnte Lager ist gelb bis grüngelb und durch schwarze Linien netzig gemustert, dazwischen stehen noch bräunliche, runde Sporenlager. Es ähnelt wirklich einer Landkarte.

3 **Gelbflechte,** Wandflechte *Xanthoria parietina*
Eine Blattflechte, nicht nur an Wänden und Mauern, sondern genau so häufig auf Rinde und Holz wie auf Gestein. Sie gehört zu den häufigsten Flechten und fällt durch ihre hell- bis dottergelbe Farbe leicht auf (xanthos, gr. = gelb). Meist findet man in der Mitte viele schüsselförmige Apothecien. Sie sind von gleicher Art wie die der Schüsselflechte (s. S. 116), doch unterscheiden sich beide sehr im Bau der Sporen.

4 **Moosflechte,** Isländisches Moos *Cetraria islandica*
Diese Blattflechte vermittelt durch ihre breitlappigen, aber doch verzweigten und aufsteigenden Thalli zu den Strauchflechten. Sie sind im Schatten olivgrün, in der Sonne dunkelbraun, meist $1/2$—$1\,1/2$ cm breit und vorne etwas umgerollt. Die länglichen Apothecien erinnern an den ovalen römischen Leichtschild, die cetra. Die Flechte war (nach Abschütten des Kochwassers mit den Bitterstoffen) schon Notnahrung und Heilmittel (Lichen islandica der Apotheken; enthält Schleim- und Bitterstoffe).

5 **Falsche Pflaumenflechte** *Parmelia furfuracea (Pseudevernia furfuracea)*
Die Echte und die Falsche Pflaumenflechte sind beides Blattflechten, die schon zu den Bartflechten vermitteln. Der Thallus ist grau und weißlich, stark verzweigt, beinahe strauchig, 2—10 cm lang und dann schlaff herabhängend. Beide sind auf Bäumen und Sträuchern (nicht nur an Pflaumenbäumen) häufig und weit verbreitet. Die Echte Pflaumenflechte hat eine weiße, die Falsche eine schwarze Unterseite.

6 **Bartflechte** *Usnea*
Die Gattung umfaßt mindestens 50 einander sehr ähnliche Arten. Die echten Bartflechten haben rundliche Zweige und kommen vor allem an den Bäumen vom Bergland bis in mittlere Gebirgslagen vor. Dort hängen sie wie alte, graue Bärte von Ästen. Im Tiefland gedeihen sie nur in luftfeuchtem Klima. Astflechten *(Ramalia)* haben bandartig breite Zweige. Die Apothecien sind groß und rundlich.

6
4
2
3
1
5
gb

1 Brunnenlebermoos *Marchantia polymorpha*
Die Vielgestaltige (= polymorpha) ist nicht in Stämmchen und Blättchen gegliedert, sondern bildet ein bandförmig-lappiges, grünes Lager, einen Thallus. Er ist durch einen dunklen Mittelstreif gekennzeichnet und trägt meist schalenartige Brutbecher, in denen sich Brutkörperchen zur vegetativen Vermehrung befinden. Zweihäusig: Weibliche Sporenständer mit sternförmigem, männliche mit seicht gelapptem Schirm. Das Moos galt früher als Heilmittel gegen Leberleiden (Name!).

2 Beckenmoos, Salatmoos *Pellia* spec.
Häufiges Moos sehr feuchter und meist schattiger Standorte, im Aussehen dem Brunnenlebermoos ähnlich (thallos = gebaut), doch ohne Mittelstreif und Felderung, rein grün. Im Herbst viele kleine, gegabelte Brutsprosse an den Thallusenden. Sehr oft von salat-(lattich-)-ähnlichem Wuchs, nur viel kleiner. Zwei schwer zu unterscheidende Arten auf Kalk- und sauren Böden.

3 Muschelmoos, Schiefmundmoos *Plagiochila asplenoides*
Das Muschelmoos gehört zu den beblätterten Lebermoosen; ihre Blättchen sind mit breitem Grund am Stämmchen angewachsen. Bei dieser Art sind sie dazuhin muschelförmig gewölbt. Dies gibt den kleinen, 5—20 cm hohen Sprossen ein charakteristisches, elegantes Aussehen. Das Muschelmoos findet man häufig in Wäldern aller Art, wo der Boden genügend Feuchtigkeit hergibt und wo Beschattung die lichtbedürftigen Konkurrenten (Blütenpflanzen) zurückhält.

4 Dreilappiges Peitschenmoos *Bazzania trilobata (Mastigobryum trilobatum)*
In den Niederungen recht selten, doch sehr häufig in sauren (sandigen) Bergwäldern bis in Mittelgebirgslage. Die gescheitelt stehenden, breit ansitzenden, dunkelgrünen Blättchen sind etwas eingebogen, so daß man die drei Zähnchen an ihrer Spitze nicht gleich erkennt. Auffällig am gegabelten, liegend-aufsteigenden, 5—15 cm langen Sproß sind stützwurzelähnliche Ästchen, die „Peitschen".

5 Gemeines Bartkelchmoos, Streifenfarnähnliches Bartkelchmoos *Calypogeia trichomanis*
Dieses Erdbodenmoos zeigt schön die „Oberschlächtigkeit" der rundlichen, dunkelgrünen Blätter, die als Erkennungsmerkmal bei beblätterten Lebermoosen eine wichtige Rolle spielt: Wenn — von der Stengelspitze aus betrachtet — das hintere Blatt mit seinem Rand über den hinteren Rand des vorderen Blattes ragt, liegt Oberschlächtigkeit vor, wenn der hintere Rand des vorderen Blattes den vorderen des nachfolgenden bedeckt, Unterschlächtigkeit (hergeleitet vom Mühlrad).

6 Filzmoos, Haarkelchmoos *Trichocolea tomentella*
Den wirklichen Bau dieses blaßgrünen Mooses, das auf dauerfeuchter, kalkfreier aber ziemlich neutraler Erde wächst, erkennt man erst unter dem Mikroskop: Alle Blätter sind in dünne, haarfeine Zipfel gespalten. Makroskopisch sehen die kräftigen, 5—10 cm langen und um 2 mm breiten Sprosse deshalb wie filzhaarig aus. Wenn man das bis 1000 m Höhe nicht allzu seltene Moos finden will, muß man Wassergräben, Bachschluchten und Quellmulden in Wäldern absuchen.

7 Blaugrünes Sternlebermoos *Riccia glauca*
Im Herbst, wenn die Felder abgeerntet sind, lohnt sich oft ein Blick in die lehmige Brache, ehe sie umgepflügt wird. Häufig findet man dort das auffällige Sternlebermoos, das einer systematisch isoliert stehenden Gruppe angehört (Sporenkapseln in den Thallus eingesenkt). Die blaugrünen, rundlichen oder halbrunden Thalli sind radial gelappt und um 1 cm breit. Sie besiedeln die feuchtesten Stellen des Ackers.

6
5
3
7
4
2
1
gb

1 **Bäumchenmoos,** Leitermoos *Climacium dendroides*
Der Wuchs dieses 4—10 cm hohen Sumpfwiesenbewohners ist in der Tat bäumchenartig. Am oberen Ende des eng anliegend beblätterten Hauptstengels stehen viele Seitenästchen in einer „Krone" beieinander. Auch die langgestielten Sporenkapseln entspringen diesem Bereich. Wer etwas sorgfältig nachgräbt, wird allerdings erfahren, daß der „Hauptstengel" ein Seitenast eines unterirdisch kriechenden Stengels ist. Die Art geht derzeit immer mehr zurück, da sie sehr empfindlich gegen Düngung ist. Sie kann geradezu als Zeiger der nassen, kalk- und nährstoffarmen Wiese dienen, zumindest für die oberste Schicht.

2 **Schlafmoos,** Zypressen-Schlafmoos *Hypnum cupressiforme*
Die glänzenden Blättchen dieses häufigen Waldmooses sind eiförmig mit eingekrümmter Spitze, dadurch erscheinen die Ästchen kätzchenförmig, und den Blättchen wird nachgesagt, sie schliefen (hypnos, gr. = Schlaf, vergl. auch Hypnose).
Je nachdem ob das Moos am Boden wächst und im unteren Bereich der Bäume und Stubben, oder ob es die Stämme überzieht, tritt es in verschiedenen Formen auf: Die Erdform bildet dichte, freudig-grüne Rasen aus stark fiedrig verzweigten Moospflänzchen; die (mehr trockenstehende) Rindenform hat schlaff niederhängende, sehr dünne Stämmchen und Ästchen von gelblichgrüner bis bräunlicher Farbe und mattem Glanz. Am selben Baum können beide Formen ineinander übergehen.

3 **Etagenmoos,** Glänzendes Hainmoos *Hylocomium splendens*
Mehrfach fiedrig verästeltes Moos von stockwerkartigem Aufbau, dessen rotrindige Stengelteile von gelblich bis olivgrün glänzenden Blätter dicht besetzt sind. Jeweils auf dem Rücken eines elegant übergebogenen Fieders entspringt der nächstjährige Trieb. Die gestielten Kapseln stehen wie bei allen Astmoosen „seitlich", das heißt an der Spitze ganz kurzer Seitenzweige. Das Moos ist in allen Wäldern saurer bis neutraler Standorte häufig und geht im Gebirge über die Baumgrenze.

4 **Grünstengelmoos,** Rauhstielmoos *Scleropodium purum*
In „guten" Wäldern über Kalkuntergrund recht häufig. Dort bildet es ausgedehnte, lockere Rasen von charakteristisch bleich- bis gelbgrüner Farbe. Stengel grün, niederliegend bis aufsteigend, bis 15 cm lang, locker fiedrig verzweigt. Die glänzenden, eiförmigen Blättchen sind spiralig angeordnet und liegen dachziegelig an. Dadurch wirken die Zweige sehr kompakt und drehrund. Die langstieligen, sehr vereinzelt stehenden Kapseln erscheinen meist im Herbst.

5 **Rotstengelmoos** *Pleurozium schreberi (Entodon schreberi)*
Weit verbreitetes Wald- und Heidemoos des sauren oder zumindest oberflächlich versauerten, zuweilen recht trockenen Bodens — das Gegenstück zum Grünstengelmoos, das bessere Böden anzeigt. Die dichten Rasen sind gelb- bis braungrün, die rotrindigen Stengel meist locker fiedrig beastet. Die glänzenden Blätter liegen ebenfalls dachziegelig an, die Zweigenden sind spitz (beim Grünstengelmoos abgestumpft). Die gestielten Kapseln erscheinen im Herbst.

6 **Großes Kranzmoos,** Dreieckblättriges Kranzmoos *Rhytidiadelphus triquetrus*
Sehr häufiges, kräftiges und sparrig verästeltes Waldmoos, eines der bestgeeigneten für die Osternester. In dichten, 10 bis 20 cm hohen, etwas starr erscheinenden gelblich- bis hellgrünen Rasen besiedelt es schwach bis stärker saure Wälder, Heiden und Wiesen (dort meist niedriger) vom Tiefland bis in die Mattenregion der Gebirge. Wie schon der Name sagt, wird es als Unterfüllung oder auch zur Zierde beim Kranzflechten verwendet. Zuweilen diente es auch als Verpackungs- oder Polstermaterial.

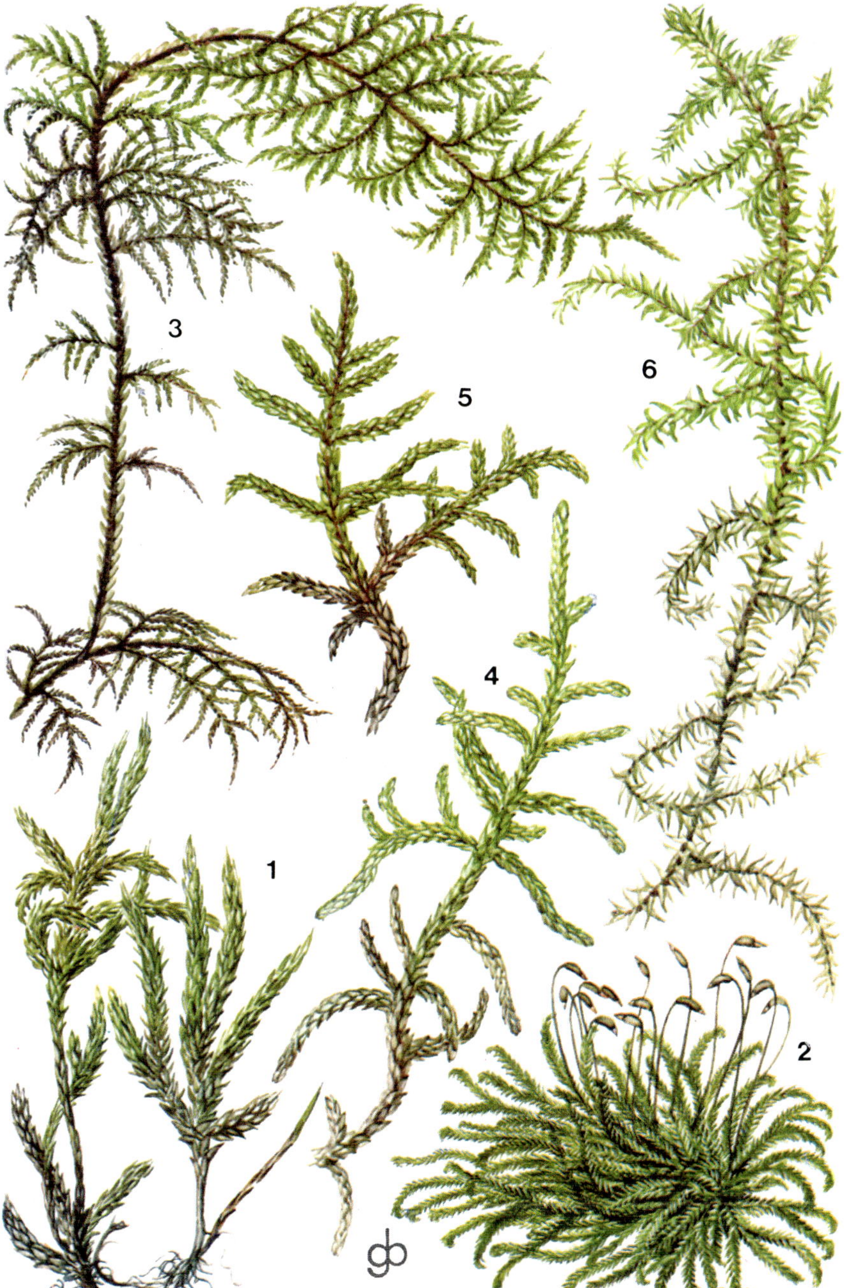
3
5
6
4
1
2
gb

1 Eiben-Spaltzahnmoos, Eibenblättriges Spaltzahnmoos *Fissidens taxifolius*
Das in kleineren Räschen wachsende, meist dunkelgrüne Moos hat nicht die typische Gestalt eines Gipfelmooses. Seine unverzweigten Stengel liegen nieder oder steigen nur schwach auf und sind fast wie Lebermoose zweizeilig beblättert. Die gestielte Kapsel, meist im Herbst erscheinend, entspringt seitlich, wie bei den Astmoosen. So bilden die Spaltzahnmoose eine systematisch recht isolierte Gruppe. Unsere Art ist aber sehr häufig, vor allem im tiefen Waldesschatten.

2 Silber-Birnmoos *Bryum argenteum*
In Pflasterritzen oder zwischen den Platten der Gartenwege, selbst im Riß des Zementbodens neben dem Swimming-pool, doch auch auf nackter Erde, Felsen, Mauern und Dächern, zwischen Schotter, Kies, Schlacken und Sand — doch nie im Wald — wird dieses Allerweltsmoos gefunden. Die Stengel dieses Winzlings sind nur um 1 cm lang, dicht anliegend dachziegelig beblättert und daher fast drehrund, doch sind die polsterförmigen Rasen eben durch diese Kleinheit und die weißlichgrüne, silbrigschimmernde Farbe hinlänglich identifizierbar.

3 Welliges Sternmoos, Wellenblättriges Sternmoos *Mnium undulatum*
Bei dieser Art, die an feuchten Standorten im Wald sehr häufig angetroffen wird, gibt es deutliche Unterschiede zwischen den unfruchtbaren Stämmchen, die in lockeren Rasen als unverzweigte, übergebogene Wedel stehen und den aufrechten kapseltragenden, die an der Spitze, aus der 2—10 Kapselstiele entspringen, durch Nebenästchen bäumchenartig verzweigt sind. Charakteristisch sind die bis 1 1/2 cm lang werdenden, zungenförmigen Blättchen mit deutlicher Mittelrippe, die stark querwellig sind (bei Trockenheit wie verwelkt, nach Wasserzugabe ausgebreitet, aber immer noch wellig).

4 Punktiertes Sternmoos *Mnium punctatum*
Nicht ganz so häufig wie das Wellige Sternmoos, doch leicht kenntlich und an nassen, schattigen Waldstellen mit etwas saurem Untergrund regelmäßig zu finden (kalkmeidend!). Durch die aufrechten Stengel mit den nicht faltigen, satt- bis schwärzlichgrünen, rundlichen, um 1 cm langen Blätter mit deutlicher Mittelrippe leicht kenntlich. Typisch ist ein kurzer rötlicher Wurzelfilz am Stengel zwischen den Blättern. Die Kapsel entspringt meist einzeln mit langem Stiel aus der Spitze des unverzweigten Stämmchens (Winter bis Frühjahr).

5 Drehmoos *Funaria hygrometrica*
Wer dieses Moos sicher finden will, muß alte Feuerstellen im Wald aufsuchen, wo es, außer in Mauerritzen, auf offener Erde und zwischen Wegplatten und Kopfsteinpflaster, sehr regelmäßig vorkommt. Die Pflanze mit dem kurzen, spiralig beblätterten Stengel ist berühmt, weil ihre Sporen die Keimfähigkeit bis zu 13 Jahren behalten, und weil der oft etwas bogig gekrümmte Kapselstiel sich je nach Luftfeuchtigkeit (hygrometrisch; Name!) mehr oder weniger verdreht und dadurch die schief birnförmige Kapsel in Ausschüttstellung bringt oder auch nicht.

6 Polster-Kissenmoos, Gemeines Kissenmoos *Grimmia pulvinata*
Man findet an Mauern häufig polsterartige Moosrasen von wenigen Zentimetern Durchmesser. Eine der allerhäufigsten Arten ist das Polster-Kissenmoos, das zwar basischen Untergrund bevorzugt, aber an Gestein aller Art anzutreffen ist. Die kuppelförmigen Pölsterchen sind durch bläulich- bis schwarzgrüne Farbe charakterisiert, über der, verursacht durch die weißen Glashaare an den Blattspitzen, ein silbergrauer Schimmer liegt. Vom zeitigen Frühjahr bis in den Herbst kann man auch die kurzgestielten Kapseln finden. Diese Fels- und Mauermoose leben vom Staubanflug und von der langsamen Zersetzung des Gesteins.

6
5
1
2
3
4
gb

1 Besen-Gabelzahnmoos *Dicranum scoparium*
Die Stämmchen dieses leicht kenntlichen Gipfelmooses sind alle aufrecht, 5—10 cm lang, einfach oder weit unten gabelig verzweigt. Das Auffällige sind die sichelig gekrümmten, einseitswendigen Blättchen. Das Moos ist in allen Waldgebieten häufig, sein Verbreitungsschwerpunkt liegt in den mäßig sauren Waldtypen. Die meisten deutschen Namen der Moose sind reine Kunstnamen, Übersetzungen der wissenschaftlichen Namen (die sich oft auf Bezahnung, Form und Mündung der Kapsel beziehen), denn im Volk werden die vielen Arten kaum unterschieden.

2 Ordenskissen, Weißmoos *Leucobryum glaucum*
Typischer Säurezeiger auf Wald-, Heide- und Torfböden, oft an sehr trockenen Standorten. Die kleinen oder sehr großen, kissenartig gewölbten, dichten Polster sind bei Nässe hellblaugrün, bei Trockenheit bläulichweiß, im Innern stets weißlich. Kapseln werden nur sehr selten ausgebildet, dagegen findet vegetative Vermehrung durch Polsterbruchstücke statt. Dieses Moos wird viel in der Kranzbinderei und zu Gestecken verwendet.

3 Schönes Widertonmoos, Wald-Bürstenmoos *Polytrichum formosum (Polytrichum attenuatum)*
Das bekannteste Moos, da es als Paradebeispiel für jedes Schulbuch dient. Oft wird es dabei allerdings mit der gebietsweise sehr seltenen, unten beschriebenen Art verwechselt. Beide gehören zu einer zwar sehr verbreiteten, doch recht isoliert stehenden Gipfelmoosgruppe, bei der die Sporenkapsel nicht durch Zähne, sondern durch eine Haut verschlossen ist. Das Schöne Widertonmoos ist in (leicht sauren) Wäldern weit verbreitet.

4 Gemeines Widertonmoos, Goldenes Frauenhaar *Polytrichum commune*
Bis 40 cm hoch kann der dunkel- bis blaugrün beblätterte Stengel werden, das Widertonmoos ist eines unserer höchsten Moose. Es gedeiht auf sauren, feuchten Waldböden, vorzugsweise im Fichtenwald. Seine Kapsel ist anfangs von einer haarigen, goldblonden Haube bedeckt (Name!). Die Sporen sind im Gegensatz zu den braunen der oberen Art grün. Beide Moose wurden früher gegen (wider) das „Antun“ durch böse Geister als Amulett getragen.

5 Welliges Katharinenmoos, Wellenblättriges Katharinenmoos *Atrichium undulatum (Catharinaea undulata)*
In die Verwandtschaft der Widertonmoose gehört auch diese Art, die sich durch dünnere, deutlich querwellige Blätter unterscheidet. Sie ist in allen Waldgesellschaften auf nicht extrem sauren oder zu basischen Böden zu finden; von Herbst bis Frühjahr sieht man oft die rotbraunen, etwas gekrümmten, waagrecht auf rotem Stiel sitzenden Sporenkapseln.

6/7 Torfmoose, Bleichmoose *Sphagnum*
Sie bilden eine besondere Gruppe innerhalb der Laubmoose, die gegen die anderen gut abgetrennt ist. Untereinander können sie aber nur durch Spezialisten unterschieden werden. Die grünlichen, gelblichen oder rötlichen Stämmchen mit quirlständigen Nebenzweigen und einem sternförmigen Gipfelzweigschopf bilden ausgedehnte Polster, die bei einigen Arten im Jahr um 3 cm höher wachsen können, wobei die unteren Teile langsam absterben und vertorfen. Interessant ist auch der Blattbau: Neben Blattgrünzellen finden sich größere, tote, mit Fasern ausgesteifte als Wasserbehälter, in die das Moos das 20- bis 30fache seines Trockengewichts an Wasser aufnehmen kann. Neben den obligatorischen Hochmoorbildnern finden wir in feuchten Wäldern, Heiden und in Mooren das Spitzblättrige Torfmoos, *Sphagnum acutifolium* (6) und das dickästigere Sumpf-Torfmoos oder Kahnblättrige Torfmoos, *Sphagnum palustre* (*Sphagnum cymbifolium*) (7).

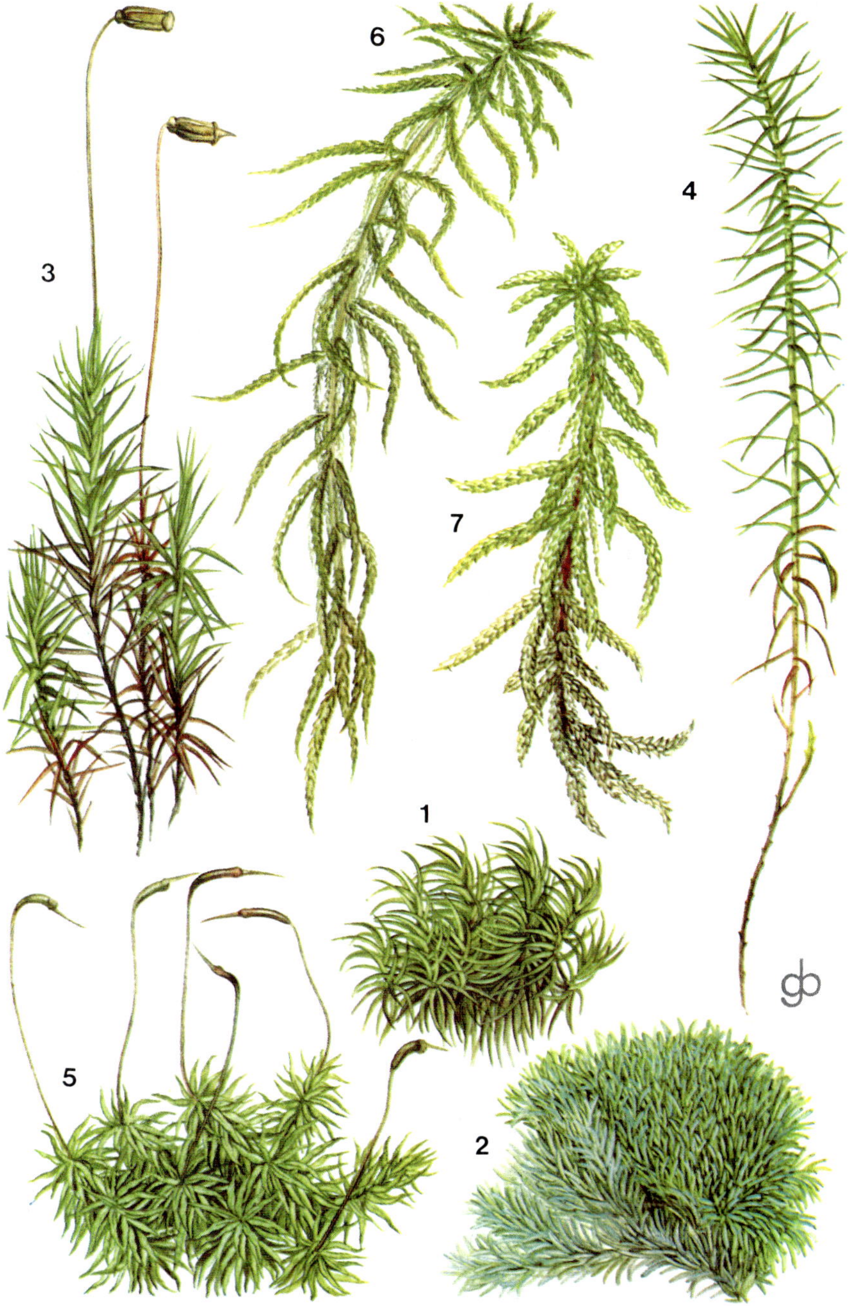

6
4
3
7
1
5
2

Farnpflanzen — Familien Teufelsklauengewächse *Urostachydaceae*, Bärlappgewächse *Lycopodiaceae*

1 Tannen-Teufelsklaue, Tannen-Bärlapp *Huperzia selago (Lycopodium selago)*
Die Ähnlichkeit der gegabelten Ästchen mit einem Zweig der Rottanne ist sehr groß, wenn auch die Sprosse nicht holzig und die Blättchen flach und weich sind. Der Vertreter eines uralten Geschlechtes, der nur noch selten auf sauren Böden der Nadelwälder zwischen etwa 500 m und der Baumgrenze zu finden ist, bedarf unseres besonderen Schutzes, denn er kann sich nur mühsam gegen die raschwüchsige Konkurrenz der „jungen" Blütenpflanzen halten. An seinen oberen Enden stehen öfters büschelige Brutäste waagrecht ab, die der ungeschlechtlichen Vermehrung dienen. Wenn sie abgefallen sind und auf zusagenden Boden gelangen, treiben sie etwa nach einem Jahr die erste Gabelung. Bevor sie Sporen erzeugen können, müssen sie mindestens 4 Jahre alt geworden sein. Dann sind sie 5—15 cm hoch (nach etwa 6—7 Jahren können sie die Extremhöhe 30 cm erreichen). Die Sporen keimen zu 1—2 cm großen, knöllchenförmigen Geschlechtspflanzen aus, die im Moder leben und erst nach 12 bis 15 Jahren fortpflanzungsfähig werden. Ihre befruchteten Eizellen wachsen dann zu einer neuen Sporenpflanze in etwa 5jähriger Wuchsperiode heran. Die Sporenbehälter stehen in den Achseln der oberen Stengelblätter.

2 Sprossender Bärlapp, Schlangenmoos *Lycopodium annotinum*
Die Bärlappgewächse unterscheiden sich von den Teufelsklauengewächsen nur dadurch, daß ihre Sporenbehälter in den Achseln besonders gestalteter Blätter stehen, die in ihrer Gesamtheit eine mehr oder weniger deutlich abgesetzte Sporenähre bilden. Im übrigen gilt das oben Gesagte auch für die Arten der Gattung Bärlapp. Der langkriechende Sprossende Bärlapp mit seinen aufsteigenden, 10—30 cm hohen Seitenästchen ist noch der häufigste. Seine gut abgegrenzte Sporenähre sitzt dem Astende unmittelbar auf.
Er kommt vor allem in Fichtenwäldern auf sauren Böden sowie in Heiden vor. Mit der Fichte ist er aus seinen Bergwäldern öfters in die Ebenen verschleppt worden.

3 Keulen-Bärlapp, Wolfsklaue *Lycopodium clavatum*
In Nadelwäldern, Heiden und sandreichen Magerrasen trifft man gelegentlich noch auf diesen Bärlapp, dessen Blättchen in ein weißes Glashaar auslaufen, so daß die Astenden ein weißes Pinselchen tragen. Die Sporenähren stehen auf besonderen, schuppig beblätterten, gelbgrünen Ästchen. Meist sind es zwei, gelegentlich auch nur eine, eher noch 3—5. Das ist dann die „Wolfsklaue", doch auch die „Bärentatze", denn „lappo", mittelhochdeutsch ist alles, was Hand, Tatze, Klaue oder Pfote als Begriff umschließt (lycos, gr. = Wolf; pus, podos, gr. = Fuß).
Gerade der Keulen-Bärlapp fand neben seiner Verwendung als Heilmittel bei vielerlei Beschwerden früher als Amulett- und Zauberpflanze vielseitige Beachtung. Vor allem gegen Hexen und böse Nachtgeister sollte das Kraut gewachsen sein. Das Sporenpulver war lange Zeit (bis in unser Jahrhundert) bestes Wundpuder (für nässende Stellen) und fand außerdem als Blitzlichtpulver für Theatereffekte allgemeine Verwendung.

4 Sumpf-Bärlapp, Sumpf-Kleinbärlapp *Lycopodiella inudata (Lycopodium inudatum)*
Moorbodenpflanze mit deutlich nördlich-atlantischer Ausbreitungstendenz. Sie gedeiht im luftfeuchten, sommerkühlen Klima am besten. Die kurzkriechenden Stengelchen sind 2—10 cm lang und tragen meist nur einen aufrechten Sporenzweig. Die Sporenähre ist nicht deutlich vom etwas dünneren Tragästchen abgesetzt.
Im Gegensatz zu den meisten Bärlappgewächsen, die humose Böden mit einem Vorrat sich zersetzender organischer Substanz benötigen, gedeiht diese Art auch auf nacktem, reinem Sandboden. Die gabelige Verzweigung, die gerade bei dieser Art an allen Sprossen und auch an den Wurzeln zu beobachten ist, dürfte eine sehr urtümliche Form der Oberflächenvergrößerung darstellen. Hier hat der Elementarprozeß der Übergipfelung noch nicht stattgefunden, der bei den Höheren Pflanzen zu einer Gliederung in Tragachse und Arbeitsebenen geführt hat. Die Teilzweige sind beim gabeligen Typ weder differenziert noch spezialisiert.

2
4
1
3

1 Acker-Schachtelhalm, Zinnkraut *Equisetum arvense*
Der Acker-Schachtelhalm ist in den Feldern als lästiges Unkraut gefürchtet. Er besiedelt auch sonst unkrautige Stellen, Wegränder, verwahrloste Wiesen, Ödland und Bahnschotter und ist überall häufig. Wegen seines hohen Gehaltes an Kieselsäurekristallen (die feinstem reinem Sand entsprechen) wurde das grüne Kraut früher zum Scheuern von Geschirr (aus Zinn) benützt. Die Pflanze tritt jedes Jahr in zwei zeitlich und gestaltlich verschiedenen Formen auf. Im Frühjahr, schon bald nach der Schneeschmelze erscheinen die hell(rötlich)-braunen, gegliederten, aber unbeasteten Sprosse mit einer Sporenähre an der Spitze. Die einzelnen Glieder enden mit einer weitbauchigen Scheide aus verwachsenen Blattschuppen, in die der Anfang des nächsten Gliedes schachtelartig eingesteckt ist. Die Sporenträger der Ähre gleichen einbeinigen, sechseckigen Tischchen. Wenn diese Sporensprosse schon wieder verwelkt sind, erscheinen die grünen Assimilationssprosse, ebenfalls mit ineinanderverschachtelten Gliedern, allerdings mit kleineren Scheiden und vor allem mit quirlständigen, einfachen, gegliederten Ästchen.
Die Kieselsäure und ein geringer Saponingehalt spielen (beim Acker-Schachtelhalm und den verwandten Arten) in der Volksmedizin eine gewisse Rolle. Bei innerer Anwendung ist Vorsicht geboten, weil immer wieder Berichte auftauchen, die dem sehr leicht zu verwechselnden Sumpf-Schachtelhalm, dem Duwock, Giftigkeit nicht nur für das Vieh, sondern auch für den Menschen bescheinigen.

2 Wald-Schachtelhalm *Equisetum sylvaticum*
Der zierlichste unserer heimischen Schachtelhalme. Die feinen, etwas übergebogenen Ästchen sind nocheinmal quirlig verzweigt. Das gibt der oft sehr hellgrün gefärbten Pflanze ein äußerst feingliedriges Aussehen. Sie wächst gesellig, in feuchten, oft schattigen Wäldern auf kalkfreier Unterlage und ist vor allem in den Silikatgebieten mittlerer Höhenlage sehr häufig.
Die Sporenähre steht im Frühjahr an der Spitze bleicher, astloser Triebe, fällt dann nach der Sporenausschüttung ab, worauf die Sprosse ergrünen und sich beasten, so daß man sie von den übrigen unfruchtbaren nicht mehr unterscheiden kann. Diese Pflanze verdient am ehesten die Volksbezeichnung „Katzenwedel", mit der die Schachtelhalme mancherorts bedacht werden; auf sie paßt auch am besten der wissenschaftliche Gattungsname (von equus, lat. = Pferd und seta, lat. = Borste, frei übersetzt: „Pferdeschwanz").

3 Winter-Schachtelhalm *Equisetum hiemale*
Der Winter-Schachtelhalm ist in seinem Aussehen das Gegenstück zur vorigen Art. Seine dunkelgrünen, überwinternden Stengel von 30—100 (150) cm Höhe sind meist astlos, sehr selten tragen die untersten Glieder einige wenige Ästchen. So gleicht die ganze düstere Pflanze den Binsen, mit denen sie im Volksmund auch oft verglichen wird. Charakteristisch ist der schwarze Saumring an den Scheiden der einzelnen Glieder. Das Gewächs tritt gesellig in größeren Trupps auf. Man findet es in Auwäldern und Gebüschen, seltener als Zeiger ehemaliger Bewaldung auch an offenen Stellen, stets aber auf nicht zu sauren, wasserzügigen oder grundwassernahen Böden. Es ist nicht allzu häufig.

4 Riesen-Schachtelhalm *Equisetum telmateja (Equisetum maximum)*
Unter allen einheimischen Schachtelhalmen die stattlichste Form. Dabei ist es nicht einmal so sehr die Höhe, die zwar beinahe 2 m betragen kann, im allgemeinen aber doch nur um 20—60 cm schwankt, als vielmehr die Dicke des Stengels (um 1 cm) und die Ausladung der Ästchen. Die Sprosse mit den Sporenähren erscheinen meist etwas früher, sind astlos und haben weiße Stengel, während die der sterilen Sprosse grünlichweiß sind. Es kommen aber häufig Zwischenformen vor.
Man findet die Art, oft sehr gesellig — doch nicht überall häufig, auf nassen, kalkhaltigen Böden. Im Vergleich zu seinen bis zu 30 m hohen Vorfahren (z.B. den Kalamiten) aus der Steinkohlenzeit ist unser Riesen-Schachtelhalm allerdings ein kümmerlicher Zwerg.

1
2
3
4
gb

Farnpflanzen — Familie Tüpfelfarngewächse *Polypodiaceae*

1 **Gemeiner Tüpfelfarn,** Engelsüß *Polypodium vulgare*
Dies ist der Typ für die ganze Familie der Tüpfelfarngewächse, die von einer modernen Systematik allerdings in viele Kleinfamilien zerschlagen wurde (alle vier Farne dieser Seite gehören dann zu einer jeweils anderen Familie). Aus praktischen Gründen und weil bei dieser Einteilung sicher noch nicht das letzte Wort gesprochen wurde, haben wir bei den Farnen die alte Gruppierung beibehalten und nicht diejenige übernommen, die vor allem die Stammesgeschichte berücksichtigt. Die Farne sind ein uraltes, aussterbendes Pflanzengeschlecht (in geologischen Zeiträumen betrachtet), von den vielen Familien sind nur noch jeweils wenige Arten übriggeblieben, so daß beinahe jede heutige (heimische) Gattung eine eigene Familie vertritt.
Die wintergrünen, 10—40 cm langen Wedel des Tüpfelfarns sind in der Blattspreite einfach fiederschnittig. Sie stehen einzeln am kriechenden Wurzelstock. Auf ihrer Unterseite tragen sie im Sommer und Herbst die „Tüpfel", runde, braunrote bis braune Häufchen aus Sporenbehältern mit einem Durchmesser von 1—3 mm. Der Wurzelstock enthält den Zucker Mannit und Wirkstoffe, die früher in der Medizin Verwendung fanden (Engel-„süß"!).

2 **Rippenfarn** *Blechnum spicant*
Der Rippenfarn mit seinen wintergrünen Blattrosetten zeigt aus seiner stammesgeschichtlichen Entwicklung her ein Merkmal, wie es nur wenige heimische Farne, aber alle Blütenpflanzen besitzen: Arbeitsteilung zwischen vegetativen und reproduktiven Blättern. Bei den Blütenpflanzen haben wir Laubblätter, die assimilieren und Blüten-, Staub- und Fruchtblätter für die Fortpflanzung. Die derben, dunkelgrün glänzenden Außenblätter des Farns, die rippenartig fiederteilig sind, besorgen die Photosynthese. Sie sind flach niedergebogen. Innen stehen, steif aufrecht, schmalrippige Wedel, die auf ihrer Unterseite die Sporenbehälter entwickeln. Man kann beide Blattsorten auf den ersten Blick voneinander unterscheiden. Bei den meisten anderen heimischen Farnen sind fruchtbare und unfruchtbare Wedel kaum voneinander geschieden. Wir finden den kalkfliehenden Farn auf sauren, gut durchfeuchteten Waldböden und Heiden.

3 **Bruchfarn,** Zerbrechlicher Blasenfarn *Cystopteris fragilis*
Fragil, das heißt auffällig zerbrechlich, sind bei diesem Farn die Blattstiele, die im Gegensatz zu den sonst recht zähen Stengeln bei den anderen Farnarten weder Scher- noch Zugkräften viel Widerstand entgegensetzen. Der Farn ist auch sonst äußerst zart gebaut und fällt durch sein rasches Welken auf. Die oft hellgrün gefärbte Spreite ist zierlich doppelt bis (selten) dreifach gefiedert und im Umriß lanzettlich. Die Fiedern in der Blattmitte sind also am längsten und die Länge der übrigen nimmt sowohl nach unten als auch gegen die Spitze zu regelmäßig ab. Das Erstaunliche ist, daß dieser so hinfällig und lebensuntüchtig wirkende Farn in allen Kontinenten recht häufig zu finden ist, in den Alpen steigt er bis nahezu 3000 m auf. Man findet ihn auf feuchten Felsen, Geröllhalden und nicht selten auch auf (der Nordseite von) Mauern. Er bevorzugt kalkreichen, zumindest aber basischen Untergrund.

4 **Hirschzunge** *Phyllitis scolopendrium*
Das zwar derbe und wintergrüne, doch ungeteilte, lang zungenförmige Rosettenblatt mit dem herzförmigen Grund erinnert zunächst kaum an ein herkömmliches Farnblatt. Betrachtet man aber die Rückseite, dann beseitigen die länglichen „Sporenhäufchen" bald jeden Zweifel. Sie stehen an der Unterseite der 10—50 cm langen Blattspreite beidseits der Mittelrippe längs der etwas schräg nach oben ziehenden Seitenadern und erinnern in ihrer großen Zahl an die vielen Beine eines Tausendfüßlers, eines Skolopenders (Artname!).
Der sehr seltene Farn wächst an seinen Standorten oft zu Tausenden, so daß manche Besucher vergessen, wie gefährdet er in seinem Fortbestand wirklich ist. Er bedarf des größten Schutzes. Die schatten- und feuchtigkeitsliebende, kalkstete Pflanze findet sich auf steinigen Waldböden, überrieselten Blockhalden, seltener auf feuchten Mauern oder an Brunnen.

4
3
2
1
gb

1 Eichenfarn *Gymnocarpium dryopteris (Dryopteris disjuncta)*
Die griechischen Heilkundigen unterschieden einen unter Eichen wachsenden Farn von der bei Buchen stehenden Art. Der Altmeister der Taxonomie, der Schwede Linné, übernahm diese Namen willkürlich unter Nichtbeachtung der Ökologie für zwei nördliche Arten, die in Griechenland höchstens Gebirgspflanzen sind (phegos, gr. = Buche — vergl. lat. fagus; drys, dryos, gr. = Eiche; pteris, gr. = Farn). Die deutschen Namen sind reine Übersetzungen und keine Volksnamen. Beide Farne kommen oft am gleichen Standort vor. Der Eichenfarn hat frischgrüne, 5—40 cm lange Wedel, die einzeln stehen. Die dreifach gefiederte Blattspreite ist wegen der Größe der beiden untersten Fiedern (jedes nahezu so groß wie der Rest der Spreite) im Umriß gleichseitig dreieckig. Die Sporenbehälter stehen auf der Unterseite der Blätter in Häufchen, die von keinem Schleier (dünnes Häutchen) bedeckt sind (gymnocarpium = Nacktfrucht, des fehlenden Schleiers wegen).

2 Buchenfarn *Thelypteris phegopteris (Phegopteris polypodioides, Dryopteris phegopteris)*
Wegen des Namens siehe oben. Wie der gekürzte wissenschaftliche Namensauszug (die Synomymik) zeigt, wurde die Art schon von Gattung zu Gattung geschoben. Den schleierlosen Sporenhäufchen nach gehört sie zum Eichenfarn, doch ähnelt der Blattschnitt mehr den Wurmfarnen. Ein charakteristisches Merkmal weisen die hell- bis braungrünen, 10—40 cm langen, 1- bis 2fach gefiederten Blätter auf: Das unterste Fiederpaar hält die Richtung der übrigen nicht ein, es ist schwalbenschwanzartig nach unten gezogen oder im Sonnenlicht (selten) steil nach oben gestellt. Im übrigen kommen die sommergrünen Blätter stets einzeln hintereinander aus dem unterirdischen Wurzelstock, nie in Büscheln. Man trifft sie jedoch sehr gesellig, zu vielen beieinanderstehend an. Der Buchenfarn kommt wie der Eichenfarn in fast allen Gesellschaften der (guten) Edel-Laubwälder vor, wenn der Boden nur genügend feucht und nicht zu kalkhaltig ist. Mäßig sauren, beschatteten, nährstoffreichen Untergrund bevorzugt er.

3 Mauerraute *Asplenium ruta-muraria*
Dieser sehr häufige Kleinfarn ist unverkennbar, wenn er im Aussehen auch stark veränderlich ist. Die Blättchen sind in der Regel nur 5—15, in den seltensten Fällen bis 30 cm lang und brechen in ganzen Büscheln aus Felsspalten, zwischen Gesteinsschutt und vor allem aus Mauerritzen hervor. Sonnige und kalkreiche Standorte werden bevorzugt, wobei als Kalkquelle oft Mörtel genügt, der die Sandsteinquader von Stadt- und Kirchenmauern verbindet.
Die graugrüne (jung sattgrüne), ledrig-derbe, winterharte Spreite ist doppelt bis dreifach gefiedert, die Endläppchen sind rautenförmig und zumindest vorne etwas gezähnt. Bergfelsen und Schutthänge des Gebirges sind ihre natürlichen Standorte, doch kommt sie viel häufiger an den künstlichen Felsen, den von Menschenhand geschaffenen Mauern in Dörfern und Städten vor. Hier allerdings wird sie in neuerer Zeit wieder zurückgedrängt, da Luftverschmutzung ihren überwinternden Blättern stärker schadet, als dies bei Pflanzen der Fall ist, die ihre verseuchten „Lungen" jeden Herbst abwerfen und im Frühjahr ersetzen.

4 Brauner Streifenfarn, Schwarzstieliger Streifenfarn *Asplenium trichomanes*
Die Blätter stehen in Büscheln und sind einfach gefiedert. Der rotbraune bis schwarzglänzende Stiel geht in die ebenso gefärbte Hauptachse über, an der beidseits die länglichrunden, vorne gezähnten Fiederchen stehen. Sie sind bis zu 1 cm lang, werden gegen die Blattbasis zu kleiner und fallen öfters ab, so daß neben gutausgebildeten Blättern nur noch schwarze Stiele zu sehen sind. Das wird im Herbst besonders deutlich, denn die Blätter sind nur sommergrün.
Der Streifenfarn ist eine Felspflanze, die auch auf Mauern zieht, hier jedoch seltener vorkommt als an ihren Naturstandorten. Dabei spielt der Untergrund (kalkhaltiges oder saures Gestein) keine auslesende Rolle, eher die Feuchtigkeit, denn auf allzu nassen Felsen wird man die Pflanze nicht finden.

1
2
3
4
gb

Farnpflanzen — Familie Tüpfelfarngewächse *Polypodiaceae*

1 **Dornfarn,** Dorniger Wurmfarn *Dryopteris carthusiana (Dr. spinulosa, Dr. austriaca, Dr. dilatata)*
Meist werden alle Farne als Wurmfarn bezeichnet, deren mehr oder minder stark mehrfach gefiederte Wedel büschelig-trichterig aus dem Boden wachsen. Der Fachmann unterscheidet mehrere ganz verschiedene Arten und auch der Laie kann bei näherem Zusehen doch ganz erhebliche Unterschiede feststellen. Die Blätter unseres Farnes sind dreifach gefiedert, das heißt, von der Hauptachse des Blattes, der Spindel (Rhachis), gehen kräftige Seitenblättchen ab, die ihrerseits wieder auf beiden Seiten Blättchen, die Fiedern 2. Ordnung, tragen. Auch diese sind nochmals gefiedert, die Fiederchen 3. Ordnung endlich sind flächig, wenn auch mehr oder weniger tief gezähnt. Der Dornfarn gehört zu den häufigsten Waldfarnen, er ist mancherorts viel häufiger als der Wurmfarn (siehe unten). Im Gebirge steigt er bis zur Waldgrenze, oft aber auch darüber (2300 m). In der Norddeutschen Tiefebene dagegen fehlt er fast völlig.

2 **Wurmfarn,** Gemeiner Wurmfarn *Dryopteris filix-mas (Aspidium filix-mas)*
Der Blattstiel ist kurz und wie die Rhachis mit braunen, häutigen Schuppen besetzt. Die Blätter kommen aus einem unterirdischen Wurzelstock und sind anfangs eingerollt. Sie entfalten sich über ein „Bischofsstabstadium". Ausgewachsen sind sie grob einfach bis doppelt gefiedert und 30—100 cm lang. Die Fiedern 2. Ordnung sind breit, meist gesägt und am Grund oft untereinander verbunden. Auf der Unterseite der inneren Wedel sitzen die „Sporenhäufchen", braune, rundliche Flecke. Sie bestehen aus mehreren winzigkleinen Sporenbehältern, die von einer Haut, dem Schleier überdeckt sind. Der Farn ist also die Sporenpflanze. Die Geschlechtspflanze ist klein, ein unscheinbares und vergängliches grünes Häutchen, kaum fingernagelgroß, auf nasser Walderde.
Im Wurzelstock befinden sich giftige Phloroglucinverbindungen, die zwar Eingeweidewürmer abtöten, zugleich aber auch für den Patienten leber- und kreislaufschädigend wirken können. Man sollte also von Wurmkuren mit Wurmfarnextrakten absehen oder sie nur unter ärztlicher Kontrolle vornehmen.

3 **Frauenfarn,** Wald-Frauenfarn *Athyrium filix-femina*
Zu einer Zeit, als man noch nicht viel über die Fortpflanzungsvorgänge bei Pflanzen wußte, nahm man an, daß der grobgefiederte Wurmfarn der Mann, diese Art, mit ihrer viel zierlicheren Fiederung aber das Weibchen unter den Farnen sei. Das erklärt sowohl die deutschen, wie auch die wissenschaftlichen Artnamen (filix, lat. = Farn; mas, lat. = Mann; femina, lat. = Frau). Der Frauenfarn zeichnet sich meist durch ein viel helleres, freudigeres Grün seiner Wedel aus, die doppelt bis fast dreifach gefiedert sind.
Man trifft den Frauenfarn fast genauso häufig an wie Wurm- und Dornfarn, doch bevorzugt er in feuchten Wäldern die nicht allzu sauren Böden mit reichlichem Humus und Mineralien, die allerdings auch wieder nicht allzu kalkreich sein sollten. Im Gebirge tritt er eher aus dem Waldschatten (auf Bergweiden und Schutthänge) als in den Niederungen.

4 **Adlerfarn** *Pteridium aquilinum*
Bis zu 2 m hoch können die Wedel werden, die nicht in gemeinsamen Büscheln, sondern einzeln, aber oft über große Flächen dicht an dicht aus dem Boden hervorkommen, der (zwischen Oberfläche und 1 m Tiefe) Sand enthalten muß. Die ganze Masse des bis 4fach gefiederten Blattes entsteht in einem Frühjahr, denn jeden Winter dorrt der Wedel bis zum Grund ab.
Der reine Blattstiel ist bis zu 1 m lang. Auf einem schräg geführten Querschnitt durch seinen unteren Teil kann man mit einiger Phantasie die aus den schwärzlichen Leitbündeln bestehende Figur eines Doppeladlers erkennen. Andere phantasiebegabte Menschen deuten die Figur als die Initialengruppe „J.C." und nennen die Pflanze deswegen Jesus-Christ-Wurz. Im Gegensatz zu allen wohltönenden Namen ist der Adlerfarn ein verjüngungshemmendes Forstunkraut. Das sollte aber niemanden verleiten, von sich aus der Forstverwaltung zu helfen: Zerstörende Eingriffe, wie das Vernichten von Farnfluren aus Mutwillen oder falscher Zuständigkeit werden nach dem Naturschutzgesetz bestraft!

1
2
3
4
gb

Blütenpflanzen — Familien Eibengewächse *Taxaceae*, Kieferngewächse *Pinaceae*

1 Beeren-Eibe *Taxus baccata*
Ein Nadelgewächs mit Beeren. Es wächst als Busch oder bis zu 15 m hoher Baum, selten wild — am ehesten noch in Gebirgswäldern — häufig in Parks oder als Schnitthecke gepflanzt. Die Nadeln ähneln denen der Weißtanne, haben aber keine weißen Längsstreifen. Männliche und weibliche Blüten finden sich auf getrennten Individuen. Die Samen liegen zunächst frei (der Baum gehört zu den „Nackt“samern!), dann werden sie von dem roten Samenmantel umwachsen, der allerdings oben offen bleibt. Alle Teile sind durch Taxin tödlich giftig (besonders auch für Pferde), nur der Samenmantel enthält kein Gift. Vögel fressen ihn gerne.
Die Eibe liefert wertvolles, elastisches und nur wenig vermorschendes Schnitz- und Drechselholz, nur bringt der Baum wenig Holzertrag und mußte „besseren“ Arten weichen. Gegenüber dem Mittelalter ist er stark zurückgegangen. Damals war Eibenholz der beste Werkstoff für Armbrüste.

2 Küsten-Douglasie, Douglastanne *Pseudotsuga menziesii (Pseudotsuga taxifolia)*
Die Douglasie ist eine der wenigen nordamerikanischen Baumarten, die bei uns in größerem Ausmaß forstlich eingebracht wurde. Viele Arten sind in Mitteleuropa während der Eiszeit zugrundegegangen, als die alpinen und die skandinavischen Gletscher aufeinanderzuwuchsen, während in Nordamerika der Fluchtweg (für die Samenverbreitung) längs des Felsengebirges nach Süden offen blieb. Man versprach sich durch die Korrektur der Natur in Europa zunächst sehr viel, wird doch die Douglasie in ihrer pazifischen Heimat rasch bis zu 100 m hoch. Bei uns bringt sie es nur auf 30—40 m und wird zudem von einer Krankheit, der Douglasienschütte bedroht. Trotzdem ist sie eine der wenigen Neulinge, die den Anbau überhaupt lohnen. Sie ist charakterisiert durch flache, 1—2 cm lange Nadeln ohne weiße Längsstreifen, die beim Zerreiben nach Zitrone duften. Sie stehen gescheitelt an den Zweigen auf dünnen, schrägen Stielchen.

3 Weiß-Tanne, Edel-Tanne *Abies alba*
Wildwachsende Weiß-Tannen findet man vor allem in Bergwäldern. Im niederschlagsreichen Schwarzwald wuchsen die Holländertannen, die, bis in die Niederlande geflößt, Mastbäume der großen Segler gaben. Einige kann man dort heute noch bewundern: Stämme von 60 m Höhe und nahezu 10 m Umfang. Das leichte, gelbliche Holz hat keine Harzkanäle, diese befinden sich nur in der silbergrauen Rinde. Es wird als Werk- und Bauholz sehr geschätzt. Die Nadeln sitzen mit einer Scheibe am Zweig an und tragen auf ihrer Unterseite zwei weißliche Wachslängsstreifen. Sie sind dauerhafter als die der Fichte, weshalb die Weißtanne sich sowohl als Christbaum als auch als Deckreislieferant größerer Beliebtheit erfreut. Da sie aber höhere Standortsansprüche stellt, ist sie nicht so häufig und daher auch teurer. Bei schlechten Böden und trockenem Klima leidet sie besonders stark unter Krankheiten, Tannenläusen und Misteln. Man geht deshalb bei ihrem Anbau mehr auf ihr natürliches Areal zurück.

4 Fichte, Rottanne *Picea abies (Picea excelsa)*
Der einstige Gebirgsbaum ist heute überall häufiges Nutzholz geworden. Raschwüchsigkeit und Anspruchslosigkeit haben dazu verholfen. Sicheres Kennzeichen sind die vierkantigen Nadeln, die an den Zweigen meist nach zwei Seiten gescheitelt stehen. Der Baum wird bis zu 50 m hoch. Im engen Pflanzstand sterben die unteren Zweige bald ab, es bleibt ein kurzer, spitzkegeliger Wipfel auf schlankem, hohem, rotbraunrindigem Stamm. Dieser kann durch Sturm leicht gestürzt werden, da ihn nur flaches, wenig ausgedehntes Wurzelwerk hält.
Die langen „Tannen“zapfen (Fichtenzapfen!) hängen oft sehr dicht in den obersten Zweigen. Die holzigen Schuppen liegen bei Nässe eng an, bei Trockenheit spreizen sie ab, so daß die geflügelten Samen schraubend-wirbelnd herab- und wegfliegen. Der Baum liefert rötliches (Name!) Brenn-, Papier- und Bauholz, Weihnachtsbäume, Deck- und Schmuckreisig, Gerbrinde, Harz und aus den Nadeln Duftessenzen und medizinische Wirkstoffe.

1

3

2

4

Blütenpflanzen — Familien Kieferngewächse *Pinaceae,* Zypressengewächse *Cupressaceae*

1 Europäische Lärche *Larix decidua*
Dieser bis 50 m hohe Nadelbaum ist ein Gebirgsbewohner, der durch Gärtner in Parkanlagen und durch Forstleute in die Wälder der Niederungen eingebracht wurde. Gegenüber den „üblichen" Nadelhölzern zeichnet er sich dadurch aus, daß er seine büschelig stehenden Nadeln nach einer charakteristischen Gelbocker-Verfärbung im Herbst abwirft — wohl eher ein Zugeständnis an die physiologische Trockenzeit des Winters (weil alles Wasser zu Eis erstarrt ist) als an den Schneedruck, denn die Zweige sind sehr biegsam, die jüngeren hängen herab. Die Lärche, die im Alpen-Karpatenzug in Höhen bis über 2000 m wächst, braucht zumindest sommers Wärme und Lufttrockenheit zum Gedeihen. Im wintermilden, aber sommerkühlen Seeklima kränkelt sie gerne. Wenn allerdings der Boden stark austrocknet, zeigt sie als eine der ersten Dürreschäden. Außerdem braucht sie Licht, weshalb sie oft an Waldwegrändern angepflanzt wird. Das Holz eignet sich gut für Schreinerarbeiten.

2 Berg-Kiefer *Pinus mugo (Pinus montana)*
Ein äußerst zäher Bewohner extremer Standorte, der wegen seines langsamen, aber sehr dichten Wuchses auch gerne in Gärten als Ziergehölz eingebracht wird. Die graue Rinde kontrastiert gefällig die paarweise stehenden, oft sichelig gebogenen, dunkelgrünen Nadeln von 1—5 cm Länge, die oft erst nach 10 Jahren abfallen. Im Gebirge wächst die Berg-Kiefer bis zur Baumgrenze als kleiner Baum, als Busch oder mit niedergestrecktem Hauptstamm und aufsteigenden Ästen. Man nennt sie dann Latsche, Legföhre oder auch Knie- oder Krummholz (wegen der oftmals verbogenen und knickig wachsenden Äste). Sie erträgt Eiseskälte, Schneedruck und Stürme und bildet den besten Schutz gegen Erosion des Bodens und Schneeabbrüche (Beginn der Lawinen). Im Hochmoor wächst sie kerzengerade als über 10 m hoher Baum, als Moorföhre oder Spirke auf sauren, mineralarmen Torfböden mit stauender Nässe. Das Latschenöl ist ein Destillat aus den Nadeln, das vor allem bei Erkältungskrankheiten Anwendung findet.

3 Gemeine Kiefer, Wald-Kiefer, Föhre, Forche, Forle *Pinus sylvestris*
Sandige Böden von den Niederungen bis in mittlere Gebirgslagen bildeten im ganzen gemäßigten Eurasien die Heimat dieses bis zu 40 m hohen Baumes mit seiner dicken Pfahlwurzel und der unregelmäßig ausladenden Schirmkrone auf unten dickborkigem, oben aber, wie die Äste, mit rötlicher, abschilfernder Rinde überzogenem Stamm. Wegen der vielseitigen Verwendbarkeit des Holzes wurde die Kiefer weit über die Grenzen ihres Areals angebaut. Das Holz ist zwar harzreich und weich, doch widerstandsfähig gegen Feuchtigkeit. Es liefert nicht nur Brenn-, sondern auch Bau- und Werkmaterial. Man kann auch Harz, Pech, Teer und Terpentin aus ihm gewinnen.
Die paarweise stehenden Nadeln enthalten Pinosolvin, ein bakterientötendes Mittel. Kiefernknospenöl wird als Hausmittel gegen Rheuma empfohlen. Aus der zerfaserten Nadelstreu wurde „Waldwolle" gewonnen, ein Füllmaterial, das aber auch mit anderen Fasern zu „Gesundheitsflanell" versponnen wurde.

4 Gemeiner Wacholder, Heide-Wacholder *Juniperus communis*
Der aufrechte, säulenartig wachsende Strauch besiedelt Heiden, Trockenwälder und Trockengebüsche. Die meist in Dreierquirlen stehenden, bläulichgrünen Nadeln sind sehr starr und spitz. Wo Schafe weiden, fressen diese die noch weichen Jungtriebe begierig ab, der 1—3 m hohe Strauch (selten bis 12 m hoch) wächst dann zuerst solange (langsam) in die Breite, bis sein Halbmesser mehr als die Länge eines Schafhalses erreicht, dann erst kann der Mittelteil in die Höhe treiben.
Die Sträucher sind entweder männlich oder weiblich. Aus den weiblichen Blüten entstehen (nach 2 Jahren) die blauen Wacholderbeeren, die getrocknet als appetitanregendes Gewürz in der Küche (z.B. zum Sauerkraut) Verwendung finden. Man sagt ihnen harntreibende und nieren- sowie uterusreizende Wirkung nach. Branntwein mit Wacholderzusatz gilt als besonders bekömmlich (Gin, Steinhäger). Wacholderspiritus wird als Einreibemittel verwendet. Die „Beeren" sind an sich Zapfen mit verwachsenen, fleischig gewordenen Schuppen.

3
4
2
1

Blütenpflanzen — Familien Rohrkolbengewächse *Typhaceae*, Igelkolbengewächse *Sparganiaceae*, Laichkrautgewächse *Potamogetonaceae*

1 **Breitblättriger Rohrkolben** *Typha latifolia*
Die dekorativen Blütenstände des Rohrkolbens sind unverwechselbar. Sie finden Verwendung bei der Kranzflechterei und zu Trockenbuketts. In der darstellenden Kunst werden sie gerne als Symbol für Wasser, Seeufer oder auch Sumpf genommen. Sie bestehen aus Hunderten von dichtsitzenden, nackten Blüten (ohne Blütenhülle), getrennt nach Geschlechtern. Die weiblichen bilden den unteren, dicken, braunsamtigen Kolben, der beständiger ist; direkt darüber sitzt bei unserer Art der hellere, männliche. Rohrkolben spielen bei der Verlandung eine wichtige Rolle.
Unsere Art ist in ganz Mitteleuropa noch am häufigsten. Sie dringt bis zu 1 m Wassertiefe vor und kann bis über 2 m hoch werden, wobei die steifen, 1—2 cm breiten, grasartigen, blaugrünen Blätter genau so hoch wachsen wie der Stengel mit den beiden Kolben, die erst im Hochsommer blühen.

2 **Ästiger Igelkolben** *Sparganium erectum (Sparganium ramosum)*
Obwohl die Igelkolben recht häufig und auch eindeutig zu erkennen sind, werden sie unter den anderen Uferpflanzen doch leicht übersehen. Das hängt damit zusammen, daß sie mit 30—100 cm Höhe im Röhricht und Großseggen-Ried zu den niedrigwüchsigen Formen zählen und daß ihre igelartigen Blütenstände grün (bis gelbgrün) gefärbt sind. Die kleineren männlichen Blütenköpfe stehen zu mehreren an den Enden der etwas knickig aufrechten Zweige, darunter sitzen die weiblichen Köpfchen, die genau genommen, allein und erst bei der Fruchtreife die Igelform bilden, die der Gattung den Namen gebracht hat. Die einzelnen „Igelstacheln", die Früchte, enthalten ein Schwimmgewebe und flottieren, wenn sie reif geworden sind und abfallen, zu neuen Ufern. Manche heften sich auch durch Vermittlung von Ko- und Adhäsionskräften des Wassers an das Gefieder von Schwimmvögeln und lassen sich so zu anderen geeigneten Wuchsorten fliegen.

3 **Krauses Laichkraut** *Potamogeton crispus*
In stehenden und trägfließenden Gewässern ist diese Art weit verbreitet. Sie lebt untergetaucht; ihre dicht mit wechselständigen, länglichen und am Rand charakteristisch gewellten (krausen) Blättern besetzte Hauptachse kann bis zu 2 m lang werden. Das Gewächs lebt im allgemeinen in einer Tiefe von ½—3 m, es wurde auch schon in 10 m Wassertiefe aufgefunden. Dort bleibt es allerdings steril, denn die an allen Zweigenden sich entwickelnden, gestielten Blütenähren werden zur Windbestäubung in der Zeit zwischen Mai und September aus dem Wasser gereckt. Nach erfolgter Befruchtung wachsen die Stiele wieder in das Wasser zurück. Das Laichkraut dient den Fischen als Versteck, auch für die abgelaichten Eier und bietet den Pflanzenfressern Nahrung. Wichtiger aber ist, daß es durch Photosynthese das Wasser mit Sauerstoff anreichert und damit dessen Selbstreinigungskraft (Oxidierfähigkeit) erhöht. Die Art erträgt eine gewisse Wasserverschmutzung.

4 **Schwimmendes Laichkraut** *Potamogeton natans*
Mit seinen elliptischen, bis zu 12 cm langen Schwimmblättern bedeckt dieses Laichkraut oft die ganze Wasserfläche kleinerer Teiche oder stiller Uferbuchten. Es besiedelt Gräben und stehende Gewässer bis zu einer Tiefe von über 1 m. Es besitzt auch „Unterwasserblätter", lange schmale, blattartig umgewandelte Blattstiele, doch ist es nicht gern gesehen. Die Schwimmblätter beschatten das Wasser und verhindern so seine Erwärmung, sie nehmen viel Licht weg, das Unterwasserpflanzen zur Photosynthese und zur Erzeugung von Sauerstoff nutzen könnten. Die Blattmasse, die zur Reinigung des Gewässers wenig beiträgt, liefert im Herbst eine große Menge organischer Substanz, die abzubauen ist und die viel Schlamm erzeugt. Nicht zuletzt werden die Angler behindert. Gerade diese Art aber kommt von den Niederungen bis in mittlere Gebirgslagen besonders häufig vor und läßt sich auch durch gelegentliches Ausjäten nicht wesentlich zurückdrängen, da der kriechende Wurzelstock fest im Schlamm verankert ist.

3
2
1
4
gb

Blütenpflanzen — Familien Dreizackgewächse *Juncaginaceae,* Seegrasgewächse *Zosteraceae,* Froschlöffelgewächse *Alismataceae*

1 **Sumpf-Dreizack** *Triglochin palustre*
Vom Dreizack gibt es in Mitteleuropa nur zwei Arten und beide sind in Gräben und auf Sumpfwiesen zuhause, wobei sie die nassesten Stellen bevorzugen und oft zur Hälfte im Wasser stehen. Dabei sind dann die grasartigen Blätter meist untergetaucht und nur der blattlose, bis zu 50 cm lange Halm mit der grünlichen Blütentraube ragt hervor. Die Blüten sind unscheinbar, die Narbe am Fruchtknoten bildet einen dreizackigen Stern, der auch an der kleinen, nicht ganz 1 cm langen Frucht zu sehen ist (tris, gr. = drei; glochis, glochinos, gr. = Pfeilspitze). Nur unser Sumpf-Dreizack trägt seinen Namen zu Recht. Der andere, der auf Salzwiesen wachsende Strand-Dreizack, ist eigentlich ein Sechszack, weil seine Narbe 6zipfelig ist. Im Gegensatz zur Salzart, die als Viehfutter geschätzt ist und in Notzeiten als Gemüse verwendet wurde, ist der Sumpf-Dreizack ohne Bedeutung, da er nur sehr zerstreut auftritt.

2 **Echtes Seegras** *Zostera marina*
Oft kopiert durch echte Gräser oder Riedgras, doch in seiner Qualität unerreicht, gewinnt man die untergetaucht wachsenden grasartigen Meerespflanzen auch heute noch in Massen auf den Seegrasbänken in Küstennähe. Getrocknetes Seegras dient als (billiges) Polstermaterial und zur Verpackung. Gelegentlich werden die durch Fluten an den Strand geworfenen Seegraswälle kompostiert oder direkt auf die Felder gebracht, zuweilen auch verbrannt, um mit der Asche zu düngen. Die langflutenden Blätter werden wenige Millimeter bis 1 cm breit und mehrere Dutzend Zentimeter lang. Die ganze Pflanze kann bis über 1 m lang werden und taucht bis zu 10 m Wassertiefe, wo sich dann, ungestört vom normalen Wellengang, große, träg wogende Seegraswiesen ausbreiten. Das Gewächs gehört nicht zu den Gräsern. Seine nackten Blüten stehen in kurzen Ähren, die bis zur Blühzeit ab Juni, in den Blattachseln verborgen sind. Die Bestäubung erfolgt durch das Wasser.

3 **Gemeiner Froschlöffel** *Alisma plantago-aquatica*
Der in fast allen Gebieten der Welt vorkommende und bei uns an Gräben, Ufern und in Riedwiesen allgemein verbreitete Froschlöffel tritt je nach der Feuchtigkeit des Untergrunds in verschiedener Gestalt auf: Die Wasserform kann nur flutende, bandförmige Blätter besitzen, die Landform (stets auf feuchtem Untergrund!) hat Blätter von der typischen Löffelgestalt, die der Gattung den Namen einbrachte. Manchmal werden die beiden Extremformen als zwei verschiedene Arten angesprochen, doch gibt es gleitende Übergänge zwischen ihnen. Gemeinsam ist der pyramidale Blütenstand, eine mehrfach quirlige Rispe auf blattlosem, 10—100 cm langem Schaft. Die Pflanze enthält scharfen Milchsaft, der früher in der Volksmedizin Verwendung fand, dem Giftwirkung, vor allem auf Vieh, nachgesagt wird, obwohl bis jetzt noch keine Giftstoffe gefunden wurden und zumindest Schafe und Ziegen die Blätter abweiden. Er ist zweifellos ein Abwehrmittel gegen Fraßschädlinge.

4 **Pfeilkraut,** Spitzes Pfeilkraut *Sagittaria sagittifolia*
Das Pfeilkraut ist der Liebling der meisten Gartenteichbesitzer. Das machen die dekorativen Blätter, deren Spreite die Pfeilform besitzt, auf die alle Namen hindeuten (sagitta, lat. = Pfeil). Sie werden an der bis zu 1 m hohen Pflanze aber nur dann in der richtigen Form ausgebildet, wenn sie nicht zu tief im Wasser steht und nicht zu weit am Ufer hinauf. Das nährstoff- und schlammliebende Gewächs ist gegen Winterkälte zudem äußerst empfindlich, so daß es überhaupt nicht für Gartenanlagen empfohlen werden kann. Diese Empfindlichkeit bringt es auch mit sich, daß es an stehenden und langsam fließenden Gewässern in Norddeutschland viel eher anzutreffen ist als im Süden und daß es kaum je über 600 m Meereshöhe hinaussteigt. Im Normalwuchs sind die untersten Blätter bandartig und flutend, die nächsten schwimmen mit rundlicher Spreite, nach oben zu kommen dann die pfeilförmigen Spreiten, zuletzt an aufrechten Stielen. Die quirlige Rispe mit den großen Blüten überragt diese Blätter kaum.

4
2
3
1

Blütenpflanzen — Familien Wasserlieschgewächse *Butomaceae*, Froschbißgewächse *Hydrocharitaceae*

1 **Doldige Schwanenblume,** Wasserliesch *Butomus umbellatus*
Die stattliche, weit über 1 m hoch wachsende Schwanenblume ist eine Zierde der Ufer und Wassergräben. Aus dickem, kriechendem Wurzelstock erheben sich die grasartigen, dreikantigen Blätter in einer Grundrosette. Sie werden vom blattlosen Blütenschaft überragt, den eine Scheindolde aus langgestielten, sechszähligen, rosa Blüten mit violetter Aderung krönt. Die Schwanenblume ist in Mitteleuropa recht selten, nicht so sehr, weil ihr unvernünftigerweise häufig nachgestellt wird, sondern weil sie ein Kontinentalklima mit heißen Sommern bevorzugt. So meidet sie auch Gebirgslagen. Sie wächst besonders gerne in nährstoff- und mineralreichem Schlamm. Ihre Blüten werden von Insekten bestäubt und zwar reifen die Staubbeutel zuerst, so daß Selbstbestäubung vermieden wird. Versuche haben ergeben, daß die eigenen Pollen nicht in der Lage sind, ihre Samenanlagen zu befruchten: Die Schwanenblume ist selbststeril. Sie vermehrt sich ungeschlechtlich durch Bruchstücke des Wurzelstocks, der stärkereich ist und in Asien gegessen werden soll.

2 **Kanadische Wasserpest,** Wassermyrthe *Elodea canadensis (Anacharis, Helodea canadensis)*
Die nordamerikanische Pflanze war bis 1835 in Europa nicht bekannt. Ab der Mitte des letzten Jahrhunderts breitete sie sich, wahrscheinlich über Irland eingeschleppt und in verschiedenen Botanischen Gärten kultiviert, zunächst sehr langsam, dann aber „epidemieartig" in ganz Mitteleuropa so rasch aus, daß bald alle Flüsse und Bäche, doch auch viele Teiche und Seen von ihr dicht besetzt waren und dadurch Schiffahrt und Fischerei behindert wurden. Sie ist vegetativ ungemein vermehrungstüchtig, jedes kleine Stengelteil bewurzelt sich wieder und treibt bald neue Sprosse. Da sie bei uns nur sehr selten blüht und da von dieser zweihäusigen Pflanze fast nur weibliche Individuen anzutreffen sind, kann man annehmen, daß sie die ganze Ausbreitung auf vegetativem Wege geschafft hat. Seit etwa 1950 ist sie in starkem Rückgang begriffen, was wohl mit der zunehmend stärkeren Wasserverschmutzung zu tun hat. Vor allem aus vielen Fließgewässern ist sie verschwunden, während sie in manchen Tümpeln wohl von Aquarianern ab und zu neu ausgesetzt und deshalb dort noch eher angetroffen wird.

3 **Aloëblättrige Krebsschere,** Wasseraloë *Stratiotes aloides*
Eine sehr eigentümliche Pflanze, die mit ihrer trichterförmigen Rosette aus bis zu 30 cm langen, am Rand und auf dem Rückenkiel scharf gezähnten Blättern tatsächlich an eine im Wasser untergetauchte kleine Aloë oder eine Bromeliazee erinnert. Die zweihäusige Pflanze vermehrt sich sehr intensiv durch Ausläufer, an deren Enden Tochterrosetten gebildet werden. So kann es vorkommen, daß in einem ganzen See nur Pflanzen eines Geschlechts anzutreffen sind. Die meiste Zeit des Jahres lebt die Krebsschere untergetaucht, nur zur Blütezeit, um den Monat Juni herum, schwebt sie dicht unterhalb des Wasserspiegels, so daß zumindest die Blattspitzen und die dreizähligen, weißen Blüten über die Oberfläche ragen. Im Süden Deutschlands trifft man das Gewächs nur sehr selten, in Norddeutschland kommt es zerstreut vor.

4 **Gemeiner Froschbiß** *Hydrocharis morsus-ranae*
Der Froschbiß schwimmt frei im Wasser. Man findet ihn selten im Schwimmpflanzengürtel stehender Gewässer oder in stillen Uferbuchten von langsamen Fließgewässern. An seinen Standorten tritt er aber meist sehr gesellig auf. Er bevorzugt sommerwarmes, kalkarmes und zumindest teilweise beschattetes Wasser. Die Rosetten aus langgestielten Schwimmblättern treiben zahlreiche Ausläufer, an deren Enden dann neue Rosetten entstehen, so daß zuletzt ganze Kolonien miteinander verbundener Pflanzen auf der Wasseroberfläche schwimmen. Im Herbst aber bilden sich an den Ausläuferenden stärkehaltige Knospen, die abfallen und in den tieferen und damit wärmeren Wasserschichten überwintern, während die Schwimmrosetten absterben. Die Überwinterungsknospen entfalten sich aber wieder im Frühjahr und tauchen als neue Pflanzen auf. Die Vermehrung erfolgt daneben auch noch auf geschlechtlichem Weg über die weißen Blüten, die allerdings in Schattenlage oft nicht ausgebildet werden.

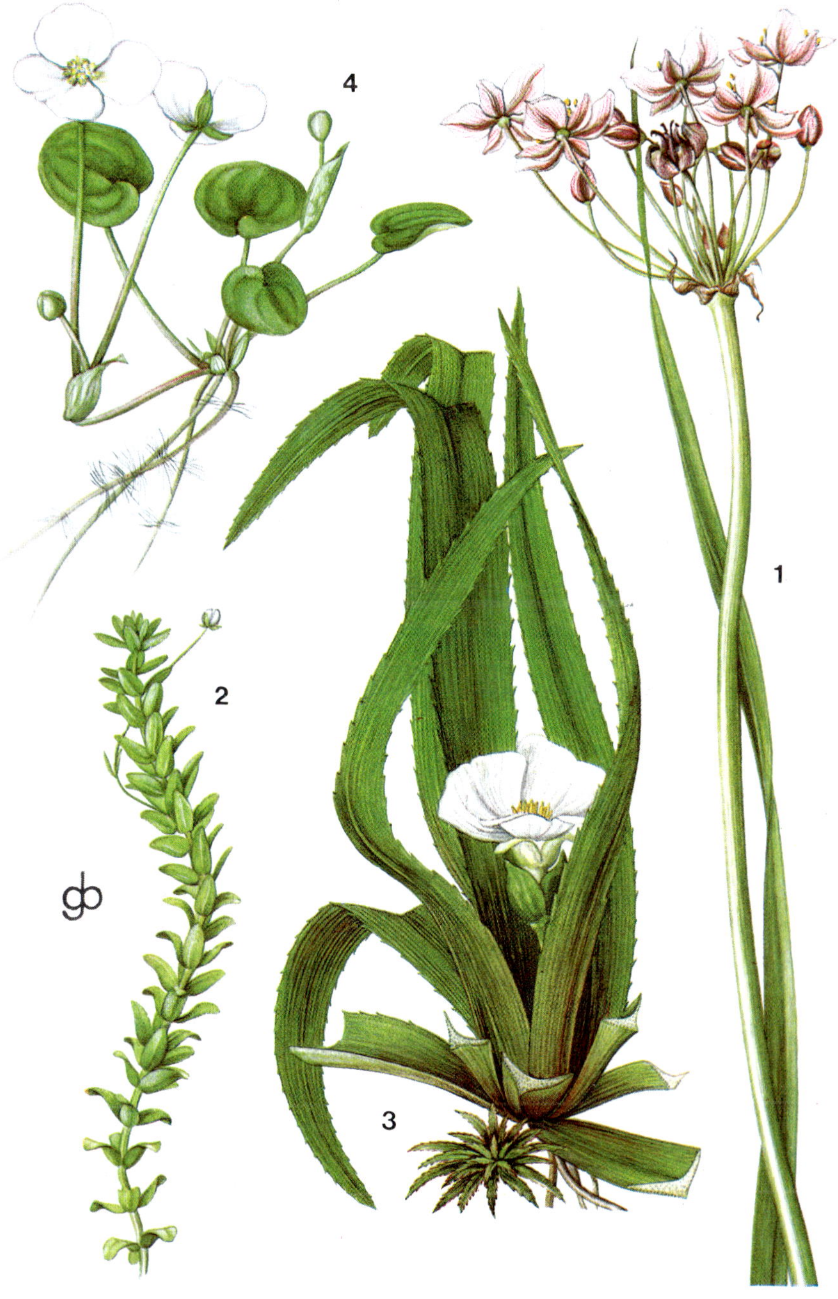
4
1
2
3

1 Gemeines Ruchgras *Anthoxanthum odoratum*
Das Gemeine Ruchgras ist eines der frühest blühenden Gräser. Schon im April, spätestens im Mai kann man seine ährig zusammengezogene, eiförmige Rispe auf Wiesen, Rainen und an Wegrändern, sogar in lichten Wäldern entdecken. Die Rispe ist während der Blüte aufgelockert, danach schmal zusammengezogen, und während das Gros der Wiesengräser im Juni zu blühen beginnt, fällt das reifende Gras nun durch seine hellgelbbräunlichen Spelzen auf (anthos, gr. = Blüte; xanthos, gr. = gelb). Den deutschen Namen hat es von seinem intensiven Kumaringeruch (nach Waldmeister oder Heu). Es gilt zwar als gutes Futtergras, doch da es seinen Lebenslauf nicht nach den anderen Wirtschaftsgräsern richtet, ist es zur Heuernte kraft- und saftlos.

2 Waldhirse, Flattergras, Wald-Flattergras *Milium effusum*
Dieses unverkennbare Gras wächst in schwachen, aber bis über 1 m hohen Büscheln auf lockeren, nährstoffreichen Mullböden und weist deshalb mit seinem Vorkommen die besten Waldböden aus. Es kommt von den Niederungen bis zur Waldgrenze vor, doch meist nur unter Laubhölzern. Die sehr locker aufgebaute Rispe mit den einblütigen, eiförmigen Ährchen hängt gelegentlich an der Spitze etwas über. Bei den flachen, hellgraugrünen (selten grünen) Blättern fällt die Spreitendrehung auf: Die Blattfläche ist — oft mehrfach — spiralig gewunden. Irgendein biologischer Nutzen läßt sich darin nicht erkennen.

3 Wiesen-Lieschgras, Timotheegras *Phleum pratense*
Ein hochwertiges, winterfestes Futtergras, das auch gutes, nährstoffreiches Heu liefert. Es stammt aus Amerika und wurde erst 1765 durch Timothee Hansen nach England eingeführt. Heute hat es sich bei uns überall eingebürgert und wächst auch gerne an Ödstellen und in Unkrautgesellschaften. Einen Nachteil hat es: Es blüht erst sehr spät (meist Juli, August) und wird, wenn es anderen Grasarten untermischt wächst, viel zu früh geschnitten. Dagegen wird es, rein angebaut, sehr zur Kultivierung naßkalter, schwerer Moorböden empfohlen. Mit der nächsten Art wird es häufig verwechselt, doch liegt allein die Blütezeit (und damit das Erscheinen) 1—2 Monate auseinander. Die (Schein-)Ähre ist länglich-walzig, stumpf, nicht weichgrannig und die stiefelknechtartig geformten Ährchen stehen fast waagrecht.

4 Wiesen-Fuchsschwanzgras *Alopecurus pratensis*
Dieses Gras gilt als eines der besten Futtergräser, wenn es auch ein etwas hartes Heu liefert. Es erscheint schon sehr früh, im Mai oder Juni und gilt als sehr frosthart, auch gegenüber Spätfrösten. Außerdem übersteht es lange Schneebedeckung ohne Verluste. Es wird deswegen besonders auch für Bergwiesen empfohlen, da es mit seinem frühen Austrieb die kurze Vegetationszeit gut ausnützt. Oberhalb 1500 m, auf den Matten, kommt es allerdings genausowenig durch wie in den Niederungen auf trockenen Magerböden. Es verlangt eine ausreichende Düngung und genügend Feuchtigkeit im Frühjahr. Die dickwalzige (Schein-)Ähre besteht aus aufrechtgestellten, breiteiförmigen und flachen Ährchen, die eine weiche Granne tragen.

5 Acker-Fuchsschwanzgras *Alopecurus myosurioides (Alopecurus agrestris)*
Bei der Benennung dieser Art war der Botaniker Hudson nicht ganz mit dem Gattungsnamen einig, der auch in der wissenschaftlichen Form Fuchsschwanz heißt (alopes, gr. = Fuchs; oyra, gr. = Schwanz). Die zwar um 7 cm lange, aber eben nur 1/2 cm dicke, nach beiden Seiten spitz verschmälerte Scheinähre war ihm dafür einfach zu dünn. So setzte er sein *myosurioides* dazu (mys, gr. = Maus; oides, gr. = ähnlich) und seit dieser Zeit haben wir den „Mausschwanzähnlichen Fuchsschwanz". Das Gras, das von den Niederungen bis in die untere Bergregion als Unkraut in Getreideäckern wächst, zeigt kalkarme aber nährstoffreiche Lehm(=Acker-)-Böden an. In einer Zeit, in der die zweikeimblättrigen Unkräuter durch Wuchsmittel in den Kornfeldern vernichtet werden, kommt ihm ein besonderer Zeigerwert zu.

4
5
2
1
3
gb

Blütenpflanzen — Familie Gräser *Poaceae (Gramineae)*

1 **Land-Reitgras** *Calamagrostis epigejos*
Etwa im dritten Jahr nach einem Kahlschlag steht auf den Lichtungen das 1—1 1/2 m hohe Gras so dicht, daß kaum eine andere Pflanze noch durchkommen kann. Das dauert dann 1—2 Jahre, dann wird es selbst durch die Himbeer- und Brombeersträucher verdrängt, die später von den nachwachsenden Bäumchen unterdrückt werden. Danach ist dann für viele Jahrzehnte kein Platz mehr für das lichtbedürftige Gras, das auf andere Lichtungen, Waldränder und Wegsäume ausweichen muß.
Die blaßgrünen, stark zusammengezogenen, doch mächtigen Rispen auf den blaugrünen Sprossen erscheinen erst im Hochsommer, doch bis ins nächste Frühjahr hinein stehen die braunen Halme mit den ausgebleichten Blütenständen aufrecht. Darin gleichen sie dem Schilf, dem das Gras zunächst zugeordnet wurde, als Schilfgras, das auf dem Lande (epigeos) wächst. Auch der deutsche Name (Reitgras = Riedgras) und der später geschaffene Gattungsname (calamus, Schilfrohr und agrostis, Feldgras) deuten diese Mittelstellung an.

2 **Strandhafer,** Gemeiner Strandhafer, Helm *Ammophila arenaria*
Kein Sandstrand an der Meeresküste ohne den Helm (von Halm), unser wichtigstes Gras zur Festlegung wandernder Dünen, das deswegen auch oft angepflanzt wird, selbst im Binnenland, wo es natürlicherweise garnicht vorkommt (z. B. auf Flugsanddünen der unteren Oberrheinischen Tiefebene). Das nur 60—100 cm hohe Gras ist eng mit den Reitgräsern (s. o.) verwandt und bildet mit dem Land-Reitgras sogar einen fruchtbaren Bastard. Durch seine strohgelbe, ährig zusammengezogene, bis 15 cm lange Rispe ist es leicht kenntlich. Die Blätter sind fast stets zur Herabsetzung der Verdunstung eingerollt. Da es Sandüberschüttung gut erträgt, ist es zur Anpflanzung auf der Luvseite der Dünen hervorragend geeignet.

3 **Wolliges Honiggras** *Holcus lanatus*
Mit seinen samtig behaarten Halmen und Blättern sowie mit seiner weichhaarigen, rötlich überlaufenen (auf der Schattenseite bleichen) Rispe ist dieses Horstgras leicht kenntlich. Es wächst vor allem auf Wiesen und stellt an den Kalkgehalt des Bodens keine Ansprüche, wenn nur Stickstoff vorhanden ist. Auf schwach sauren, feuchten bis nassen und dazu kühlen Böden von schwerer Beschaffenheit gedeiht es noch ausgezeichnet, kann also als Zeiger für weniger gute Böden angesehen werden. Da sein Futterwert nur gering ist und auch das Hęu minderwertig, gilt es in besseren Wiesen als Unkraut. Seine Halme schmecken süßlich (Name!), doch raten wir, wegen einer möglichen und lebensgefährlichen Strahlenpilzinfektion, dies nicht nachkontrollieren zu wollen.

4 **Rasen-Schmiele** *Deschampsia cespitosa*
Ein Gras, das in feuchten bis nassen Wiesen und Wäldern durch seine groben, fast bultartigen Horste auffällt. Die Blätter sind am Rand durch Kieselsäureeinlagerungen schneidend scharf und können beim Abreißen den Fingern tiefe Schnittwunden versetzen (Schneidegras). Die kleinen Ährchen an der weit ausgebreiteten Rispe sind — bei sonnigem Stand — schön weiß, gelb und violettbraun gescheckt. Der Landwirt in den Niederungen weiß über die Art nichts Gutes zu berichten: Sie ist kaum zu mähen, wird als Futter vom Vieh verschmäht und nimmt besseren Pflanzen Platz weg. Die Gebirgsrassen dagegen sind zarter.

5 **Glatthafer,** Französisches Raygras *Arrhenatherum elatius*
Der Glatthafer kennzeichnet die guten Wiesentypen; er gehört zu den besten Futtergräsern und wird deshalb nicht nur häufig ausgesät, sondern auch durch Zucht immer weiter verbessert. Die Wildformen sind zwar in ihrer natürlichen Umgebung oft ertragreicher als die eingeführten Sorten, die aber sind nicht so herb und werden deshalb als Grünfutter vom Vieh eher gefressen, während das Heu gleichwertig ist, da die Bitterstoffe beim Trocknen zerstört werden. Der Glatthafer ist sehr ertragreich und liefert 2—3 Schnitte pro Jahr, benötigt aber auch dafür gute Böden und Zusatzdüngung. Kennzeichnend sind die um 1 cm langen Ährchen der lockeren Rispe, die je 1 kurze und 1 lange Granne tragen (1 1/2 Grannen).

2
1
4
5
3
gb

1 **Blaugras,** Blaues Kopfgras *Sesleria varia (Sesleria caerulea)*
Schon bald nach der Schneeschmelze, je nach Höhenlage im März oder erst im Mai, treiben aus den dichten, aus abgestorbenen braunen Blättern gebildeten Horsten die kopfartig zusammengezogenen, dunkelblauen und pergamentartig schimmernden Rispen auf 10—50 cm langen Halmen. Das kalkliebende Gras, im Norden selten und mit einer sumpfbewohnenden Unterart vertreten, kommt schon im ganzen Jurazug sehr häufig vor und wird in den Kalkalpen bis zu 2500 m das beherrschende Element einer Gesellschaft der Steinrasen und Schutthänge, die man nach ihm die Blaugrashalde nennt. Um auf den trockenen Standorten größere Verdunstungsverluste zu vermeiden, falten sich seine Blätter tagsüber meist längs zusammen.

2 **Schilf,** Rohr *Phragmites australis (Phragmites communis)*
Mit ihrer Höhe von 1—4 m und der lockeren, bis 40 cm langen, bräunlichvioletten Rispe beherrscht diese Verlandungspflanze oft den Großteil des Röhrichtsaumes an Ufern stehender und fließender Gewässer. Allerdings ist sie etwas wärmebedürftig und steigt nur bis zu den untersten Gebirgslagen. Wo sie auf Äckern, in Wiesen oder in Wäldern wächst, zeigt sie oberflächennahes und bewegtes Grundwasser an. Die Halme werden vielseitig verwendet, nicht nur zum Dachdecken, sondern auch zur Herstellung von Rohrmatten, Zellulose, Gipsdecken, Mundstücken von Musikinstrumenten. Nicht zuletzt lassen sich aus ihnen Pfeile für die Bogen der Kinder, aber auch dekorative Trockensträuße herrichten. Die Blattscheiden sind um den Halm leicht drehbar, so daß nach Sturm die Blätter und Rispen nach einer Seite hin gekämmt sind.

3 **Pfeifengras,** Besenried, Benthalm *Molinia caerulea*
Wer dieses horstig wachsende Gras mit der lockeren, aber sehr unregelmäßigen, schieferblauen bis violetten Rispe genauer ansieht, wird zunächst ein typisches Merkmal der echten Gräser vermissen: Dem 30—200 cm hohen Halm fehlen auf der ganzen Länge die Knoten. Erst wenn man den Stengel ganz aus der Erde zieht, findet man oberhalb einer zwiebeligen Endverdickung mehrere, einander eng genäherte Knoten. Weil der Halm so lang und glatt war, eignete er sich früher gut für das Putzen der damals üblichen langen Pfeifenrohre, was unserm Gras einen seiner Volksnamen verschaffte. Die zähen und zugleich geschmeidigen Halme wurden auch zu Besen verarbeitet und werden noch heute zum Aufbinden („Bent"-halm) der Weinreben gesammelt.

4 **Nickendes Perlgras** *Melica nutans*
Wie Perlen hintereinander aufgereiht erscheinen die glänzenden, meist violett bis braunpurpur gescheckten, rundlich eiförmigen Ährchen, die in einer einseitswendigen, höchstens unten etwas rispig verzweigten Traube stehen. Das Gras blüht im Mai oder Juni in Laubwäldern und Gebüschen von den Niederungen, wo es in Norddeutschland allerdings nur zerstreut vorkommt, bis in mittlere Gebirgslagen. Es ist auf eine mäßige Beschattung angewiesen, auf abgeholzten Flächen verschwindet es sehr rasch. Dem Forstmann ist es ein Zeiger für gute Waldböden und seine Anzeige gilt für mindestens ½ m Bodentiefe, denn so weit reicht sein dichtverfilztes Wurzelwerk hinab.

5 **Zittergras** *Briza media*
Die herzförmigen Ährchen, die an den dünnen, zierlich verzweigten Rispenästchen hängen, sind meist weißlich und violett gescheckt, nur im Schatten rein grün. Sie sind es, die dieses Gras zu einem begehrten Straußzugebinde machen und die auch zu beliebten Kinderspielen und Neckereien Anlaß geben. Selbst zum Wahrsagen wird das Gras herangezogen. Es wächst auf mineralreichen, doch nährstoffarmen und trockenen Böden, zeigt also mageren Untergrund an, wie er heutzutage im Zeichen ständiger Ertragssteigerungen nicht gern gesehen wird. Deshalb werden Bodenverbesserungsmaßnahmen ergriffen und dies hat zur Folge, daß das früher ungemein häufige Gras zwar nicht selten, aber doch recht zerstreut anzutreffen ist.

4
5
3
1
2

1 Knäuelgras *Dactylis glomerata*
Durch seinen einzigartigen Rispenbau sehr leicht kenntliches, allgemein verbreitetes Gras. Die Endzweigchen der langen Rispenäste sind stark verkürzt, so daß hier die Ährchen kopfig gehäuft — eben geknäuelt (= lat. glomeratus) — stehen. Der Kenner spricht auch das sterile Gras sicher an, es gehört zu den wenigen, deren Halme unterwärts samt den umgebenden Blattscheiden zweischneidig flach zusammengedrückt sind.
Das Knäuelgras kommt in mehreren Formen von den Niederungen bis ins Gebirge vor und wird, da es ein ertrag- und nährstoffreiches Futtergras ist, auch oft angepflanzt. Als Lehm- und Stickstoffzeiger findet man es auch an Wegrändern und Schuttstellen. Eine Waldform mit bleichgrünen Ährchen unterscheidet sich sehr stark vom üblichen Typus.

2 Kammgras, Wiesen-Kammgras *Cynosurus cristatus*
Das Kammgras hat eine ährig zusammengezogene Rispe, die vor und nach der Blüte einseitswendige Ährchen trägt. Zur Blütezeit im Sommer sind diese locker gestellt und nach zwei Seiten gekämmt. Jedes fruchtbare Ährchen hat ein unfruchtbares beigesellt, das nur noch (bis zu 10) schmale, stachelspitzige Spelzen trägt. Das Gras, das auf (durch Tritt) verdichteten Böden gut wächst und direkte Düngung erträgt, ist besonders auf Weiden so häufig, daß es zur namengebenden Charakterart des Verbandes der Kammgras-Fettweiden (in mittleren Höhenlagen) gemacht wurde. Es ist nun aber beileibe kein besonders gutes Weidegras: Da die Blätter früh welken und die Halme sehr zäh sind, werden sie vom Vieh stehengelassen, und das Gras kann sich ungestört vermehren, ein klassisches Beispiel für negative Auslese.

3 Einjähriges Rispengras *Poa annua*
Dieses kleine, 5—30 cm hohe und in schwachen Büscheln mit knickigen Halmen wachsende Gras ist ungemein lebenstüchtig. Man findet es fast auf der ganzen Welt, und es kann sich auch in sehr widriger Umgebung halten. Es wächst nicht nur in Wiesen, Höfen, Gärten, auf Äckern und Schuttplätzen sowie an Wegrändern, man findet es auch noch in den Ritzen des Straßenpflasters, zwischen den Randsteinen und dort, wo im Kandel oder in der Dachrinne ein wenig Erde und Sand zusammengeschwemmt wurde, selbst in den Astgabeln älterer Bäume wurde es schon entdeckt. Man kann es das ganze Jahr über blühend antreffen. Es ist stickstoffliebend und kann als Kulturbegleiter angesehen werden — nutzlos, aber stets menschliche Nähe anzeigend — ein botanischer Haus-Sperling.

4 Riesen-Schwingel *Festuca gigantea*
Der Riesen-Schwingel steht hier als ein Vertreter der artenreichen und sehr vielgestaltigen Gattung Schwingel, die ihre Vertreter in fast allen Biotopen hat. Manche gehören zu den am schwierigsten zu bestimmenden Pflanzen, weshalb man die Gattung schon als das „Kreuz der Botaniker" (crux botanicorum) bezeichnet hat. Unser Gras aber ist leicht kenntlich an den krallenartigen, zuweilen violett eingefärbten Öhrchen, die am Übergang von Blattspreite und Blattscheide beidseits den Stengel umfassen. Das ½—1½ m hohe Halbschattengewächs zeigt im Wald die grundwassernahen, nährstoffreichen und sehr schweren, zähdichten Tonböden (Gleiböden) an.

5 Aufrechte Trespe *Bromus erectus*
Die Aufrechte Trespe ist das Charaktergras der Kalk-Magerrasen auf mehr oder minder trockenen Standorten („Mesobrometum" und „Brometum": Halbtrockenrasen und Trockenrasen mit *„Bromus"*). Sie kennzeichnet warme, stickstoffarme, mittelschwere und gut durchlüftete Böden, die bei geeigneter Bewässerung und Düngung beste Ackerböden ergeben. Bodenverbesserungsmaßnahmen schaden allerdings der düngerfeindlichen Trespe wenig, sie weicht an den nächsten Wegrand oder Ödlandhang aus, denn ihre Anpassungsfähigkeit ist groß. Schaden nehmen aber die vielen Mitbewohner des Brometums, Orchideen und andere seltene Pflanzen, die, nicht so wandelbar, heute stark existenzgefährdet sind.

5
3
4
2
1

1 Fieder-Zwenke *Brachypodium pinnatum*
Die fiedrig an der Hauptachse sitzenden (oder kurz gestielten), schmalen, 2—4 cm langen, begrannten Ährchen charakterisieren die Art unverwechselbar. Sie ist in Norddeutschland recht selten, im Süden dagegen ungemein häufig. Ihre Standorte sind sonnige Raine und Halbtrockenrasen auf mageren, kalkhaltigen Böden. Im Wald wächst sie selten und meist nur steril. Mit ihren schlecht verwitternden Blättern überzieht sie im Frühjahr noch oft ganze Raine, so daß für andere Pflanzen kaum ein Durchkommen ist. Dazu kommt, daß ihr hartes Laub von Vieh und Wild nicht gern angenommen wird. Da sie mit ihrem tiefliegenden Wurzelstock das sinnlose und schädliche Abbrennen der Raine am besten übersteht, wird sie in ihrem Bestand durch diese Maßnahme (die verboten ist!) gefördert. An den Brandrainen entsteht so anstelle einer ausgewogenen Lebensgemeinschaft eine Monokultur der Zwenke.

2 Borstgras *Nardus stricta*
Auch ohne die schmale, einseitswendige Ähre ist die Art leicht kenntlich. Abgestorbene Blattscheiden umkleiden als „Strohtunika" die unteren Teile des dichten Horstes, darüber stehen die äußeren der graugrünen, borstigen Blätter waagrecht ab.
Das sandholde Gras wächst auf zumindest zeitweilig trockenen, rohhumussauren Magerböden als rechtes „Hungergras". Die unteren Teile verrotten kaum und bilden Trockentorf. Nur auf der grauen Düne wird die Pflanze als Bodenfestiger gern gesehen. Auf Berg- und Gebirgsweiden, wo seine Hauptentfaltung ist, gilt es als Unkraut, da es vom Vieh höchstens im Frühjahr gefressen wird. Sommers rupfen die Tiere die Horste aus und lassen sie dann liegen, so daß „Nardusleichen" die Weiden bedecken. Trotzdem wird es durch Beweidung sowie durch Trittverdichtung des Bodens und lange Schneebedeckung gegenüber besseren Weidegräsern begünstigt.

3 Ausdauernder Lolch, Englisches Raygras, Deutsches Weidelgras *Lolium perenne*
Der Lolch kommt überall häufig auf Wiesen, Weiden und in den Zierrasen der Gärten vor. Außerdem besiedelt er gerne Wegränder und Trampelpfade. Vom Mai bis in den Oktober hinein kann er blühen. Die flachen Ährchen, die mit der Schmalseite an zwei Seiten der Ährenspindel ansitzen, machen ihn unverkennbar. Der Lolch ist unser wichtigstes Weidegras. Leider ist er etwas frostempfindlich, so daß er kaum für Mittelgebirgslagen taugt. In mildfeuchten Klimalagen ist er heute aber über den ganzen Erdball verschleppt als Kulturbegleiter anzutreffen.

4 Gemeine Quecke, Kriech-Quecke, Päde *Agropyron repens*
Vom Meerstrand bis in die Voralpenregion auf Sand, Äckern (als sehr lästiges Unkraut), an Wegen und Hecken sowie in Gärten. Die kurzgrannigen Ährchen sitzen mit der breiten Seite an der Ährenspindel, die Ähre erinnert an Weizen (agropyron = wilder Weizen); diese Art gehört aber nicht zu den Stammformen unserer Kulturpflanze. Der zählebige, unterirdische Wurzelstock wurde früher als Heilmittel verwendet. Er treibt massenhaft Ausläufer, von denen auch Bruchstücke weiterwachsen können. Sie scheiden Hemmstoffe aus, die das Wachstum anderer Pflanzen beeinträchtigen und so die eigene Ausbreitung begünstigen.

5 Strandroggen, Blauer Helm *Elymus arenarius*
Steifes, starres, blaubereiftes Gras mit weizenähnlicher Ähre auf den Dünen und Sandstellen der Meeresküstenregion. Binnenwärts seltener, in Süddeutschland nur vereinzelt und meist angepflanzt. Dieses Gras ist nicht so windtüchtig wie der Strandhafer (s.S. 50), es eignet sich dennoch hervorragend für die Dünenbefestigung, wenn es auf der Leeseite angepflanzt wird.
Die allseits mit dreiblütigen Ährchen besetzte, bis 30 cm lange Ähre (auf bis etwa 60 cm langem Halm) hat die Kulturpflanzenzüchter schon seit langem zu Kreuzungsversuchen mit der nahe verwandten Gerste animiert. Noch nicht erreichtes Ziel ist ein sehr genügsames Getreide mit wenig Stroh und vielen großen, mehlreichen Körnern.

3
1
4
2
5
gb

1 **Schmalblättriges Wollgras** *Eriophorum angustifolium (Eriophorum polystachon)*
Wer im März oder April am Bachrand oder auf Sumpfwiesen das Wollgras blühend findet, wird es als Laie kaum erkennen oder richtig zuordnen können. Die Dolde mit den 3—6, meist aufrecht stehenden, dicklichen, bläulichsilbrigen Ährchen paßt so gar nicht in das Bild, das man sich vom Wollgras macht. Erst im Sommer, zur Zeit der Heuernte, hebt sich dann der Halm bis gegen 1/2 m hoch und trägt an seiner Spitze auf zierlich übergebogenen Stengelchen die weißen Wollebällchen. Nur kurze Zeit dauert die Pracht, dann trägt der Wind die Früchtchen mit den langen Flughaaren einzeln oder in Grüppchen davon — einem ungewissen Schicksal entgegen, denn obwohl sich heute noch Moore über hektargroße Flächen erstrecken, werden die Naßgebiete von Jahr zu Jahr mehr zurückgedrängt: zu „guten" Wiesen entwässert.

2 **Gemeine Simse, Waldsimse** *Scirpus silvaticus*
Von den Niederungen bis ins höhere Bergland besiedelt dieses breitblättrige Sauergras mit der großen, doldig ausgebreiteten Ährchenrispe in Gruppen nasse Wiesenstücke, Waldsümpfe, Gräben und Teichränder. Vor allem auf nährstoffreichen, kalkarmen, grundwassernahen Standorten stellt es sich häufig ein. Die Simse gibt eine wertvolle Streu, ihre Blätter werden als Flechtmaterial geschätzt. „Simsen" und „Binsen", grasartige Pflanzen nasser Standorte, werden oft nicht näher unterschieden und von Landstrich zu Landstrich wechseln die Bezeichnungen. Wir nennen die breitblättrigen Sauergräser Simsen, während wir zu den rundblättrigen Gewächsen Binsen sagen, doch ist diese Unterscheidung genau so willkürlich wie jede andere.

3 **Zittergras-Segge,** Waldhaar, Seegras *Carex brizoides*
Wo ihr die Standortbedingungen zusagen, also auf nassen, kalkfreien, sehr schweren Böden, kommt es oft zu einer Massenvegetation dieser Segge, die für andere Pflanzen dann keinen Raum mehr läßt. In nassen Wiesen, an Wegen, vor allem aber auf jungen Lichtungen bilden da die mehr als 1/2 m langen, hellgrünen, schmalen Blätter ein charakteristisches Muster, an dem man den Bestand schon aus der Ferne erkennt. Immer ganze Blattbüschel bilden aus aufsteigendem Grund übergebogene und in malerisch schöne Wellen drapierte Locken. Die Schönheit ist grausam, unter den Locken kommt kein Jungbaum mehr hoch, der Forstmann sieht diese verjüngungshemmende Pflanze nicht gern. Früher wurden die Pflanzen durch ganze Kolonnen von Sammlern ausgerissen und nach Abbrühen und Trocknen als Polstermaterial anstelle des echten Seegrases verwendet. Heute werden aber nur noch ganz geringe Posten davon gebraucht („Alpengras").

4 **Fuchs-Segge** *Carex vulpina*
Die Fuchs-Segge ist nicht gerade sehr selten, doch auch nicht die häufigste der „Gleichährigen Seggen". Sie ist aber so groß, daß man an ihr die charakteristischen Gruppenmerkmale gut erkennen kann. Die Ährchen, die auf dem dicken, um 1/2 m langen, scharf dreikantigem Halm sitzen, tragen unten weibliche und an der Spitze Staubbeutelblüten. Die Blüten sind also eingeschlechtig, die Ährchen aber „gleich", das heißt, zusammengesetzt aus beiden Sorten dieser Spelzenblüten.
Die Pflanze, die nasse Wiesen und Waldwege besiedelt, bevorzugt nährstoffreiche, schwere Böden in niederen und mittleren Höhenlagen. Sie gibt gute Streu und wurde früher als Polster- und Packmaterial geschätzt.

5 **Winkel-Segge,** Entferntährige Segge *Carex remota*
Von den Niederungen bis über 1000 m Meereshöhe findet man die leicht kenntliche Art an Waldbächen und nassen Waldwegen, vorzugsweise im Laubwald. Die schmalen Blattspreiten der lockerhorstig wachsenden Pflanze sind meist länger als die schlaffen Halme, die 4—9 kleine, blaßgrüne Ährchen tragen. Die obersten stehen oft etwas beieinander, die unteren aber sind weit auseinandergezogen und sitzen in den Achseln der Halmblätter.
Die Winkel-Segge ist eine Schattenpflanze und Zeiger für schwere, nährstoffreiche, nasse Böden (Gleiböden).

1
3
4
5
2
gb

1 Blaugrüne Segge, Blau-Segge *Carex flacca (Carex glauca)*
Von den rund 90 Seggenarten Deutschlands gehören beinahe ⅔ zu der Gruppe der „Verschiedenährigen Seggen“. Diese zeichnen sich dadurch aus, daß ihre eingeschlechtigen Spelzenblüten sich nach Geschlechtern getrennt zu männlichen oder weiblichen Ährchen zusammensetzen. Meist stehen die Staubbeutelährchen an der Spitze des Stengels, die Fruchtährchen darunter.
So auch bei der ausläufertreibenden Blaugrünen Segge, die ihren Artnamen von den blaugrünen (lat. = glauca) Blättern und Halmen hat: 2—3 männliche Ährchen auf kurzen Stielen und darunter noch 2—3 weibliche Ährchen, dichtfrüchtig und dick, auf langen Stielen übergebogen hängend (flaccus, lat. = schlappohrig). Diese Art ist auf (wechsel)feuchten Böden sehr häufig.

2 Finger-Segge *Carex digitata*
Eine der kleinen Laubwaldseggen von nur 10—30 cm Höhe, die im Gegensatz zu den meisten Vertretern ihrer Gattung nicht saure, feuchte Böden, sondern eher trockenen und sommerwarmen, dazu noch kalk- und nährstoffreichen Untergrund braucht. In kalkarmen Gebieten zieht sie sich auf dicke Laubmulldecken zurück, in Höhenlagen über 1000 m zeigt sie klimatisch besonders begünstigte Stellen an. Sie wächst in kleinen, dichten Horsten. Ihre Blattscheiden sind purpurrot, die dunkelgrüne Farbe der derben Blätter zeigt an, daß sie im Herbst nicht verdorren, sondern überwintern und in schneefreien Lagen die günstigen Lichtverhältnisse im entlaubten Wald zur Photosynthese nutzen. Die eingeschlechtigen Ährchen sind am Halmende in artcharakterisierender Weise fingerartig genähert.

3 Wald-Segge *Carex sylvatica*
Die zuweilen bis über ½ m hoch werdende Segge ist eine treue Buchenbegleiterin, wiewohl sie auch andere Laubwälder und Gebüsche besiedelt. Wo aber Buchen stehen, kann man sie sicher finden. Sie gehört nicht zu den ausgesprochenen Trittpflanzen, da sie aber dichte Böden dem lockeren Mull vorzieht, wächst sie gerne an Waldpfaden und fällt uns deswegen auch eher auf. Den Schatten verläßt sie nie, in Kahlschlägen kümmert sie rasch. Alles an ihr scheint blaß und schlapp zu sein: Die lockeren Horste bestehen aus schlaffen, hellgrünen Blättern, aus denen sich die ebenfalls relativ schlaffen Halme meist nur schräg aufsteigend erheben. An ihrer Spitze steht ein dünnes Staubbeutelährchen (selten 2), darunter hängt eine Reihe blaßgrüner, armfrüchtiger und deswegen locker gebauter weiblicher Ährchen.

4 Haar-Segge, Behaarte Segge, Rauhe Segge *Carex hirta*
Von der Küste bis in die Voralpenregion sehr häufige Segge, die leicht kenntlich ist und trotzdem oft übersehen wird. Bei der Hauptform sind Blattscheiden, Spreiten und die Früchtchen dicht behaart (selten sind die Spreiten, noch seltener auch die Scheiden kahl). Die Haar-Segge bevorzugt feste Sandböden, die lehmig und zeitweise trocken sein können, doch nicht stickstoffhaltig sein müssen. Nach diesem Signalelement kennt man auch schon ihren bevorzugten Aufenthalt: Weg- und Straßenränder, sowie Tretgesellschaften auf Trampelpfaden. Daneben findet man sie in (ungepflegten) Wiesen, an Uferböschungen und Rainen, hier oft im lichten Gebüsch. Sie blüht vom Frühlig bis zum Sommer.

5 Blasen-Segge *Carex vesicaria*
Alle Seggen sind dadurch charakterisiert, daß in den weiblichen Blüten ein besonderes Organ den Fruchtknoten umschließt und nur die zwei oder drei Narben nach außen durchläßt. Man nennt dieses Gebilde, das zunächst wie ein normaler Fruchtknoten aussieht, den „Schlauch“ und nimmt an, daß es sich um das verwachsene Tragblatt der weiblichen Blüte handelt.
Bei den Uferbewohnern, zu denen die Blasen-Segge gerechnet werden kann (wenn sie auch nicht ausschließlich an Ufern wächst), hat der blasig aufgetriebene Schlauch der reifen Früchte die Aufgabe eines Schwimmorgans übernommen. Im Schlauch geborgen, flottieren die Früchte über das Wasser, bis sie an geeigneter Stelle stranden und auskeimen können.

3
1
gb
2
5
4

Blütenpflanzen — Familien Arongewächse *Araceae,* Wasserlinsengewächse *Lemnaceae*

1 Echter Kalmus *Acorus calamus*
Der seltene Kalmus mit dem seitenständigen Kolben ist unter den Pflanzen der Röhrichte ein Fremdling. Zur Zeit Alexanders des Großen wurde er aus Indien nach Kleinasien geschafft, aus Konstantinopel brachte ihn 1574 der kaiserliche Gesandte nach Wien, wo er erstmals im botanischen Garten angepflanzt wurde. Der dicke, kriechende Wurzelstock enthält ätherische Öle, Bitter- und Gerbstoffe, deren magenstärkende (verdauungsanregende) Wirkung bald erkannt wurde und so hat man die „Magenwurz" überall in den wärmeren Gebieten Deutschlands angebaut. Aus solchen Kulturen ist sie verwildert, wobei die Vermehrung nur vegetativ geschehen kann, da die Samen in unserem Klima nicht ausreifen.

2 Schlangenwurz, Drachenwurz, Schweinsohr *Calla palustris*
Die Schlangenwurz ist sehr selten. Wo sie aber vorkommt, an Tümpeln, in schlammigen Gräben oder im Erlenbruch, da tritt sie sehr gesellig auf. Die weit ober- und unterirdisch kriechenden Grundachsen liegen dann wie Schlangen über- und beieinander. Einstens gab es die Signaturlehre, die vom Grundsatz ausging, jede Pflanze sei dem Menschen nütze und verrate ihren Nutzen auch durch ein Zeichen. Zu dieser Zeit war es selbstverständlich, daß unsere Pflanze gegen Schlangenbiß helfen müsse. Dabei ist der Wurzelstock sogar durch Aroin giftig. Auch vor den roten Beeren muß gewarnt werden. Sie entstehen aus dem grünlichen Blütenkolben, der von einem weißen Hüllblatt gestützt wird.

3 Gefleckter Aronstab *Arum maculatum*
Mit den grundständigen, pfeilförmigen Blättern und dem vom spitzzipfligen Hüllblatt umwickelten Blütenstand ist der Aronstab unverkennbar. Er besiedelt feuchte Laubwälder auf nährstoffreichen Böden in warmer Lage. Sein meist schon im April erscheinender Blütenstand ist eine Fliegenkesselfalle. Die Keule lockt durch Aasgeruch Fliegen an, die vom glatten Hüllblatt abrutschen und so in den Kessel gelangen. Ein Haarkranz verhindert das Zurückklettern. Wenn die Narben bestäubt sind, werden die Besucher noch mit Pollen eingepudert, dann verwelken Reusenhaare und Hüllblatt und der Weg ins Freie ist offen. Im Kessel ist es schön warm und außerdem ist nektarhaltiges Wasser vorhanden, so daß die Entlassenen nicht davor abgeschreckt wurden, den nächsten Blütenstand anzusteuern. Giftig.

4 Dreifurchige Wasserlinse, Untergetauchte Wasserlinse *Lemna trisulca*
Diese Wasserlinse findet sich zerstreut im Schwimmpflanzengürtel stehender Gewässer. Sie ist kaum gegliedert. Ihre Glieder sind unter 1 cm lang, lanzettförmig, meist untergetaucht und dann einnervig, mit einer Art Stielchen versehen und meist kreuzweise zusammenhängend. Schwimmende Sprosse sind dreinervig („furchig"!). Wasserlinsen können dem Wasser Spuren von Radium entnehmen und speichern, wobei sie vor allem im Frühjahr bis zu 650mal mehr enthalten können, als ihre Umgebung.

5 Kleine Wasserlinse, Entenflott, Entengrütze, Entengrün *Lemna minor*
Die stets auf dem Wasser schwimmenden, einwurzeligen, flachen, ovalen und um 2 mm breiten Glieder vermehren sich in günstigen Zeiten so rasch, daß sie binnen weniger Tage ganze Seen überziehen. Wind und Wellenschlag reißen sie dann zwar bald wieder auseinander, doch werden stille Buchten oder auch kleinere Weiher wochenlang durch sie beschattet. Sie werden oft an Entenküken verfüttert (Namen!).

6 Vielwurzelige Teichlinse *Spirodela polyrrhiza*
Die Teichlinse, eng mit den Wasserlinsen verwandt, unterscheidet sich durch etwas größere, unterseits meist rötliche und ein ganzes Wurzelbüschel tragende Glieder. Man findet sie zerstreut im Schwimmpflanzengürtel stehender Gewässer, meist sehr gesellig. Wie die Wasserlinsen auch, kommt sie bei uns nur sehr selten zur Blüte, zudem sind die eingeschlechtigen Blüten stark reduziert und in Spalten der Glieder halb versteckt.

6
4
2
1
5
3
gb

Blütenpflanzen — Familie Binsengewächse *Juncaceae*

1 **Flatter-Binse** *Juncus effusus*
Es gibt eine ganze Gruppe größerer Binsen, die ihren Blütenstand scheinbar an der Seite eines Halmes tragen. In Wirklichkeit steht er am Stengelende und wird von einem Tragblatt auf die Seite gedrückt. Da die Blätter dieser Binsen stielrund sind, sehen Halm und Tragblatt gleich aus. Die Flatter-Binse ist in nassen Wiesen und in lichteren Wäldern sehr häufig. Ihr „seitlicher" Blütenstand ist rispig aufgelockert, eben flatterig. Oft an denselben Standorten wächst auch die Knäuel-Binse, deren Rispe dicht knäuelig zusammengezogen ist. Bei lockerer Rispe und blaugrünen Blättern und Halmen liegt die ebenfalls häufige Blau-Binse vor. Alle diese Arten wachsen zwischen 30 und 100 cm hoch. Ihre unscheinbaren Blüten sind 6strahlig und deuten auf die Verwandtschaft mit den Liliengewächsen.

2 **Kröten-Binse** *Juncus bufonius*
Die Kröten-Binse bildet an nassen Wegen, in feuchten Ackerfurchen oder an sonstigen offenen Stellen ihre schwachen, einjährigen Büschelchen von hell- bis graugrüner Farbe. Je nach Feuchtigkeit wächst sie 1—30 cm hoch und kommt oft dicht an dicht in zusammenhängenden Rasen vor. Obwohl nur grünlich mit weißem Saum, sind die einzelstehenden Blüten an der Pflanze sehr auffällig. Den Namen (bufo, lat. = Kröte) hat die Pflanze, weil sie an feuchten Orten wächst, wo sich auch Kröten aufhalten, doch ist es auch denkbar, daß die Samen mit Kröteneiern verglichen werden. In der Feuchtigkeit verschleimt die äußere Samenhaut und die gallertigen Kügelchen mit dem dunklen Kern kleben sich an vorüberstreifende Menschen und Tiere an. So wurde diese Art weltweit verschleppt.

3 **Haar-Hainsimse** *Luzula pilosa*
Die Hainsimsen haben 6zählige, sternförmig ausgebreitete Blüten mit spelzenartigen Blütenblättern wie ihre Verwandten, die Binsen, aber im Gegensatz zu diesen behaarte (und stets grasartig flache) Blätter. Sie besiedeln meist auch trockene Standorte. Die Haar-Hainsimse gehört zu den frühblühenden Arten. Sie wächst in Laub- und Nadelwäldern auf schwach feuchten, milden, lockeren und mineralreichen Böden. Ihr Blütenstand ist eine sehr verarmte, doldenartige Rispe mit kaum verzweigten, erst aufrecht stehenden, später zurückgeschlagenen Ästchen. Die zweite Stellung soll das Ausschütten der Samen erleichtern, die erste die Windbestäubung.

4 **Schmalblättrige Hainsimse,** Busch-Hainsimse *Luzula albida (Luzula luzuloides, Luzula nemorosa)*
Diese Art blüht erst im Sommer und gedeiht — oft massenweise — in sauren Waldgesellschaften und Gebüschen, vom Tiefland bis gegen 1800 m. Sie bevorzugt trockene Standorte. Ihre büscheligen Blütenrispen sind meist weißlich, seltener braun oder rötlich. Auf Lichtungen dehnt sie sich sehr rasch aus, es genügt ihr aber auch der Halbschatten des Waldes. Gärtnereien empfehlen sie oft als „Gras" für Schattenlagen („Waldsame"). Wie bei allen Hainsimsen enthalten ihre Samen ein ölhaltiges Anhängsel, das von Ameisen gern gefressen wird (Ameisenbrötchen). Die Tiere verschleppen die Samen oft weit und lassen manchmal auch einige unterwegs liegen, auch beschädigen sie die Samen nicht, wenn sie das „Brötchen" abknabbern. Auf diese Weise erfolgt die Verbreitung der Pflanze.

5 **Feld-Hainsimse,** Hasenbrot, Triften-Hainsimse *Luzula campestris*
Schon bald nach der Schneeschmelze blühen auf trockenen, kalkarmen Rainen, Magerrasen und Heiden die unscheinbaren Feld-Hainsimsen. Die Blüten sind zu kugelig-eiförmigen Ährchen zusammengefaßt, die zu 3—6 an der Spitze des nur 4—20 cm hohen Halmes eine Dolde bilden. Die gestielten, braunschwarzen Ährchen stehen erst aufrecht, später hängen sie bogig über. Sie sollen süßlich schmecken (Hasenbrot!).
Eine eng verwandte Art, von manchen nur als Rasse angesehen, blüht etwas später im Jahr (etwa im Mai), ist kräftiger, oft bis knapp 1/2 m hoch und hat längliche Ährchen. Sie wächst bevorzugt in Wäldern, doch auch auf zeitweilig feuchten Wiesen.
Die Feld-Hainsimse kann als Kosmopolit bezeichnet werden. Sie kommt von den Niederungen bis ins Hochgebirge (über 2300 m) in vielen Formen vor.

1
2
3
4
5
gb

1 Europäischer Beinbrech *Narthecium ossifragum*
Im mittleren und südlichen Deutschland ist die Pflanze unbekannt. Sie braucht zum Gedeihen regenreiches und wintermildes Klima und kann deswegen geradezu als Zeigerpflanze für den atlantischen Klimabereich genommen werden. Auf Heiden und Mooren der Nord(west)deutschen Tiefebene wächst sie oft in ausgedehnten Beständen, und ihre Blüten verströmen an warmen Sommertagen einen aromatischen Duft. Ansonsten aber ist kaum Gutes zu berichten: Der Beinbrech ist giftverdächtig und ein Weideunkraut, da er vom Vieh nur ungern angenommen wird. Er soll die Knochen der Rinder brüchig machen, worauf sowohl der deutsche, als auch der wissenschaftliche Artname hinweisen (os, ossis, lat. = Knochen; frangere, lat. = brechen). In ihrem nordwestdeutschen Wuchsgebiet wird die Staude, wegen der Form ihrer Blätter „Schoosterknief" genannt, nach dem Kneif, dem Ledermesser der Schuster.

2 Weißer Germer *Veratrum album*
Wenn die reichhaltigen Blütenrispen mit den 6strahligen, beidseits grünen oder innen strahlend weißen Blüten im Sommer erscheinen, ist der Germer eindeutig anzusprechen. Ohne Blüten aber ähnelt die oft weit über 1 m hohe Staude sehr dem Gelben Enzian (S. 296). Dann muß man auf die kurzflaumig behaarten, unangenehm riechenden und vor allem wechselständigen Blätter achten. Der Germer ist ein Bergbewohner. Er gedeiht vorzüglich auf Weiden, denn er wird wegen seiner Giftigkeit vom Vieh nicht gefressen. Er enthält Alkaloide, die in größeren Mengen lähmend wirken. In geringen Dosen üben sie eine starke Reizwirkung auf die freien Nervenendigungen in der Haut aus. So erzeugt schon $^1/_{50}$ mg von ihnen Niesreiz. Da sie als Fraßgifte sowohl gegen Warmblüter als auch auf Insekten wirken, hat man mit Germerextrakten schon Flöhe und Läuse bekämpft. Es ist aber von jeglichem Gebrauch des Germers in der Volksheilkunde abzuraten (auch als Niespulver), da die Gifte nur sehr schwer zu beherrschen sind.

3 Herbst-Zeitlose *Colchicum autumnale*
„Sohn-vor-dem-Vater" wird diese Pflanze auch genannt, denn zum Frühjahr schiebt sich zwischen einigen großen, tulpenblattähnlichen Blättern eine große, dreikantige Fruchtkapsel heraus, die reift und nach dem Aufbrechen viele münzenartige Samen entläßt. Im Frühsommer schon ist der ganze Spuk vorbei, die Pflanze verdorrt und vergeht. Dann erscheinen gegen den Übergang Sommer/Herbst, meist nach dem 2. Wiesenschnitt, die zartlila bis rosafarbenen, 6blättrigen Blütenkelche auf enger Blütenröhre, ohne Blätter, direkt aus dem Boden brechend. Tief unter der Erde sitzt der Fruchtknoten, der nach Bestäubung über den Winter zur neuen Kapsel heranreift. Verbindungsglied für diesen Zyklus ist die unterirdische Zwiebel, die mit Nährstoffen gefüllt wird, wenn im Frühling die grünen Blätter assimilieren.
Die ganze Pflanze enthält das tödlich giftige Colchicin, das zwar schon als Gichtmittel Verwendung fand, andererseits noch giftig wirkte in der Milch von Ziegen, die von den Blättern gefressen hatten. Es wird in der Genetik dazu benutzt, die Chromosomenzahl von Pflanzen zu vervielfachen.

4 Ästige Graslilie *Anthericum ramosum*
Die auffallende Pflanze erscheint auf lockeren, kalkhaltigen und besonnten Böden. Man findet sie im Früh- und Hochsommer blühend in Trockenrasen, Gebüschen und lichten Wäldern. Ihre Blumen erzeugen viel Nektar und werden von zahlreichen Insekten beflogen. Dennoch ist die Vermehrung nicht optimal, denn ihr Vorkommen ist sehr zerstreut. An Standorten, an denen man sie vermuten könnte, wird man sie oft vergeblich suchen. Dasselbe gilt für die Astlose Graslilie, die an ähnlichen, doch etwas kalkärmeren Stellen zu finden ist. Ihre etwas größeren, bis 5 cm breiten Blüten stehen am unverzweigten Hauptstengel. Auf sie trifft eher der Vergleich mit einem Halm zu (antherikos, gr. = Getreidehalm). Man sollte beiden Arten größtmögliche Schonung angedeihen lassen.

4
3
2
1

1 Wald-Goldstern, Wald-Gelbstern *Gagea lutea*
Schon im zeitigen Frühjahr, bevor noch die Bäume ausschlagen, erscheint in Auwäldern und feuchten Laubmischwäldern, vor allem aber auch in den bachbegleitenden Gehölzen diese zierliche Pflanze mit einem einzigen Grundblatt und dem doldigen Blütenstand auf unterwärts blattlosem Schaft. Die sechsstrahligen gelben Blütensterne entspringen an längeren Stielen zwischen zwei schmalen Hochblättern am Stengelende. Sie sind außen zunächst grün, später immerhin noch grünstreifig und produzieren so photosynthetisch Nährstoffe. Damit wird die kurze Vegetationszeit optimal ausgenützt, denn wenn sich im Mai die Bäume belauben, ist das Jahr für den Gelbstern schon fast vorüber. Ende Juni entdeckt man kaum noch Spuren von ihm, die Samen sind ausgeschüttet und zum Teil von Ameisen verschleppt, Blätter und Stengel „eingezogen", das heißt verdorrt und nur unter der Erde wartet eine Zwiebel mit den diesjährigen Vorräten prall gefüllt auf das nächste Frühjahr, in dem aus ihr der Blütenstengel und das Laubblatt austreibt.

2 Bär-Lauch, Bären-Lauch *Allium ursinum*
Auf nährstoffreichen, lockeren und grundwasserfeuchten Böden, an Waldhängen, in Auwäldern, Parkanlagen und Gebüschen treibt im Frühling der Bär-Lauch oft in solchen Massen aus, daß er mit seinen maiglöckchenartigen Blättern den Boden in riesigen Flecken bedeckt. Man riecht ihn dann schon von weitem, auch wenn nicht gerade jemand durch diese Pracht gegangen ist: Der Knoblauchduft ist unverkennbar. Menschen die diesen Geruch nicht mögen, werden auch nicht durch die weißen Blütensterne getröstet, die in vollen Dolden auf blattlosem Stiel von April bis Anfang Juni in verschwenderischer Fülle hervorbrechen. Andere Leute pflanzen die Art der Blüten wegen sogar in die Gärten, wo sie allerdings nur an sehr feuchten, halbschattigen Stellen gedeiht. Ihre ätherischen Öle mit Schwefelverbindungen kommen dem blutreinigenden Knoblauchöl sehr nahe und deshalb wird die Pflanze auch als gesundes Gewürz verwendet. Sogar Bären (ursus, lat. = Bär) sollen sich nach ihrem Winterschlaf mit den Blättern der Pflanze purgieren.

3 Türkenbund-Lilie *Lilium martagon*
Die hellpurpurnen Blüten mit den dunkleren Flecken nicken in lockerer Traube. Mit ihren sechs zurückgeschlagenen Blütenblättern ähneln sie einem Turban, einem „Türkenbund", wie diese Kopfbedeckung nach einem Teil ihrer Träger auch genannt wurde. Die dekorative Pflanze steht unter Naturschutz. Sie ist auf ihren Waldstandorten recht selten geworden. Nicht so sehr deshalb, weil sie von „Gartenfreunden" ausgegraben wird, sondern weil mancherorts die zahlreichen Rehe ihre Knospen als besondere Leckerbissen verzehren. Für Gartenliebhaber bietet der Handel Zuchtsorten an. Sie vermehren sich durch Brutzwiebeln. Die große, goldgelbe Hauptzwiebel soll man nicht verpflanzen, obwohl sie in der Lage ist, sich mittels besonderes Zugwurzeln auf eine zusagende Bodentiefe einzuregulieren. Dann aber braucht es Jahre, bis sie wieder einen Blütensproß treibt. Für diesen ist typisch, daß sich die Blätter in der Stengelmitte fast quirlig konzentrieren.

4 Weinbergs-Traubenhyazinthe *Muscari racemosum (Muscari atlanticum)*
Das Heimatrecht dieser Südosteuropäerin bei uns ist sehr umstritten. Sie wächst zwar in wärmeren Lagen (Weinbaugebiet) oft in Halbtrockenrasen, an Weinbergsmauern und als Unkraut auf Hackfruchtäckern, doch wurde sie wohl überall zunächst in Gärten gezogen und ist daraus verwildert. Die dichte Blütentraube mit den krugförmigen, tiefblauen, weißgesäumten Blüten und die frühe Blütezeit im April und Mai haben die Pflanze zu einem beliebten Gartenschmuck gemacht. Heutzutage werden auffälligere Formen verlangt und selbst die neueren Zuchtrassen der Art tragen Blütenrispen anstelle von Trauben. Allerdings sind diese nur noch mit unfruchtbaren Blüten besetzt. Bei der Stammform, mit 10–30 Blüten, sind das die allerobersten. Sie stehen aufrecht und sind von hellerem Blau. Sie dienen als „Schauapparat" zur Anlockung der Bienen.

1
4
3
2

1 Zweiblättrige Schattenblume *Maianthemum bifolium*
Genauso selten, wie man vierblättrigen Klee findet, trifft man in oberflächlich versauerten Nadel- und Laubwälder auch Schattenblümchen, die am Blütenstengel drei herzförmige, gestielte Blätter tragen. Die meisten haben, wie die Artnamen es aussagen, zwei wechselständige Stengelblätter, die allerdings zuweilen einander fast gegenständig genähert sind. Die vierzähligen weißen Blütchen in zierlicher, endständiger Traubenrispe duften angenehm. Es entstehen aus ihnen nach der Befruchtung rote Beeren. Diese sind, wie alle Pflanzenteile, giftig und zwar handelt es sich um dieselben Herzgifte, wie sie auch das verwandte Maiglöckchen (s. unten) enthält.
Das Schattenblümchen wird als Bodendecker unter Gehölz (Schattenlage) in Gärten gepflanzt, da es mit seiner Höhe von 5—15 cm nicht sehr „aufträgt". Der Gartenbesitzer sollte sich aber über die Gefahr im Klaren sein, die für Kinder von den Beerchen ausgeht.

2 Vielblütige Weißwurz, Salomonsiegel *Polygonatum multiflorum*
Im Halbschatten der auf besseren Böden stockenden Wälder entspringen aus langkriechendem Wurzelstock einzelne, fast farnwedelartige Blütenstengel von 30—90 cm Höhe. Die wechselständigen Blätter stehen zweireihig, zuweilen nach oben gerichtet, aus den Blattachseln hängen die langtrichterigen, weißen Blütchen einzeln oder in kleineren Büscheln nach unten. Bald nach der Blüte im Frühsommer stirbt der Stengel ab und hinterläßt auf dem Wurzelstock eine Wulstnarbe, die jahrelang zu sehen ist und vom Volk als Siegel Salomons gedeutet wurde. Der englische Botaniker Miller sah es nüchterner, er nannte die Pflanze die „Vielbucklige" (polys, gr. = viel, gony, gr. = Knoten, Buckel). Unter den Zaubergläubigen ging auch lange der Streit, ob sie oder die verwandte, aber seltenere Gemeine oder „Echte" Weißwurz die sagenhafte Springwurz sei, die Zugänge zu verborgenen Schatzkammern öffne. Wichtiger für uns ist, daß die Pflanze samt ihren erst roten, dann schwarzblauen Beeren dieselben Gifte wie das Maiglöckchen enthält (s. unten).

3 Maiglöckchen, Maiblume *Convallaria majalis*
Der Maikünderin wird in Wäldern und auf Alpenmatten von Wanderern und Spaziergängern eifrig nachgestellt. Solange man sich ein Handsträußchen der weißen, 6zipfligen Glöckchen in einseitswendiger Traube pflückt, ist nichts einzuwenden. Denn die Pflanze vermehrt sich mit ihrem kriechenden Wurzelstock so sehr, daß sie oft in dichten Beständen wächst. Das Ausgraben der Pflanze ist verboten.
Alle Maiglöckchenliebhaber müssen aber wissen, daß die Pflanze Herzgifte enthält, ähnlich denen des Fingerhutes (Digitalis-Glykoside), die einmal in der Heilkunde Verwendung finden und deren Anwendung unbedingt dem Arzt überlassen werden muß, die aber zum andern schon tödliche Vergiftungen hervorgerufen haben. Sie sind wasserlöslich und gehen auch in das Blumenwasser der Vasen über. Schwere Vergiftungen sind (bei Kindern) schon durch den Verzehr der rotglänzenden Beeren oder durch Kauen der Blütenstiele bekannt geworden.

4 Vierblättrige Einbeere *Paris quadrifolia*
Über einem Quirl aus meist vier breiteiförmigen Blättern erhebt sich im späten Frühling die gestielte, grüngelbliche Blüte, im Frühsommer dann die bittere und durch Saponine auch giftige, fast kirschgroße schwarze Beere. Auch die übrigen Pflanzenteile sind giftig, man lasse die Einbeere deshalb am besten an ihren zerstreuten Standorten in Laubwäldern und Weißtannenbeständen stehen. Sie zeigt nährstoffhaltige, grundfeuchte Lehmböden an.
Der Name Paris wurde von Leonhart Fuchs, einem der Väter der Botanik (1501—1566, Professor zu Tübingen) der Pflanze gegeben, weil sie die unter ihren Verwandten sehr seltene vierzählige Symmetrie (Gleichheit) aufweist (par, lat. = gleich). Spätere Autoren haben daraus eine Sache der griechischen Mythologie gemacht: Die Beere symbolisiere den Zankapfel der Eris, die vier Blätter die drei Göttinnen Aphrodite, Athene und Hera (alphabethische Reihenfolge) und den Trojaner Paris.

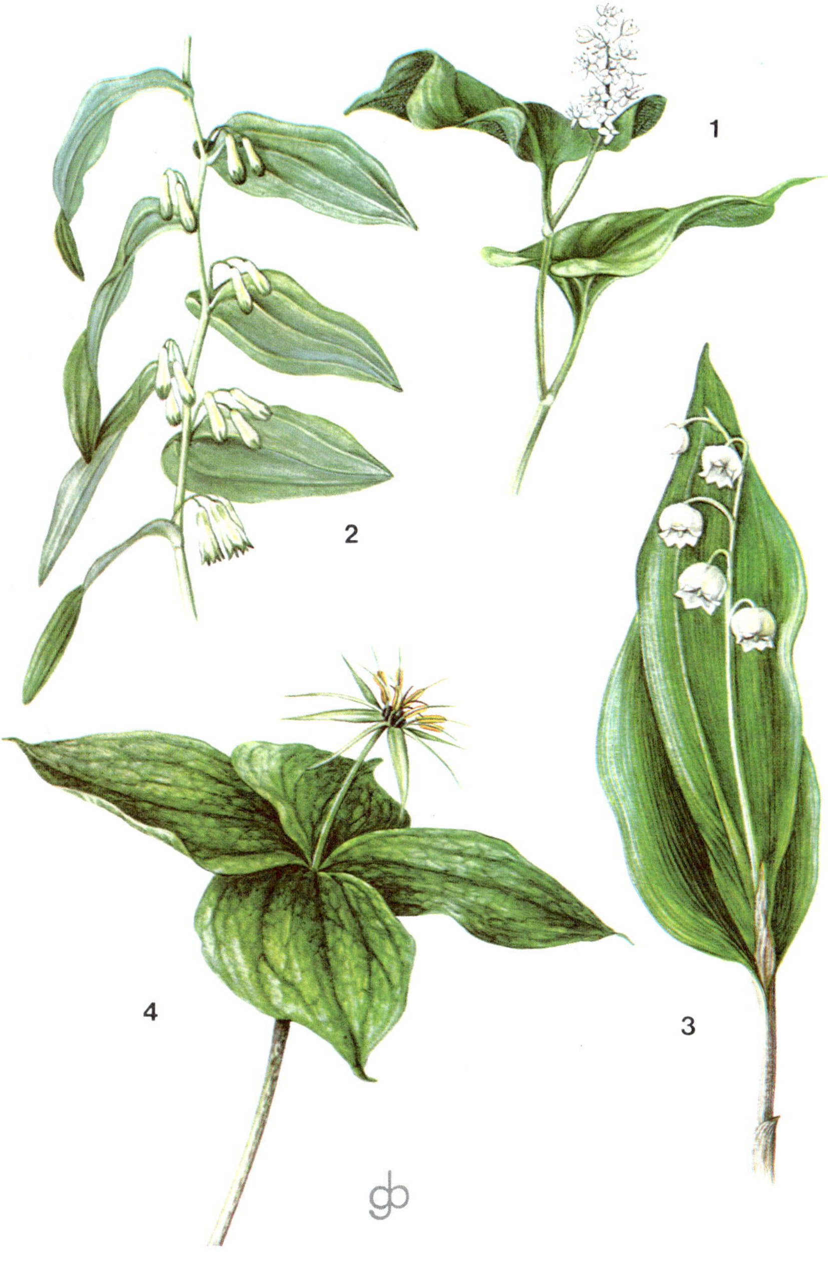
1
2
3
4

Blütenpflanzen — Familien Amaryllisgewächse *Amaryllidaceae,* Schwertliliengewächse *Iridaceae*

1 Gelbe Narzisse, Osterglocke *Narcissus pseudo-narcissus*
Die echte Osterglocke, gerade um Ostern herum in voller Blüte, trägt auf bläulichgrünem, 15—30 cm hohem Stengel eine bis 5 cm breite, 6teilige, hellgelbe Sternblüte, in deren Mitte sich eine weite, glockig-trichterige und dunkelgelbe Nebenkrone erhebt. Wegen dieser Nebenkrone wird die Art auch Trompeten-Narzisse genannt. Die ganze Blüte nickt schwach. So findet man die Pflanze vor allem auf Matten der Westalpen, in den Vogesen und den Bergwäldern zwischen Hunsrück und Hohem Venn. Es handelt sich um eine ausgesprochen westeuropäische Art. Seit Jahrzehnten aber wird sie als Zierpflanze gezüchtet, zu vielen Tausenden in Blumensträuße gebunden und auch in Gärten angepflanzt. Von dort verwildern immer wieder einige Sorten, so daß man die Pflanze öfters in freier Natur antrifft (vor allem an Bachufern). An ihren natürlichen Standorten ist sie ein Weideunkraut. Sie ist giftig und wird vom Vieh nicht gefressen, deshalb kann sie sich stark vermehren.

2 Frühlings-Krokus, Weißer Krokus, Weißer Safran *Crocus albiflorus*
Kurz nach oder noch während der Schneeschmelze brechen (vor den grasartigen Blättern mit dem weißlichen Mittelstreif) an den seltenen Standorten zu Hunderten die weißen Blüten aus dem Boden. Immer sind auch einige violette oder violettstreifige untergemischt. Deren Anzahl wechselt von Jahr zu Jahr, doch sind es nur wenige Prozent. Man findet die Krokuswiesen in den Alpen (bis 2500 m Meereshöhe), seltener auf der Vorebene oder im Südschwarzwald.
Man darf die Alpenpflanze nicht mit dem Violetten Krokus, *Crocus neapolitanus,* verwechseln, der aus Südeuropa stammt und aus alten Kulturen verwildert ist (z. B. Zavelstein).
Beide Arten gehören (mit einer gelben) zu den Stammeltern der heutigen Garten-Krokusse, die vor allem auf größere Blütenkelche und satte Farben hin gezüchtet wurden. Die Narben einer anderen Art lieferten die im Altertum hochgeschätzte Heildroge Safran (gr. = krokos), die als Gewürz noch den Kuchen unserer Großmütter „gehl" machte (falls das Geld dafür vorhanden war).

3 Wasser-Schwertlilie, Gelbe Schwertlilie *Iris pseudacorus*
Pseudacorus, der falsche Kalmus heißt diese Art, deren Wurzelstock gelegentlich mit dem des an denselben Uferstandorten wachsenden Kalmus (s.S. 162) verwechselt wurde. Er ist aber ohne alles Aroma und enthält dazu noch einen schwach giftigen, scharf schmeckenden Gerbstoff.
Im blühenden Zustand, vom Mai bis zum Juli, ist die Pflanze unverwechselbar. Die gelben Blüten zeigen den typischen Schwertlilienbau: Drei schmalgestielte, eiförmige äußere Blütenblätter hängen elegant nach außen über, drei schmale innere Blütenblätter stehen steif aufrecht und werden von den aufrechten, breiteren Narben überragt.
Aus den zahlreichen Blüten entstehen dann die großen, walzenförmigen und überhängenden Fruchtkapseln, deren scheibenförmige Samen sowohl durch Wind (diskusartig segelnd) als auch durch Wasser (mit luftgefüllten Hohlräumen) verbreitet werden.

4 Sibirische Schwertlilie *Iris sibirica*
Die Eurasierin besiedelt extensiv genutzte Moorwiesen und Uferstreifen, die keine Düngergaben erhalten und wenigstens im Frühjahr zeitweilig überschwemmt sind. Sie verträgt keine Heumahd. Wenn nur ein Streueschnitt im Spätsommer erfolgt, schadet ihr das nicht, da sie schon im Mai oder Juni blüht und bis zum August ihre Samen schon gereift sind.
Die blauvioletten Schwertlilienblüten (s. oben) duften angenehm. Die drei inneren Blütenblätter stehen aufrecht und sind länger als die deutlich schmäleren Narben. Die Adern der Blütenblätter sind intensiver gefärbt.
Die Pflanze erreicht in Mitteleuropa die Westgrenze ihres Areals. Nachdem bei uns bis etwa gegen 1960 ein steter Rückgang festzustellen war, kann seit dieser Zeit zumindest ein Stillstand bemerkt werden, da immer mehr Grenzertragsböden wegen mangelnder Rentabilität unbewirtschaftet bleiben.

4
1
3
2

Blütenpflanzen — Familie Orchideengewächse *Orchidaceae*

1 Rotbrauner Frauenschuh *Cypripedium calceolus*
Nur sehr selten und auch nicht jedes Jahr erscheinend, findet man den Frauenschuh, den heimlichen Wunschtraum aller mitteleuropäischen Orchideenjäger. Am ehesten trifft man ihn noch im Gebirge bis zum Krummholzbereich, sonst in Wäldern, die auf kalkreichen Lehmböden stocken.
Die fünfzählige Blüte gehört mit einem Durchmesser bis zu 8 cm zu den größten, die unsere Flora zu bieten hat. Meist steht sie einzeln, seltener paarweise am 15—60 cm hohen Stengel. Fünf Blüten zusammen findet nur ein Sonntagskind. Die gelbe Blütenlippe, der „Schuh" (Kypris, Beiname der Venus, pedilon, gr. = Schuh; calceolus, lat. = Schühlein) wird von vier weiteren, bräunlichen, selten gelblichen Blütenblättern umkränzt.
Der Schuh ist eine raffinierte Fliegenkesselfalle. Insekten, durch den Glanz angelockt, können wegen der überwölbenden Wände den futterlosen Kessel nur kriechend verlassen. Der einzige Weg führt über die Narbenfläche und dann an den Staubbeuteln vorbei (Vermeidung von Selbstbestäubung).

2 Rotes Waldvögelein *Cephalanthera rubra*
Mit einiger Phantasie kann man in den noch ungeöffneten, rosaroten bis leuchtend rotvioletten Blüten dieser Pflanze einen Vogelkopf erkennen. Man findet sie nicht allzu häufig auf Waldwiesen und in lichten Wäldern, fast stets auf leicht durchfeuchtetem bis trockenem, immer aber sehr lockerem Mull über kalkreichem Untergrund. Da sie etwas wärmebedürftig ist, steigt sie im Gebirge selten über 1200 m an und wird auch im Norden Deutschlands nur vereinzelt angetroffen. Ihre absolute Nordgrenze findet diese Pflanze in Dänemark und Südskandinavien, während ihr Hauptvorkommen in den Mittelmeerländern liegt.
Die um 2 cm langen Blüten werden vor allem von Bienen bestäubt, doch vermehrt sich die Pflanze auch intensiv vegetativ, indem sich an den kriechenden und verzweigten Grundachsen immer neue Stöcke bilden.

3 Weißes Waldvögelein, Bleiches, Großblütiges Waldvögelein *Cephalanthera damasonium (Cephalanthera alba, Cephalanthera grandiflora)*
Wir finden dieses Waldvögelein nicht allzu selten auf lockeren, kalkhaltigen Böden, die nicht zu trocken sein dürfen, in Buchen- und Tannenwäldern, aber auch in Kiefernforsten. Nur äußerst selten verläßt es den (Halb-)Schatten des Waldes. Da es sehr wärmebedürftig ist, übersteigt es im Gebirge selten die 1000Meter-Marke und kommt im Norden nur vereinzelt vor. Wie alle Arten seiner Gattung steht es unter vollkommenem Naturschutz, obwohl es noch zu den relativ häufigen Waldorchideen gerechnet werden kann. Seine Blütenfarbe ist weißlich bis hellgelb, doch nie reinweiß.
Die Verwandtschaft mit der nachfolgenden Art erweist sich durch den Bau der Blütenlippe, die bei allen Waldvögeleinarten zweigliedrig aufgebaut ist. Das vordere Glied dient den blütenbesuchenden Insekten als Landeplatz, das hintere Glied enthält den Nektar.

4 Breitblättrige Sitter, Breitblättrige Sumpfwurz, Sumpfstendel *Epipactis helleborine (Epipactis latifolia)*
Die Sumpfwurz gehört zu den wenigen Orchideen, deren Bestand in letzter Zeit eher zu- als abgenommen hat. Das läßt sich zum Teil dadurch erklären, daß ihre Waldstandorte, lockere, mull-, kalk- und nährstoffreiche Böden, in neuerer Zeit mehr Ruhe bekommen haben und nicht mehr so sehr von Reisig-, Holz-, Zapfen- und Bucheckernsammlern durchwühlt und auch nicht mehr durch das Wegnehmen von Laubstreu gestört werden. Zum andern trägt auch die Unscheinbarkeit der Pflanze dazu bei, obwohl sie mit etwa ½ m Höhe beileibe kein Zwerg ist.
Wer aber die Sitterblüte genau anschaut, wird dennoch Schönheit finden. Fünf grünliche, äußere Blütenblätter bilden eine ebenmäßige, weit offene Schale, die nach unten von der zweigliedrigen, oft rötlich getönten Lippe abgeschlossen wird. Der hintere Lippenteil ist zum Nektarbecher vertieft, der vordere, herzförmige und etwas gewölbte, ist der Landeplatz für Hummeln und Faltenwespen. Er wird durch Drehung des Blütenstiels erst in die richtige Anflugstellung gebracht.

3
1
4
2
gb

Blütenpflanzen — Familie Orchideengewächse *Orchidaceae*

1 Großes Zweiblatt *Listera ovata*
Zwei große, eiförmige Blätter sitzen gegenständig etwa in halber Höhe des oft bis über 50 cm langen Stieles, der am oberem Ende eine vielblütige Traube trägt. Durch diese Merkmale ist das Große Zweiblatt unverwechselbar. Anfänglich erinnert die austreibende Pflanze etwas an einen Breit-Wegerich. Auch der Standort könnte manchmal passen: Das Zweiblatt wächst zerstreut in feuchten Wiesen, Gebüschen und Wäldern, geht aber auch häufig auf Trockenrasen und auch an Wegränder und Wegraine in Wald und Flur. Seine grünlichen Blüten sind aber kleine Kunstwerke: Auf gestieltem, eiförmigem Fruchtknoten bilden fünf muschelförmige Blütenblätter eine weit offene Haube, das sechste Blütenblatt ist zu einer schmalen, zweizipfligen, bis zu 1 cm langen Lippe umgeformt, in deren Mitte man deutlich eine Nektarrinne erkennt. Sie lockt die Bestäuber an, Schlupfwespchen und Käferchen.

2 **Bräunliche Nestwurz,** Vogelnest-Orchidee *Neottia nidus-avis*
Tarnbraun erhebt sich der meist 10—30 cm hohe Blütensproß aus dem Laub des schattigen Waldes. Er besteht nur aus dem kräftigen Stengel, der vielblütigen Ähre und einigen ebenfalls hellbraunen Blattschuppen. Meistens stehen mehrere Pflanzen in einer Gruppe zusammen. Seltener findet man sie in Nadelwäldern oder in Gebüschen, doch muß der Boden stets kalk- und nährstoffhaltig sein. Die Nestwurz sieht aus wie ein Schmarotzer, ohne Blattgrün und mit einfachem Blattbau. In Wirklichkeit aber ist sie eine Moderpflanze, die mit Pilzen in Symbiose stehend, die organischen Reste im Humus nutzt (sie gehört also — kreislaufbiologisch betrachtet — weder zu Produzenten noch Konsumenten, sondern zu den Destruenten). Bei dieser Aufgabe hilft ihr das verschlungene Geflecht aus dicklichen Wurzeln (bitte, nicht ausgraben!), das sie im Boden entwickelt hat und das zu ihrem Art- und Gattungsnamen geführt hat (neottia, gr. = Nest; nidus, lat. = Nest; avis, lat. = Vogel — also eine Tautologie).

3 **Zweiblättrige Waldhyazinthe,** Weißer Kuckuckstendel *Platanthera bifolia*
Der 20—40 cm hohe Stengel trägt am Grund meist nur zwei länglich-eiförmige, grünglänzende Blätter. Die reichblütige Traube mit den großen, weißen Blüten duftet besonders in der Dämmerung intensiv (nach Maiglöckchen), was der Pflanze den Beinamen Hyazinthe eingebracht hat. Durch diesen Duft werden Nachtfalter, vor allem Schwärmer und Eulen angelockt, die mit ihrem Rüssel bis zur Spitze des waagrechten, bis 2 cm langen Sporns vordringen können, wo sich der Nektar befindet. Man kann ihn mit bloßem Auge durch die grünliche Spitze durchschimmern sehen, noch besser allerdings bei der nahe verwandten Grünlichen Waldhyazinthe, deren Blüten nicht ganz reinweiß sind und deren stumpfer Sporn herabgebogen ist. Hier steht dann der Nektar deutlich sichtbar oft bis zur Hälfte der krummen Röhre. Beide Waldhyazinthen sind sich im Blütenbau ziemlich ähnlich: Drei Blütenblätter neigen haubenartig zusammen, zwei stehen waagrecht nach beiden Seiten ab und die zungenförmige Lippe hängt ungeteilt und bogig 1—1 ½ cm nach unten durch.

4 **Große Händelwurz,** Mücken-Händelwurz, Nacktdrüse *Gymnadenia conopsea (Gymnadenia conopea)*
Die Händelwurz hat mit Streit nichts zu tun. Im Gegensatz zu den zweiteiligen Knollen der Knabenkräuter ist die ihre „hand“förmig gelappt. An der langen, vielblütigen Ähre sitzen die rosavioletten, sehr selten auch reinweißen Blümchen, klein und dicht und mit überaus langem, spitzem Sporn, so daß sie den Vater der Systematik, den Schweden Linné, an kleine Stechmückchen erinnert haben (konops, gr. = Stechmücke). Ihm, der weite Expeditionen nach Lappland unternommen hat und sein schlechtes Latein damit entschuldigte, daß er lange Zeit unter den barbarischen Völkerschaften habe zubringen müssen, ist dabei ein orthographischer Schnitzer unterlaufen, als er die Pflanze, damals noch bei der Gattung Knabenkraut, *Orchis conopsea* nannte. So streng aber sind inzwischen die Regeln der Namengebung, daß der Fehler, obwohl inzwischen von humanistisch gebildeten Autoren öfters nach *conopea* korrigiert, als die alleingültige Bezeichnung verewigt wird. Mag der Pflanzenfreund dies mit Kopfschütteln registrieren und sich an Farbe, Form und Duft der Blüten erfreuen.

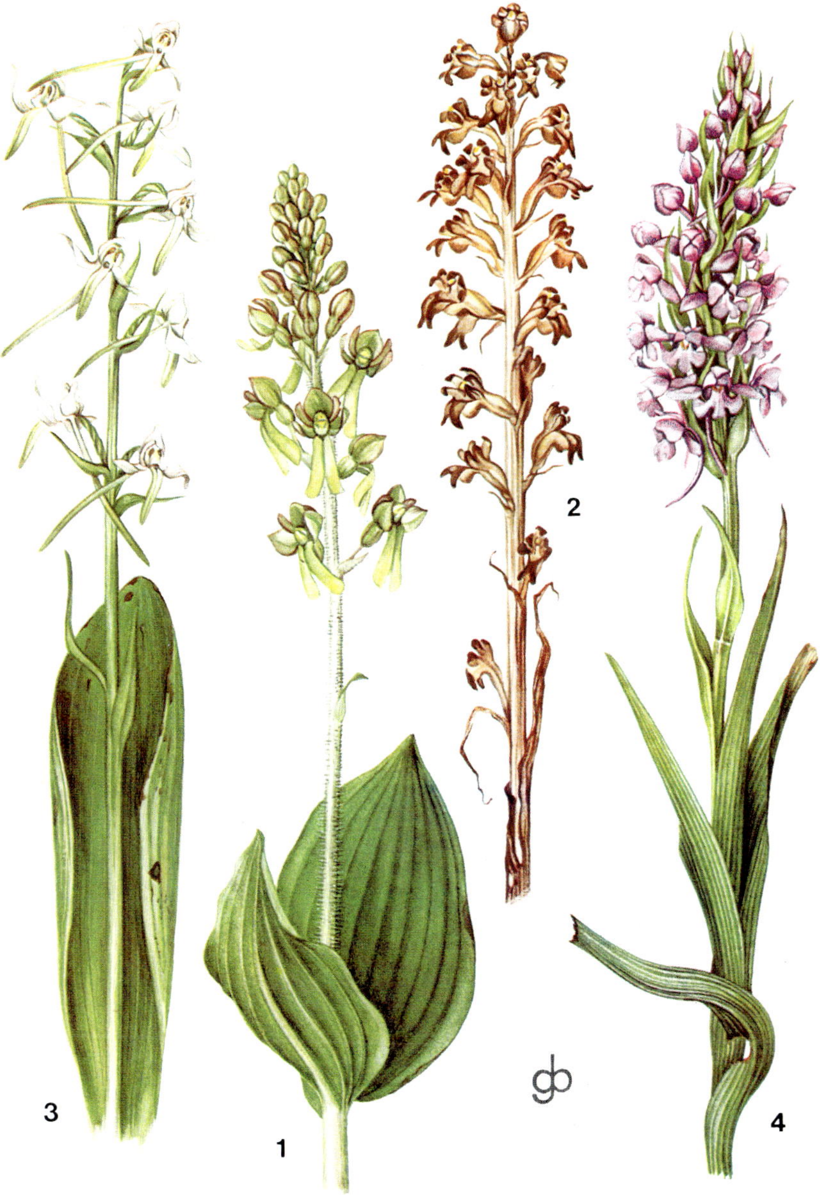
3
1
2
4
gb

1 **Fliegen-Ragwurz,** Fliegenstendel *Ophrys insectifera (Ophrys muscifera)*
Am gelblichgrünen, 10—40 cm hohen Stengel sitzen wenige, in Ausnahmefällen bis zu 20 Blüten von fliegenähnlicher Gestalt. Von den drei äußeren, grünen Blütenblättern stehen zwei nach den Seiten, das dritte nach oben ab. Die Lippe, braunrot mit bläulichem Mal, hat zwei seitliche Läppchen, die eine Art Flügel vortäuschen könnten, zwei weitere, rötlichbraune Blütenblätter sind eingerollt und können für fädige Fühler gehalten werden. Dazuhin ist die ganze Lippe samtig behaart (zusammen mit der Spornlosigkeit ein sicheres Kennzeichen der ganzen Gattung). Gelegentlich kommen gelblichgrüne Blüten vor.
Die Männchen bestimmter Hautflüglerarten lassen sich durch Form und Behaarung, vielleicht auch durch Duft ebenfalls täuschen. Sie fliegen die Unterlippe an und versuchen sie zu begatten. Bei diesen Versuchen transportieren sie die Pollenpakete und tragen so zur Bestäubung bei.

2 **Helm-Knabenkraut** *Orchis militaris*
Wer die wenigen Stellen noch kennt, der kann in den Kalkgebieten des südlichen Deutschlands zur Pfingstzeit durch ein fast knietiefes Meer von Helm-Knabenkräutern wandern. So muß es früher über weite Flächen hin ausgesehen haben, bis man daran ging, aus den Trockenrasen Ackerflächen herauszupflügen und die Geländemulden mit Schutt und Müll aufzufüllen. Die Beweidung durch wandernde Schafherden hat wenig geschadet, denn die Tiere mögen die Orchideen nicht fressen. Vermutlich hat aber das Ausgraben der Knollen zum Rückgang beigetragen, denn auch diese Art wurde zur Salepgewinnung ausgebeutet. Salep wird als reizmildernder Schleimstoff medizinisch angewandt. Der Handel mit einheimischen Orchideenknollen ist heute verboten, die Arten fallen unter Naturschutz. Der Pflanzenfreund sollte den gesamten Orchideengewächsen seinen besonderen Schutz angedeihen lassen, auch wenn er sie an vereinzelten Orten noch in Massen antrifft, wie diese mit den weißlichen, helmartig zusammenneigenden äußeren Blütenblättern und der roten oder rotgepunkteten, vierzipfligen Lippe.

3 **Stattliches Knabenkraut,** Manns-Knabenkraut *Orchis mascula*
Der Prototyp aller Orchideen, wenigstens dem Namen nach. Denn alle Bezeichnungen beziehen sich auf die Hodengestalt der zweiteiligen Wurzelknolle (orchis, gr. = Hoden) der „Knaben" kräuter. Zur Blütezeit entspringt der einen Knolle der Sproß, sie hat die Nährstoffe für das Austreiben enthalten und ist nun ziemlich schlaff; sie stirbt im Laufe des Jahres noch ab und vergeht. Die andere Knolle ist gerade im Aufbau begriffen, in sie werden die überschüssigen Nährstoffe aus der Photosynthesearbeit der Laubblätter gebracht, sie ist schon zur Blüte prall gefüllt. Außer den Nährstoffen enthält sie schon die Knospe des nächstjährigen Sprosses.
Die zahlreichen purpurrosafarbenen, dunklergefleckten Blüten besitzen eine breite, dreilappige Lippe mit walzigem, waagrecht abstehendem oder nach oben gebogenem Sporn. Von den fünf anderen Blütenblättern neigen im Gegensatz zur vorherigen Art nur drei zusammen, während zwei seitliche abgespreizt sind.

4 **Blasses Knabenkraut,** Bleiches Knabenkraut *Orchis pallens*
Diese recht seltene und nur im Süden Deutschlands vorkommende Art zeigt, daß es unter den Knabenkräutern nicht nur rote und weiße Blütenfarben gibt. Die Blüte ist ähnlich gebaut wie die des Stattlichen Knabenkrauts, nur eben gelblich und der Blütensporn steigt ziemlich steil nach oben an. Das ist bei den Arten dieser Gattung unbedenklich, da der Sporn nie Nektar enthält, also auch nicht auslaufen kann. Die bestäubenden Insekten können sich aber mit dem Rüssel nektarähnlichen Saft aus der Spornwand pressen. Bei dieser Gelegenheit müssen sie den Kopf fest gegen den Oberrand des Sporneingangs stemmen, um ein Widerlager zu haben. Damit zerreißen sie eine Schutzhaut, die sich über die Füßchen der gestielten Pollenpakete spannt und diese kleben am Insektenkopf an. Beim Flug werden die Stielchen durch den „Fahrtwind" nach unten gebogen. In der Blüte sitzt unterhalb der Klebefüßchen die Narbe und darauf werden nun beim nächsten Blumenbesuch die Pollenpäckchen gestreift.

1
2
3
4
gb

1 **Gefleckte Kuckucksblume,** Geflecktes Knabenkraut *Dactylorhiza maculata (Orchis maculata, Dactylorchis maculata)*
Man hat die Knabenkräuter mit handförmig geteilten Knollen in letzter Zeit von den „echten" mit zweiteiliger Knolle abgetrennt; deshalb die Namensvielfalt bei dieser Art. Man muß nun aber nicht jede Orchidee ausgraben, um zu erfahren, ob es sich um eine Kuckucksblume oder ein Knabenkraut handelt: Bei der neugebildeten Gattung sind wenigstens die untersten Tragblätter des Blütenstandes krautig-grün (nicht trockenhäutig) und der Stengel ist hoch hinauf beblättert.
Die Gefleckte Kuckucksblume wächst meist sehr gesellig in feuchten und trockenen Wiesen, im Wald, im Gebüsch und auf Heiden — sowohl über Kalk- als auch über Silikatböden. Diese große ökologische „Bandbreite" ist sicher ein Grund für die relative Häufigkeit. Gefleckt ist die Lippe der dichtstehenden, weißlichen bis rosafarbenen Blüten, gefleckt sind auch die Blätter, nur bei extremen Schattenformen sind die dunkelbraunen Flecke zuweilen nicht vorhanden (Ausnutzung der Photosynthesefläche).

2 **Breitblättrige Kuckucksblume,** Breitblättriges Knabenkraut *Dactylorhiza majalis (Orchis latifolia, Dactylorchis latifolia, Orchis majalis)*
Nicht jede gefleckte Kuckucksblume ist eine Gefleckte Kuckucksblume. Die hier angeführte Art besitzt oft genauso schön gescheckte Blätter wie die obige, nur sind sie breiter und sowohl gegen den Grund als auch gegen die Spitze zu verschmälert, während die der Gefleckten Kuckucksblume fast vom Grund an gleichmäßig zur Spitze zu an Breite abnehmen. Dazu sind es meist über sechs Stengelblätter (bis 10), während bei dieser Art, die im allgemeinen auch etwas niederer wächst die durchschnittliche Blattzahl bei 4—5 liegt. Die Breitblättrige Kuckucksblume ist in Flachmooren und feuchten Wiesen zu finden. Sie ist nährstoffbedürftig und erträgt viel höhere Stickstoffgaben als ihre Verwandten; deshalb ist sie gegen Düngung viel widerstandsfähiger. Man kann wohl sagen, daß sie noch keinem größeren Gebiet in Mitteleuropa fehlt, abgesehen vom Hochgebirge (wo sie nur in den südlichen Kalkalpen bis 2500 m ansteigt).

3 **Steifblättrige Kuckucksblume,** Fleischfarbenes Knabenkraut *Dactylorhiza incarnata (Dactylorchis incarnata, Orchis incarnata, Orchis strictifolia)*
Diese Kuckucksblume hat stets ungefleckte Blätter (s. unten!), die aus breitem Grund sich bis zur Spitze gleichmäßig verschmälern und vorne kapuzenartig zusammengezogen sind. Sie kommt sehr zerstreut in nassen Wiesen und Flachmooren von den Niederungen bis in mittlere Gebirgslagen vor. Man findet sie in einer fleischfarbenen bis rosablütigen Varietät und in einer mit strohgelben bis hellgelben Blüten. Gelegentlich kommen beide miteinander vor, zuweilen ist auch die gelbe Rasse, die vielleicht etwas nassere Standorte besiedelt, häufiger — so im bayerischen Alpenvorland; im allgemeinen aber überwiegt der fleischrote Haupttyp. Nur ganz selten findet man weiße oder purpurrote Blüten. Die Art variiert auch sonst sehr stark, eine eng verwandte Form wird ihr oft zugeordnet, die Blutrote Kuckucksblume mit dunkleren Blüten und rotgefleckten (!) Blättern.

4 **Bocks-Riemenzunge,** Bocksorchis *Himantoglossum hircinum*
Eine etwas anrüchige, doch sehr eigenartige Gestalt findet sich, sehr oft nur einzeln und auch jahrelang überhaupt nicht erscheinend, an einigen seltenen Orten im mittleren und südlichen Mitteleuropa. Im Mai oder Juni blüht an grasigen Berghängen, auf Magerrasen und an Rainen, zuweilen auch im Gebüschsaum die 30—90 cm hohe Riemenzunge. Die grünlichweißen Blüten riechen nach Bock und stehen in großer Zahl ungestielt auf ihren verdrehten unterständigen Fruchtknoten in einer verlängerten Ähre. Unter den helmförmig zusammenneigenden äußeren Blütenblättern ragt die kurz gespornte, bis zu 4 cm lange riemenartige Zunge heraus, die am Grund verbreitert und stumpf gezähnt ist, sich dann in drei Zipfel teilt, von denen der mittlere überaus lang geraten ist. Seine Spitze ist meist braunviolett gefärbt und am anderen Ende kann man auch eine Fleckung erkennen. Man wird auf die Frage, welchen Selektionsvorteil diese Zunge gegenüber anderen Blüten gebracht hat, keine gescheite Antwort geben können.

2
4
3
1

Blütenpflanzen — Familie Weidengewächse *Salicaceae*

1 **Zitter-Pappel,** Espe *Populus tremula*
Die langen Stiele der fast kreisrunden, stumpfgezähnten Blätter sind seitlich zusammengedrückt. So kommt es, daß das berühmte „Espenlaub" bei der kleinsten Luftbewegung zu zittern anfängt (Kippbewegung über die Schmalseite des Haltestiels). Dies bringt aber ein Versorgungsproblem: Die bewegten Blätter verdunsten viel Wasser. Der 10—25 m hohe Baum besiedelt darum vorzugsweise lichte Wälder, Waldsäume und Gebüsche, die auf Böden stocken, bei denen neben einem gewissen Nährstoff- und Mineralreichtum auch die Wasserzufuhr ausreichend gesichert ist. Wo diese Voraussetzungen gegeben sind, kann der Baum als bodenaufbereitendes Pionierholz gepflanzt werden, das nicht nur den Boden verbessert, sondern ihn durch zahlreiche Wurzelbruten auch festigt, außerdem ein billiges und gutes Wildfutter abgibt und als schnellwüchsiges Weichholz dazuhin noch von hoher Qualität ist (innerhalb dieser Holzgüteklasse).

2 **Silber-Weide** *Salix alba*
Diese Weide wächst meist zu einem buschig ausladenden, gegen 20 m hohen Baum aus. Wild findet man sie fast nur im Uferbereich kleiner und großer Fließgewässer. Sie fällt vor allem durch ihre schmalen, eiförmigen Blätter auf, die am Rand scharf gesägt und auf der Unterseite seidig behaart sind (anfangs auch auf der Oberseite). Wenn der Wind nur ein wenig die Blätter bewegt, kann man den Baum an seinem Silberglanz schon von weitem ansprechen.
Das gilt besonders dann, wenn man es mit der Artabgrenzung nicht allzu genau nimmt. Denn wie alle Weiden ist auch diese Art stark verbastardiert und wurde teils als Zierholz, teils als Nutzpflanze gezüchtet und gekreuzt. Da jeder abgerissene Zweig Wurzeln schlagen und neu austreiben kann, kommen viele Kreuzungsprodukte auch in der Natur vor. So läßt sich die einmal gelbe, dann wieder rotbraune Rinde der jungen Zweige erklären, so auch der Umstand, daß in weiten Gebieten (z. B. Mittlerer Neckar) mehr Bastarde als reine Arten anzutreffen sind.

3 **Korb-Weide** *Salix viminalis*
Die Korb-Weide lieferte die besten Gerten für die Korbflechterei. Sie ist deshalb heute weit über die Grenzen ihres ursprünglichen Verbreitungsgebietes hinaus überall häufig anzutreffen. Ihre Kätzchen erscheinen kurz vor den großen, länglichen und unterseits behaarten Blättern. Sie werden bis zu 15 cm lang und sind durch den etwas eingerollten Blattrand charakterisiert. Die Art ist Uferstrauch im warm-gemäßigten Eurasien.
Um sie zu nutzen, wurde die ganze Krone alle paar Jahre rigoros beschnitten. Das ergab dann eine kopfige Verkrüppelung am Stammende, aus der lange, gerade Ruten hervorwuchsen, wie sie zum Flechten gebraucht werden konnten. Die „Kopfweide" ist keine besondere Art — alle Nutzweiden konnten so „gezogen" werden. Noch heute findet man häufig solche Kopfweiden, meist aber seit Jahrzehnten „verwahrlost". Da die Korb-Weide besonders anfällig für allerlei Schädlinge war, wurde versucht, sie mit anderen Arten zu verbessern.

4 **Sal-Weide,** Palm-Weide *Salix caprea*
Sie wächst meist als Strauch, seltener als kleiner Baum auf Kahlschlägen, an Waldrändern, in Gebüschen und in aufgelassenen Kiesgruben und Steinbrüchen. Sie ist sehr häufig. Meist erkennt man sie nicht, wenn sie ihre rundlichen, eiförmigen Blätter ausgetrieben hat, aber im März oder April kann sie jedes Kind ansprechen, wenn die Palmkätzchen aufbrechen, die silberhaarigen Blütenstände, die getrennt nach Geschlechtern, auf verschiedenen Pflanzen stehen. Weiden liefern erste Bienennahrung, man soll deshalb die Palmzweige nicht pflücken („Palm" von Palmsonntag: um diese Zeit blühen die Kätzchen meist).
Alle Arten enthalten in der Rinde (zur Fraßabwehr) Gerbstoffe und bittere Salizylverbindungen, die schmerzstillend, schweiß- und harntreibend wirken (außerdem auch bakterientötend — Salizylsäure ist Konservierungsstoff). Salizyl ist natürlich von salix abgeleitet; so hießen die Weiden schon bei den Römern, ob dies von salus, lat. = Gesundheit oder aus dem indogermanischen sal = salzgrau kommt, ist umstritten. Die Sal-Weide ist also entweder Heil-Weide oder Grau-Weide.

2
4
1
3

Blütenpflanzen — Familien Haselgewächse *Corylaceae,* Birkengewächse *Betulaceae*

1 **Weißbuche,** Gemeine Hainbuche, Hagebuche *Carpinus betulus*
Die Weißbuche ist in (schwach sauren) Wäldern des Hügellandes weit verbreitet, nur vereinzelt steigt sie über 800 m Meereshöhe an. Da sie sehr regenerationsfähig ist, wird sie gerne zu Schnitthecken angepflanzt. Sie wurzelt tief und lockert so den Boden weit hinab auf, durch ihre leicht zersetzliche Laubstreu trägt sie zu seiner Verbesserung bei. Ihr (im Gegensatz zur Rot-Buche) sehr helles Holz (Name!) ist als hartes Werkholz zur Herstellung von Holznägeln und -schrauben sehr geschätzt. Früher wurde es in der Wagnerei benutzt und, da es fäulnisbeständig ist, fand es im Mühlenbau Verwendung. Noch heute wird etwas besonders Starkes als „hagenbüchen" oder „hahnebüchen" bezeichnet (auch großer Unsinn). Die Blätter sind buchenähnlich, doch kann man sie leicht unterscheiden, wenn man nur auf den scharf doppeltgesägten Rand achtet. In Parkanlagen gibt es Zierrassen mit veränderter Blattform und -farbe, oder mit Hängezweigen (Trauerform).

2 **Hasel,** Gemeine Haselnuß *Corylus avellana*
Der 2—4 m hohe Strauch ist wegen seiner Nüsse und der frühstäubenden, frühlingskündenden Hängekätzchen (Würstchen) sehr bekannt. Die Kätzchen werden schon im vorausgehenden Herbst fertig angelegt. Sie bestehen nur aus männlichen Blüten. Wer die weiblichen Blüten finden will, muß die kahlen Zweige genau mustern. Dann findet er „Knospen", aus denen die fädigen, roten Narben herausragen. Für die Windbestäubung bedarf es keiner lockenden Blütenhüllen, sie sollte aber abgeschlossen sein, wenn die großen windabweisenden Blätter mit eiförmiger Spreite und doppeltgesägtem Rand erscheinen.
Haselnußkerne sind sehr ölreich, ihr Joulewert übersteigt den von fettem Schweinefleisch. Sie bilden noch heute ein vielseitig verwendetes Nahrungsmittel, wenn sie auch nicht mehr von heimischen Sträuchern (im Wettlauf mit den Eichhörnchen) geerntet werden. Haselholz eignet sich für Stöcke, Gerätestiele und Flechtwerk. Für manch einen darf auch die Wünschelrute nur aus Haselzweigen sein.

3 **Hänge-Birke,** Warzen-Birke, Weiß-Birke *Betula pendula (Betula verrucosa)*
Jung, als Strauch oder als kleines Bäumchen wird die Birke oft verkannt. Denn die Zweige sind anfangs mit brauner, glänzender Rinde überzogen (die mit zahlreichen Drüsenhöckerchen = Warzen(!) bedeckt ist). Erst im Alter entsteht das einmalige Weiß, das durch Einlagerung von Betulinkristallen erzeugt wird. Betulin ist ein harzähnlicher Stoff, fäulnishemmend und fraßschädlingsabweisend. Die oberste Rindenschicht löst sich allmählich in breiten, papierähnlichen Querstreifen ab (Birkenbast), die unteren Schichten furchen sich zuletzt längs zu schwarzer Borke auf (Stammgrund).
Um Anfang Mai herum blüht die Birke und schlägt fast gleichzeitig auch aus. Die Zweige mit den zu der Zeit noch hellgrünen, dreieckig-rautenförmigen Blättchen und den gelbbraunen, lang herabhängenden männlichen Kätzchen sind ein beliebter Maienschmuck. Die weiblichen Kätzchen (am gleichen Baum) sind unscheinbar, dünn, grünlich und etwas steif.

4 **Schwarz-Erle** *Alnus glutinosa*
Die Schwarz-Erle wächst als Strauch oder als Baum bis zu 20 m Höhe. Mit ihrer schwarzgrauen Rinde und den trüb-dunkelgrünen, rundlichen und an der Spitze etwas ausgerandeten Blättern macht sie einen recht düsteren Eindruck. Sie steht im Gehölzsaum der Bäche, von etwa 1000 m Meereshöhe bis hinab in die Auwälder und kommt in der Tiefebene nicht nur bestandbildend in den Sümpfen der Dünentäler vor, sondern bildet auf saurem Flachmoortorf fast reine, oft quadratkilometergroße Bestände, den Erlenbruch (das Alnetum). Sie kann als fast einziges Holzgewächs auf den sauren, physiologisch nährstoffarmen Böden gedeihen, weil sie in Symbiose mit Bakterien lebt, die Luftstickstoff binden können. Sie verursachen an den Wurzeln zahlreiche, korallenartige Auswüchse.
Erlenholz ist weich und leicht spaltbar, im Anschnitt ist es weiß, verfärbt sich aber an der Luft rasch braunrot. Sein hoher Gerbsäuregehalt macht es widerstandsfähig gegen Fäulnis.

2
1
3
4

Blütenpflanzen – Familien Buchengewächse *Fagaceae,* Mistelgewächse *Loranthaceae,* Ulmengewächse *Ulmaceae*

1 Rot-Buche *Fagus sylvatica (Fagus silvatica)*
Der Baum mit seinem mächtigen, weißgraurindigen, glatten Stamm wird bis über 300 Jahre alt und bis zu 40 m hoch. Er ist in West- und Mitteleuropa ein wichtiger Forstbaum, der aber sowohl an Untergrund wie auch an Klima hohe Ansprüche stellt. Er gedeiht nur auf nährstoff- und mineralreichen, nicht allzu sauren Böden und braucht sommerfeuchtes Klima mit mindestens 500 mm Jahresniederschlag. Da (spät-)frostempfindlich, steigt er im (regenreichen) Gebirge nur in milden Lagen bis gegen 1500 m. Die breiten, eiförmigen, fast ganzrandigen und außen fein gewimperten Blätter geben guten Mull und gaben früher gute Streu. Das rötliche Holz schwindet stark und fault leicht. Es kann deswegen nicht als Bauholz verwendet werden; da es aber sehr hart ist, nimmt man es zum Drechseln und Schnitzen. Die Bucheckern liefern gutes Öl, roh sollten sie nicht in größeren Mengen verzehrt werden, weil sie schwach giftig sind.

2 Stiel-Eiche, Sommer-Eiche *Quercus robur (Quercus pedunculata)*
Gestielt sind bei dieser Art die Früchte, die Eicheln, mit einem 3–8 cm langen Stengel. Die bekannten, wellig gebuchteten Eichenblätter dagegen sind unter 1 cm lang gestielt. Bei der verwandten, und durch Übergänge verbundenen Trauben-Eiche *(Quercus petraea)* ist es gerade umgekehrt: Blätter 1–3 cm, Eicheln höchstens 1 cm lang gestielt.
Beide Arten finden sich überaus häufig in den Wäldern der tieferen Lagen, bis etwa 600 m Meereshöhe (vereinzelt bis gegen 1000 m), wobei die Stieleiche gegenüber Bodenfeuchte und Kälte nicht ganz so empfindlich ist. Eichen können bis 50 m hoch werden und ein Alter von 600–700, im Extrem über 1000 Jahre erreichen. Das harte Holz gibt Baumaterial und Möbel sowie Fässer und Riemenböden. Die Rinde liefert Gerberlohe und gilt als gutes Mittel gegen Frostbeulen. Die Eicheln werden vom Wild und von Schweinen gern gefressen.

3 Mistel, Vogel-Mistel *Viscum album*
Die gabelästige, immergrüne Mistel ist ein Halbschmarotzer, der mit Senkwurzeln fest verankert auf den Ästen anderer Holzpflanzen lebt. Die weißlichen Beeren, die für den Menschen giftig sind, werden von Vögeln (vor allem Drosseln) ohne Schaden gefressen. Sie enthalten klebrigen Schleim (früher als Vogelleim verwendet). Wenn die Vögel, um den Schnabel zu säubern, diesen an Zweigen wetzen, schmieren sie auch einige Samen auf die Rinde, wodurch die Weiterverbreitung gesichert ist.
Bei uns gibt es drei Mistelrassen, die sich vor allem hinsichtlich ihrer Wirtsbäume unterscheiden: Die Laubholz-Mistel wächst sehr gerne auf Apfelbäumen, weicht aber in Gebieten mit intensiver Kernobstpflege auf Pappeln und andere Laubholzarten (über 30 verschiedene Hölzer) aus. Die Weißtannen-Mistel ist ein gewaltiger Forstschädling, der die Bäume sogar zum Absterben bringen kann. Sie geht sehr selten auf Fichten, wie auch die Kiefern-Mistel, eine bei uns seltene Rasse aus (Süd-)Osteuropa.

4 Feld-Ulme, Rotrüster *Ulmus minor (Ulmus carpinifolia, Ulmus campestris)*
Das Ulmenblatt ist unverkennbar, weil es unsymmetrisch ist, das heißt, die beiden Blatthälften fangen am kurzen Stiel in verschiedener Höhe an. Die glöckchenartigen Blüten brechen im März oder April in Büscheln aus dem Holz der unbelaubten Zweige. Aus ihnen entstehen flache, breit gefügelte Nüßchen, die gute Flugeigenschaften besitzen, doch sind sehr viele Samen taub, was auf einen sehr schlechten Erfolg der Windbestäubung schließen läßt. Bei unserer Art sitzen die Samen exzentrisch im Flügelkreis. Die Feld-Ulme braucht nährstoffhaltigen und vor allem gut durchfeuchteten Boden, der im übrigen von beliebiger Beschaffenheit sein kann. Sie erträgt gelegentliche Überschwemmungen gut, ist aber wärmebedürftig und kommt deshalb schon im höheren Bergland nicht mehr durch. Gelegentlich wird sie als Alleebaum gepflanzt. Ihr Holz liefert wertvollen Werkstoff und Möbelfurniere, leider ist sie durch das Ulmensterben, eine seuchenartige Pilzkrankheit, stark bedroht.

4
3
1
2

Blütenpflanzen — Familien Nesselgewächse *Urticaceae,* Sandelgewächse *Santalaceae,* Osterluzeigewächse *Aristolochiaceae*

1 **Große Brennessel** *Urtica dioica*
Die überaus häufige Pflanze, die oft in Massenwuchs, Ufer, Wegränder, Schuttstellen und feuchte Plätze in Wäldern überzieht, ist allgemein bekannt. Auch ohne die grünlichen, aus den Blattachseln hängenden Blütenrispen ist sie an den scharfgesägten, eiförmigen und gekreuzt gegenständigen Blättern leicht kenntlich. Berühmt-berüchtigt ist sie durch die vielen borstig-steifen Brennhaare. Jedes einzelne ist ein kleines Kunstwerk. Es steckt mit seinem ampullenartig angeschwollenen Fuß in einer warzenartigen Erhebung der (Blatt-) Oberhaut. Gegen die Spitze zu verjüngt sich das Haar und geht dann nach einer schiefen Dünnzone in ein schräg aufgesetztes Köpfchen über. Die Spitze ist mit Kieselsäure verstärkt, die übrige Wand des Haares mit Kalk. Wenn das Köpfchen berührt wird, bricht es ab und die scharfe, schräg angeschnittene Spitze wird frei. Sie sticht ein und das Natriumsalz der Ameisensäure, das Protein Histamin und der Nervenreizstoff Azetylcholin ergießen sich in die Wunde und erzeugen das Brennen und die Entzündung.

2 **Pyrenäen-Vermeinkraut,** Wiesen-Leinblatt, Bergflachs *Thesium pyrenaicum (Thesium pratense)*
Die Sandelgewächse sind in Mitteleuropa nur mit wenigen Arten vertreten. Die Familie tritt in den Tropen mit Kräutern und Hölzern viel stärker in Erscheinung (Sandelholz). Die Blüten bei unserer Art sind klein und meist 5zählig. Typisch ist, daß unter jeder Blüte ein größeres und zwei kleinere, schmale Tragblätter stehen. Zur Fruchtzeit ist die Pflanze gelblich und die Äste stehen waagrecht ab.
Die Art besiedelt Bergwiesen und Magerrasen, Gebüsche und lichte Trockenwälder. Sie gilt als Säurezeiger. Unterirdisch zapft sie mit Saugwurzeln die Wurzeln anderer Arten an und entzieht diesen sekundäre Stoffwechselprodukte. Sie ist also ein Halbschmarotzer. Wie alle Vermeinkräuter ist sie bei uns selten, tritt an ihren Standorten aber meist gesellig auf. Vermeinen hieß im Oberdeutschen „berufen, beschreien" = bezaubern, die Pflanze galt also als zauberkräftig.

3 **Haselwurz,** Europäische Haselwurz, Braune Haselwurz *Asarum europaeum*
Manch einer kennt die gestielten, nierenförmigen und dunkelgrün glänzenden Blätter der Haselwurz schon lange, hat aber die Pflanze noch nie blühen gesehen. Dazu muß er im April oder Mai den Laubmull am Vorderende des kriechenden Wurzelstockes wegscharren. Dann kann er die nickende, krugförmige Blüte sehen. Sie ist um 1 cm lang, 3- oder 4zipflig, außen grünlich-, innen eher purpurbraun. Ihre Samen, die durch Ameisen verbreitet werden, erzeugt sie meist durch Selbstbestäubung, doch kann auch allerlei lichtscheues Kleingetier als Pollenüberträger in Betracht kommen, das die Blütenglocken als Unterschlupf benützt und dort oft reichlich zu finden ist.
Alle Teile riechen beim Zerreiben scharf pfeffrig: Die Haselwurz enthält ein ätherisches Öl, das die Zunge taub macht und in der Nase Niesreiz erzeugt. Bei Einnahme größerer Dosen kommt es zum Erbrechen (ase, gr. = Ekel). Giftig.

4 **Aufrechte Osterluzei,** Gemeine Osterluzei *Aristolochia clematitis*
Die südmediterrane Art hat sich bei uns nur in Unkrautbeständen des (warmen) Weinbaugebietes eingebürgert, wo sie seit dem Mittelalter zerstreut anzutreffen ist. Sie bevorzugt nicht allzutrockene, nährstoff- und kalkreiche, lockere Böden. Die Giftstoffe der alten Heilpflanze sind noch nicht näher erforscht. In den Achseln der herz-eiförmigen, gestielten Blätter stehen in Gruppen eigenartig geformte Blüten. Sie sind aus kugeligem Grund langröhrig und enden mit einer tütenartigen Öffnung. Es handelt sich um raffinierte Fliegenkesselfallen. An der glatten Innenseite der Mündung rutschen kleine Fliegen bei der Landung ab und fallen in den kugeligen Kessel. Abwärts gerichtete Haare verhindern das Entkommen. Mit Pollen von anderen Blüten können die Insekten die Narben am Blütengrund bestäuben. Bevor die Blüten verwelken und so den Weg nach außen freigeben, öffnen sich die Staubbeutel und pudern die Gefangenen mit Pollen ein.

3
2
1
4
gb

1 **Krauser Ampfer** *Rumex crispus*
Unter den vielen heimischen Ampferarten ist diese eine der häufigsten und leicht kenntlich. Sie wird bis zu 1 m hoch, ihre großen, länglichen Blätter sind am Rand wellig-kraus. Alle Verzweigungen tragen Scheintrauben aus dichten Blütenquirlen. Die grünlichen, 6zähligen Blütchen erscheinen im Sommer und werden im Herbst zu braunen, dreikantigen Früchten. Diese enthalten stopfende Stoffe, im Gegensatz zur Wurzel, die abführend wirkt.
Der Krause Ampfer ist in Kalk- und Lehmgebieten der Niederungen und des Hügellandes weitverbreitet. Da wärmeliebend, ist er schon im Bergland seltener und ab 900 m kaum mehr anzutreffen. Er besiedelt Wiesen, Wegränder und Äcker und ist besonders in Unkrautbeständen auf stickstoffreichen, ungepflegten Böden zuhause. Er zeigt Bodenfeuchte an und ist nur sehr schwer auszurotten, da er bis zu 3 m tief wurzeln kann.

2 **Sauer-Ampfer,** Großer Ampfer *Rumex acetosa*
Die Art findet sich eher auf fetten als auf mageren Wiesen, sie kommt nur auf nicht zu trockenen Böden vor. Man kann sie als Frische- und Stickstoffzeiger benutzen. Ende Mai bis Anfang Juni, zur Hochblüte, bestimmt sie mit ihren rotbraunen Blütenrispen oft den Aspekt (die Farbe) der Wiesen. Ihre angenehm sauer schmeckenden Blätter werden oft zu Heilzwecken oder als Wildgemüse empfohlen. Sie enthalten zwar viel Vitamin C, doch auch die giftige Oxalsäure (Sauerkleesalz), so daß wohl der Nutzen durch den Schaden aufgehoben werden dürfte. Heutzutage kann man nicht genug vor Verzehr der Blätter warnen, denn oft haftet an ihnen noch Kunstdünger. Der Sauer-Ampfer ist windblütig, das heißt, daß je nach herrschender Windrichtung viele Blütenstaubkörner ohne Bestäubungserfolg verweht werden. Diesen Mangel macht die Pflanze durch übermäßig starke Pollenproduktion wett. Man hat fur eine mittelgroße Ampferstaude etwa 400 000 000 Pollenkörner errechnet.

3 **Schlangen-Knöterich,** Wiesen-Knöterich *Polygonum bistorta*
Der Schlangenknöterich wächst verbreitet in den feuchten Wiesen des Berglandes; in den Niederungen dagegen ist er recht selten. Er gilt als gute Stallfutterpflanze und bevorzugt nährstoffreiche, mäßig saure Böden mit genügender Feuchtigkeit. Überschwemmung im Frühjahr fördert eher sein Wachstum.
Am aufrechten, unverzweigten, 30—130 cm hohen Stengel steht eine dichte, 2—8 cm lange Scheinähre aus kleinen, rosafarbenen Blüten, die von unten nach oben erblühen.
Der Wurzelstock ist ein- bis zweimal S-förmig gekrümmt (bis, lat. = doppelt; tortus, lat. = gedreht, gekrümmt). Wegen der Schlangengestalt galt im Mittelalter die Pflanze als Heilmittel gegen Schlangenbiß, dabei enthält der Wurzelstock lediglich Gerbstoffe. Deswegen verfärbt er sich an der Luft gelblich. Von Bedeutung ist die Pflanze nur als Bienenweide. Da sie viel lösliche Kieselsäure enthält, wird sie vom Vieh auf der Weide meist nicht angerührt, obwohl die Blätter sehr nahrhaft sind.

4 **Pfeffer-Knöterich,** Wasserpfeffer *Polygonum hydropiper*
Der Pfeffer-Knöterich gehört zu einer Gruppe siedlungsnah wachsender Knötericharten, ohne daß man ihn direkt als Unkraut bezeichnen kann. Man findet ihn eher an Gräben, Ufern und in Quellfluren, doch auch auf feuchten oder nassen Wald- und Feldwegen, stets aber an stickstoffreichen Stellen.
Obwohl er selber kaum über 50 cm hoch wächst, reicht seine Wurzel bis über 1 m in die Tiefe. Dies ist umso erstaunlicher, als es sich um ein einjähriges Kraut handelt, das aus Samen jedes Jahr heranwächst und nach der Blüte abstirbt. Sein Stengel ist oft reich verästelt und alle Äste tragen am Ende lockere, schmale Scheinähren von rosafarbenen oder weißen Blütchen. Ein artcharakteristisches Kennzeichen ist der scharfe Geschmack der Blätter (Name!), der die Zunge bald taub macht. Obwohl als Wildgewürz empfohlen, sollte man Vorsicht walten lassen, denn die Wirkstoffe sind zumindest schwach giftig. Nicht so charakteristisch und öfters auch nicht vorhanden ist ein bis pfenniggroßer, oft hufeisenartiger schwarzbrauner Fleck in der Blattmitte.

1
2
3
4
gb

1 **Weißer Gänsefuß** *Chenopodium album*
Der Weiße Gänsefuß ist sehr vielgestaltig und weitverbreitet. Das einjährige Kraut findet sich in Unkrautbeständen auf (Hackfrucht-)Äckern, in Gärten und an Schuttstellen aller Art. Oft tritt es als eines der ersten auf nackter Erde (Baustellen, Erdauffüllplätze) auf und überzieht in Massen weite Flächen. Dabei kann es je nach Feuchtigkeit und Nährstoffreichtum der Wuchsstelle 20—200 cm Höhe erreichen.
Der Blütenstand ist aus grünlichen Blütenknäueln ährig oder rispig aufgebaut. Zumindest die Blüten sind weißmehlig bestäubt, in der Regel sind es auch die Blätter, die dadurch ein blaugraues Aussehen erhalten. Das „Mehl" sind weiße, kugelige Härchen, die leicht abbrechen und auch vom Regen fortgeschwemmt werden können, so daß ältere Blätter oft kahl erscheinen.
Die Pflanze wird vom Vieh gern gefressen, früher hat man aus ihr einen Wildspinat bereitet, oder aus ihren Samen Brotmehlzusatz gemahlen. Die Samen wurden auch in Mengen unter den Überresten steinzeitlicher Lager entdeckt, so daß anzunehmen ist, daß sie den Menschen dieser Zeit zur Nahrung dienten.

2 **Dorf-Gänsefuß** *Chenopodium bonus-henricus*
Der „Gute Heinrich" (= bonus henricus) war füher der „Heimrich", der Fürst des Heimes, der Schutzpatron der Gehöfte. Mehrjährig und düngerliebend, wächst er auch heute noch vorzugsweise in den Dörfern, auf Angern und rings um die Höfe. Von den Weilern in den Niederungen bis zu den Sennhütten im Gebirge zeigt er die Nähe menschlicher Behausungen an.
„Gut" war die Pflanze, weil sie nicht nur Futter für das Kleinvieh lieferte und das Kraut auf Wunden und Verstauchungen aufgelegt, kühlende Linderung brachte, sondern vor allem, weil die im zeitigen Frühjahr sprossenden Triebe nach Hungerwintern ein vitaminreiches Gemüse lieferten. Erst der Spinat, ebenfalls ein Gänsefußgewächs, der (von den Arabern) im 15. Jahrhundert bei uns eingeführt wurde, beendete die Gemüsevorherrschaft der Gänsefüße und Melden mit ihren bemehlten oder schuppig-schülfrigen Blättern.

3 **Spieß-Melde,** Spießblättrige Melde *Atriplex hastata*
Die Melden unterscheiden sich auf den ersten Blick kaum von den Gänsefüßen. Auch die Spieß-Melde mit den zumindest unterwärts dreieckig-spießförmigen Blättern und der aus Blütenknäueln zusammengesetzten Ährenrispe könnte leicht für eine Art von Gänsefuß gehalten werden. Sie ist ebenfalls mehlig bestäubt (melta ist althochdeutsch und bedeutet „mehlig") und wächst in Unkrautgesellschaften der Äcker, Wegränder und Meerstrände.
Während aber ein Gänsefuß mehrheitlich zwittrige Blüten besitzt, sind sie bei den Melden nur eingeschlechtig, gelegentlich auch nach Geschlechtern getrennt auf verschiedene Pflanzen verteilt. Es gibt hier also männliche und weibliche Melden. Die Stempelblüten sind mit je zwei dreieckigen Vorblättern versehen, die sich zur Fruchtreife sehr vergrößern (s. Abbildung). Sie dienen als Flugorgane bei der Windverbreitung.

4 **Gemeiner Queller,** Glasschmalz *Salicornia europaea (Salicornia herbacea)*
Die einjährige Pflanze kommt nur auf kochsalzhaltigen Böden, also vor allem im Schlickwatt der Küsten vor. Ihr armleuchterartig verzweigter Stengel zeigt keine deutlichen Blätter. Er ist von glasig-knorpeliger Beschaffenheit (Glasschmalz!; auch „Salicornia" verweist einmal auf den Salzstandort, zum andern auf die „hornige" Beschaffenheit). Die Pflanze muß nicht immer grün, sie kann auch gelblich oder rot überlaufen sein. Die Blüten sind unscheinbar grünlich.
Von allen Blütenpflanzen erträgt der Queller den höchsten Salzgehalt und Meerwasserüberflutung. So kann er noch weit draußen im Watt wachsen. Häufig wird er bei der Landgewinnung großflächig angepflanzt. Die „Quellerbeete" fördern den Schlickabsatz, indem sie die Transportkraft des anlaufenden Wassers mindern und allerlei Schweb- und Rollmaterial bei sich festhalten. Außerdem produzieren sie Pflanzenmaterial (der Stengel wird zwischen 20 und 40 cm lang), das dann nach einem Jahr verwest.

4
3
1
2

1 Vogel-Sternmiere, Vogelmiere, Hühnerdarm *Stellaria media*
Mancher mag schon achtlos an dem Grünzeug vorbeigegangen sein, das mit niederliegenden bis aufsteigenden Stengeln und gegenständigen, eiförmigen Blättern in Unkrautbeständen auf Hackfruchtäckern, in Gärten und an Schuttstellen ganze Platten bildet. Wer genauer hinschaut, sieht, daß die darmartig (Name!) langkriechenden, oft über ½ m messenden Stengel nur in einer Längsreihe behaart sind, ein sicheres Kennzeichen für diese Art. Wer auch noch öfter hinsieht, kann feststellen, daß die Pflanze praktisch das ganze Jahr über blüht und fruchtet. Dieses Unkraut, das seit Urzeiten („Archäophyt“) die Äcker der Menschen besiedelt, ist ungemein lebenstüchtig. Es wird schon seit Jahrtausenden bekämpft und läßt sich einfach nicht ausrotten. Wer die Pingeligkeit der Orchideen kennt, muß diesem ungeliebten Kraut Achtung zollen. Früher war es als Heilpflanze (es enthält Saponine) geschätzt. Seine Samen werden gern von Hühnern gefressen, sie wurden auch als Futter für Stubenvögel gesammelt (Name!).

2 Echte Sternmiere, Große Sternmiere *Stellaria holostea*
Die großen, 5zähligen Blüten haben weiße, tiefgespaltene Kronblätter, die im hellen Tageslicht sternförmig abspreizen (stella, lat. = Stern). Die ausdauernde Pflanze wächst in lockeren Horsten und blüht von Mai bis Juni in lichten, warmen Laubwäldern, an Waldsäumen und in Gebüschen von den Tieflagen bis in die obere Bergregion. Besonders auf sandigen und etwas lehmigen Böden ist sie sehr häufig. Sie charakterisiert vor allem die Gesellschaft der (collinen) Eichen-Hainbuchen-Wälder und ist über ganz West-Eurasien und Nordafrika verbreitet. An den Meeresküsten findet man sie auch in den etwas feuchteren Dünentälern, sehr selten kann man sie in den Astgabeln von Ufergehölzen als Epiphyt antreffen.
Die starr abspreizenden, gegenständigen Blätter geben den einzelnen Stengeln im Verband den nötigen Halt. Auffällig ist die Brüchigkeit der Stengel, vor allem bei den unteren Gliedern.

3 Gemeines Hornkraut *Cerastium fontanum (Cerastium vulgatum, Cerastium caespitosum)*
Im Gegensatz zu den Sternmieren sind die fünf Blütenblätter beim Hornkraut höchstens bis ⅓ der Länge eingeschnitten. Der Name der Gattung wird von den hornartig gebogenen Früchtchen hergeleitet, wie man sie auch bei unserer Art sieht.
Die Unterscheidung von einigen nahe verwandten Arten ist nicht ganz einfach, zumal das Gemeine Hornkraut je nach Standort in vielerlei Gestalt auftreten kann, doch gehört es, wie der deutsche Namen es schon ausdrückt, zu den all„gemein“ verbreiteten Pflanzen und wird deswegen am häufigsten angetroffen. Man findet es vom Tiefland bis gegen 2500 m auf frischen (= nicht zu feuchten), aber auch nicht zu trockenen, Wiesen, gelegentlich auch in Unkrautgesellschaften auf Äckern oder an Wegrändern, im Alpenbereich auf Viehmatten und Magerrasen. Eine Riesenform, die mit 60 cm gut doppelt so lang wächst und deren Blätter auch über 2 cm lang werden, besiedelt Bachufer und Bachgehölz.

4 Liegendes Mastkraut, Liegender Knebel *Sagina procumbens*
Der Name ist für diesen Winzling von 2—5 cm Höhe reine Übertreibung (sagina, lat. = Viehmastfutter), die Pflanze hat auch nie als Viehfutter eine Rolle gespielt, man muß annehmen, daß Linné diesen Namen aus Ironie gegeben hat. Der fadendünne, niedergestreckte, 5—15 cm lange Stengel richtet sich am Ende etwas auf. Er ist mit ebenfalls fast fädigen, gegenständigen Blättern besetzt. Die um ½ cm breiten Blüten sind 4zählig, zuweilen gefüllt, das heißt, die Staubblätter und gelegentlich auch die Fruchtblätter sind ebenfalls in weiße Kronblätter umgewandelt. Andererseits kommt es auch vor, daß keine Kronblätter ausgebildet sind (beim verwandten, aufrechtwachsenden Kronblattlosen Mastkraut ist dies die Regel).
Die Pflanze liebt nasse, verdichtete Lehmböden mit reichlichem Nährstoffgehalt. Man findet sie aber nicht nur in Quellfluren und auf Uferbänken, wo sie Polster bildet, sondern auch auf Äckern, in Sandgruben, auf Trampelpfaden und zwischen den Fugen der Pflastersteine und den Rissen im Straßenkandel.

3
4
1
2
gb

1 **Dreinervige Nabelmiere,** Rippen-Nabelmiere *Moehringia trinervia*
Die Pflanze, die Linné zu Ehren seines Zeitgenossen, des Botanikers und Arztes Paul Heinrich Möhring benannte, wird an ihren Standorten in Laub- und Nadelwäldern sehr wenig beachtet, obwohl sie oft in ganzen Rudeln wächst und fast jedes der meist niederliegenden und reich verzweigten Exemplare eine Fläche von der Größe mehrerer Hände abdeckt. Sie ähnelt der Vogelmiere, doch ist ihr ringsum kurzflaumiger Stengel ein sicheres Unterscheidungsmerkmal.
Die kleinen Blüten sind ganz unscheinbar, vor allem, weil die zarten, weißen Kronblätter höchstens halb so lang sind wie die breiten, hautrandigen Kelchblätter. Wer sich näher mit der Pflanze befaßt, deren Blätter drei oder fünf bogennervige Adern aufweisen, mag sich nicht wundern, wenn er immer wieder Exemplare mit 4zähligen statt 5zähligen Blüten findet. Gerade bei den mierenartigen unter den Nelkengewächsen ist die 5-Zähligkeit der Blüte nicht scharf fixiert.

2 **Salzmiere,** Fettmiere, Strand-Salzmiere *Honckenya peploides*
Die Standorte der Salzmiere: Dünen, Sandstrand und loser Feinkies, können nur von Pflanzen besiedelt werden, die sich der dort herrschenden Trockenheit angepaßt haben. Oft geschieht dies durch Sukkulenz, Ausbildung besonderer Wasserspeichergewebe und zwar entweder im Stamm (wie bei den Kakteen — deren Verwandtschaft zu den Nelkengewächsen in dieser Beziehung rein zufällig ist) oder wie hier, in den Blättern (Blattsukkulenz).
Ihr Stengel, 10—30 cm lang, ist reich verzweigt und steigt aus kriechender Stellung an den Enden auf. Die dicklichen, meist gelbgrünen Blätter stehen dichtgedrängt gegenständig. Die Pflanze erträgt auf den Dünen Sandüberschüttung und stößt immer wieder zum Licht durch. Trotz ihrer großen, bis zu 1 cm breiten und nektarabsondernden Blüten wird sie an ihren windigen Standorten kaum von Insekten angeflogen. Sie vermehrt sich meist durch Wind- oder Selbstbestäubung.

3 **Einjähriger Knäuel,** Grüner Knäuel *Scleranthus annuus*
Die Blüten dieses sand- und säureliebenden Ackerunkrautes bestehen nur aus den grünen, schmal weißberandeten Kelchblättern und stehen in Knäueln in den Blattachseln oder an den Zweigenden. Die Pflanze ist 2—20 cm hoch und trägt gegenständige oder gebüschelte, lineal-pfriemliche Blätter.
Sie ist sehr formenreich und findet sich von den Dünen der Küste bis zu den Steingrustriften der Kieselgebirge in über 1500 m Höhe. Ihre Hauptvorkommen liegen aber doch in den Getreidefeldern, wo man sie von der Aussaat bis zum Umbruch des Bodens blühend antreffen kann. Sie entwickelt ein ausgedehntes Wurzelwerk, das über 20 cm tief reichen kann. Der Kelch umwächst die reifende Frucht und bildet mit ihr zusammen eine Verbreitungseinheit: Zur Fruchtreife spreizen die Kelchblattzipfel nach außen und bilden so Kletthaken, die sich in Balg und Fell vorüberstreifender Tiere verfangen; wenn sie dann verdorren, fällt die Scheinfrucht ab.

4 **Mauer-Gipskraut,** Acker-Gipskraut *Gypsophila muralis*
Das kleine, nur 5—15 cm hohe, einjährige Kräutlein ist in vielen Gegenden unbekannt, andernorts dagegen ungemein häufig. Es benötigt zum Gedeihen ein nicht zu kaltes Klima, Sand und viel Feuchtigkeit. Es meidet schon die kühlen Höhen über 800 m. Man findet es auf sandig-lehmigen Äckern (in den feuchteren Fahrrinnen), auf nassen Wegen und im Schlamm von Gräben und trockengelegten Teichen.
Bei diesem Gewächs stimmen weder der Art- noch der Gattungsname (gypsos, gr. = Gips; philos, gr. = Freund; muralis = an Mauern wachsend, von lat. murus = Mauer). Trotzdem ist die Pflanze gültig und den internationalen Regeln gerecht benannt. Der Name kann, muß aber nicht eine Eigenschaft seines Trägers benennen. Er dient lediglich als (allen bekannte und von allen so angewandte) Bezeichnung einer ganz bestimmten Individuengruppe. Das ist wie bei der menschlichen Namengebung, wo der einzelne Mensch in seinen Eigenschaften auch nicht den Aussagen seines Vor- und Familiennamens entsprechen muß (wohl aber kann).

3
1
4
2

1 Heide-Nelke *Dianthus deltoides*
Die Nelken täuschen dem oberflächlichen Betrachter eine Blüte mit verwachsenen Blütenblättern vor, weil ihr röhrig verwachsener Kelch die fünf freien, langgestielten Blütenblätter weit hinauf zusammenhält. Erst wo die Blütenblattstiele („Nägel") sich zur rundlich-eiförmigen „Platte" verbreitern, hört der Kelch auf. In der Vollblüte stehen die fünf Platten waagrecht ausgebreitet ab: Die Blüte hat eine Gestalt wie ein Flachkopfnagel und das ergab den Namen für die Pflanze: Nägelein, Näglein, Nälglein, Nelke.
Bei der Heide-Nelke sind die Blüten einzeln und langgestielt; die Platte der Blütenblätter ist gezähnt, auf ihrer purpurroten bis rotlilafarbenen Grundfläche heben sich ein dunklerer Querstreifen und eine Gruppe hellerer Punkte ab. Die Punkte sollen die Figur eines Dreiecks, eines griechischen Deltas (4. Buchstabe des griechischen Alphabets) bilden, worauf Linné bei der Wahl des Artnamens hinweisen wollte. Die kalkscheue Pflanze wächst sehr zerstreut auf sandigen Magerrasen und Heiden und blüht im Sommer.

2 **Büschel-Nelke,** Rauhe Nelke *Dianthus armeria*
Die Büschel-Nelke hat, eine große Besonderheit bei den einheimischen Nelken, rauh behaarte Stengel und Blätter. Die Blüten stehen zu mehreren gebüschelt am Stengelende; die üblicherweise trockenhäutigen Schuppen am Grund des Kelches sind bei dieser Art krautig, schmallanzettförmig (und behaart) und so lang wie die Kelchröhre, sie verstärken den büscheligen Eindruck des Gesamtblütenstandes. In diesem grünen Gewirr fallen zur Blütezeit im Juni oder Juli die hell-schmutzigroten Blumen trotz ihrer geringen Größe besonders auf. Dennoch erhalten sie nur spärlichen Besuch von Tagfaltern. Das mag aber auch mit dem Standort zusammenhängen, denn die nur 20—50 cm hohe Pflanze siedelt bevorzugt an Gebüsch- und Heckenrändern, an Waldsäumen und zwischen hohen Unkrautstauden an Weinbergsrainen. Das ist überall dort, wo für die Falter eine einschneidende Beschränkung ihres Freiflugraumes (zugleich Fluchtraum) beginnt.

3 **Karthäuser-Nelke** *Dianthus carthusianorum*
Ein etwas müßiger Streit herrscht darüber, ob der Artname zu Ehren der Gebrüder Johann und Friedrich Karthäuser, Botaniker und Zeitgenossen Linnés, gegeben wurde, oder aber deswegen, weil sich die Karthäusermönche in ihren Klostergärten dieser Nelke besonders angenommen haben. Es ist bekannt, daß sie aus der formenreichen Pflanze eine gefüllte und stark duftende Gartenspielart entwickelt und unter dem Namen „Oculi Christi" (Christusäuglein) verbreitet haben. Auch heute noch werden Zierrassen, besonders für Einfassungen von Sonnenbeeten empfohlen, in den Gärtnereien zum Kauf angeboten.
Die Form, die bei uns noch am häufigsten wild auftritt, ist die Tieflandsrasse (bis gegen 1000 m), die sich auf mageren, kalkreichen Trockenrasen findet und zwar im Süden zerstreut, in Norddeutschland eher selten. Ihre 2—3 cm breiten, purpurroten Blüten stehen meist zu 5—8 in einem endständigen Büschel, der Kelch und die kurzen Kelchschuppen sind oft dunkelbraunrot.

4 **Pracht-Nelke** *Dianthus superbus*
Die lilafarbenen, zuweilen auch ins Rosa spielenden Blütenblätter sind bis über die Mitte fein federartig zerschlitzt, was der ganzen Pflanze ein prachtvolles Aussehen verleiht (superbus, lat. = prächtig). Dazu kommt noch ein feiner Wohlgeruch, so daß diese Art wirklich eine würdige Vertreterin der „Blumen des Zeus" ist (anthos, gr. = Blume; Dios, gr. = Genitiv von Zeus). Im Gegensatz zu allen anderen heimischen Vertretern der Gattung bevorzugt die Pracht-Nelke nicht den trockenen, sondern eher den feuchten und dazu meist kalkfreien Boden. Man findet sie in feuchten Wiesen und in Laub- und Laubmischwäldern, gerne bei Eichen sowie an Waldsäumen und in Naturmatten des Gebirges (bis über 2000 m). Die Blütezeit hängt vom Standort ab. Die Rasse der Sumpfwiesen, knapp ½ m hoch, blüht schon im Juli und August; die Waldform, meist über ½ m hoch und reich verzweigt, kommt erst im Herbst (September/Oktober) zur Blüte. Im August blüht die niedere, einköpfige Gebirgsrasse.

2
3
4
1
gb

Blütenpflanzen — Familie Nelkengewächse *Caryophyllaceae*

1 Stengelloses Leimkraut *Silene acaulis*
Man muß schon ins Hochgebirge steigen, wenn man die Art in ihrer ganzen Blütenpracht erleben will, denn in den Steingärten des Tieflandes kümmert sie nur dahin. In Höhen aber zwischen 2000 und 3000 m überzieht sie mit ihren tiefwurzelnden, 1—4 cm hohen Flachpolstern Steinrasen, Geröllhänge und Felsen. Je nach Höhenlage Ende Juni bis Ende August schmücken sich die dunkelgrünen Kissen mit leuchtendroten, 5zähligen Blütensternen, die einzeln an den Zweigenden sitzen.
Das Stengellose Leimkraut kommt — an den Standorten untereinandergemischt — in drei verschiedenen Geschlechtstypen vor. Einmal gibt es Polster mit rein weiblichen und solche mit rein männlichen Blüten. Daneben können dann aber auch Pflanzen mit Zwitterblüten stehen (gelegentlich sind auch eingeschlechtige Blüten beiderlei Geschlechts auf demselben Kissen). In den einzelnen Massiven haben sich Rassen herausgebildet, die sich in der Blütenfarbe und in der Dichte und Höhe der Polsterbildung unterscheiden.

2 Taubenkropf-Leimkraut, Aufgeblasenes Leimkraut, Gemeines Leimkraut *Silene vulgaris (Silene cucubalus, Silene inflata)*
Das Auffallendste an dieser kahlen, blaugrünen, 20—50 cm hoch wachsenden Pflanze ist der krugförmige, „aufgeblasene" Blütenkelch mit genau 20 rötlichen oder grünlichen Längsnerven, die durch Queradern untereinander netzig verbunden sind. Die weißlichen bis rosafarbenen, vorne eingeschnittenen Blütenblätter fallen weniger auf. Die Pflanze ist nicht gerade gemein, fehlt aber auch keinem kleineren Gebiet. An Böschungen, Wegen, auf Hügeln, Rainen und Wiesen, aber auch in lichten Wäldern, über Geröll und am Strand kann man Formen des Taubenkropf-Leimkrautes entdecken. In den Wiesen gilt es als gutes, milchförderndes Viehfutter, sonst als wertvolle Bienenweide (die Blüten werden auch von Nachtfaltern besucht). Die jungen Triebe ergeben Salat und Gemüse, doch ist der Genuß wegen eines gewissen Saponingehaltes der Pflanze nicht ganz unbedenklich. Mit den bis zu 1 m tief reichenden Wurzeln schließt die Staude den Boden für die nachfolgenden Gewächse weit hinab auf.

3 Kuckucks-Lichtnelke, Kranzrade *Lychnis flos-cuculi*
Um den Mai herum, wenn der Kuckuck schreit, prägt die Lichtnelke mit ihren fleischfarbenen Blüten das Aussehen der feuchten Wiesen und Flachmoore. In den „normalen" Wiesen zeigt sie, oft rudelweise Flecken bildend, die feuchtesten Stellen an. Dann kann man sie noch in feuchten Gebüschen und Wäldern antreffen, wo sie selbst den Kenner zunächst etwas verwirrt, da sie mit blaßrosa Blüten, grünlichem Kelch und wirklich dürftigem Blütenstand recht fremdartig anmutet. Sicheres Kennzeichen sind aber auch hier die fünf tief-4zipfligen Blütenblätter.
Dem Bauern gilt die Pflanze nicht viel, da sie nur minderwertiges Futter liefert und zum andern verbesserungsbedürftige Böden anzeigt. Dagegen wird sie gern zu Wiesensträußen gebunden. Leider hält sich diese Art im Garten nicht, doch gibt es von nah verwandten Formen Zierrassen, so zum Beispiel die „Brennende Liebe", die scharlachrote Chalzedonische Lichtnelke. Oft findet man an den Wildpflanzen „Kuckucks-Speichel" (s.S. 216).

4 Gemeine Pechnelke, Pech-Lichtnelke *Lychnis viscaria (Viscaria vulgaris)*
Bei dieser Art ist die Leimproduktion unter den Stengelknoten besonders stark (auch die Kuckucks-Lichtnelke ist unterhalb der Knoten etwas klebrig). Man kann zumindest unter den oberen Knoten die schwärzlichen Kleberinge deutlich sehen. Sie haben die Aufgabe, hochkriechende Schadinsekten abzuhalten. Gegen solche Fraßschädlinge enthalten alle Teile auch noch Saponine. Die Bestäuber, Tagfalter und Bienen, werden dagegen von den leuchtendpurpurroten Blüten in dichter, fast quirliger Rispe schon von weitem angelockt. So scheint also alles zum Besten geregelt zu sein. Umso erstaunlicher ist es, daß die Pechnelke zu den gefährdeten Arten gehört, die seit dem letzten Jahrhundert bei uns in stetem Rückgang begriffen sind. Dies hängt aber damit zusammen, daß ihre Standorte, saure, sandige Heiden, Trockenrasen und Trockengehölze, in immer stärkerem Maße intensiver Nutzung zugeführt werden.

2
3
4
1

1 Weiße Nachtnelke, Weißes Leimkraut *Silene alba (Melandrium album)*
Die Blüten dieses weichflaumigen, oberwärts oft drüsig-klebrigen Krautes öffnen sich erst in der Dämmerung vollständig. Die Art gehört zu den Nachtblühern. Abend- und Nachtschmetterlinge sind die Bestäuber. Sie werden durch den angenehmen Duft angelockt, den die Blumen abends in verstärktem Maße entwickeln. Die Blüte enthält entweder nur Staubgefäße oder nur einen Stempel. Die verschiedenen Geschlechter zeigen äußerlich Unterschiede und zwar sind die weiblichen Blüten öfters kleiner und besitzen stets einen 20-rippigen Kelch, während die Kronblätter der männlichen Blüten oftmals länger, aber etwas schmäler sind. Der Kelch dieser Blüten ist nur 10-rippig. Die Blüten stehen getrennt auf verschiedenen Pflanzen. Eigenartig ist die Tatsache, daß ein Brandpilz, der weibliche Blüten befällt, die Bildung von Staubblättern anregen kann (in denen er dann Sporenlager bildet). Dabei wird allerdings die ganze Blüte unfruchtbar.

2 Rote Lichtnelke, Rotes Leimkraut *Silene dioica (Melandrium rubrum, Melandrium diurnum)*
Im Gegensatz zur vorigen Art, der weißblütigen „Nacht"nelke ist die „Licht"nelke ein Tagblüher, der von langrüsseligen Hummeln und Tagfaltern bestäubt wird. Die Blüten sind geruchlos, Anlockungsmittel ist das Lichtsignal, das von den hellpurpurfarbenen Blüten ausgeht. Kurzrüsselige Hummeln, die auf normalen Weg nicht zur Futterquelle gelangen können, beißen sich oft ein Loch in den Kelchgrund und betätigen sich als Honigdiebe, ohne Bestäuberdienste zu verrichten. Dabei lassen sie sich keineswegs von der klebrig-drüsigen Behaarung des aufgeblasenen Kelches abhalten.
Blütentypen und Aufbau stimmen mit denen der verwandten Weißen Nachtnelke überein (s.o.), doch kommen Zwitterblüten etwas häufiger vor (nicht nur pilzinduzierte). Die Standorte beider Arten sind ebenfalls sehr ähnlich, doch besetzt die Rote Lichtnelke eindeutig die feuchteren Stellen.

3 Echtes Seifenkraut, Gebräuchliches Seifenkraut *Saponaria officinalis*
Aus alten Kulturen verwildert, hat sich das mediterrane Seifenkraut heute überall in den Flußauen eingebürgert und ist stromaufwärts bis in die Bachtäler vorgedrungen. Wo allerdings der Untergrund wenig Kalk enthält oder die Lage zu rauh ist (etwa ab dem oberen Bergland), da macht es sich rar. Andererseits hält es sich im „guten" Gebiet nicht nur streng an die Wasserläufe, sondern breitet sich beidseits des Tales an Hängen, Schuttstellen, Wegrändern und Dorfstraßen, aufgelassenen Steinbrüchen und sogar im Feldraingebüsch aus.
Die Pflanze enthält reichlich Saponine. Zum einen ist sie deswegen noch heute eine (leicht giftige!) volksmedizinische Heilpflanze (Wurzel und Laub). Zum andern erzeugen die Saponine im Wasser (gerieben) Schaum, der Schmutzteilchen aufnehmen kann, ohne die anderen Wirkungsweisen der Seife zu entwickeln. Wurzelschrot wurde früher als milder Ersatz für Seife genommen (sehr schonend, aber nur geringe Reinigungswirkung!).

4 Rotes Seifenkraut, Kleines Seifenkraut *Saponaria ocymoides*
Eine Verbreitungskarte des Roten Seifenkrautes zeichnet sehr fein das Flußsystem der Alpen nach (mit einem weißen Fleck im Nordosten von den Salzburger Alpen bis in die Steiermark). Die Alpenpflanze, die nur selten über 1800 m klettert, ist auf Geröll, Legföhrenhängen, an sonnigen Felshängen und an Straßen- und Bahnböschungen sehr häufig anzutreffen, vor allem, wenn der Untergrund aus Kalkgestein besteht. Die Gebirgspflanze aus Spanien und dem Apennin ist seit einem Jahrhundert aus ihrem Vorposten in den Südalpen auf dem Vormarsch nach Norden und hat schon vor 50 Jahren in den Bayerischen Alpen und am Bodensee die Nordgrenze der Alpen erreicht. Sie wird aus dem Jura, dem Bayerischen Wald und anderen Mittelgebirgen gemeldet, doch kann man inzwischen nicht mehr sicher sein, ob die derzeitige Ausbreitung noch natürlich ist. Denn die rotblühenden Polster sind inzwischen beliebte Steingartengewächse geworden, die in Spielarten auch weiß oder gefüllt angeboten werden und im Tiefland schon die Müllhalden besiedeln.

2
4
3
1

Blütenpflanzen — Familien Seerosengewächse *Nymphaeaceae,* Hahnenfußgewächse *Ranunculaceae*

1 Weiße Teichrose, Seerose *Nymphaea alba*
„Seerosen" erkennt man auf den ersten Blick: Blüten wie Blätter schwimmen auf dem Wasser. Sind die Blüten weiß, vielblättrig und groß, handelt es sich um eine Art der Gattung Seerose. Die Weiße Seerose trifft man in Mitteleuropa noch am häufigsten. Sicher kenntlich ist sie an ihren gelben Narben. Die sehr seltene, ähnliche Glänzende Seerose besitzt rote Narben. Seerosen dringen in stehendem oder langsam fließendem Wasser bis in Tiefen von fast 3 m vor. Dort bilden sie häufig Gürtel vor dem Schilf. An ihnen brechen sich Wellen. Grobe Schwebteilchen setzen sich zwischen den zähen Stengeln der Blätter und Blüten ab. Die Blühzeit reicht vom frühen bis in den späten Sommer.
Wiewohl die Seerosen örtlich in Beständen auftreten, genießen sie doch in Deutschland gesetzlichen Schutz; zu Recht, denn ihre Lebensräume sind gefährdet, und deswegen werden die Arten immer seltener. Sie sind zumindest schwach giftig.

2 Große Mummel, Gelbe Teichrose, Nixenblume *Nuphar lutea*
Ab etwa Juni bis in den Spätsommer blühen die Mummeln. Dann kann man sie von den Seerosen leicht unterscheiden. da ihre Blüten gelb und beträchtlich kleiner sind. Allein anhand der Blätter ist dies zwar auch möglich, doch muß man dabei die Enden der Hauptnerven genau betrachten: Bei den Teichrosen sind die Seitennerven unverbunden.
Wo es Mummeln im Vorfeld des Schilfes noch zahlreich im Gürtel der „Großblättrigen Schwimmpflanzen" gibt, handelt es sich fast ausschließlich um die Große Mummel. Die Kleine Teichrose ist fast überall ausgestorben. Ihre Blüten erreichen nur selten 3 cm im Durchmesser, die der Großen unterschreiten 4 cm kaum. Mummeln kommen zwar oft zusammen mit Seerosen vor, bevorzugen indessen etwas kühleres Wasser und ertragen Nährstoffarmut verhältnismäßig gut. Daher sind sie in sauren Moorseen oft häufiger als die etwas anspruchsvollere Seerose. Sie dringen bis etwa 3 m Wassertiefe vor. Geschützt.

3 Flutender Hahnenfuß, Flutender Wasserhahnenfuß *Ranunculus fluitans*
Im Gegensatz zu verwandten Arten von Hahnenfüßen kommt der Flutende Wasserhahnenfuß nur in fließenden Gewässern vor. Dort bildet er bis 6 m lange „Krautbetten" oder bärtige „Schwaden", die vom späten Frühjahr bis in den Hochsommer hinein meist dicht mit weißen Blüten bestanden sind. Die Blüten erreichen 1—2 cm im Durchmesser und haben meist fünf Blütenblätter; selten sind sie halb gefüllt. Der Flutende Hahnenfuß ist an seinen Lebensraum trefflich angepaßt: Seine fein aufgeteilten Blätter, die bis 15 cm lang werden können, verschaffen ihm eine große Oberfläche, durch die Nährstoffe ebenso aufgenommen werden wie Kohlenstoffverbindungen für die Photosynthese; andererseits entweicht durch sie der bei diesem Vorgang freigewordene Sauerstoff ins Wasser. Kein Wunder, daß in den Büscheln viele Kleintiere und auch Fische anzutreffen sind.

4 Gemeiner Wasser-Hahnenfuß, Wasser-Froschkraut *Ranunculus aquatilis*
Der Gemeine Wasserhahnenfuß wird sicher häufig übersehen, zumal er plötzlich in kleinsten Wasserflächen neu auftreten kann, in deren weiterer Umgebung er nachweislich jahrelang gefehlt hatte. Dennoch ist sein Name irreführend: Gerade naturbelassene Tümpel werden immer seltener. Kein Wunder, daß die Art fast überall zurückgeht.
Hinzu kommt ein anderes Problem: Offensichtlich gibt es zwei Rassen von Hahnenfüßen, die im Wasser leben, weiße Blüten und stets Schwimmblätter haben, die meist in fünf Lappen zerteilt sind. Eine großblütige Rasse mit mehr als 30 Staubgefäßen und einem Blütendurchmesser von wenigstens 2 cm findet man in weiten Teilen Mitteleuropas überhaupt nicht mehr. Viele Botaniker nennen sie Schildblättrigen Wasser-Hahnenfuß *(Ranunculus peltatus).* Der Gemeine Wasserhahnenfuß hat jedoch in der Regel erheblich kleinere und staubblattärmere Blüten. Er blüht nicht allzu lange, meist in der zweiten Hälfte des Hochsommers. Vielleicht ist dies eine der Ursachen, weshalb er vielerorts unbemerkt bleibt. Andererseits wird er mindestens 10 cm hoch und, rechnet man den Unterwasserstengel mit, gelegentlich bis 50 cm lang. Er bevorzugt stehende Gewässer.

2
4
3
1

Blütenpflanzen — Familie Hahnenfußgewächse *Ranunculaceae*

1 Sumpf-Dotterblume *Caltha palustris*
Wer die Sumpf-Dotterblume einmal bewußt gesehen hat, vergißt sie nicht so leicht wieder: Es gibt kaum andere Blütenpflanzen mit fünf Blütenblättern, die so sattgelb blühen — und zwar vom späten Frühjahr bis zum Sommeranfang —, deren Blüten so fettig glänzen und die obendrein breitflächige Blätter besitzen, deren Rand nur schwach gekerbt ist. Zudem kommt die Sumpf-Dotterblume, und hier trifft ihr deutscher Name, ausschließlich an sehr feuchten oder ausgesprochen nassen Stellen in Wiesen, Gräben und Auwäldern vor, ja auch im Röhricht stößt man auf sie, falls es nicht zu hoch ist. Die Sumpf-Dotterblume selbst wächst buschig, freistehend eher niedrig, doch gelegentlich und zwischen anderen Pflanzen erreicht sie Höhen um 50 cm.
Zumindest früher hat man die Sumpf-Dotterblume für Wildsalate (Blätter) oder als Würze (Knospen als Kapernersatz) für die menschliche Ernährung genutzt. Davon sollte man besser absehen. Je nach Standort enthält die Pflanze in ihren Teilen das Gift Protoanemonin. Auf diesen Stoff kann man den scharfen Geschmack, den man beim Kauen bemerkt, zurückführen, desgleichen Schleimhautreizungen, über die schon berichtet worden ist.

2 Europäische Trollblume *Trollius europaeus*
Wo es — wie in manchen Mittelgebirgen oder in den Alpen — örtlich noch feuchte Wiesen über humosem Boden gibt, auf denen große Bestände der Trollblume im ausgehenden Spätfrühling oder zu Sommerbeginn blühen, da begreift man, warum sie unter den Wiesenblumen zu den begehrtesten „Straußblumen" zählte. Meist versteht der Betrachter dann nicht, weswegen die oft halbmeterhohe Blume nicht gepflückt werden sollte und in Deutschland Schutz genießt, zumal doch wenige Wochen später ohnehin die Heumahd erfolgt.
In der Tat ließe sich darüber streiten, ob der Art durch Pflücken die Ausrottung droht. Ganz sicher aber durch Ausgraben und insbesondere Vernichten ihrer Wuchsorte. Sie gehören nicht zu den ertragreichsten Wiesen. Umgekehrt wächst die Trollblume auf solchen nicht, weil sie eine kräftige Düngung, wie sie viele Gräser mit guter Wüchsigkeit lohnen, nicht lange erträgt. Ebenso schadet ihr Drainage. Bemerkenswerterweise liegt ihr Verbreitungsschwerpunkt nicht im niederschlagsreichen Tiefland, wo dies Seeklima aufweist, sondern in den Teilen Europas mit kühleren Frühjahrstemperaturen. Die Trollblume ist schwach giftig.

3 Stinkende Nieswurz *Helleborus foetidus*
Die Stinkende Nieswurz fällt an ihren Wuchsorten, die meist in trockeneren und wärmeren Gebüschen und lichten Laubwäldern liegen, trotz ihrer frühen Blütezeit in der ersten Frühlingshälfte nicht durch die Blüten auf, obschon diese mit ihren lebendig geaderten Blättern und ihrem oft kräftig purpurroten Unterrand einen eigenen Reiz entfalten. Vielmehr ist es die sonstige Kahlheit und Blütenarmut, die einen die grünen und oft bis mehr als einen halben Meter hohen Stauden bemerken läßt. Da sieht man denn auch den Unterschied im Grün der Blätter, die aus dem Vorjahr stammen, überwintert haben und die ausgesprochen lederig wirken, und den gelbgrünen, erst neu gebildeten Sproßteilen.
Die Ostgrenze der Art, die luftfeuchtes Klima braucht, verläuft etwa vom Schweizer Jura über die westliche Frankenalb, die Rhön bis zum Solling. Die Stinkende Nieswurz ist giftig.

4 Feld-Rittersporn *Consolida regalis (Delphinium consolida)*
Vor noch nicht zwei Jahrzehnten, ehe man auf Getreideäckern mit Herbiziden „Unkräuter" niederzuhalten begann, gehörte der Feld-Rittersporn mit seinen unverwechselbaren, mal mehr blauen, mal mehr violetten Blüten auf kalkigen Lehmböden zum Bild des Getreideackers schlechthin. Vom ausgehenden Frühjahr bis zum Schnitt des Getreides stand er in Blüte und säumte, da er nur bis etwa 50 cm hoch wird, vor allem die Ränder der Getreidefelder. Heute sucht man ihn an seinen ehemaligen Hauptstandorten oftmals vergebens. Stattdessen findet man ihn auf Schuttplätzen, an Wegrändern, ja selbst an stillgelegten Eisenbahnstrekken. Dort kann er überdauern, weil er seine Wurzeln bis zu einem halben Meter in die Tiefe treiben und so Trockenzeiten im Hochsommer überstehen kann. Früher schrieb man ihm Heilkräfte zu, worauf auch „consolida" = lat.: heile zusammen, hindeutet. Die Pflanze ist schwach giftig.

1
4
2
3
gb

1 **Wolfs-Eisenhut** *Aconitum vulparia (A. lycoctonum)*
Dank seiner blaßgelben, hochhelmigen Blüten, die in meist dichten Trauben oder Rispen stehen, und der handförmig geteilten Blätter ist der Wolfs-Eisenhut im Grunde unverwechselbar. Zwar kann man innerhalb der Art verschiedene Sippen gestaltlich voneinander unterscheiden, benennt sie zuweilen auch; doch sind die Ähnlichkeiten größer als die Unterschiede.
Den Wolfs-Eisenhut findet man vor allem in feuchten Wäldern. Im Tiefland ist er sehr selten, fehlt auch stellenweise; in den Mittelgebirgen an möglichen Standorten immerhin anzutreffen, wenngleich noch immer selten, und nur in den Alpen und in ihrem Vorland zerstreut. Dort geht er oberhalb der Waldgrenze auch in Hochstaudenfluren und ins bachbegleitende Gestrüpp.
Der Wolfs-Eisenhut, der übrigens gesetzlichen Schutz genießt, ist stark giftig. Darauf verweist auch sein Name (vulpes, lat. = Fuchs): Das Gift wurde früher zum Vergiften von Ködern für Raubwild benutzt.

2 **Wald-Akelei** *Aquilegia vulgaris*
Außerhalb der Alpen kann man die Wald-Akelei wohl kaum mit andersartigen Pflanzen verwechseln. Leider aber trifft man sie wild nur selten an, wenngleich dann sehr oft in kleineren Beständen. Manche von ihnen, vor allem im Tiefland, aber auch in Skandinavien, England oder Westeuropa, sind möglicherweise aus Kulturen verwildert. Denn die bis 60 cm hohe Pflanze wird auch noch heute in der Wildform oder ihr nahestehenden Sippen gelegentlich als Zierstaude angepflanzt. Um der Entnahme von natürlichen Standorten vorzubeugen, wodurch der Bestand der Art gefährdet werden könnte, hat man sie gesetzlich geschützt.
In dem Namen „Akelei" steckt die indogermanische Sprachwurzel „ak", was spitz oder scharf bedeutet. Damit weist man auf den auffälligen Sporn hin, der die „Blütenblätter" auszeichnet. Obwohl man ihre Inhaltsstoffe noch nicht genau kennt, kann man die Akelei schwach giftig nennen.

3 **Sommer-Adonisröschen** *Adonis aestivalis*
Obwohl das Sommer-Adonisröschen meist nur um 30 cm Höhe erreicht, selten bis zu einem halben Meter aufwächst, und obgleich seine Blüten nur Durchmesser um 2,5—3 cm erreichen, übersieht man es kaum, wenn es vom späten Frühjahr bis in den frühen Hochsommer in Blüte steht. Allerdings trifft man es in Mitteleuropa immer seltener an; denn es war eines der Getreideunkräuter, die ehedem gemein, durch den Einsatz von Herbiziden vielerorts praktisch ausgelöscht worden sind. Vereinzelt findet es auf Ödland einen Wuchsort.
Die Blätter sind außerordentlich fein mehrfach gefiedert. Von einer ähnlichen Art — dem Flammenden Adonisröschen — kann man es sicher nur an den Früchten unterscheiden; doch gilt für dessen Vorkommen dasselbe: Es wird zunehmend eingeschränkt. Übrigens war das Flammende Adonisröschen fast überall in Europa seltener als das Sommer-Adonisröschen. Unschwer erkennt man in dem Gattungsnamen den Hinweis auf den „schönen Adonis" der griechischen Sage. Das Sommer-Adonisröschen ist eindeutig, wenngleich individuell, möglicherweise nur schwach giftig.

4 **Weiße Waldrebe** *Clematis vitalba*
Die Weiße Waldrebe ist eine der wenigen mitteleuropäischen Lianen. In dichtem Gewirr durchzieht sie Büsche am Waldrand ebenso wie sie — dann meist locker — bis etwa 25 Meter an Bäumen emporklimmt. Fast noch mehr als zur Zeit ihrer Blüte zu Sommerbeginn fällt sie im Herbst oder Winter auf, und zwar wegen ihrer weißwolligen Fruchtstände, in denen zahlreiche „geschwänzte" Früchte beieinanderstehen.
Bemerkenswerterweise klettert die Weiße Waldrebe durch das „Ranken" ihrer Blattstiele: Sie umschlingen die Zweige und Äste der Pflanze, die dem aufstrebenden Gewächs Halt geben.
Besonders gut gedeihen Weiße Waldreben in freistehenden Gebüschen auf ehemaligen Schuttplätzen, weil dort der Boden in der Regel besonders reich an Stickstoffsalzen ist. An günstigen Standorten sollen sie ein Alter von rund vierzig Jahren erreichen. Giftig.

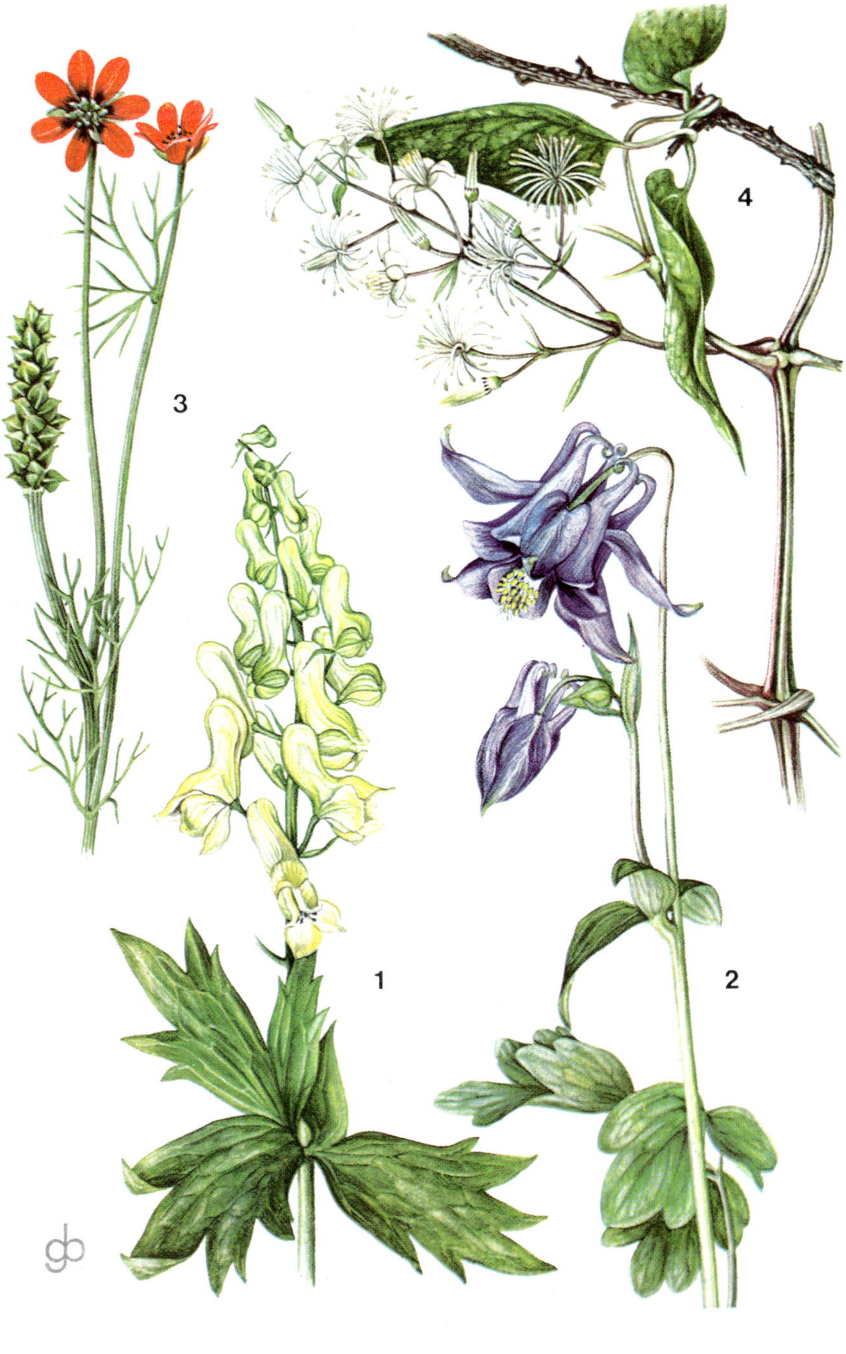
4
3
1
2

1 Echte Küchenschelle *Pulsatilla vulgaris*
Zum auffälligsten Blütenschmuck im zeitigen Frühjahr gehört in Mitteleuropa zweifellos die Küchenschelle. Sie kommt fast ausschließlich auf ziemlich trockenen, ungenutzten Rasen und an warmen Waldrändern auf kalkhaltigem Boden vor, sofern dort das Gras nicht zu hochwüchsig ist. Ihre Blätter bleiben bodennah in mehr oder minder großen buschigen Rosetten, und die Fruchtstände werden kaum 40 cm hoch. Standorte dieser Art waren schon immer selten. Heutzutage sind sie — und sei es nur für Wochenendgrundstücke — häufig genutzt. Das bedeutet in der Regel das „Aus" für die Küchenschelle, da sie Düngung, Mahd und andere Kulturmaßnahmen nicht erträgt. Zu Recht genießt sie daher in Deutschland gesetzlichen Schutz. Dennoch geht sie immer mehr zurück. Ursprünglich bedeutete ihr Namen wohl „Kuhschelle", hat also mit Küche nichts zu tun. Dort hätte sie wegen ihrer Giftigkeit auch nichts verloren.

2 Gelbes Windröschen *Anemone ranunculoides*
Das Gelbe Windröschen braucht zum guten Gedeihen mullreichen und feuchten Boden, dem Kalk nicht fehlen sollte. Halbschatten zieht es voller Besonnung vor. Deshalb findet man es im Frühjahr vor allem in feuchten Wäldern, aber auch in ufernahen Gebüschen. Obwohl es nur 15—30 cm hoch wird, fällt es um diese Jahreszeit auf, zumal es an seinen Standorten meist in kleineren Beständen vorkommt. Wer schon Pflanzenkenntnisse besitzt, erkennt die Art sofort an dem typischen Hochblattquirl als Anemone; doch wundert er sich dann über die häufige Zweiblütigkeit, die man in der Gattung sonst nicht antrifft. Hat er überdies einen Überblick über die Pflanzen Europas, erstaunt ihn der scheinbare Gegensatz zwischen dem feuchten Boden, den das Gelbe Windröschen braucht, und seinem Fehlen vor allem in Westeuropa. So kommt es in England nur eingeschleppt vor. Die naheliegendste Erklärung: Es braucht im Spätfrühling und Frühsommer viel Wärme, die es bei den geringeren Temperaturgegensätzen in Meeresnähe seltener findet. Giftig.

3 Busch-Windröschen *Anemone nemorosa*
Das Busch-Windröschen gehört wohl zu den bekanntesten Pflanzen in Europa. Das liegt sowohl an der Blütezeit im Frühjahr, die beginnt, ehe die Bäume ausschlagen, und die mehrere Wochen andauert, als auch an seinem massenweisen Auftreten. Was es braucht, ist mullreicher Boden und Beschattung nach der Blütezeit. Daher findet man es in Laub-, Misch- und Nadelwäldern ebenso wie in lichten Gebüschen oder auf hochgelegenen, feuchten Wiesen. In Wäldern kann es über hunderte von Quadratmetern einen dichten Blütenteppich bilden, dessen „Flor", die Blüten, kaum 20 cm über dem Boden endet.
In der Regel sind die Blüten reinweiß und besitzen sechs Blütenblätter; doch findet man nach einigem Suchen sicherlich überall Pflanzen mit abweichender Blütenblattzahl und mehr oder minder intensiv rötlich-violett überlaufenen Blütenblättern. Der Name „Wind"-röschen ist seit alters überkommen und nicht zwingend verständlich. Er soll auf ein rasches Abfallen der Blütenblätter verweisen, eine Eigenschaft, die beim Busch-Windröschen jedenfalls nicht sehr ausgeprägt ist. Es ist übrigens giftig.

4 Leberblümchen *Hepatica nobilis*
Es gibt seltene Pflanzen, die an ihren Standorten gleichwohl in größeren Beständen vorkommen. Zu ihnen gehört das Leberblümchen, das diesem Umstand den gesetzlichen Schutz verdankt, den es in Deutschland genießt. Es braucht zum Gedeihen mullreichen, feuchten und recht nährstoffhaltigen Boden in Laubwäldern. Da es im zeitigen Frühjahr blüht, fällt es auf. An seinen dreilappigen Blättern ist es ebensoleicht kenntlich wie an seinen blauen oder blauvioletten Blüten. Den lappigen Blättern verdankt es übrigens seinen Namen: Man erblickte in diesem Merkmal einen Hinweis auf den lappigen Bau der Leber und glaubte, die Pflanze enthalte leberwirksame Stoffe. Leider täuschte man sich da. Vielmehr ist das Leberblümchen schwach giftig. Bemerkenswert hingegen sind die Blüten. Sie sind meist nur eine Woche offen. Durch Öffnen und Schließen als Folge von ungleichem Wachstum der Blütenblätter verlängern diese sich auf nahezu das Doppelte der Länge, die sie beim Aufblühen besaßen.

4
2
1
3

1 Scharbockskraut *Ranunculus ficaria (Ficaria verna)*
Noch vor wenigen hundert Jahren gehörte das Scharbockskraut zu den Pflanzen, die sich höchster Wertschätzung erfreuten: Es war — wohl zufällig gefunden — eine der wirksamsten Waffen gegen den gefürchteten Skorbut oder Scharbock, eine Krankheit, die als Folge von Vitamin-C-Mangel auftritt, wie wir heute wissen. Sobald es seine ersten Blätter aus dem Erdreich schob, also schon vor der Blüte im zeitigen Frühjahr, wurden sie zu einem Wildsalat gepflückt und vermochten wegen ihres hohen Gehalts an Vitamin C die Krankheitserscheinungen rasch zu beheben. Glücklicherweise kommt das Scharbockskraut fast überall in Mitteleuropa auf feuchten, nährstoffreichen Wald- und Wiesenböden häufig und meist in kleineren Beständen vor. Andererseits darf man nicht verschweigen, daß die unterirdischen Organe der Pflanze immer, die Blätter etwa ab dem Aufblühen der Blüten die Gifte Protoanemonin und Anemonin enthalten, die allerdings für viele Menschen brennend scharf schmecken und so vor unüberlegtem Genuß warnen.

2 Brennender Hahnenfuß *Ranunculus flammula*
Der merkwürdige Name verweist auf den Gehalt der Pflanze an den Giften Protoanemonin und Anemonin. Jedenfalls hat er nichts mit der goldgelben Blütenfarbe oder den ganzrandigen Blättern zu tun, die innerhalb der Gattung selten sind. Freilich kommt die Art, die ähnliche Blätter hat, in Mitteleuropa an ähnlichen Stellen, nämlich an sehr feuchten Orten oder im Röhricht ebenfalls vor. Es handelt sich um den Zungen-Hahnenfuß *(Ranunculus lingua)*. Man kann ihn leicht vom Brennenden Hahnenfuß unterscheiden: Seine Blüten haben einen Durchmesser von 2,5—4 cm, beim Brennenden Hahnenfuß erreichen sie gerade 2 cm. Wegen des hohen Giftgehalts vermag er, auf der Haut zerrieben, gelegentlich Rötungen oder gar Schwellungen hervorzurufen. Deswegen wurde er früher in der Volksmedizin als Gegenmittel gegen Gicht verwendet. Man hat dies heute nicht nur wegen der Wirkungslosigkeit aufgegeben, sondern auch weil diese „Heilmethode“ durchaus nicht unbedenklich ist. Der Brennende Hahnenfuß blüht vom Hochsommer bis in den frühen Herbst und wird bis zu 1/2 m lang.

3 Kriechender Hahnenfuß *Ranunculus repens*
Der Kriechende Hahnenfuß braucht feuchte, lehmige Böden, denen Stickstoffsalze möglichst nicht fehlen sollten; sind sie reichlich vorhanden, gedeiht er besonders gut. Doch vermag er auch noch auf verhältnismäßig wenig mit Humus durchsetztem Boden durchzukommen. Das ist auch durchaus erwünscht. Die Pflanze kann ihre Wurzeln bis zu 50 cm in die Tiefe treiben und fördert so die Bodenlockerung. An ihren Wuchsorten ist der Boden für die meisten Pflanzenarten zu fest. Infolgedessen leistet der Kriechende Hahnenfuß neben anderen Erstbesiedlern auf solch „rohen“ Böden Pionierarbeit. Wo er sonst auftritt, ist das Gleichgewicht im Bodenhaushalt eher gestört, und zwar entweder in Richtung Verdichtung oder Vernässung, oft beides zusammen. Kenntlich ist die Art vor allem an den oberirdischen Ausläufern, die an den Blattansätzen wurzeln. Dieses „Kriechen“ ist also zu Recht namengebend geworden. Der Kriechende Hahnenfuß enthält etwas Protoanemonin und Anemonin und ist schwach giftig.

4 Scharfer Hahnenfuß *Ranunculus acris (Ranunculus acer)*
Der Scharfe Hahnenfuß ist die Art der Gattung, die jedermann als „den“ Hahnenfuß kennt, obwohl die Unterscheidung gegenüber ähnlichen Arten der Gattung gar nicht immer so einfach ist. Allerdings: Wo im späten Frühling oder Frühsommer ganze Wiesen dicht von „Hahnenfüßen“ gelb gefärbt werden, da handelt es sich mit hoher Sicherheit um den Scharfen Hahnenfuß. Typisch für ihn ist neben der Mehrblütigkeit des Stengels die Ähnlichkeit der Stengelblätter mit den Grundblättern. Beide sind handförmig tief geteilt. Haare — zumindest solche, die abstehen und zottig wirken — fehlen der Pflanze. Betrachtet man die Blütenstiele ganz genau, so sind sie rund und ohne Furchen. Der Scharfe Hahnenfuß bleibt auf Weiden oft in ganzen Inseln stehen. Die Kühe verschmähen ihn wegen des scharf schmeckenden Giftes Anemonin. Beim Trocknen von Heu geht der scharfe Geschmack verloren. Auf nährstoffreichen Wiesen kann der Scharfe Hahnenfuß 1 m hoch werden.

4
2
3
1
gb

1 Schöllkraut *Chelidonium majus*
In der Volksheilkunde hat das Schöllkraut einen weitverbreiteten Ruf als „unfehlbares" Mittel gegen Warzen. Um genau zu sein: Dieser Ruf wird dem orangegelben Milchsaft zugeschrieben, den die Blätter vor allem am Ansatz zu den unterirdischen Organen führen. Man muß diesen Ruf anzweifeln. Zwar enthält die Pflanze rund zehn Alkaloide, von denen zumindest einige recht giftig sind. Indessen taugen weder sie noch der Milchsaft als Ganzes zum Warzenvertreiben; weit eher ist er ein sicheres Kennzeichen für die Art. Das Schöllkraut blüht vom Frühjahr bis ins Spätjahr und wächst bis zu 1 m hoch, es ist in Mauerritzen ebenso zuhause wie an lichten Waldstellen.
Immer wieder werden erfolgreiche „Warzenbekämpfungen" mit Hilfe des Schöllkrauts gemeldet. Es spricht aber vieles dafür, das hier Autosuggestion wirksamer gewesen ist als irgendein Inhaltsstoff der Pflanze.

2 Klatsch-Mohn *Papaver rhoeas*
Vom späten Frühling bis in den Hochsommer hinein gehört der Klatsch-Mohn zu den auffälligsten Pflanzen in Mitteleuropa. Schließlich besitzt er — im Regelfall — leuchtendrote Blüten, die ausgebreitet immerhin 5—8 cm im Durchmesser erreichen können und die am Grunde meist einen schwarzen Fleck tragen. Einst gehörte der Klatsch-Mohn zu den charakteristischen Getreideunkräutern. Er kam wahrscheinlich mit dem Getreideanbau nach Mitteleuropa. Heute findet man die Pflanze weit häufiger auf Schuttplätzen oder an Wegrändern, da sie den derzeit gebrauchten Unkrautvertilgungsmitteln nicht widersteht. Im südlichen Europa leben ähnliche Arten, die nur Kenner rasch und sicher unterscheiden können. Selten werden sie auch verschleppt und halten sich dann kürzere Zeit auch in kälteren Klimaten. Bemerkenswert sind die Abwärtskrümmungen der Knospen. Erst mit dem Öffnen der Blüten richtet sich der Stiel unmittelbar unter den Blütenblättern auf. Der Klatsch-Mohn enthält ein zumindest schwaches Gift.

3 Hohler Lerchensporn *Corydalis cava*
An warmen Stellen mit lockerem, nährstoffreichem, mullhaltigem und nicht zu trockenem Boden findet man dann und wann in Gebüschen, aufgelassenen Weinbergen oder in lichten Laubwäldern im zeitigen Frühjahr eine gespornte Pflanze, die meist in größeren Beständen auftritt und deren Blütenfarbe man schwer beschreiben kann: Nicht nur, weil einem für das trübe Rot ein angemessener Vergleich fehlt, sondern weil es Pflanzen im Bestand gibt, die eher violett, rosa, gelb oder reinweiß blühen. Sind die Blütentrauben aufrecht, die Hochblätter, die unter den Blüten sitzen, ungeteilt, dann hat man den Hohlen Lerchensporn vor sich, der 15—30 cm hoch werden kann; andernfalls eine noch seltenere verwandte Art der Gattung. „Hohl" bezieht sich auf die unterirdische Knolle. In ihr erkennt man Hohlräume.
Pflücken lohnt nicht, da der Hohle Lerchensporn rasch welkt. Übrigens ist er giftig. Obschon er keinen gesetzlichen Schutz genießt, sollte man seine Bestände erhalten, wo es sie noch gibt; denn sie werden durch „Kultivierung" immer seltener.

4 Echter Erdrauch *Fumaria officinalis*
In Gärten und auf Äckern — vor allem solchen, die nicht mit Getreide bepflanzt sind — trifft man vom Frühjahr bis in den Herbst den Echten Erdrauch an. Er liebt Lehmböden, wird aber nur 15—30 cm hoch und fällt deshalb flüchtigen Beobachtern selbst da nicht auf, wo er in größerer Individuenzahl, aber lockerem Bestand vorkommt. Deshalb ist die Deutung des Namens mehr als zweifelhaft, die wegen der graugrünen Blätter den Boden „rauchig" überdeckt sehen möchte. Wahrscheinlicher ist es, daß man schon einen den Römern vertrauten Namen auf die Gattung übertragen hat. Die „römische" Pflanze soll — ins Auge gebracht — Tränenfluß ausgelöst haben. Tatsächlich enthält der Erdrauch ein schwaches Gift, das aber die Tränendrüsen nicht reizt. Vermutlich wurde wie in anderen Fällen ein altgewohnter Name unzulässig auf eine mitteleuropäsche Pflanze übertragen, obschon manche Arten der Gattung schwerpunktmäßig im Mittelmeergebiet beheimatet sind.

4
3
1
2

1 Knoblauchsrauke *Alliaria officinalis*
Kreuzblütengewächse haben ihren Namen, weil ihre vier Blütenblätter über Kreuz stehen. Viele Arten von ihnen bereiten bei der Bestimmung selbst Fachleuten Schwierigkeiten. Eine rühmenswerte Ausnahme ist die Knoblauchsrauke. Sie blüht im Spätfrühling bis zum Frühsommer, und wiewohl sie bis zu einem Meter aufschießen kann, so fällt sie durch ihre Blüte sicherlich nicht auf. Wohl aber, wenn man absichtlich oder unabsichtlich ihre Blätter zerreibt, dann entfaltet sich ein oft durchdringender Knoblauchgeruch. Das kommt von den Senfölen, die in der Pflanze enthalten sind.
An Gebüschen, Waldrändern, aber auch auf Schuttplätzen, Wegrändern und an Bahndämmen bildet sie oft größere Bestände, vor allem, wenn der Boden reichlich Nähr- und insbesondere Stickstoffsalze enthält. Obwohl sie zu den alten Volksheilpflanzen gehört, wird sie kaum mehr verwendet, weil andere Pflanzen ähnliche oder gleiche Stoffe enthalten.

2 Wiesen-Schaumkraut *Cardamine pratensis*
Das Wiesen-Schaumkraut prägt im Frühling das Gesicht der feuchten Wiesen. Sie sehen dann zuweilen aus, als überzöge sie ein zartlila Schleier. Überdies findet man die Pflanze in feuchten Laub- und Mischwäldern, ja selbst an lichten Stellen von Nadelforsten kann sie noch fortkommen. Die Blütenfarbe kann von Reinweiß über Rosa bis zu intensiv Lila variieren. Am sichersten erkennt man die Art an den rosettig stehenden Grundblättern, bei denen das Endblättchen in der Regel deutlich vergrößert ist und oft doppelt so groß wird wie die eirundlichen Fiederblättchen seitlich an der Mittelrippe. Namengebend für die Pflanze ist das häufige Vorkommen von Larven der Schaumzirpe an ihren Stengeln. Diese saugen aus den Leitungsbahnen nährstoffhaltigen Saft, der durch Gase speichelartig aufgetrieben wird und in dieser Form vermutlich für die Jungtiere einen Schutz gegen Gefressenwerden darstellt. Allerdings ist die Schaumzirpe nicht auf das Wiesen-Schaumkraut als Wirtspflanze angewiesen. Man findet den „Kuckucksspeichel" auch an anderen Pflanzen.

3 Bitteres Schaumkraut *Cardamine amara*
Das Bittere Schaumkraut wird oft verwechselt, und zwar mit der Brunnenkresse, der es bis auf eine Eigenheit außerordentlich ähneln kann: Zur Blütezeit — in der zweiten Frühlingshälfte — sieht man deutlich die purpurvioletten Staubgefäße, die bei der Brunnenkresse stets gelb sind. Außerdem haben die Stengelblätter meist 4—5 Fiederpaare, die der Brunnenkresse hingegen nur 3. Auch der Stengel ist beim Bitteren Schaumkraut wenigstens teilweise mit Mark gefüllt, bei der Brunnenkresse indessen hohl. Will man die Blätter zu einem Wildsalat bereiten, der einem früh im Jahr reichlich Vitamin C liefern soll, dann ist ein Irrtum nicht weiter schlimm. Auch das Bittere Schaumkraut enthält diesen lebensnotwendigen Stoff in beträchtlicher Menge. Allerdings daneben auch einen Bitterstoff, dem es seinen Namen verdankt. Offensichtlich schadet dieser aber nicht.

4 Brunnenkresse *Nasturtium officinale*
Die Brunnenkresse beginnt gegen Frühjahrsende zu blühen; ihre Blütezeit erstreckt sich bis in den Spätsommer, ja Frühherbst hinein. Sie bleibt meist etwas niedriger als das Bittere Schaumkraut und erreicht nur selten Höhen um $1/2$ m. Ihre Standorte sind durchweg feucht, ja naß. Sie besiedelt fast ausschließlich Quellen, Gräben, Bäche oder kleinere Flüsse mit kühlem und nicht zu verschmutztem Wasser; sie geht durchaus an sandige oder kiesige Ufer, die gelegentlich überschwemmt werden. Zwar kann sie fast alle diese Standorte mit dem Bitteren Schaumkraut teilen, doch ist die Brunnenkresse die lichtliebendere und kälteverträglichere der beiden Arten. Sie gehört zu den bekanntesten Wildsalatpflanzen und enthält in beträchtlicher Menge Vitamin C. Allerdings sind ihre möglichen Wuchsorte in den letzten Jahrzehnten immer weniger geworden: Wiesen wurden drainiert, Bäche und Flüsse begradigt und nicht zuletzt verschmutzt. Wo es ihr wirklich zusagt, da wird sie jedoch kaum von den Menschen ernsthaft gefährdet, die auf sie als Salatpflanze nicht verzichten wollen. Schließlich ist sie — da durch Hochwässer an ihren natürlichen Standorten immer wieder bedroht — im Laufe von Jahrtausenden auf Frohwüchsigkeit ausgelesen worden.

1
2
3
4

1 Ausdauerndes Silberblatt *Lunaria rediviva*
Es gibt nur wenige Pflanzen, bei denen man noch vor der Blüte Teile der Frucht besonders schön findet. Das Silberblatt gehört dazu. Seinen Namen verdankt es nämlich nicht etwa silberglänzenden Blättern, sondern der glänzenden Scheidewand, die die Fächer der Schotenfrucht voneinander trennt und die stehenbleibt, nachdem die Samen ausgefallen sind. Die Pflanze, die um 1 m hoch wird und vom späten Frühjahr bis in den Hochsommer hinein blüht, ist in Mitteleuropa selten. Sie bevorzugt kalkhaltige Steinschuttböden und braucht reichlich Luftfeuchtigkeit. Im Tiefland nördlich der Mittelgebirge fehlt sie, kommt aber andererseits in einem abgeschlossenen Gebiet in Südschweden und auf einigen Ostseeinseln vor, desgleichen in Südeuropa. Gelegentlich sieht man in Bauerngärten noch eine verwandte Art angepflanzt, das Garten-Silberblatt *(Lunaria annua)*. Bei ihm sind die Schoten und die verbleibenden Trennwände rundlich.

2 Hungerblümchen *Erophila verna*
Das Hungerblümchen hat seinen Namen recht treffend nach seinen Standortansprüchen bekommen: Obschon es auch auf nährstoffreichen Böden wächst, setzt es sich gegenüber seinen Konkurrenten nur auf eher magerem Untergrund durch. Das hängt sicher mit seiner Kleinheit zusammen. Selbst „aufgeschossene" Blütenstände überragen selten 10 cm, und die kleinen Blätter liegen in flacher Rosette dem Boden an. Wo Nachbarpflanzen zu dicht auf ihnen stehen, bekommen sie infolgedessen zu wenig Licht; dann geht selbst das Hungerblümchen zugrunde. Obgleich es zu den Arten gehört, die bei uns im Frühling am zeitigsten erblühen, fiele es mit seinen unscheinbaren Blüten kaum jemandem auf, stünde es nicht auf so kargem Untergrund. Den Fachleuten macht die Art zu schaffen. Kaum ist sie aufgeblüht, befruchten sich in der Regel die Blüten selbst. Ein Austausch von Erbgut zwischen benachbarten oder gar weiter voneinander wachsenden Individuen ist daher nicht möglich. Vielmehr erzeugen alle mit ihren Samen gewissermaßen Kopien ihrer selbst. Infolgedessen gibt es innerhalb der Art Gruppen, die unter sich außerordentlich ähnlich sind, abgrenzbar hingegen gegenüber anderen derselben Art.

3 Hirtentäschel *Capsella bursa-pastoris*
Das Hirtentäschel zählt zu den bekanntesten Unkräutern überhaupt, nicht weil es durch Größe (es wird selten höher als 40 cm) oder Blütenpracht (die Blüten messen nur wenige Millimeter im Durchmesser) auffiele, sondern weil es auf Äckern und in Gärten kaum irgendwo fehlt und überdies Schutt, Wege und Dämme aller Art besiedelt.
Es stellt an den Boden eigentlich nur den Anspruch, Stickstoffsalze in nicht zu geringer Menge zu enthalten. Die Vielfalt im Wuchsort und die Blühperiode vom zeitigen Frühjahr bis in den späten Herbst bedingt eine Vielfalt im Äußeren: in der Rosettenbildung wie im Blattzuschnitt. Ein Merkmal bleibt indessen stets unverändert: Die namengebende Frucht, ein auf der Spitze stehendes Schötchen, das an der Oberkante schwach eingebuchtet ist und oberhalb der Schötchentrennwand meist einen Griffelrest erkennen läßt. Weißlich „überlaufene" Pflanzen sind nicht selten. Ein Pilz hat sie befallen. Unter seinem Einfluß sind Gestaltveränderungen möglich (s.S. 36).

4 Acker-Hellerkraut *Thlaspi arvensis*
Von den Hellerkräutern gibt es in Mitteleuropa etwa ein halbes Dutzend Arten. Von allen ist das Acker-Hellerkraut am häufigsten. Man erkennt es nicht nur an seinen münzähnlichen Schötchen, die der Gattung den Namen gegeben haben, sondern vermag es gegen verwandte Arten auch zu unterscheiden durch den Lauchgeruch, den man an zerriebenen Blättern wahrnehmen kann, sowie an dem kahlen Stengel. Vor allem hat keine Art, die auf Äckern wächst, einen kahlen Stengel. Die anderen Verwandten gedeihen in Rasen. Ähnlich wie das Hirtentäschel blüht auch das Acker-Hellerkraut vom Frühjahr bis in den späten Herbst. Zwar wird es nicht höher als sein Verwandter mit den dreieckigen Schötchen, doch wirkt es durch die buchtig gezähnten, frisch grünen Stengelblätter massiger, und nicht zuletzt deswegen fällt es ebenfalls auf. Der Lauchgeruch ist typisch für die Senföle, die die Pflanze enthält und die ihr überdies einen scharfen Geschmack verleihen.

2
3
4
1
gb

Blütenpflanzen — Familie Kreuzblütengewächse *Brassicaceae (Cruciferae)*

1 Acker-Senf *Sinapis arvensis*
Alle Pflanzen brauchen, um den Konkurrenzkampf bestehen zu können, „Tricks", die ihnen das Überleben sichern. Einen besonders wirksamen besitzt offensichtlich der Acker-Senf. Wie sonst könnte er sich als Unkraut nicht nur gegen andere Pflanzen durchsetzen, sondern sogar den Bekämpfungsmaßnahmen der Landwirte widerstehen? Schließlich ist er das Akkerunkraut, das trotz Herbiziden noch immer in Massenbeständen auftritt, obgleich es sichtlich durch sie geschädigt wird. Woran liegt das? Sicher wirkt folgendes zusammen: Die Pflanze, die um 50 cm hoch werden kann, blüht vom späten Frühjahr bis zum späten Herbst. Dank ihres Verzweigens bildet sie viele Blüten aus. Aus ihnen entstehen zahlreiche Schotenfrüchte. Angeblich soll eine einzige Pflanze um 25 000 Samen erzeugen können. Zwar fallen diese nicht weit von der Mutterpflanze zu Boden, doch vermögen sie ihre Keimfähigkeit sehr lange beizubehalten, sicher 25 Jahre, wenn nicht ein halbes Jahrhundert. Durch Umpflügen und zeitweiliges Trockenliegen werden die Samen kaum geschädigt; denn sie keimen nur im Dunkeln — also wenn sie vom Boden bedeckt sind — und obendrein am besten bei Temperaturen, die deutlich über 10 °C liegen. In der warmen Jahreszeit bricht man den Boden aber nicht mehr um und schützt so die empfindlichen Keimlinge.

2 Hederich *Raphanus raphanistrum*
Im Gegensatz zum Ackersenf hat der Hederich stets aufrechte Kelchblätter, während die des Acker-Senfs waagrecht abstehen. Außerdem stellt der Hederich andere Bodenansprüche. Er gedeiht am besten auf schwach sauren Böden. Auch ist bei ihm die Blütenfarbe anders. Meist blüht er weiß, und seine Blüten sind dann violett geadert. Doch gibt es auch gelbblühende Pflanzen. Für sie ist eine hellgelbe Färbung typisch. Ihre Blütenblätter sind dunkler gelb geadert. Der Hederich blüht meist nur vom frühen bis in den späten Sommer und wird gut einen halben Meter hoch. Seine Schoten sind zwischen den Samen eingeschnürt. Einiges spricht dafür, daß er die Wildform des Rettichs ist. Sicher ist er aber mit diesem verwandt. Bei allem Verständnis für die Bekämpfung von Unkräutern sollte man gerade an diesem Beispiel daran denken: Unsere Kulturpflanzen stammen von Wildpflanzen ab. Rotten wir sie aus, lassen wir ihr Aussterben zu, verarmt nicht nur das Florenbild. Wir berauben uns züchterischer Möglichkeiten, von denen niemand sagen kann, ob wir sie nicht irgendwann brauchen.

3 Meersenf *Cakile maritima*
Was auf nacktem Sand — wie er am Meeresstrand vorkommt — gedeiht und womöglich an Orten, die bei Hochwasser überflutet werden können und daher kochsalzhaltig sein müssen, das erweckt immer die Aufmerksamkeit all jener, die Pflanzen überhaupt wahrnehmen. Zu diesen Pflanzen gehört der Meersenf. Er liebt Außendünen und wächst auf ihnen in dichteren oder lockeren Büschen. Seine hellvioletten oder blaßrosa Blüten stehen meist zahlreich an den Stengelenden und messen meist mehr als 5 mm im Durchmesser. Überdies duften sie angenehm. Weniger angenehm ist der Geschmack der Pflanze: salzig und scharf. Schließlich enthält sie wie viele ihrer Verwandten Senföle. Trotz dieser Eigenheit hat man in Zeiten, in denen man sich Vitamin C nicht anders beschaffen konnte, den Meersenf als Salatpflanze genutzt.

4 Meerkohl *Crambe maritima*
Wer diese Pflanze finden will, muß sie an der Ostseeküste von Schleswig-Holstein, an der südwestschwedischen Küste oder an der französischen und englischen Kanalküste suchen. Sie ist nicht nur bemerkenswert, weil sie in der Vordüne wächst, besonders da, wo im Spülsaum Algen verwesen und so den Sand düngen, weil sie wesentlich höher werden kann als 50 cm und Büsche mit mehr als 1 m Durchmesser bildet, sondern weil sie eine mögliche Gemüsepflanze darstellt. Daß sie dies nicht überall geworden ist, mag nicht zuletzt an ihren Bodenansprüchen liegen. Küstennah wird sie in England örtlich noch heute angebaut. Abgedunkelt gezogene und daher vergeilte Triebe schmecken ähnlich zart wie Blumenkohl. Trotz ihrer zahlreichen Blüten (etwa 1 cm im Durchmesser) und ihrer beträchtlichen Fähigkeit, Samen in großer Zahl zu bilden, ist die Art in Europa bedroht.

3
4
2
1

Blütenpflanzen — Familien Resedengewächse *Resedaceae,* Sonnentaugewächse *Droseraceae,* Dickblattgewächse *Crassulaceae*

1 **Gelbe Resede** *Reseda lutea*
Bahnschotter, Dämme, Wegränder, Schuttplätze und trockene, oft steinige Rasen — das sind die Standorte, an denen man die Gelbe Resede in Mitteleuropa antrifft. Sie blüht unscheinbar hellgelb, und zwar vom späten Frühjahr bis in den frühen Herbst, wächst in Büschen und wird gut einen halben Meter hoch. Zum Gedeihen braucht sie Kalk im Untergrund und einen nicht zu sonnenarmen Stand. Mit großer Wahrscheinlichkeit ist die Art ursprünglich in Mitteleuropa nicht zuhause, wohl aber in Südosteuropa. Wie und wann sie von dort hier eingewandert ist, liegt im Unklaren. Genutzt jedenfalls hat man sie im Gegensatz zur Färber-Resede *(Reseda luteola)* nie, obwohl auch die Gelbe Resede Flavone enthält, die arzneilich nicht uninteressant sind.

2 **Rundblättriger Sonnentau** *Drosera rotundifolia*
„Fleischfressende" Pflanzen haben wie keine andere Pflanzengruppe mit Besonderheiten in ihrer Nahrungsaufnahme die Aufmerksamkeit der Menschen auf sich gezogen. Der Rundblättrige Sonnentau ist wohl der bekannteste Vertreter dieser Gruppe in Mitteleuropa. Er wächst auf Hochmooren, und zwar meist in Torfmoosrasen. Zwischen Torfmoosen sind insbesondere stickstoffhaltige Nährstoffe Mangelware. Deshalb beschafft sich der Rundblättrige Sonnentau den lebensnotwendigen Stickstoff, indem er Kleintiere, Insekten zumeist, fängt und verdaut. Die kaum fingernagelgroßen Blätter sind von „Tentakeln" umstanden, Fortsätzen, deren köpfchenartiges Ende eine klebrige Flüssigkeit ausscheidet. Sie enthält ein eiweißverdauendes Ferment. Kleinsttiere werden durch diesen Klebstoff festgehalten und verdaut. Hierbei treten auch Krümmungen der Tentakel und der Blattfläche auf. Sie beruhen auf langsamem, einseitigem Wachstum. Zweckmäßigerweise liegen die Blätter des Rundblättrigen Sonnentaus dem Untergrund mehr oder minder dicht in einer Rosette an. Der Blütenstandsstiel wird nur 10—20 cm hoch. Die Blüten sind unscheinbar und im Hochsommer geöffnet. Die Pflanze genießt gesetzlichen Schutz. Vor allem sollte man ihre Wuchsorte in ihrem Zustand belassen.

3 **Große Fetthenne** *Sedum telephium*
Die Blätter der Fetthenne sind dickfleischig, saftig und erscheinen dick, fett; auch ein gewisser speckiger Glanz ist ihnen eigen. Natürlich sind sie nicht fetthaltig. Trotz dieser Blätter fällt die Fetthenne an ihren Standorten nicht sehr auf. Vielerorts ist sie selten. Bestände bildet sie eigentlich nie. Sie wird zwischen 20 und 50 cm hoch und blüht vom Frühsommer bis in den Frühherbst. Eigenartigerweise gibt es zwei Sippen, die sich in der Blütenfarbe unterscheiden: eine gelblichgrünblühende und eine purpurrotblühende. Schon die Römer schrieben der Pflanze Heilkräfte zu und kultivierten sie. Auch heute noch kann man sie in Gärten antreffen. Allerdings stehen wir einer arzneilichen Wirkung mißtrauisch gegenüber: Wirkstoffe mit zweifelsfrei heilenden Eigenschaften konnte man nicht finden.

4 **Scharfer Mauerpfeffer** *Sedum acre*
Wenn Botaniker Pflanzen in eine Gattung stellen, die im Volksmund verschiedene Namen führen, so gibt es dafür meistens einen Grund. „Mauerpfeffer" haben zwar wie „Fetthennen" dickfleischige Blätter, doch wachsen sie meist an steinigen Stellen, im Gebirge oder in Mauerritzen. Musterbeispiel für die Mauerpfeffer kann der Scharfe Mauerpfeffer sein. Ihn findet man außerhalb der Alpen in der Tat in Mauerritzen, noch häufiger aber zwischen Schotter, Kies, ja sogar auf Sand. Kaut man ihn — und das sollte man mit Vorsicht tun und das Gekaute keinesfalls schlucken — dann verspürt man, hat man tatsächlich diese Art vor sich, nach einiger Zeit auf der Zunge ein scharfes Brennen. Das kommt von einem giftigen Alkaloid, das merkwürdigerweise bei verwandten Arten zu fehlen scheint. Sein Vorhandensein ist infolgedessen schon ein gutes Erkennungsmerkmal. Die geringe Höhe — 5 bis 15 cm — das Bilden von Polstern und die gelben Blüten haben auch einige Verwandte, die man äußerlich nur mit Mühe an Feinheiten des Blattbaues vom Scharfen Mauerpfeffer unterscheiden kann.

1
2
3
4

Blütenpflanzen — Familien Dickblattgewächse *Crassulaceae,* Steinbrechgewächse *Saxifragaceae*

1 **Spinnweben-Hauswurz** *Sempervivum arachnoideum*
Außerhalb der Alpen, genauer der Alpenketten mit kalkarmem Gestein, trifft man die Spinnweben-Hauswurz höchstens in Steingärten an, in denen sie allerdings meist nicht die Schönheit erreicht wie an ihren natürlichen Standorten. Nicht nur deshalb, sondern weil die Pflanze auch gesetzlichen Schutz genießt, steht zu hoffen, daß die Gartenpflanzen aus Gärtnereien stammen, die sie nicht selten anbieten. „Schön" ist die Rosette aus den dickfleischigen Blättern, die am Naturstandort über und über mit weißen Haaren überzogen sind. Sie entstehen aus Drüsenabsonderungen, die unter Windeinwirkung miteinander verkleben. Dichte Gespinste solcher Art reflektieren Licht, verhindern zu starke Erwärmung und Luftbewegung unmittelbar über der Blattfläche und damit letztlich eine zu starke Verdunstung durch die Blätter. Obwohl tief in Felsspalten wurzelnd, kann sich die Spinnweben-Hauswurz unnötigen Wasserverlust tatsächlich nicht „leisten". Ihre Rosetten werden bis zu 5 cm im Durchmesser bei zumindest halbkugeligem Wuchs. Dies beeindruckt weniger (ebenso die im Sommer geöffneten zahlreichen roten Blüten auf rund 10 cm hohem Blütenstandsstiel) als die zahlreichen Tochterrosetten. Von starken Stürmen oder Steinschlag werden sie losgerissen, kugeln bergab, bis sie liegenbleiben. Egal welche Lage sie einnehmen: Sie treiben Wurzeln, die sich zur Erde krümmen und die Rosette in eine „angemessene" Lage ziehen.

2 **Knöllchen-Steinbrech** *Saxifraga granulata*
Anders als viele seiner Verwandten kommt der Knöllchen-Steinbrech nicht in Gebirgen vor. Seine Heimat sind magere Wiesen, die auf schwach sauren Lehmböden stocken und in denen die Luftfeuchtigkeit nicht allzu gering sein sollte. Wo es solche Bedingungen im Grünland — noch! — gibt, ist er denn nicht selten, fällt aber nicht auf, obschon er 30 cm Höhe erreicht und im Frühsommer meist mehrere Blüten von rund 1 cm Durchmesser trägt. Wie kommt er zu seinem Namen? „Steinbrech" bezieht sich mit hoher Wahrscheinlichkeit nicht auf den Standort, den viele Arten der Gattung in Felsritzen einnehmen, sondern auf die frühere Verwendung der Pflanze gegen Blasensteine, eine Beziehung, die uns heute völlig fremd geworden ist, zumal die Inhaltsstoffe der Pflanze eine derartige Wirkung nicht haben. Anschaulicher ist für uns hinsichtlich der Namengebung der Standort in Felsritzen, wo andere Arten der Gattung vorkommen. „Knöllchen" hat die Pflanze am Wurzelstock. Es sind Brutzwiebeln, die neben den Samen der Vermehrung dienen.

3 **Wechselblättriges Milzkraut** *Chrysosplenium alternifolium*
Dieses Pflänzchen, das kaum 10—15 cm Höhe erreicht und gelbgrün blüht, darf man mit Recht unscheinbar nennen. Trotzdem fällt es auf, weil es schon im zeitigsten Frühjahr erblüht und erst mit Sommerbeginn verblüht. Es kommt an Naßstellen in Laubwäldern, an Quellen und kleineren, sauberen Bächen im Uferbereich vor. Im Gegensatz zu einer verwandten Art, dem Gegenblättrigen Milzkraut *(Chrysosplenium oppositifolium),* an dessen vierkantigem Stengel die Blätter gegenständig stehen, besitzt es wechselständige Blätter und einen dreikantigen Stengel. Früher verwendete man die Pflanze zu Heilzwecken. Man hat jedoch keine Stoffe in ihr gefunden, denen eine arzneiliche Wirkung zukommt.

4 **Sumpf-Herzblatt** *Parnassia palustris*
Trotz seiner Seltenheit gehört das Sumpf-Herzblatt zu den Pflanzen, die man kaum verkennen oder verwechseln kann: Es wächst an quelligen Stellen und hat eine unverwechselbare Blattform. Die herzförmige Einbuchtung am Blattgrund und der Standort standen zu gleichen Teilen Pate für den Volksnamen. Genaue Beobachter werden ihr Augenmerk auf die Staubblätter in der Blüte richten, die übrigens 1—2 cm im Durchmesser erreichen kann und vom Spätsommer bis in den Herbst geöffnet ist. Obwohl sie weiß blüht, bemerkt man sie schon von weitem, weil sie einzeln oft auf 20—45 cm hohen Stielen steht. Die fünf Staubblätter reifen nämlich nacheinander. In der Reifungsfolge strecken sie sich. Da das Sumpf-Herzblatt an seinen Standorten meist in kleineren Beständen vorkommt, kann man in der Regel alle möglichen Reifungszustände der Blüte auffinden.

1
2
3
4

Blütenpflanzen — Familie Rosengewächse *Rosaceae*

1 Eberesche *Sorbus aucuparia*
Die „Eber"esche hat nichts mit Ebern, männlichen Schweinen also, zu tun. In der Vorsilbe steckt vielmehr die gleiche Wortwurzel wie in „Aber"glaube. Das soll heißen, es handle sich nicht um das Echte und Rechte, sondern um etwas Ähnliches. Die Eberesche ist — trotz der Ähnlichkeit der Blätter — halt keine Esche. Im späten Frühling zeigen dies überdeutlich die doldig-rispigen Blütenstände, im Herbst die Früchte, die bei der Wildform rot, bei vielen Gartensorten gelbrot sind. Wild ist die Eberesche nicht allzu selten in feuchten Wäldern und dort auf Schlagflächen oder ehemaligen Windwürfen anzutreffen. Dort wird sie selten höher als 15 m. Gartenformen werden der Beeren wegen angebaut. Sie enthalten in unterschiedlichem Maße Vitamin C und Provitamin A. Daneben kommt jedoch auch Parasorbinsäure vor, die zumindest in größerer Menge giftig ist.

2 Eingriffliger Weißdorn *Crataegus monogyna*
Viele Volksnamen für Pflanzen haben es an sich, daß sie den Nagel auf den Kopf treffen, will sagen, etwas Typisches der Pflanze herausheben. Der Weißdorn gehört hier zu den Ausnahmen. Dieser Name konnte sich im Volke wohl nur halten, weil die verwandte Schlehe *(Prunus spinosa),* die ebenfalls zu den Rosengewächsen gehört, Dornen von durchschnittlich dunklerer Farbe hat als eben die Angehörigen der Gattung „Weißdorn". Wollte man allein darauf jedoch eine Unterscheidung aufbauen, täte man sich schwer. Schlehen blühen, ehe die Bäume ausschlagen, Weißdorn wenigstens 14 Tage später. Von der Gattung kommen zwei Arten in Mitteleuropa wild vor, die man sicher nur an der Anzahl der Griffel unterscheiden kann. Der Eingrifflige Weißdorn hat auch immer die tiefer gelappten Blätter. Beide Arten bilden Büsche, die 5 m Höhe erreichen können. Sie sind auf Steinriegeln und an Waldrändern anzutreffen. Auch werden sie als Hecken gepflanzt, da sie Schnitt recht gut vertragen.

3 Himbeere *Rubus idaeus*
Die Himbeere braucht man nicht vorzustellen. Jedes Kind kennt und schätzt sie. Die zahllosen Kultursorten stammen von der Pflanze ab, die in feuchten Wäldern, an Waldrändern und auf Schlägen oftmals bestandsbildend auftritt, sofern der Boden genügend Nährsalze, insbesondere Stickstoffsalze enthält. Die Wildformen werden zwischen 50 cm und 120 cm hoch. Ihre „Beeren" gelten als besonders aromatisch. Jedenfalls enthalten sie reichlich Vitamin C und organische Säuren. Mit der Bezeichnung „Beere" ist es allerdings so eine Sache. Der Botaniker versteht darunter eine fleischige Frucht, die aus einem Fruchtknoten hervorgegangen ist. Die Himbeerblüten enthalten jedoch mehrere Fruchtknoten, und jeder von ihnen bildet eine Beere. Das gesamte Gebilde ist also eine „Sammelfrucht". Da schon die Wildform eine lange Blühperiode zwischen Spätfrühjahr und Hochsommer hat, konnte man dies züchterisch nutzen, um mehrfach tragende Garten-Himbeeren auszulesen.

4 Brombeere *Rubus fruticosus*
Brombeeren sind nicht nur für den, der die Sammelfrüchte pflücken will, eine stachelig-kratzende Angelegenheit, sondern auch für die Botaniker. Sie können sich mit guten Gründen auf den Standpunkt stellen, „die" Brombeere gäbe es überhaupt nicht. Wie dies? Wer die Wildformen aufmerksam betrachtet, findet nicht nur Unterschiede in der Wuchsform — fast kriechend, fast rankend, fast aufrecht — sondern auch eine weite Blühspanne, die fast den ganzen Sommer andauert, Längen zwischen 1—2 m, Früchte, denen Wohlgeschmack nicht abzusprechen ist wie solche, die man nur fad nennen kann. Ursache für all dies ist unter anderem die Fortpflanzungsweise der Brombeeren: Bei ihnen entwickeln sich Samen und damit Früchte häufig ohne Befruchtung. Ein Austausch von Erbgut findet daher gar nicht oder doch sehr selten statt. Einmal durch zufällige Erbänderung erworbene Eigenschaften — mögen sie „gut" oder „schlecht" sein — werden infolgedessen den jeweiligen Nachkommen weitergegeben, verknüpft zum Teil mit äußeren Besonderheiten der Pflanzen. Daher gibt es auch in der Natur zahlreiche Sippen, die nur Spezialisten sicher unterscheiden können.

1
2
3
4
gb

1 **Erdbeer-Fingerkraut** *Potentilla sterilis (P. fragariastrum)*
Das Erdbeer-Fingerkraut gehört zu den Pflanzen in Europa, die von vielen übersehen werden, obschon es häufig ist und kaum irgendwo fehlt. Zwar liebt es eher sauren als basischen Untergrund, meidet ihn aber nicht, vor allem wenn Kalk schon etwas aus ihm ausgewaschen ist. Es gedeiht in Wäldern ebenso wie an Wegrändern, auf Dämmen und Rainen. Allerdings wird es kaum 5—10 cm hoch. Seine um 1 cm im Durchmesser erreichenden Blüten fallen im April oder Mai — der Blütezeit — vielleicht auch deswegen nicht auf, weil es zu dieser Jahreszeit auffälliger blühende Gewächse gibt. Andererseits wird es auf den ersten Blick sicherlich oft mit der Erdbeere verwechselt, der es im Erscheinungsbild auch gleicht. Will man eine sichere Unterscheidung, muß man schon genau hinsehen: Beim Erdbeer-Fingerkraut berühren sich die fünf Blätter der Blüte nie, und an den dreiteiligen Blättern ist der Zahn über der Mittelrippe meist deutlich kleiner als die beiden Nachbarzähne. Spätestens, wer Wochen später „Erdbeeren" holen will, wo er zuvor die Blüten gesehen hatte, wird den Irrtum alsdann gewahr. Auf dieses „Nicht-Früchte-Tragen" verweist der Artname „sterilis".

2 **Gänse-Fingerkraut** *Potentilla anserina*
Zuweilen wundert man sich, wenn auf begangenen Pfaden noch Pflanzen gedeihen. Sie müssen nämlich nicht nur die Belastung durch Tritt aushalten, sondern den als Folgewirkung verdichteten Boden durchwurzeln können, in dem oftmals Luft Mangelware ist. Zu diesen Pflanzen, die überdies Feuchtigkeit ertragen, ja wollen, die ihrerseits im Boden die Luftführung zusätzlich beeinträchtigt, gehört das Gänse-Fingerkraut. An seinen gefiederten, silbrig behaarten Blättern, seinen einzelnen, goldgelben Blüten, die man vom späten Frühjahr bis in den Hochsommer hinein sehen kann, erkennt man es leicht und zweifelsfrei. Es bleibt meist niedrig und reckt seine Blätter nur, wo es zwischen hochwachsenden Pflanzen steht, bis fast $^1/_2$ m aufwärts. Unbestritten gedeiht es am besten, wo der Boden reichlich Stickstoffsalze enthält. Ufernahe Rasen, zu Großvaters Zeiten oft als Gänseweiden genutzt, bieten Trittverdichtung, Feuchtigkeit und Nährstoffreichtum. Möglicherweise ist das unbestritten häufige Vorkommen auf solchem Gelände namengebend gewesen.

3 **Blutwurz** *Potentilla erecta*
Wahrscheinlich ist die Blutwurz die Art ihrer Gattung, die noch am häufigsten gekannt wird, obschon gerade sie in manchem untypisch ist. So hat sie normalerweise nur vier Blütenblätter, wohingegen die übrigen Fingerkräuter fünf und einige sogar mehr besitzen. Das hängt nicht nur mit ihrer weiten Verbreitung zusammen: dem Vorkommen in Wäldern, Heiden, Wiesen, auf Rainen, in Sümpfen und Mooren. Weit eher dürfte der Grund in der früher üblichen Wertschätzung als Heilpflanze liegen. Sie enthält in beträchtlichen Mengen Gerbstoffe, die in der Tat bei kleineren Wunden die Blutgerinnung fördern. Daß man dies entdeckte, geht wohl auf den Glauben zurück, es müsse an den Pflanzen Eigenschaften geben, die auf ihre Brauchbarkeit hinweisen. Da die Blutwurz in ihrem Wurzelstock den Farbstoff Tormentillrot enthält, sah man in ihm diesen Hinweis. Will man die Gerbstoffwirkung der Blutwurz indessen wirklich nutzen, dann gäbe es hierfür Anwendungen, die bedeutender als das Stillen von Bagatellverletzungen sind.

4 **Frühlings-Fingerkraut** *Potentilla verna (P. tabernaemontani)*
Was schön ist, bleibt Geschmackssache, und erst recht im Streit der Meinungen, was man „zum Schönsten" rechnet. In einem solchen Streit wäre das Frühlings-Fingerkraut sicher nicht ohne Aussicht, berücksichtigt man, daß es zu den am frühesten blühenden Arten in Mitteleuropa gehört. Es erreicht zwar nur um 10 cm Höhe, bildet aber auf warmen Trokkenrasen, an Wegrainen, Mauern und auf Gesteinsschutthalden, die allesamt etwas Kalk führen sollten und sonnig sein müssen, dichte und vielblütige Polster. Seine Blätter sind 5- bis 7-teilig, und diese in der Gattung häufige Unterteilungsart hat ihr den deutschen Gattungsnamen gegeben. Das Frühlings-Fingerkraut kommt in Mitteleuropa in mehreren Kleinrassen vor, die sich in der Stärke der Blattbehaarung unterscheiden. Meist ist sie umso stärker und dichter, je trockener der Standort ist.

4
3
2
1

1 Wald-Erdbeere *Fragaria vesca*
Noch im Mittelalter galt die Erdbeere als Sinnbild der Verlockung. Wenigstens malte sie Hieronymus Bosch in dieser Weise. Sicher sind wir seitdem hinsichtlich der Gaumengenüsse verwöhnter geworden. Andererseits trifft man in der Tat wildwachsende Erdbeeren von durchaus verschiedenem Geschmack. In Mitteleuropa kommen nämlich drei verschiedene Arten der Gattung wild vor. Selbst Fachleute tun sich schwer, sie auseinanderzuhalten. Die würzigsten Scheinfrüchte — die eigentlichen Früchtchen sind die „Körnchen" — hat die seltene Zimterdbeere, die nährstoffreichen Boden an warmen und zugleich feuchten Waldrändern und Gebüschen will. Sie wurde noch vor wenigen Jahrzehnten da und dort in Gärten gezogen. Die Knack-Erdbeere, die sonnige, trockene Gebüsche oder Rasen bevorzugt, schmeckt fade. Das kann man von den Scheinfrüchten der Wald-Erdbeere nicht sagen. Woran erkennt man nun die Art? Die Pflanzen werden 10—15 cm hoch und blühen im Spätfrühling oder Frühsommer. Die Haare an den Blütenstielen stehen aufrecht ab oder liegen fast an. Außerdem sind die Blätter auf ihrer Oberseite nicht seidig behaart.

2 Frauenmantel *Alchemilla vulgaris*
Wer diese Pflanze an einem sonnigen und warmen Nachmittag findet, fragt erstaunt, wie sie zu dem anschaulichen Volksnamen kommt, der doch immerhin Schönheit auszeichnen sollte. Nichts an den gelbgrünen Blüten, die man von Mai bis in den Oktober hinein auffinden kann, verdiente eine solche Auszeichnung, stehen sie nun — wie üblich — auf etwa 10 cm hohem Stiel oder zwischen Gräsern auf einem, der nahe an ½ m heranreicht. Und die Blätter erscheinen mit ihren vielen Zähnen großflächig, überhangartig, aber doch keineswegs grazil. Das Urteil lautet sicher ganz anders, sieht man sie frühmorgens, wenn der „Tau" auf den Gewächsen liegt. Genau genommen muß es gar nicht zur Taubildung kommen. Es genügen luftfeuchte Nächte. Dann scheidet die Pflanze nämlich durch „Wasserspalten" an den Blattzähnen Flüssigkeit aus, die dort in kleinen Tröpfchen hängen bleibt, ja nicht selten liegt noch ein großer Tropfen in der Nähe des Stielansatzes. Im ersten Sonnenlicht funkelt nun das Blatt gleich einem Mantel, der am Rand mit Edelsteinen oder Flitter besetzt ist. Jetzt versteht man wohl die anspruchsvolle Benennung.

3 Bach-Nelkenwurz *Geum rivale*
Diese Art trifft man an feuchten Stellen sowohl in Wiesen, Flachmooren und in lichten Auwäldern recht häufig an. Wer sie einmal offenen Auges gesehen hat, wird sie nicht mit anderen Pflanzen unserer Flora verwechseln, so typisch ist die Gestalt der Blüte. Sucht er in einem größeren Bestand, so wird er nicht selten auf „Anomalien" stoßen. Sie betreffen die obersten Blätter am Stengel ebenso wie die Blüte selbst. Oft ist sie „durchwachsen": Aus einer teilangelegten Blüte wächst eine Gipfelblüte heraus. Selbst gefüllte Blüten sind nicht allzu selten. Was diese „Mißbildungen" verursacht, weiß man nicht genau. Möglicherweise spielen erbliche Eigenschaften eine Rolle. Dafür könnte sprechen, daß Sonderformen oft gehäuft nebeneinander, ja am gleichen Wurzelstock auftreten können. Letzterer duftet übrigens nach Gewürznelkenöl, weil er das schwach giftige ätherische Öl Eugenol enthält.

4 Echte Nelkenwurz *Geum urbanum*
Das dem Lateinischen entstammende Wort „urbanum" weist darauf hin, das die Pflanze ortsnah, ja selbst in Siedlungen vorkommt. Wo der Boden stickstoffhaltig genug ist, kommt das öfters vor. Dennoch liegt ihr Verbreitungsschwerpunkt eindeutig in und an Wäldern an Orten, in denen neben reichlich Nährsalzen auch Feuchtigkeit vorhanden ist. Dort blüht sie auf 20—50 cm hohem Stiel unscheinbar vom Sommerbeginn bis in den Herbst hinein, obwohl ihre Blüten 1—2 cm im Durchmesser erreichen können. Neben dem schwach giftigen ätherischen Öl Eugenol enthält ihr Wurzelstock auch noch Gerbstoffe. Dies hat ihn zu einer früher viel benutzten Heilpflanze gemacht. In Notzeiten hat man den gemahlenen Wurzelstock sogar schon als Ersatz für Gewürznelken verwendet.

1
2
3
4
gb

1 Odermennig *Agrimonia eupatoria*
Das Sprichwort: „An ihren Früchten sollt ihr sie erkennen" trifft neben anderen Pflanzenarten sicherlich auch für den Odermennig zu. Die Blühperiode dauert vom frühen bis in den späten Sommer. Die Blütentraube wächst während dieser Zeit noch und kann am Ende zusammen mit dem beblätterten Stengel länger als 1 m werden. An der Traubenachse stehen die Blüten waagrecht oder eher etwas aufrecht ab. Die Früchte hingegen nicken deutlich. Genau genommen handelt es sich um Scheinfrüchte, weil bei ihrer Bildung noch anderes Gewebe als das des Fruchtknotens beteiligt war. Bemerkenswert sind die hakig eingekrümmten Haare an der „Frucht"oberseite. Durch sie verfängt sich das Gebilde im Fell vorüberstreichender Tiere und natürlich auch an den Kleidern von Spaziergängern. Diese „Klettverbreitung" sichert der Art die Besiedlung geeigneter Standorte, an denen sie bislang nicht war. Die Pflanze enthält vor allem in den Blättern Gerbstoffe und wurde daher früher als Heilpflanze genutzt.

2 Großer Wiesenknopf *Sanguisorba officinalis*
An den feuchtesten Stellen von Mähwiesen, aber auch in Flachmooren fällt der Große Wiesenknopf während des ganzen Sommers wegen seiner tiefbraunroten Blütenstände auf; denn eine solche Blütenfarbe ist bei einheimischen Gewächsen sehr selten. Andererseits tritt der Große Wiesenknopf meist in Beständen auf, sofern er überhaupt Bedingungen vorfindet, die ihm einigermaßen zusagen. Dann kann er durchaus die stattliche Höhe von 1,5 m erreichen. Betrachtet man nur die unscheinbaren Blüten, erkennt man die Verwandtschaft nur schwer. Die unpaarig gefiederten Blätter hingegen kommen bei den Rosengewächsen nicht allzuselten vor. Trotz der wenig lockenden Blüten werden diese von Insekten bestäubt. Bei Rosengewächsen hält man dies ohnedies für selbstverständlich. Andererseits ist der nächste Verwandte des Großen Wiesenknopfs in unserer Pflanzenwelt, der Kleine Wiesenknopf *(Sanguisorba minor)*, den man auf Trockenrasen über kalkhaltigen Böden da und dort antreffen kann, bei der Bestäubung auf den Wind angewiesen.

3 Geißbart *Aruncus sylvester (A. vulgaris, A. dioicus)*
Betrachtet man bei manchen Pflanzen nur die Blütenanzahl und danach die Anzahl der erzeugten Samen je Pflanze, dann vermag man den Widerspruch kaum zu erklären zwischen überreicher Samenbildung und Seltenheit des Vorkommens. Zu diesen Arten gehört der Geißbart. Bei ihm stehen im Frühsommer in einer Rispe Hunderte von Blüten, und er erzeugt je blühender Pflanze Hunderttausende, ja Millionen von Samen. Sie sind so klein, daß rund 10 000 auf 1 Gramm gehen. Deshalb können sie durch den Wind leicht verweht werden. Dem kommt entgegen, daß die Pflanze meist 1—2 m hoch wird. Warum also ist sie so selten, daß sie gesetzlichen Schutz genießt? Eine Ursache sind sicherlich ihre Standortansprüche. Sie will humusreichen, feuchten und etwas steinigen Waldboden und möglichst Halbschatten. Ein anderer Grund liegt sicher in der Kleinheit der Samen selbst. Wo sollen in ihnen so viel Nährstoffe gespeichert sein, daß der Keimling Notzeiten übersteht?

4 Mädesüß *Filipendula ulmaria*
Wo das Mädesüß in größerer Anzahl auftritt, da kann man mit Sicherheit sagen: Dort ist der Boden zumindest feucht, wenn nicht naß, ganz gleich, ob das nun Wiesen, Laubwälder oder Flachmoore sind. Leicht zu erkennen ist die Pflanze während ihrer Blühperiode, die vom späten Frühling bis in den Spätsommer hinein dauert. In einer doldenartigen Rispe stehen zahlreiche Blüten zusammen. Eigentümlich ist der starke, süßliche Geruch, den nicht alle Menschen als angenehm empfinden. Trotz dieser auffallenden Eigenheiten sollte man einen raschen Blick auf die Blätter werfen: Sie müssen gefiedert sein und dürfen nicht mehr als 2—5 Fiederchenpaare besitzen. Sind es mehr, dann hat man es mit dem selteneren, aber örtlich durchaus ohne langes Suchen aufzufindenden Kleinen Mädesüß *(Filipendula vulgaris = F. hexapetala)* zu tun, dessen gefiederte Blätter 8—30 Paare von Fiederblättchen aufweisen. Beide Pflanzen sind übrigens schwach giftig. Zu Zeiten, in denen noch „Met" gebraucht wurde, sollen vor allem die Knollen des „Met"süß dem Getränk zugesetzt worden sein.

1
2
3
4

Blütenpflanzen — Familie Rosengewächse *Rosaceae*

1 **Hecken-Rose** *Rosa canina*
„Keine Rose ohne Stacheln". Zugegeben, das klingt nicht. Aber botanisch ist es richtiger als das gebräuchliche „ohne Dornen". „Dornen" vermag der Fachmann nach Stellung und Bildung immer auf Zweige, Blätter, Nebenblätter oder -selten — auf Wurzeln zurückzuführen. „Stacheln" hingegen sind Gebilde, bei deren Zustandekommen neben Hautschichten auch noch andere Gewebe mitwirken und die in die weitgefaßten Begriffe von Zweig, Blatt oder Wurzel nicht passen. Heimische Wildrosen gibt es rund zwei Dutzend. Die meisten von ihnen lassen sich gar nicht leicht identifizieren. Auch die Hecken-Rose wird oft verwechselt. Sie blüht fast ausschließlich im Juni, wird 1—3 m hoch, ihre Blüten duften nicht oder ganz schwach und ihre Kelchzipfel sind nach dem Verblühen zurückgeschlagen. An Waldrändern und Gebüschen auf lockerem Boden ist sie außerhalb der Alpen fast überall die häufigste „Hecken"rose. Ihre Hagebutten enthalten Vitamin C und Provitamin A.

2 **Trauben-Kirsche** *Prunus padus*
Bei Kirschen ist man gewohnt, daß die Blüten groß sind und zu wenigen beieinanderstehen. Nicht so bei der Trauben-Kirsche. Bei ihr erreichen sie nur ca. 1 cm Durchmesser, und 10—20 von ihnen sind zu einer hängenden Traube vereint, die sich während der Blütezeit im Mai langsam verlängert. Die Blüten duften stark. Die Früchte, die man im Sommer findet, sind schwarz. Traubenkirschen kommen wild als Büsche oder Bäume mit Höhen zwischen 2—15 m in feuchten Wäldern und an Ufern vor. Sie bevorzugen nährstoffreichen, lehmigen Boden. Vor allem an Hochwasserdämmen werden sie nicht selten nahe der Dammkrone angepflanzt. Bei solchen eingebrachten Pflanzen muß man beim Ansprechen der Art trotz ihrer scheinbar untrüglichen Merkmale sehr vorsichtig sein; denn neuerdings wird als Bodenfestiger immer häufiger die aus Nordamerika stammende Späte Traubenkirsche *(Prunus serotina)* ausgebracht. Bei ihr stehen zumindest anfangs der Blütezeit die Trauben mehr oder minder aufrecht ab. Außerdem haben ihre Früchte einen glatten Stein und keinen grubigen, wie die heimische Trauben-Kirsche. Will man dieses Merkmal sicher erkennen, muß man schon eine Lupe zu Hilfe nehmen.

3 **Vogel-Kirsche** *Prunus avium*
„Vogel" in Verbindung mit einem Pflanzennamen weist nicht unbedingt auf einen Wert für den Menschen hin; eher ist das Gegenteil richtig. Bei der Vogel-Kirsche wäre es aber falsch, in ihren Früchten nur Vogelfutter zu sehen. In ihrer Wildform wächst sie in Mitteleuropa auf lehmigen, nährstoffreichen und eher feuchten Böden an lichten Waldstellen und nahe dem Waldrand. Dort kann sie als Baum Höhen von 15—25 m erreichen und fällt vor allem während ihrer Blühperiode im April und Mai auf. Vermutlich haben schon unsere Vorfahren in der Eisenzeit entdeckt, daß die Früchte gut schmecken. Sicher haben die Römer Kirschen in Kultur genommen. Heute gibt es zahlreiche Kultursorten, die letztendlich auf die „Vogel-Kirsche" zurückgehen. Allerdings unterscheiden sich deren Früchte in vielen Merkmalen von den Früchten der Wildform, nicht zuletzt im Geschmack, ein Umstand, der uns veranlaßt, die Kultursorten, die von ihr abstammen, „Süß"-Kirschen zu nennen.

4 **Schlehe** *Prunus spinosa*
Wer einmal versucht hat, ein Schlehengebüsch zu durchdringen, wünscht es sicher zum Teufel. Es dürfte ihm kaum gelungen sein, es sei denn, er hat mit üblen Kratzern der spitzen Sproßdornen bezahlt. Gleichwohl wollen Vogelfreunde Schlehen als Feldgehölz nicht missen, vor allem, wo es auf sonst nicht nutzbaren Riegeln aus Lesesteinen zwischen Äckern oder auf mageren Böden im Gebüschmantel von Wäldern vorkommt. In gleich gutem Ansehen steht die Pflanze bei den Imkern; denn im März und April — in Monaten, in denen Bienen noch keine übergroße Auswahl haben — sind die 1—3 m hohen und über und über mit weißen Blüten bedeckten Büsche eine gute Bienenweide. Dennoch hat die Pflanze auch ihre Tücken: Wo Grenzertragsböden in Schlehennähe aufgegeben worden sind, ergreift sie von diesen alsbald Besitz und ist schon nach wenigen Jahren nur noch mit Mühe zu beseitigen. Schafweiden, die nicht regelmäßig befahren werden, sind fast überall in Gefahr, von der sehr konkurrenztüchtigen Art überwuchert zu werden.

2
3
1
4

Blütenpflanzen — Familie Schmetterlingsblütengewächse *Fabaceae (Leguminosae)*

1 Gaspeldorn *Ulex europaeus*
Die eigentliche Heimat dieser schönen, ginsterartigen Pflanze ist Westeuropa, dort sind es die Gegenden, in denen die Luftfeuchtigkeit hoch und der Boden sauer ist. Daher dringt sie im Süden Mitteleuropas nur örtlich im Südschwarzwald auf das Ostufer des Rheins vor; hingegen besiedelt sie die küstennahen Heiden in Nordwestdeutschland, wenngleich sie dort kaum irgendwo wirklich häufig ist. Im Unterschied zu ähnlich aussehenden Arten aus anderen Gattungen stehen beim Gaspeldorn die Blüten stets einzeln in den Blattachseln; sie werden wenigstens 2 cm lang. Wo es der Pflanze zusagt, erreicht sie Höhen zwischen 50—120 cm. „Dornig" sind hier die dünnadligen Blätter mit ihrer stechenden Spitze. Am Ansatz der Zweige sind sie oft dreiteilig.

2 **Pfeil-Kleinginster,** Flügel-Ginster *Genistella sagittalis (Genista sagittalis)*
Da wächst eine Pflanze in Büschen, die 15—25 cm hoch werden. Im späten Frühjahr oder im Frühsommer trägt sie kopfig gehäuft gelbe Blüten und hat keine Blätter (oder doch nur einzelne), stattdessen aber breite, fast blattartige Stengel. Wem das auffällt, der steht vor dem Pfeil-Kleinginster. In der Tat sind in Mitteleuropa Pflanzen mit so extremer Anpassung an Trockenheit, hervorgerufen durch überstarke Sonnenbestrahlung, sehr selten. Der Pfeil-Kleinginster besiedelt denn auch fast ausschließlich trockene, etwas saure Hänge, die nur lückig bewachsen sind; er geht aber auch auf sandige Heiden, an Wald- und Wegränder. Die verbreiterten Stengelflügel erzeugen genügend organische Substanz, von der die Pflanze auskömmlich leben kann. Sie sind um so kräftiger ausgebildet, je stärker Besonnung und Trockenheit auf die Pflanze einwirken. Deshalb findet man beblätterte Exemplare auch an verhältnismäßig schattigen und feuchten Stellen, sofern sie dort überhaupt noch unter Wildbedingungen konkurrenzfähig sind.

3 **Deutscher Ginster** *Genista germanica*
Auf Heiden, in lichten, trockenen Wäldern oder auf sauren Wegrainen trifft man die Pflanze im Mai oder Juni blühend an. Sie bildet Büsche, die 30—60 cm hoch werden und deren Stengel mindestens in Bodennähe dornig sind, nicht hingegen unterhalb der traubigen Blütenstände. Die Blätter werden 1—2 cm lang und sind behaart. Leider muß man—will man bei der Bestimmung sichergehen — an der Blüte die Länge des Schiffchens (unterstes, gekieltes Blütenblatt) mit der Länge der Fahne vergleichen (Fahne = oberstes Blütenblatt): Das Schiffchen muß eindeutig länger als die Fahne sein. Der Deutsche Ginster ist im Tiefland mit hoher Luftfeuchtigkeit sehr selten und fehlt dort auch größeren Gebieten. Sein Verbreitungsschwerpunkt liegt in Südosteuropa. Zumindest seine Samen enthalten giftige Alkaloide.

4 **Besenginster** *Sarothamnus scoparius*
Eigentlich sollte man nur an verhältnismäßig wenigen Stellen in Mitteleuropa noch Aussicht haben, den Besenginster anzusehen. Dazu würden saure Böden in niederschlagsreichen Gebieten des Schwarzwaldes gehören und sandige Heiden und Wälder im Nordwesten Deutschlands. Jedenfalls sollte es sich durchweg um Gegenden handeln, in denen die Pflanze winters entweder von Schnee bedeckt und so vor Frösten sicher ist, oder in denen schärfere Fröste schon gar nicht auftreten. Der Grund für die verhältnismäßige Seltenheit wäre die Eignung der „Ruten" zum Binden von Besen, weshalb man die Pflanze oft dort ausgerottet hat, wo sie ursprünglich wild vorkam. Dennoch kann man sie in Wäldern fast überall antreffen, wo der Boden wenigstens oberflächlich versauert ist, sofern das Winterklima ein Überleben zuläßt. Die Forstleute haben nämlich erkannt, daß gerade nährstoffarme, vor allem stickstoffarme Böden durch den Besenginster verbessert werden können: Er beherbergt als „Symbionten" in seinen Wurzeln Bakterien, die den Luftstickstoff zu binden vermögen, was „normale" Pflanzen nicht können. Weil oftmals Besenginstersamen an denselben Stellen gesammelt wird wie Samen von Nutzholz auch, kommt es immer wieder vor, daß einzelne Pflanzen verschleppt werden und unvermutet da auftauchen, wo man sie gar nicht erwartet. An ihren großen Blüten und ihren fünfkantigen Zweigen ist die Art kenntlich.

4
1
3
2
gb

Blütenpflanzen — Familie Schmetterlingsblütengewächse *Fabaceae (Leguminosae)*

1 Dornige Hauhechel *Ononis spinosa*
Die Dornige Hauhechel, die um 1/2 m hoch werden kann, erträgt Mahd gar nicht und setzt sich vor allem auf Weiden durch, wo sie dank ihrer Bewehrung einen gewissen Fraßschutz hat. Vermutlich will das uns heute schwer verständliche Wort auf ein Werkzeug verweisen, mit dem man früher Flachsfasern und Hanf „kämmte". Wo sie vorkommt — in trockeneren Rasen, auf Weiden oder an Wegrainen — ist sie den ganzen Sommer über eine der schönsten Blütenpflanzen, nimmt man sich nur die Mühe, sie einmal genauer anzusehen. Man wird dann auch gewahr, daß bei aller Ähnlichkeit nicht nur der Bedornungsgrad von Pflanze zu Pflanze wechselt, sondern daß Jungpflanzen oft dornenlos sind, weswegen sie von Schafen durchaus gerne gefressen werden. Ja, in Notzeiten des Mittelalters haben sich die Menschen aus Hauhechelblättern sogar Salat bereitet. Beigetragen haben mag hierfür auch die damals weitverbreitete Nutzung der Pflanze zu Heilzwecken. Sie enthält ätherische Öle, denen eine harntreibende Wirkung nicht abgesprochen werden kann.

2 Blaue Luzerne *Medicago sativa*
In manchen Gegenden Süddeutschlands ist die Luzerne unter dem Namen „Ewiger Klee" bekannter als unter ihrer korrekten Bezeichnung. Er weist nicht nur auf die Verwandtschaft mit Kleearten hin, sondern auch auf ihre Nutzung als ihnen gleichwertige Futterpflanze, ja auf ihre diesbezügliche Überlegenheit, zumindest Besonderheit, trotz jahrelangen Abmähens immer wieder auszutreiben. Je nachdem, wie lange man sie wachsen läßt, erreicht sie Höhen zwischen 50—80 cm, wobei natürlich der Nährstoffgehalt des Bodens eine nicht unwesentliche Rolle spielt. An ihn stellt sie ohnehin gewisse Ansprüche. Andererseits führt sie dem Boden — wie alle Schmetterlingsblütengewächse — dank der symbiontisch in den Wurzeln lebenden stickstoffbindenden Bakterien — indirekt Stickstoffsalze zu. Wegen ihrer Bodenansprüche und aus arbeitstechnischen Gründen hat sie ihre ehemalige Bedeutung als Futterpflanze verloren. Dagegen trifft man sie in ihrem ehemaligen Anbaugebiet — und das ist fast ganz Mitteleuropa — verwildert an Standorten an, die ihr zusagen. Meist steht sie dann an trockenen Rainen und Wegrändern, häufig in Nachbarschaft mit der Sichel-Luzerne, mit der sie sich kreuzt.

3 Sichel-Luzerne *Medicago falcata*
Alle Fachleute sind sich einig: Die Sichel-Luzerne ist in Mitteleuropa seit alters heimisch. Sie kommt vor allem in Gegenden mit kalkhaltigem Boden vor und besiedelt dort Wald- und Wegränder, und — falls es sie noch gibt — wenig genutzte, trockene Rasen. Trotz ihrer stattlichen Büsche, die flächig wachsen können (und dann manchmal nur 10 cm hoch werden) oder aber buschig bis 50 cm in die Höhe, übersieht man sie in ihrer Blühperiode zwischen Spätfrühling und Frühsommer nicht selten. Die Blüten sind trotz (oder wegen) ihrer gelben Färbung zu dieser Jahreszeit nicht auffällig genug. Dabei zeigen sie häufig Bemerkenswertes: Wo zugleich verwildert die Blaue Luzerne wächst, sind Bastarde häufig. Ihre Blütenfarbe geht dann von hellem Blau über Grünlichgelb zu Schmutziggrün in allen nur denkbaren Abstufungen. Gerade diese leichte Mischbarkeit der beiden „Arten" läßt trotz des leichten Unterscheidenkönnens zwischen den „reinen" Formen immer wieder Zweifel daran aufkommen, ob es berechtigt ist, hier von „Arten" zu reden. Vielleicht müßte man die beiden Luzernen besser als Angehörige einer sehr vielgestaltigen Art ansehen.

4 Hopfen-Schneckenklee *Medicago lupulina*
Es ist das Schicksal dieser Pflanze, übersehen oder womöglich verkannt zu werden. Dabei fehlt sie in Mitteleuropa auf leidlich nährstoffreichen Böden kaum einer Rasengesellschaft, und manchem Zierrasen gereicht sie durchaus nicht zur Zierde. Ihre kleinen Blütenköpfchen haben stets mehr als 10 Blüten, 50 kommen schon mal vor. Anders bei ihrem „Doppelgänger", dem Faden-Klee *(Trifolium dubium)*, bei dem im Köpfchen nur 5—10 Blüten stehen. In Grenzfällen wird die Entscheidung schwer, weil beide ähnliche Standorte bevorzugen. Ein recht verläßliches Kennzeichen für den Hopfen-Schneckenklee ist dann noch das „Spitzchen" am Ende der Teilblätter.

4
3
2
1
gb

Blütenpflanzen — Familie Schmetterlingsblütengewächse *Fabaceae (Leguminosae)*

1 Weißer Steinklee *Medicago albus*
Zwischen Bahnschotter, an Dämmen und Rainen, Wegen und Waldrändern wird man den Weißen Steinklee kaum irgendwo vergeblich suchen, wo der Boden kalkhaltig und einigermaßen nährstoffreich ist. Kaum zu glauben, daß diese Pflanze Mitteleuropa möglicherweise erst vor etwa 500 Jahren besiedelt hat. Sicher liegt ihr ursprüngliches Verbreitungsgebiet in Südosteuropa, Osteuropa und im Mittelmeergebiet. Warum und wann sie genau zu uns kam, liegt im Dunkeln. Genutzt hat man sie wohl nicht. Mindestens wäre dies nicht problemlos gewesen. Wer die Pflanze preßt und trocknet, dem wird der Duft nach Waldmeister nicht verborgen bleiben. Er kommt von Cumarin, das die frische Pflanze gebunden enthält und das beim Trocknen frei wird. Feucht geschnitten, bildet dieser Stoff im absterbenden Weißen Steinklee eine Verbindung, die die Blutgerinnung hemmt. Fressen Rinder solch feuchtes Heu, dann können sie an verhältnismäßig geringfügigen Wunden verbluten. Andererseits sind ausgewachsene Pflanzen — sie erreichen meist 1 m Höhe oder mehr — schon so zäh, daß sie ohnedies von weidenden Tieren meist verschmäht werden.

2 Echter Steinklee, Gelber Steinklee *Melilotus officinalis*
Mit den deutschen Namen wird man nicht glücklich, gleich welchen man wählt. „Echt" ist der Weiße Steinklee ebenso wie der Echte, wenn damit nichts weiter gesagt sein soll, als daß er zur Gattung Steinklee gehöre; und gelbblühende Arten gibt es ursprünglich wild in Mitteleuropa wenigstens zwei, von denen allerdings eine, der Hohe Steinklee *(Melilotus altissima)* ebenso selten ist wie zwei eingeschleppte Arten, die ebenfalls zumindest blaßgelb blühen. „Echt" ist hier die Eindeutschung von „officinalis", und so nennt man die Pflanze, die man arzneilich nutzt. Das hat man des Cumaringehalts wegen tatsächlich früher getan. Ob der Echte Steinklee eine wirksame Arznei gegen das war, wogegen man ihn brauchte, ist mehr als fraglich. Vom seltenen Hohen Steinklee kann man ihn übrigens nur durch mühsames Vergleichen von Blütenbestandteilen sicher unterscheiden.

3 Hasen-Klee *Trifolium arvense*
Hervorstechendstes Merkmal dieses Klees sind weder die weißrötlichen Blütchen — die haben andere Arten auch — noch das walzenförmige Köpfchen: Es ist die dichte Silberbehaarung dieses Köpfchens, die durch die langen Kelchhaare gebildet wird. Diese Eigenschaft stand gewiß bei dem Volksnamen Pate. Zugegebenermaßen fühlen sich die Blütenköpfchen fellartig an. Im Gegensatz zu manch anderer Art der Gattung sieht man den Hasen-Klee nicht übermäßig gern. Er wächst auf trockenen Rasen mit saurem Untergrund, lückig bewachsenem Sand, aber auch auf Äckern. Vom Vieh wird die Pflanze ihrer Härte wegen meist verschmäht. Überdies ist ihr Gehalt an verwertbaren Nährstoffen auch ziemlich gering. Früher verwendete man den Hasen-Klee in der Volksheilkunde, vermutlich mit zweifelhaftem Erfolg; denn man hat in ihm keine Inhaltsstoffe gefunden, die eine solche Anwendung rechtfertigen könnten.

4 Persischer Klee *Trifolium resupinatum*
Noch etwa ein Jahrzehnt nach dem 2. Weltkrieg hätte man diese aus dem Mittelmeergebiet stammende Pflanze gewißlich in keinem Buch berücksichtigt, das die heimische Pflanzenwelt zum Inhalt hat und sich nicht ausdrücklich an Fachleute wendet. Daß dem heute anders ist, hängt mit Fortschritten in der Futterpflanzenzucht zusammen. Erst in den letzten Jahrzehnten ist es nämlich gelungen, aus Wildformen eine Rasse zu züchten, die im mitteleuropäischen Klima gedeiht und die zugleich eine hohe Wuchsleistung aufweist, wenngleich das so erzeugte, als Viehfutter nutzbare Pflanzengewebe recht wasserhaltig ist. Dennoch verdrängt diese Kleeart mehr und mehr die Luzerne. Vielerorts ist ihre Wüchsigkeit so gut, daß sie an Wildstandorten erfolgreich konkurriert. Man findet sie vor allem an Wegrändern, Rainen und auf Schuttplätzen. Einzelpflanzen sind leicht daran kenntlich, daß die Fahne „verkehrt", nämlich nach unten steht. Äcker, die mit Persischem Klee bestanden sind, riecht man meist, so stark duften sie nach Honig.

2
3
4
1

Blütenpflanzen — Familie Schmetterlingsblütengewächse *Fabaceae (Leguminosae)*

1 Feld-Klee *Trifolium campestre*
Von den Klee-Arten mit gelben Blüten ist der Feld-Klee der häufigste, wenngleich er auf sehr nährstoffarmen Böden in der Regel fehlt und hinsichtlich seiner Bodenansprüche als eher wählerisch gelten darf. Er will lockere und nährstoffreiche, meist auch kalkhaltige Böden, die im übrigen nicht allzu kühl sein und nach Möglichkeit nicht regelmäßig gedüngt werden sollten. Daher findet man ihn vorwiegend in trockenen Rasen, an Bahndämmen und Wegrainen. Kenntlich ist der Feld-Klee am eindeutigsten an dem Endblättchen, das auffallend länger gestielt ist als die beiden Seitenblättchen. Nach der Blüte, die vom frühen bis in den späten Sommer geöffnet sein kann, ist typisch, daß die vertrockneten Blütenblätter an der Frucht verbleiben. So wird ein Verwehen durch den Wind ermöglicht.

2 Weiß-Klee *Trifolium repens*
Diese Art braucht man kaum jemandem vorzustellen, der einen Rasen besitzt oder der je in einem Schwimmbad auf der Liegewiese gelegen hat: Was da Klee-Blätter hat und meist reinweiße Schmetterlingsblüten in einem Köpfchen, die von Mai bis Herbstbeginn geöffnet sein können, die gerne von Bienen beflogen werden (sehr zum Ärger für „Barfüßer", die auf solchen Rasen gelegentlich einen Stich in die Fußsohle abbekommen), was da niederliegende und wurzelnde Stengel hat, oft in so dichtem Netz, daß Graswuchs unterdrückt wird: Das ist der Weiß-Klee. Was macht ihn zu diesem ungeliebten Gast gerade in Zier- oder Nutzrasen, die betreten werden wollen? Seine Widerstandsfähigkeit gegen Tritt zum Beispiel. Wird ein wurzelndes Stengelstück von der ursprünglichen Hauptpflanze abgetrennt, was schadet das schon? Damit ist ja aus einem „Individuum" ein zweites geworden, eine Vermehrung hat durch die Beschädigung stattgefunden. Andererseits faßt der Weiß-Klee selbst in verdichteten Böden noch Wurzeln, wenn sie nur genügend Stickstoffsalze enthalten, die er übrigens indirekt wie andere Schmetterlingsgewächse auch noch anreichert. Da er auf betretenen Rasen kaum längere Zeit ferngehalten werden kann, hat man aus der Not vielfach schon die Tugend gemacht, ihn gerade den Samenmischungen für „Strapazierrasen" gleich beizugeben.

3 Rot-Klee *Trifolium pratense*
Spätestens seit der Mensch den Wald in Mitteleuropa gerodet hat, ist hier der Rot-Klee auf Wiesen heimisch. So weit wir wissen, wird er in Deutschland seit dem 11. Jahrhundert als Futterpflanze angebaut. Unter diesen schreibt man ihm diesselbe Bedeutung zu wie dem Weizen unter den Getreiden. Wirklich durchgesetzt hat sich der Anbau von Rot-Klee jedoch erst im 18. Jahrhundert, als die Beweidung der Brache in der damaligen Dreifelderwirtschaft immer mehr zurückging. An ihre Stelle trat im Sommer die Stallfütterung mit Rot-Klee. Besondere Verdienste um die allgemeine Einführung des Rot-Klees als Futterpflanze machte sich J. C. Schubart aus Würschnitz bei Zeitz in Sachsen, der dafür im Jahre 1780 von Josef II. als „Edler von Kleefeld" geadelt wurde. Auch in Fettwiesen versucht man, wo möglich, die Art einzubringen, zumal sie in verschiedener Hinsicht — auch durch die Tiefe, in die sie ihre Wurzeln vortreiben kann — zur Bodenverbesserung beiträgt.

4 Zickzack-Klee *Trifolium medium*
Namengebend für die Art ist der häufig zickzackförmig geknickte Stengel. Doch handelt es sich bei dieser Besonderheit um kein sicheres Artkennzeichen. Will man beim Erkennen sichergehen, muß man sich schon die Mühe machen und aus dem 2—3 cm langen Köpfchen eine einzelne Blüte mit der Pinzette herausholen. Sie darf kaum gestielt, ihr Kelch muß — mit Ausnahme seiner Zähne — kahl sein und überdies 10 Nerven aufweisen. Um dies alles festzustellen, braucht es neben einer Lupe auch noch Geduld.
Wer lernen will, Pflanzen sicher anzusprechen, sollte sie in diesem Falle aufbringen. Denn der Zickzack-Klee ist häufig, vor allem auf trockenen Wiesen und Rasen, aber auch in lichten Wäldern und Gebüschen. Vor allem dort wird er nicht selten mit dem Rot-Klee verwechselt.

4
3
gb
2
1

1 Wundklee *Anthyllis vulneraria*
Man braucht keine überschießende Phantasie, um anhand des Namens in der Pflanze eine alte Heilpflanze zu erkennen. Obschon man in ihr keine Inhaltsstoffe gefunden hat, die für die Wundpflege eine Bedeutung haben könnten (die Saponine, die sie führt, sind in dieser Hinsicht wirkungslos), ist der Art ihr Volksname geblieben. Auffällig ist ihre große Vielgestaltigkeit. So verwundert es nicht, daß manche Sippen schon im späten Frühjahr, andere noch im Frühherbst blühen, manche kaum 10 cm Höhe erreichen, andere gut 30 cm. Schließlich trifft es für manche Individuen zu, nennt man ihre Blütenfarbe hellgelb; andere sind ausgesprochen goldgelb, ja braungelb oder haben rötliche Töne wenigstens in einem Teil der Blüten. So vielgestaltig in allen Pflanzenteilen die Angehörigen dieser Art auch sind: Eines haben sie immer — ein auffällig vergrößertes Endblättchen an den gefiederten Blättern, die untersten Blätter sind zuweilen ungeteilt.

2 Hornklee *Lotus corniculatus*
Diese Pflanze trifft man auf trockenen Standorten: trockenen Rasen, nicht allzu feuchten Wiesen, an Wegrainen, ja gelegentlich zwischen Schotter vom Spätfrühling bis in den Frühherbst blühend an. Man übersieht sie aber häufig, obschon sie zwischen 10—30 cm hoch werden kann und Blüten mit einer Länge um 1 cm besitzt, von denen 3—6 in einem lockeren Köpfchen beieinander stehen. Oft ist ihre Fahne, gelegentlich auch das Schiffchen an seiner Spitze rot angelaufen. Auf den trockenen Standorten vermag der Hornklee zu gedeihen, weil er seine Wurzeln über 1 m in die Tiefe vortreiben kann, wo er fast immer noch genügend Feuchtigkeit vorfindet. Seine grünen Teile enthalten ziemlich viel Eiweiß und gelten daher als gutes Viehfutter.

3 Spargelerbse *Tetragonolobus maritimus (Lotus siliquosus)*
Wo immer die Spargelerbse auch wächst, ist es zumindest zeitweise feucht und gelegentlich sogar überschwemmt. Gleichwohl sollten an ihrem Standort Nährsalze nicht gerade Mangelware sein. In dieser Hinsicht hat sie eine ziemlich seltene Besonderheit: Sie erträgt im Boden eine hohe Konzentration löslicher Bestandteile. Diese müssen durchaus nicht von ihr genutzt werden können. So kommt sie auch durch, wo Kochsalz so reichlich vorhanden ist, daß viele Pflanzen dort nicht mehr wachsen. Andererseits findet man sie noch im Oberlauf mancher Alpenflüsse an Uferstellen mit tonigem Boden. Kenntlich ist die Spargelerbse leicht an ihren stets einzelnen Blüten, die ausgesprochen hellgelb sind und 2—3 cm lang werden. Ihre Blätter und Stengel sind eigentümlich bläulichgrün. Je nach Standort trifft man sie vom späten Frühjahr bis in den Hochsommer hinein blühend an; sie wird selten höher als 40 cm.

4 Hufeisenklee *Hippocrepis comosa*
Die Früchte der Schmetterlingsblütengewächse sind Hülsen, mehr oder minder gestreckte Samenbehälter, die aus einem Fruchtblatt gebildet werden, ganz im Gegensatz zu den äußerlich ähnlichen Schoten der Kreuzblütengewächse, die stets aus zwei Fruchtblättern entstehen und daher eine Scheidewand besitzen. Dieses charakteristische Merkmal hat früher den Namen „Hülsenfrüchtler" für die Familie abgegeben, als deren Angehörige wir Erbse und Bohne sicherlich in der Schule kennengelernt haben. Ihre Hülsen — lang und gerade — prägen denn auch weithin das Bild dieser Frucht. Nicht zu Recht, wie wir meinen. Denn die Formenmannigfaltigkeit unter den Hülsen ist außerordentlich groß. Beim Hufeisenklee ist die Hülse gebogen wie ein Hufeisen. Daher der sonst kaum verständliche Name.
Steht die Pflanze in Felsspalten, Steinbrüchen oder schütteren Rasen — wobei der Untergrund immer kalkhaltig sein muß — dann fällt sie auf blanker Erde oder blankem Fels zur Blütezeit im Spätfrühjahr bis in den Hochsommer auf, obwohl sie nur 10—30 cm hoch wird und nur 4—8 Blüten von kaum Zentimeterlänge in ihren Köpfchen stehen. Die Art ist an ihren gefiederten Blättern mit 9—15 Teilblättchen und ihrem saftigen Grün, das zuweilen rötlich überlaufen ist, auch blütenlos einigermaßen gut kenntlich.

4
1
3
2
gb

Blütenpflanzen — Familie Schmetterlingsblütengewächse *Fabaceae (Leguminosae)*

1 **Süßholz-Tragant** *Astragalus glyciphyllos*
Beim Süßholz-Tragant schmecken (wie es der wissenschaftliche Artname treffend sagt) vor allem die Blätter süßlich und nicht, wie bei vielen Pflanzen aus der weiteren Verwandtschaft, bitter. Er gedeiht am besten in lichten Wäldern und Gebüschen, wobei er etwas kalkhaltigen Lehmboden und warmen Stand bevorzugt. Infolgedessen kommt er meist einzeln an seinen Wuchsorten vor, fällt aber auf, weil er 50—130 cm lange Stiele ausbildet, die allerdings mehr bodennah wachsen und nur an den Enden aufgebogen sind. Seine Blätter haben 11—31 Teilblättchen und werden über 20 cm lang. Die in einer köpfchenartigen Traube angeordneten, gelblichen Blüten fallen im Sommer nicht auf, wenngleich sie meist deutlich größer als 1 cm sind. Den Süßholz-Tragant hat man früher vielfach als Heilpflanze genutzt.

2 **Robinie** *Robinia pseudacacia*
Dem wissenschaftlichen Gattungsnamen sieht man an, daß durch ihn jemand geehrt werden soll. Durchaus nichts Ungewöhnliches in der wissenschaftlichen Namensgebung. Viele bedeutende Biologen wurden so „verewigt". Hier ist es aber ein wenig anders. Da führte im Jahre 1601 der Franzose J. Robin aus dem Osten Nordamerikas eine Pflanze ein, die er und andere für eine „Akazie" hielten. Schließlich steckte damals die Pflanzensystematik in den Kinderschuhen. Aber Robins Landsmann, J. P. de Tournefort, der von 1656—1708 lebte, merkte bald, der eingeführte Baum könne keine „echte" Akazie sein, weil er dieser gegenüber zu große Unterschiede im Blütenbau zeigte. Was tat es? Der Baum erwies sich als recht robust und war bereits im 17. Jahrhundert über den größten Teil Europas verbreitet worden. Er liebt nährstoffreiche, lockere Böden, durchwurzelt sie stark und festigt sie dadurch vor allem an Hängen. Weil er „industriefest" ist, wie wir das heute nennen, wurde er an vielen Bahneinschnitten als Böschungsfestiger angepflanzt. Selbst an Tunneleingängen kam er im Zeitalter der Dampflokomotive gut durch. Auch die Bienenzüchter haben ihm da und dort Wuchsorte geschaffen, weil seine Blüten nektarreich sind, wenngleich die Blühperiode fast nur auf den Monat Juni beschränkt ist. Forstleute hat das Holz nicht zu locken vermocht, weil es nichts hat, womit es einheimische Arten überträfe. Doch sah man in dem Baum einen Konkurrenten für Dorflinde, Roßkastanie und andere Siedlungsbäume, zumal die Robinie Schnitt gut erträgt.

3 **Kronwicke** *Coronilla varia*
Im eigentlichen Tiefland wird man die Kronwicke nur ausnahmsweise antreffen, wohl aber auf trockenen Rasen und an Wegrainen, sofern der Boden einigermaßen nährstoffreich, möglichst etwas kalkhaltig und vor allem warm ist. Da fällt sie den ganzen Sommer durch ihre Reichblütigkeit auf. 10—20 Blüten, die 1—1,5 cm lang werden, stehen in einem Blütenstand, der allerdings meist unter 50 cm über den Untergrund erhoben wird. Über die Stengellänge sagt dies wenig, da die Stengel flach wachsen und sich erst an den Enden aufbiegen: Sie werden oft erheblich länger als 1 m, eine Einzelpflanze vermag somit mit ihren zahlreichen Stengeln eine respektable Fläche zu bedecken. Wo sie einmal Fuß gefaßt hat, setzt sie sich nicht zuletzt wegen ihrer beträchtlichen Giftigkeit durch, die für sie einen gewissen Fraßschutz bedeutet.

4 **Esparsette** *Onobrychis viciifolia*
Ob die Esparsette schon seit langer Zeit in Mitteleuropa wild vorkommt, darüber mag man sich streiten. Hierfür spricht eine gewisse Formenmannigfaltigkeit. Andererseits ist urkundlich belegt, daß man sie zwischen dem 15. und 16. Jahrhundert wohl zunächst in Frankreich als eiweißreiches Viehfutter in Kultur genommen hat. Heute wird sie kaum mehr angebaut, weil ihre Produktionskraft verglichen mit anderen Lieferanten eiweißreichen Futters zu gering ist. Auf mageren, kalkreichen Böden trifft man sie indessen fast überall an, sei es an Wegrainen oder Waldsäumen, auf ungenutzten Weiden oder mäßig hoch gelegenen alpinen Matten.

2
3
gb
4
1

1 Zaun-Wicke *Vicia sepium*
Sowohl der wissenschaftliche als auch der deutsche Name verweisen auf einen bevorzugten Wuchsort der Pflanze: Gebüschsäume, Waldränder und lichte Waldstellen. Doch kommt sie auch an Wegen und auf Wiesen vor. Sie blüht vom späten Frühjahr bis Sommerende und wird immerhin unter günstigen Bedingungen 30–60 cm hoch. Diese will sie durchaus: Vor allem Nährstoffe, besonders Stickstoffsalze im Boden. Gerade, wo Laub verwest, findet sie diese, und selbstverständlich auch in gedüngten Wiesen. Dort sieht man sie nicht ungern. Denn sie liefert ein eiweißreiches Futter. Es wäre durchaus überlegenswert, ob und unter welchen Bedingungen es sich lohnen könnte, sie Wiesensaatgut beizumischen. Wie viele ihrer Verwandten hat sie aber verhältnismäßig große Samen und wäre – selbst wenn man die Anzucht saatgutliefernder Pflanzen lohnend gestalten könnte – von nur geringer „Ausgiebigkeit".

2 Vogel-Wicke *Vicia cracca*
Vom frühen Sommer bis in den späten Herbst fällt die Pflanze durch den Reichtum an Blüten auf, die in einem Blütenstand stehen: selten sind es nur etwa 10, häufiger 30 oder mehr. Sie werden um 1 cm lang, und obwohl sie recht dicht stehen, kommt durch ihre Anzahl ein ansehnlich langer Blütenstand zustande. Die Blätter mit ihren 16–20 schmalen Teilblättchen fallen dadurch auf, daß sie in Ranken enden. Mit ihrer Hilfe klimmt die oft über einen Meter lange, aber dünnstengelige Pflanze an anderen, standfesteren empor, sei das nun Getreide oder seien es Brennesseln. Wo beide gedeihen, nämlich auf eher tiefgründigen, nährstoffreichen und oft lehmigen Böden, kommt auch die Vogel-Wicke durch. Der Name, den sie trägt, ist durchaus herabsetzend gemeint: Die Vogel-Wicke ist die für den Menschen nicht genießbare, den Vögeln überlassene Wicke.

3 Erdnuß-Platterbse *Lathyrus tuberosus*
Ein rotes Schmetterlingsblütengewächs in Getreidefeldern, das zu blühen anfängt, wenn die Halme ihre Endhöhe etwa erreicht haben: Das ist der einfachste und am typischen Wuchsort dennoch recht zuverlässige Steckbrief für unsere Pflanze. Wie viele Getreideunkräuter geht sie auch auf Schutt; doch dort kann es ähnlich aussehende, seltenere Arten ebenfalls geben. Mit der Erdnuß-Platterbse hat es in gewisser Weise eine besondere Bewandtnis. Man hätte sie sicher noch vor zwei Jahrzehnten zu den absolut seltenen Getreideunkräutern gerechnet. Schließlich stellt sie Anforderungen an den Untergrund, die nicht überall gegeben sind: Sie will reichlich Nährstoffe und vor allem Kalk. Wo letzterer fehlt, braucht man sie infolgedessen nicht zu suchen. Zudem liebt sie durchaus Wärme. Das schloß sie vom Tiefland seit je praktisch aus, ebenso von den Gebieten Mitteleuropas mit kalkarmen oder kalkfreien Böden. Doch wo sie vorkam, war sie früher halt eines unter den viel zahlreicheren, typischeren Unkräutern, wie Klatsch-Mohn, Rittersporn, Kornblume. Heute jedoch fällt sie auf, obschon sie wahrscheinlich nur relativ zunimmt. Sie keimt nämlich recht spät im Jahr. Deswegen werden ihre Jungpflanzen üblicherweise von den Herbiziden, die Unkräuter zum Absterben bringen, noch gar nicht erfaßt. Rasch rankt sie sich mit ihren Blättern ans Licht und bildet in Getreideäckern oft ausgedehnte Nester. Vor allem, wenn das Getreide schon gelb wird, fallen diese mit ihrem saftigen Grün schon von weitem auf.

4 Frühlings-Platterbse *Lathyrus vernus*
Etliche Platterbsen-Arten zeigen einen beachtlichen Wechsel in ihrer Blütenfärbung, unter anderem auch die Frühlings-Platterbse: Sie blühen rot auf, werden dann violett, schließlich blau und im Welken fahlblau oder gar weiß. Das hängt mit einem Wechsel des Säuregrads im Zellsaft zusammen, in dem der Farbstoff gelöst ist. Nicht er ändert sich, sondern seine Fähigkeit, Licht bestimmter Wellenlänge zurückzuwerfen.
Die Frühlings-Platterbse erkennt man an ihrem vierkantigen Stengel, dem breite, flügelartige Leisten fehlen und an ihren unterseits grasgrünen, gefiederten Blättern, bei denen die Fiederblättchen eiförmig sind und der Blattstiel statt in einem Endblättchen in einem Spitzchen endet.

1
4
3
2

Blütenpflanzen — Familien Sauerkleegewächse *Oxalidaceae,* Storchschnabelgewächse *Geraniaceae*

1 **Wald-Sauerklee** *Oxalis acetosella*
Trotz der Ähnlichkeit in der Blattform ist der Sauerklee mit Klee-Arten nicht näher verwandt. Das zeigt schon die 5-blättrige weiße Blüte mit ihren violetten Adern, die man um die Zeit sehen kann, in der die Laubbäume ausschlagen. Wälder sind auch der Lebensraum des Wald-Sauerklees. Er besiedelt in ihnen ausgesprochen schattige Stellen und bildet deswegen selbst in älteren Fichtenforsten, in denen sonst kaum eine Blütenpflanze durchkommt, zuweilen ausgedehnte Bestände. Dort kommt ihm überdies zustatten, daß er humusreichen und eher sauren Boden liebt. Die Schattenverträglichkeit beruht auf der hohen Ausnutzungsfähigkeit der Lichtenergie für chemische Vorgänge, die im Blatt ablaufen.
Selbst wenn der Sauerklee nur 1% des Lichts erhält, das man im Freien bei unbedecktem Himmel messen kann, erzeugt er noch so viel Nahrungssubstanz, wie er in 24 Stunden verbraucht. Er muß also selbst unter so extrem ungünstigen Bedingungen noch keine Reserven angreifen. Andererseits erreicht er seine volle Produktionsleistung schon bei 10% des vollen Tageslichts. Bekommt er mehr Licht, dann beeinträchtigt dies sein Gedeihen. Als „Gegenmaßnahme" vermag er dann die Teilblättchen abzusenken, bis sie fast senkrecht nach unten hängen. Diesen Absenkeffekt kann man übrigens durch wiederholte Berührung über längere Zeit auch mehr oder minder stark auslösen. Die Blätter enthalten Oxalsäure und Oxalate und schmecken deswegen sauer. Gerade diese Verbindungen werden von vielen Menschen zumindest in größerer Menge schlecht vertragen, und Nierenkranke sollten sie besser ganz meiden. Daher darf man Wald-Sauerklee als schwach giftig einstufen.

2 **Blutroter Storchschnabel** *Geranium sanguineum*
Vielleicht sollte man heute besser die Frucht eines „Storchschnabels" vorzeigen, die man bei irgendeinem Vertreter der Gattung wohl überall finden kann, um damit zu erklären, wie denn der Schnabel des bei uns fast ausgestorbenen Storches ausgesehen hat. Er war ja für den Pflanzennamen Taufpate, nicht umgekehrt die Frucht der Pflanze für den Vogel. Mit dem Namen Blutroter Storchschnabel führt man wahrscheinlich auch anders in die Irre: Er wurde vermutlich nicht seiner Blütenfarbe wegen so genannt, sondern weil er im Wurzelstock Gerbstoffe enthält, die früher als blutstillendes Mittel verwendet wurden. Die Art gehört zu den selteneren der Gattung. Sie ist wärmeliebend und kommt außer in trockenen, ungenutzten Rasen in lichten Trockenwäldern und Gebüschen vor. Kenntlich ist sie an den stets einzelstehenden Blüten, die sommers offen sind, sowie an den Blättern.

3 **Wiesen-Storchschnabel** *Geranium pratense*
Von allen Arten der Gattung ist sie wohl die bekannteste: Sie blüht vom frühen Sommer bis in den Herbst, und wo sie auf Wiesen oder grasigen Wegrändern vorkommt, bildet sie meist größere Bestände. Mit ihren Blüten, die 2,5—4 cm im Durchmesser erreichen, gehört sie schließlich zu den Pflanzen unserer Flora mit den auffälligsten und größten Blüten. Für Kenner ist beachtenswert, daß die Knospen erst aufrecht stehen und dann nicken. Geht die Blüte auf, richtet sich auch die sich öffnende Knospe auf. Nach der Bestäubung krümmen sich die Blütenstiele wieder abwärts. Die Bewegungen werden durch ungleiches Wachstum an den Flanken der Stiele verursacht.

4 **Ruprechts-Kraut**, Stinkender Storchschnabel *Geranium robertianum*
Bereits die Blattgestalt macht das Ruprechtskraut unter seinen Verwandten unverwechselbar: Es besteht aus drei völlig getrennten Teilblättchen, die ihrerseits wiederum stark fiederteilig sind. Die Blüten stehen wie bei vielen Arten der Gattung immer zu zweien beieinander. Wegen ihrer Kleinheit sind sie unscheinbar, doch vom frühen Sommer bis in den Spätherbst trifft man geöffnete Blüten an.
Wenn die Luftfeuchtigkeit nicht zu niedrig ist, kommt das Ruprechtskraut an allen möglichen Standorten nicht allzu selten vor. Wertvoll und gern gesehen ist es auf Gesteinsschutthalden, die es festigt. Es enthält ätherische Öle, Gerbstoffe und einen noch nicht näher bekannten Bitterstoff. Daher wurde es früher als Heilpflanze verwendet.

1
4
3
2
gb

Blütenpflanzen — Familie Rautengewächse *Rutaceae*, Kreuzblümchengewächse *Polygalaceae*

1 **Diptam** *Dictamnus albus*
Der Diptam genießt gesetzlichen Schutz; zu Recht, denn er kommt in Mitteleuropa nur an vereinzelten Standorten vor. Sein Hauptverbreitungsgebiet liegt im Mittelmeergebiet und im warmen Südosteuropa. Hier wie dort besiedelt er kalkreichen, steinigen, lockeren Boden, der viel Wärme erhalten sollte, andererseits aber nicht voll der Sonne ausgesetzt sein darf — wenigstens nicht während des ganzen Tages. Daher findet man die seltene Pflanze vor allem in und an trockenen Gebüschen, an Waldrändern und auf Lichtungen in Trockenwäldern. Die Pflanze blüht im Mai und Juni. Ihre Blüten duften nach Zitrone. Sehr sicher kann man dies deswegen nicht feststellen, weil die Blätter, die übrigens unpaarig gefiedert und deutlich durchscheinend punktiert sind, an warmen Tagen so viel ätherisches Öl verdunsten, daß die Luft nicht nur von dessen Aroma „geschwängert" ist, sondern mit ihr regelrecht ein brennbares Gemisch bildet. Von der Entflammbarkeit dieses Gasgemisches kommt der örtlich geläufige Name „Brennender Busch". Diese ätherischen Öle, aber auch Saponine und giftige Alkaloide machten den Diptam vor allem im Mittelalter zu einer viel benutzten Heilpflanze. Man zog ihn, wo immer möglich, in Gärten. Möglicherweise ist der eine oder andere Standort der Pflanze entstanden, indem sie aus einer solchen Gartenkultur verwilderte. Als Zierpflanze ist sie außer Mode gekommen. Schließlich ist unseren Vorfahren spätestens mit dem Aufkommen der modernen Medizin die Heilwirkung des Diptams mehr als fraglich geworden.

2 **Zwergbuchs,** Buchsblättrige Kreuzblume *Polygala chamaebuxus (Chamaebuxus alpestris)*
Dieser kaum eine Hand hohe, immergrüne Zwergstrauch gehört trotz seiner wenigen Blüten zu den Glanzstücken und nicht nur zu den Raritäten unserer Flora. Die Blüten können nämlich fast weißgelb, reingelb, braungelb oder tieforange sein, und Kombinationen dieser Töne sind eher die Regel als die Ausnahme. Der Verbreitungsschwerpunkt der Art liegt sicher in den Alpen und im Mittelmeergebiet, und auch dort ist sie selten, selbst wo ihr die Bedingungen zusagen.
Sie braucht krümeligen, lockeren und kalkhaltigen Boden; zuweilen genügen ihr Felsspalten, die damit angefüllt sind. Meist jedoch besiedelt sie Waldränder, Trockenwälder, trockene Gebüsche und trockene Rasen und Matten. In den kalkhaltigen Mittelgebirgen trifft man sie da und dort noch an. Obwohl sie keinen gesetzlichen Schutz genießt, sollte man sie und ihre Standorte sorgsam schonen.

3 **Bitteres Kreuzblümchen** *Polygala amara*
Mit den Kreuzblümchen-Arten haben auch Fachleute „ihr Kreuz". Sie ähneln sich nicht nur, sondern treten oft sowohl mit rosaroten als auch mit blauen Blüten auf. So das Bittere Kreuzblümchen, bei dem in weiten Gegenden die blaßblaue Form häufiger zu sein scheint. Einen Vorteil vor den anderen Arten der Gattung hinsichtlich der Erkennbarkeit hat es indessen: Seine Blätter schmecken nach längerem Kauen bitter. Obwohl man den Bitterstoff bis heute nicht näher kennt, hat man die Pflanze früher zuweilen als Heilpflanze verwendet. Sie blüht im Mai und Juni, wird kaum 15 cm hoch und fällt trotz ihrer rund 10 Blüten pro Stengel wegen deren Kleinheit kaum auf.

4 **Gemeines Kreuzblümchen** *Polygala vulgaris*
Wo Aberglaube im Spiel ist, scheint man Mühe nicht zu scheuen. Der dem Griechischen entstammende Name deutet darauf hin. Er bedeutet nämlich etwa: „viel Milch". Früher glaubte man, die Pflanze fördere, wie andere Arten der Gattung auch, dem Futter beigemischt die Milchleistung der Kühe. Deshalb sammelte man sie zuweilen und gab sie Kühen zu fressen. Das war sicherlich mühsam. Die kaum mehr als 20 cm erreichenden Pflänzchen fallen nämlich mit ihren meist blauen Blüten kaum auf und bilden vor allem in Wiesen, in denen sie vorkommen, nie Bestände. Auch wo sie zahlreich sind, wachsen sie immer sehr verstreut, und man muß schon aufpassen, wenn man viele ergattern möchte. Das Gemeine Kreuzblümchen kann nur mit viel Übung sicher von anderen, ähnlichen Arten der Gattung unterschieden werden.

1
3
4
2
gb

1 Sonnwend-Wolfsmilch *Euphorbia helioscopia*
Zuweilen wundert man sich, wenn man zwar durchaus häufige, aber ebensowenig auffallende wie nutzbare Pflanzen betrachtet und hört, welche ins Einzelne gehende Beachtung sie schon vor Jahrhunderten gefunden haben. Mit gutem Grund darf man zu dieser Gruppe von Pflanzen die Sonnwend-Wolfsmilch rechnen. Sie kannte mit Sicherheit schon Plinius, der 23—79 n.Ch. lebte. Und bereits ihm war aufgefallen, daß dieses unscheinbare Unkraut aller Hackkulturen seinen Blütenstand nach der Sonne dreht. Auf diese Eigenheit beziehen sich sowohl der deutsche wie auch der wissenschaftliche Artname (helios, gr. = Sonne; skopein, gr. = schauen). Kenntlich ist die Art an ihren meist 5 (seltener nur 4) Strahlen in der Trugdolde und den querovalen, gelben Drüsen im Hüllbecher. Wie alle Wolfsmilch-Arten führt auch die Sonnwend-Wolfsmilch weißen Milchsaft. Sie ist giftig.

2 Süße Wolfsmilch *Euphorbia dulcis*
Von den zahlreichen Wolfsmilch-Arten kommen nur wenige ausschließlich in Wäldern vor. Die Süße Wolfsmilch gehört zu ihnen. Sie ist unscheinbar und, weil grünlich „blühend", auch zur Blühperiode im Mai und Juni nicht auffällig, obwohl sie 10—50 cm hoch wird. Obschon sie außer reinen und überdies dichten Nadelforsten nahezu alle Wälder besiedelt, die einigermaßen nährstoffreichen, wenigstens etwas kalkhaltigen und nicht zu trockenen, mullreichen Boden haben, wird sie vielfach übersehen, auch wenn man neben ihr steht. Auf „Wolfsmilch" kommt man, wenn man den weißen Milchsaft aus abgerissenen Pflanzenteilen quellen sieht; sicher auf die Art, wenn man die Blätter wechselständig vorfindet und die querovalen Drüsen in Farben von Gelb, Grün oder Rötlich sieht. Wie alle Wolfsmilch-Arten ist auch sie giftig.

3 Zypressen-Wolfsmilch *Euphorbia cyparissias*
Es wäre müßig zu streiten, ob diese Art innerhalb der Gattung in Mitteleuropa am häufigsten ist oder ob sie eine der in Hackkulturen auftretenden Arten überflügelt. Jedenfalls fehlt sie trockenen Rasen, Wegrainen, Dämmen und Waldrändern fast nirgends in Mitteleuropa, und übrigens ist sie dank ihrer nadelartigen Blätter, ihres gattungstypischen „Blütenstands" (sie blüht im späten Frühjahr bis zum Frühsommer) und ihres Milchsafts nicht zu verwechseln. Eine entfernt ähnliche und seltene Art hat Blätter, die breiter als 3 mm sind, ein Maß, das die Zypressen-Wolfsmilch nicht erreicht. Natürlich ist auch sie giftig, und deswegen wird sie von Weidetieren nicht gefressen. Andererseits ist sie erstaunlicherweise die einzige Futterpflanze für die Raupen des Wolfsmilchschwärmers.
Noch erstaunlicher ist eine andere Eigenheit, die man auf Anhieb gar nicht als solche der Zypressen-Wolfsmilch erkennt. Meist bildet die Pflanze an ihren Wuchsorten Bestände. Sucht man mit etwas Geduld, wird man unter den „typischen" Pflanzen rasch solche finden, die zwar auch Milchsaft haben, aber die selbst zur Blütezeit nicht blühen. Auch ist ihre Wuchsform anders: Die Blätter kurz und dicklich, die Pflanze unverzweigt, Stengel und Blätter sind auffallend gelbgrün. Des Rätsels Lösung? Es handelt sich um eine erkrankte Zypressen-Wolfsmilch. Sie wurde vom Erbsenrost befallen (s.S. 46). Ein Blick auf die Blattunterseite zeigt es sofort: Dort sieht man meist zahlreiche rote Pusteln. Wodurch der Gestaltwandel und die Änderung im Blühverhalten zustandekommen, ist noch unbekannt.

4 Kleine Wolfsmilch *Euphorbia exigua*
Auf kalkhaltigen Böden kann man die Art in Gärten, auf Schuttplätzen, aber auch auf Wegen und an Dämmen antreffen — und übersehen. Zwar wird sie 5—25 cm hoch, doch wirkt sie wegen ihrer schmalen und spitz zulaufenden Blätter ausgesprochen zierlich. Sie steht vom späten Frühjahr bis in den Frühherbst in Blüte. Wer schon einen Blick dafür hat, erkennt an dem eigentümlichen Blütenstand sofort die Gattung. Der Milchsaft, der aus einem gepflückten Stengel quillt, bestätigt die Diagnose. Obschon kaum jemand auf den Gedanken kommen dürfte, den Milchsaft zu kosten, sei sicherheitshalber darauf hingewiesen, daß er giftig ist.

4
3
1
2

Blütenpflanzen — Familien Wolfsmilchgewächse *Euphorbiaceae,* Buchsbaumgewächse *Buxaceae,* Spindelstrauchgewächse *Celastraceae,* Springkrautgewächse *Balsaminaceae*

1 **Wald-Bingelkraut** *Mercurialis perennis*
Pflanzen, bei denen wie beim Bingelkraut „männliche" Exemplare neben „weiblichen" vorkommen, unterscheidbar dadurch, daß die einen nur Staubblätter in ihren Blüten, die anderen nur Narben und Fruchtknoten tragen, nennt man zweihäusig. Sie sind in der Pflanzenwelt nicht allzu häufig. Doch das Wald-Bingelkraut gehört zu ihnen. In mull- und nährstoffreichen Laub- und Mischwäldern, die auf oft etwas steinigem Boden stocken, bedeckt es zuweilen in Massenbeständen den Boden und fällt vor allem im Frühjahr auf, wenn Grün oder blühende Pflanzen dort noch selten sind. Zwar blüht es um den Blattaustrieb, doch besticht es mit seinen grünlichen, kleinen, unscheinbaren Blüten weniger als durch seine 10—30 cm hohen Bestände. Gerade die Trennung in männliche und weibliche Pflanzen hat die Pflanze indirekt berühmt gemacht. Nachdem man fast zwei Jahrhunderte hindurch allerlei Spekulationen über die Geschlechtlichkeit der Pflanzen angestellt hatte und durch Worte allein nicht zum Ziel gekommen war, gelang es dem Tübinger Professor der Medizin und Direktor des damaligen Botanischen Gartens der Universität, R. J. Camerarius, durch Versuche u. a. am Bingelkraut, die Geschlechtlichkeit der Pflanzen nachzuweisen (herbis, non verbis, d. h. „durch die Pflanze, nicht mit Worten", wie er sich ausdrückte). Es muß dies um 1690 gewesen sein. Jedenfalls berichtet er über seine Entdeckung in einem Brief an einen Gießener Medizinprofessor im Jahre 1694 bereits darüber. Obschon das Wald-Bingelkraut nicht wie die Wolfsmilch-Arten Milchsaft führt, ist es doch giftig.

2 **Buchsbaum** *Buxus sempervirens*
Liebhaber von Drechselarbeiten, seien es wertvolle Schachfiguren oder sehr passable Pfeifenköpfe, sollten dieses Gewächs eigentlich als „Rohstofflieferant" kennen. Den meisten indessen ist es als Ziergehölz aus Parks und Gärten bekannt, wo es mit seinen immergrünen Blättern, einzeln, zu Hecken gepflanzt oder in fast widernatürliche Schnittformen gebracht, kaum irgendwo fehlt, wo die Winter nicht gar zu grimmig sind. In Mitteleuropa ist es wohl nur in Baden und an der Mosel wild, sonst gelegentlich verwildert oder ausgepflanzt. Buchse wachsen buschig oder als niederer Baum. Wie alt sie werden, ist umstritten. Stammstücke von 5 cm Dicke aus Frankreich wiesen rund 100 Jahresringe auf. Die Drechslerware, die meist aus Kleinasien stammt, hat dagegen meist 10 cm Stammdicke. Angeblich wurden Exemplare mit fast meterdickem Stamm in Asien gesehen. Der Buchsbaum ist giftig.

3 **Pfaffenhütlein** *Euonymus europaea*
Blühend kennt diesen 1—3 m hohen Strauch kaum jemand, fruchtend ist er wohl jedermann schon aufgefallen. Im Herbst klappen die fleischigen Samenmäntel zu einer Form auf, die dem Barett eines katholischen Priesters gar nicht so unähnlich ist. Auch an den jungen, vierkantigen Zweigen ist die Pflanze nichtblühend recht gut zu identifizieren. Man findet sie wild in Laub- und Mischwäldern auf lehmigem, eher feuchtem Boden. Sie geht auch ins uferbegleitende Gesträuch und wird — außer als robuste Zierpflanze — nicht selten ufernah gepflanzt. Vor allem in den Samen ist ein sehr giftiger Bitterstoff enthalten.

4 **Echtes Springkraut** *Impatiens noli-tangere*
Obschon durch den ganzen Spätsommer bis in den Frühherbst in den Blattachseln wenigstens 1—3 cm lange, gespornte Blüten hängen, die reizvoll rot gepunktet sind, fällt die Pflanze weniger durch sie auf als durch ihr glasiges Aussehen und insbesondere durch ihre eigenartigen Früchte, denen sie auch ihren Namen verdankt. In ihnen steht eine zentrale Säule unter hoher Gewebespannung. Bei Berührung oder Erschütterung trennen sich bei der reifen Frucht die Fruchtblätter voneinander und schleudern die Samen aus, die auf diese Weise mehrere Meter weit geworfen werden können. Deshalb wächst das Springkraut meist auch in ziemlich dichten Beständen, vorzugsweise in feuchten Wäldern oder in ufernahen Gebüschen, denn es liebt Schatten. Es ist schwach giftig.

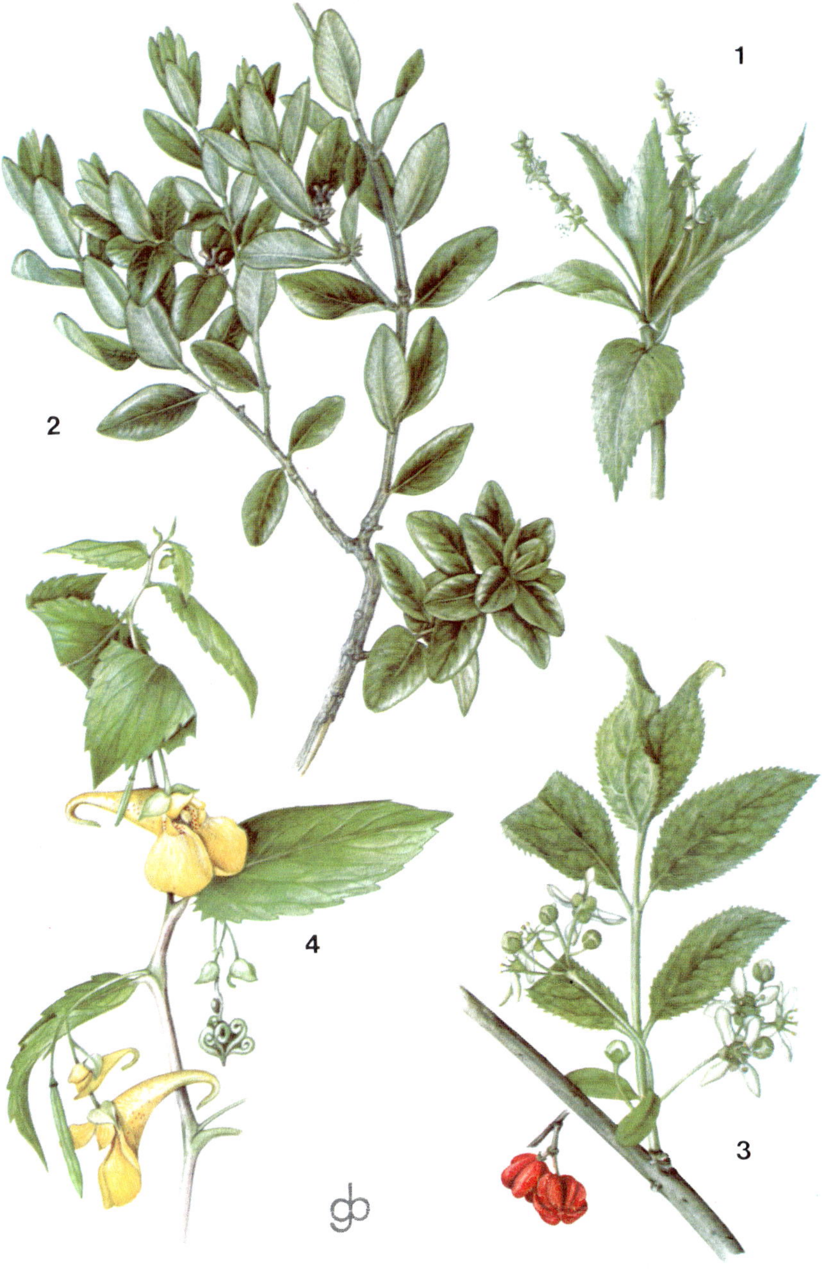
1
2
3
4

Blütenpflanzen — Familien Ahorngewächse *Aceraceae*, Roßkastaniengewächse *Hippocastanaceae*

1 Berg-Ahorn *Acer pseudoplatanus*
In der freien Natur fällt dieser Baum meist nicht auf, weil er „Schluchtwälder" als Wuchsort bevorzugt; steile, steinige Täler also, deren Flanken bewaldet sind, obschon der Untergrund dort meist felsig-schuttig und von Sickerwasser durchzogen ist.
Seine mehr als handtellergroßen Blätter sind 5-teilig, die Lappen laufen jedoch nie in eine ausgezogene Spitze aus. Zur Blütezeit im Spätfrühling hängen die unscheinbaren gelbgrünen Blüten in langer Traube. Früher wurde das Holz für Drechslerarbeiten wie auch als Brennholz sehr geschätzt. Heute hat es noch eine gewisse Bedeutung als Möbelholz. Ausgewachsene Bäume von rund 80—100 Jahren, die je nach Stand 10—30 m hoch werden können, bleiben, zwischen anderen stehend, bis in den Kronenbereich astrein.

2 Spitz-Ahorn *Acer platanoides*
Wer einen großblättrigen Baum in der Stadt antrifft, bei dem die 5- bis 7-lappigen Blätter in eine lange Spitze ausmünden und der auch ohne Schnitt eine fast regelmäßig runde oder doch querovale Krone besitzt, der hat einen Spitz-Ahorn vor sich. Von ihm gibt es neben der gerade beschriebenen Gartenform noch zahlreiche andere. Gleichwohl ist er einer der in Mitteleuropa wild vorkommenden Waldbäume. Allerdings ist er nirgends häufig. Er braucht feuchten, nährstoffreichen, lockeren und eher tiefgründigen als flachen oder gar felsigen Boden. Seine Wuchsorte sollten einigermaßen warm sein. Dennoch geht er in Schluchtwälder (wo er Südhänge bevorzugt), und auch in Auwälder. Da und dort hat man ihn auch forstlich angepflanzt, obschon sein Holz weniger feinfaserig ist als das des Berg-Ahorns und daher schlechter verwertet werden kann. Zur Blütezeit kann man beide Arten recht gut voneinander unterscheiden: Im Mai oder Anfang Juni treibt der Spitz-Ahorn meist aufrechtstehende, doldige Blütenstände aus.

3 Feld-Ahorn *Acer campestre*
Vom Feld-Ahorn trifft man häufiger buschig wachsende Exemplare als Bäume. So oder so werden sie nur 3—15 m hoch, ausgewachsen aber immerhin um 150 Jahre alt. Kenntlich ist die Art an ihren Blättern, die stets kleiner als 10 cm sind und nur 3—5 ausgesprochen stumpfe Lappen besitzen. Auffallend ist auch die korkige Rinde an älteren Zweigen. Als Forstholz ist die Art von untergeordneter Bedeutung. Doch kann sie als Windschutz im Gebüschmantel trockener Wälder oder als Vogelschutzgehölz auf steinigen und nicht nutzbaren Orten kaum überschätzt werden. Da sie Schnitt erträgt, eignet sie sich auch für robuste Heckeneinfriedungen. Gegenüber anderen Schnitthecken hat sie den Vorteil, daß man sie verhältnismäßig hoch wachsen lassen kann.

4 Roßkastanie *Aesculus hippocastanum*
Noch sind Roßkastanien aus dem Bild unserer Dörfer und Städte als Alleebäume kaum wegzudenken, und weil man sie gelegentlich — wenn auch vereinzelt — in Wäldern antrifft, kommt kaum jemand auf den Gedanken, sie habe irgendwann in unserer Heimat gefehlt. Und trotzdem ist die Roßkastanie kein einheimischer Baum. Er ist in Südosteuropa zu Hause. Vermutlich hat um 1576 Charles de L'Ecluse, der unter seinem latinisierten Namen Clusius besser bekannt ist, in Wien das erste Exemplar im dortigen botanischen Garten ausgepflanzt. Doch bereits im 18. Jahrhundert dürfte man sie überall in Mitteleuropa gekannt haben und pflanzte sie fortan zur Zierde im Stadtgebiet und als Wildfutterlieferant in Wäldern aus.
Heutzutage ist sie allerdings in Siedlungen wegen ihrer Salzunverträglichkeit, ja ihrer Umweltempfindlichkeit überhaupt, vielerorts bedroht. Trotzdem ist sie noch so häufig, daß ein Hinweis auf eine Blütenbesonderheit lohnt: Unbestäubte Roßkastanienblüten besitzen ein gelbes Saftmal, bestäubte ein rotes. Offensichtlich wird dieses „Signal" von den bestäubenden Insekten gelernt. Es wurde mehrfach berichtet, daß rotmalige Blüten wesentlich seltener beflogen werden als solche mit gelbem Saftmal. Der Grund fürs rasche Lernen? Bestäubte Blüten sondern praktisch keinen Nektar mehr ab.

1
2
3
4

Blütenpflanzen — Familien Lindengewächse *Tiliaceae,* Malvengewächse *Malvaceae*

1 Sommer-Linde *Tilia platyphyllos*
Die Sommer-Linde ist „die" Dorflinde. Heute muß man das sehr wörtlich nehmen! Denn sie verträgt Luftverunreinigungen, wie sie in Städten leider häufig vorkommen, ausgesprochen schlecht. Wild findet man sie vor allem in Schluchtwäldern auf nährstoffreichem, lockerem und daher oft etwas steinigem Lehmboden. Wo sie gut gedeihen soll, darf die Luftfeuchtigkeit nicht gar zu niedrig werden. Deshalb ist sie an ihren natürlichen Standorten wohl nie sehr häufig gewesen. Trotzdem hat man sie seit alters gepflanzt, oft an herausragenden Geländepunkten. Sehr alte Exemplare können bis zu 40 m hoch werden und einen riesigen Stammumfang bekommen. Die ältesten schätzt man auf rund 1000 Jahre! Doch sind auch schon halb so alte Bäume wahre Riesen und erhaltenswert. Kenntlich ist die Sommer-Linde nicht ohne weiteres. Die schiefherzförmigen Blätter tragen unterseits in den Nervenwinkeln ein weißes „Bärtchen" kurzer Haare.

2 Winter-Linde *Tilia cordata*
Auch die Winter-Linde wurde häufig an denselben Stellen angepflanzt wie die Sommer-Linde. Kein Wunder: Wild kommt sie an fast entsprechenden Standorten vor. Im Gegensatz zur Sommer-Linde sind bei ihr die „Bärtchen" in den Winkeln der Blattadern auf der Blattunterseite rotbraun. Obwohl die Winter-Linde etwas robuster ist, erträgt auch sie Streusalz im Boden und verunreinigte Luft schlecht. Gleichwohl gibt es auch von ihr noch jahrhundertealte Baumriesen, die allerdings mehr in die Breite als in die Höhe wachsen und 30 m selten überschreiten. Freistehend fallen sie indes schon von weitem auf. Die Gründe fürs Anpflanzen waren sicher stets vielfältig: Nutzung der Blüten als Tee, aber auch als Bienenweide. Während die Sommer-Linde in der Blüte während der ersten Juni-Hälfte nur 2-5 Blüten in einem kleinen, doldenartigen Blütenstand hat, trägt die Winter-Linde, die rund 14 Tage später und bis in den Juli hinein blüht, meist 5—11 Blüten zusammen. Bei gleichgroßen Bäumen — nimmt man es nicht allzu genau — kommt dies einer Verdoppelung des Nektarertrags fast gleich. Vielleicht hängt es damit zusammen, daß die Winter-Linde im Mittelalter „als des Heiligen Römischen Reiches Bienenweide" unter allerhöchstem Bann stand. Lindenblütenhonig bekommt unzweifelhaft einen Beigeschmack des sehr geschätzten ätherischen Öls und wird daher von Liebhabern noch heute teuer bezahlt.

3 Spitzblättrige Malve *Malva alcea*
Die Heimat der Spitzblättrigen Malve ist sicher das östliche Mittelmeergebiet und das weitere Umland des Schwarzen Meeres. Von dort gelangte sie im Gefolge der Besiedlung Mitteleuropas an ihre Standorte in diesem Gebiet. Sie liebt nämlich nährstoff-, insbesondere stickstoffreiche, etwas kalkhaltige, lockere Böden, wie man sie in Siedlungsnähe nicht allzuselten antrifft. Das hängt möglicherweise auch damit zusammen, daß man sie früher ihrer Schleimstoffe wegen als Arzneipflanze in Gärten zog, aus denen sie verwildert sein könnte. Doch ist dies sicher nicht der einzige Grund für ihr Vorhandensein in Mitteleuropa. Kenntlich ist sie an den hellroten, duftlosen Blüten, die 3—5 cm im Durchmesser erreichen können und daran, daß auch ihre obersten Blätter bis zum Grunde 5- bis 7-teilig sind.

4 Weg-Malve *Malva neglecta*
„Neglecta" kommt aus dem Lateinischen und bedeutet „vernachlässigt". Hinsichtlich des Gebrauchs als Volksheilmittel, wie man dies auch mit der Spitzblättrigen Malve getan hat, trifft diese Bezeichnung nicht zu. Sie bringt nur zum Ausdruck, gegenüber den anderen Malven-Arten sei die Weg-Malve mit ihrem niedrigen Wuchs — sie wird kaum einmal 30 cm hoch — und ihren vergleichsweise kleinen und nur blaßrosafarbenen Blüten „schlecht weggekommen". Auf stickstoffreichem Boden fehlt sie den dort wachsenden Unkrautbeständen kaum einmal oder irgendwo. Sie geht in Pflasterritzen ebenso wie auf Bahngelände, auf ehemalige Kompostlagerstätten oder auf das, was heutzutage von Dorfangern und Gänseweiden übriggeblieben ist. Gekannt hat man sie daher wohl zu allen Zeiten, und manch einer, der auf einem Dorf aufgewachsen ist, erinnert sich daran, daß ihre brötchenartigen Früchte ein nicht unübliches Spielzeug waren.

4
1
2
3

1 Niederliegendes Hartheu *Hypericum humifusum*
Unbestritten gehört das Niederliegende Hartheu mit seinem niederliegenden, kahlen Stengel, der deutlich zweikantig und hohl ist, zu den am leichtesten kenntlichen Arten der Gattung, doch trifft man es nicht überall an. Kalkböden z. B. meidet es. Der Untergrund, auf dem es gedeihen soll, muß feucht sein. Dann geht es auf Hackkulturen ebenso wie auf Waldboden, wo es allerdings lichte Stellen bevorzugt. Je freier es auf dem sonst „nackten" Boden wächst, desto eher fällt es mit seinen kleinen Blüten und seinem etwa handlangen Kriechstengel zumindest während der Blühperiode im Sommer auf. In dichtem Pflanzenbestand übersieht man es dagegen leicht.

2 Rauhes Hartheu *Hypericum hirsutum*
An den lichten Stellen feuchter Wälder mit lehmigem und etwas kalkhaltigem Boden trifft man diese Art verhältnismäßig häufig an. An ihrer unübersehbaren Behaarung kennt man sie leicht. Die „Blattpunkte" sind Behälter für ätherische Öle, nicht etwa für Wasser oder Luft. An beides könnte man denken, weil starke Behaarung typischer für Pflanzen ist, die auf trockenen Standorten wachsen — und daher viel Wasser verlieren können oder verbrauchen — als für solche an feuchten Wuchsorten. Ein biologischer „Sinn" des Haarwuchses ist auf den ersten Blick nicht erkennbar. Merkwürdigerweise fehlt Behaarung gerade jenen Arten, die am widerstandsfähigsten gegen Trockenheit sind.

3 Tüpfel-Hartheu *Hypericum perforatum*
Diese auch als „Johanniskraut" bekannte Art ist sicher in Mitteleuropa am häufigsten. Man findet sie in allen Wald- und Forsttypen an lichten Stellen, am Waldsaum, in Gebüschen, aber auch auf mageren Wiesen, Heiden, trockenen Rasen und selbst noch auf nicht zu hoch gelegenen alpinen Matten. Der Name Johanniskraut verweist auf den Aufblühzeitpunkt Ende Juni (24. Juni = Johannistag). Die Blühperiode dauert aber bis in den Herbst hinein an. Die Pflanze fällt weniger wegen ihrer Höhe (um 50 cm) auf, als dadurch, daß sie oft kleinere Bestände bildet. Früher spielte die Pflanze im Volksaberglauben eine beträchtliche Rolle. Zerquetscht man nämlich ihre Blüten, so verfärben sie sich rot. Darin sah man ein Symbol für Blut. In den Blütenblättern ist kristallisiert der rote Farbstoff Hypericin enthalten. Er ist verantwortlich für die „Lichtkrankheit", die bei Tieren auftritt, die Johanniskrautblüten gefressen haben. Nur wenn sie im Licht bleiben, kommt es zu schweren, ja tödlichen Vergiftungserscheinungen. Auch als Heilpflanze erfreute sich das Tüpfel-Hartheu eines guten Rufes. Unter anderem wurde es als fördernd für die Wundheilung betrachtet. Sofern es diese Wirkung wirklich geben sollte, wäre noch zu klären, ob dabei Hypericin eine Rolle spielt oder mehr die Gerbstoffe, die in der Pflanze in fast allen Organen enthalten sind. Über mögliche Wirkungen des ätherischen Öls, das auch in anderen Arten der Gattung auftritt, ist wenig Verläßliches bekannt.

4 Schönes Hartheu *Hypericum pulchrum*
Vermutlich kam die Art zu ihrem Namen, weil die Blütenblätter, die meist ausgesprochen goldgelb sind, am Rand schwarzrote Punkte tragen. Daran und an dem runden, kahlen Stengel ist die Art gut kenntlich. Sie kommt vorzugsweise auf kalkarmen oder kalkfreien Böden vor, die sandig oder lehmig sein können. In der Regel besiedelt sie lichte Stellen in Wäldern oder an Waldrändern. Möglicherweise erträgt die Art größere oder länger anhaltende Lufttrockenheit nicht. Darauf weist ihr Verbreitungsschwerpunkt in Osteuropa ebenso hin wie das Erlöschen ihres Vorkommens nördlich des Erzgebirges grob entlang dem Elbelauf.

2
4
3
1

Blütenpflanzen — Familien Zistrosengewächse *Cistaceae,* Veilchengewächse *Violaceae*

1 **Gelbes Sonnenröschen** *Helianthemum nummularium*
Das Gelbe Sonnenröschen kommt in Mitteleuropa in mehreren Rassen vor, die sich voneinander z. B. in der Blütengröße oder im Grade der Behaarung unterscheiden. Sicher können sie nur Spezialisten erkennen. Mit der Vielfalt im Äußeren geht auch eine Vielfalt der Besiedlungsmöglichkeiten einher. Doch läßt sich allgemein sagen: Trockene Rasen, Wegraine oder Gerölle werden eher besiedelt als Trockenstellen an Flachmooren. Auch hat man auf kalkhaltigem Untergrund eher das Glück, bei sonst gleichen Voraussetzungen Vertreter der Art anzutreffen. Hat man sie einmal wachen Auges betrachtet, wird man sie künftig kaum mehr verwechseln. In den wenigblütigen Blütenständen nicken die Knospen. Dann sieht man an den Kelchblättern, die sie umschließen, deutlich rötliche Streifen. Bei voller Sonne sind Blüten vom Sommer bis in den Frühherbst hinein offen. Je heller es ist, desto deutlicher spreizen die Staubblätter nach außen. Sie stehen nicht in Bündeln, wie wir das bei den Hartheu-Arten beobachten können.

2 **Acker-Stiefmütterchen** *Viola tricolor*
Der Name „Stiefmütterchen" spiegelt die rege Phantasie unserer Vorfahren wieder. Eine Erklärung, warum die Pflanze zu ihrem Namen gekommen sei, will wissen, das unterste Blütenblatt stelle die Stiefmutter dar. Da die angrenzenden Blütenblätter meist die gleiche Farbe haben wie das unterste, sollen sie die „leiblichen" Töchter sein, die von der Mutter „bevorzugt" würden. Die farblich häufig abweichenden beiden oberen Blütenblätter hingegen seien die „Stieftöchter". Auch andere Deutungen werden für den immerhin merkwürdigen Namen gegeben. Da er um 400 Jahre alt sein dürfte — schriftlich wird er schon 1600 erwähnt — wird man die Namengebung kaum mehr zweifelsfrei klären können. Sachlich hat es ohnedies gewisse Haken. Die Art ist nämlich außerordentlich vielgestaltig, und die Verschiedenfarbigkeit der einzelnen Blütenblätter muß gar nicht unbedingt ausgeprägt sein: Alle können — von strichförmigen Saftmalen abgesehen und einem intensiver gefärbten Blütenschlund — mehr oder minder gleich gefärbt und dann meist sehr hellgelb sein. Andererseits kommen Formen mit kräftig violett gefärbten oberen Blütenblättern vor. Acker-Stiefmütterchen findet man vor allem in Hackkulturen, aber auch auf Schotter oder an Wegrändern, seltener auf alpinen Matten oder Schutthalden. Vielfach zog man sie früher in Gärten als Heilpflanze und wendete sie gegen alle möglichen Beschwerden an. Obschon man vor allem in der Wurzel Saponine gefunden hat, steht man heute den berichteten Heilerfolgen äußerst skeptisch gegenüber.

3 **Wald-Veilchen** *Viola sylvestris*
Vom zeitigen Frühjahr bis zum Abschluß des Laubaustriebs trifft man diese „Art" in fast allen einigermaßen lichten Wäldern reichlich an, wenngleich sie kaum irgendwo geschlossene Bestände bildet. Gegenüber anderen Arten erkennt man sie an den meist über 2 cm langen Blättern, von denen einige an den kahlen Blütenstielen sitzen. Unscharf ist bei dieser Pflanze nur der Artbegriff. Auf eher sauren Böden überwiegen Formen mit dickem, oft weißlichem Sporn, auf mehr kalkhaltigen solche mit dünnem, blauvioletten Sporn. Daher hat man auch schon zwischen zwei Arten unterschieden. In vielen Gebieten gibt es aber alle Übergänge zwischen den Extremen.

4 **Rauhes Veilchen** *Viola hirta*
Diese Veilchen-Art trifft man vorwiegend in lichten und eher trockenen Wäldern und Gebüschen an, doch geht sie auch auf entsprechende Wiesen. Wo der Boden wenigstens etwas kalkhaltig ist, wird man sie kaum vergeblich suchen. Da sie im April und Mai blüht, fällt sie trotz ihres niedrigen Wuchses von kaum 10 cm auf, zumal an einem Wurzelstock meist mehrere, blattlose, lang gestielte Blüten stehen. Ihre Blätter sind dreieckig oder länglicheiförmig und behaart. Obwohl auch bei anderen Veilchen-Arten die Samen durch Ameisen verschleppt werden, scheint dies doch beim Rauhen Veilchen besonders häufig vorzukommen.

3
1
2
4

1 **Lorbeer-Seidelbast** *Daphne laureola*
Diese in Westeuropas Laubwäldern beheimatete Pflanze erreicht in Südbaden die Nordostgrenze ihres Verbreitungsgebiets. Sie braucht, damit sie gedeihen kann, nährstoff- und kalkreichen, warmen Boden, der eher trocken als feucht sein sollte. Frost erträgt sie schlecht. In den meisten Gebieten, in denen sie vorkommt, genießt sie gesetzlichen Schutz. Kenntlich ist die Art leicht an den immergrünen Blättern und den grünlichgelben Blüten, die zwischen März und Mai geöffnet sind. Als Früchte findet man schwarze Beeren. Wie ihr mitteleuropäischer Verwandter, dem sie im Höhenwachstum gleichkommt, ist sie ziemlich giftig!

2 **Gemeiner Seidelbast** *Daphne mezereum*
Obschon diese Pflanze gesetzlich geschützt ist, kennt sie wohl jedermann, nicht zuletzt, weil sie fast mit der Schneeschmelze zu blühen beginnt und noch im April blühend angetroffen werden kann. Auch scheinen die sehr stark duftenden Blüten direkt den holzigen Zweigen zu entspringen, ehe noch die Blätter sich entfaltet haben. Von ihnen sieht man während der Blühperiode meist nur eine mehr oder minder entfaltete, endständige, grüne Knospe oder ein gipfelständiges Blattbüschel. Diese Eigenschaften lassen den Gemeinen Seidelbast als erwünschte Gartenpflanze erscheinen. Daher wird sie von vielen Versandgärtnereien angeboten. Sie will aber einen eher schattigen oder wenigstens halbschattigen Stand und nicht zu trockenen Boden. Bedenklich ist auch ihre Giftigkeit, zumal ihre leuchtendroten Beeren auf Kinder eine nicht zu unterschätzende Lockwirkung ausüben. Vergiftungen sind in der Tat schon mehrfach vorgekommen, leider auch schon mit tödlichem Ausgang. Gartenbesitzer, die den Seidelbast anpflanzen, mussen sich der Gefahr bewußt sein, desgleichen alle, die sie zu recht fragwürdigen Heilzwecken gebrauchen wollen; abzuraten ist auch von äußerlicher Anwendung.

3 **Rosmarin-Seidelbast** *Daphne cneorum*
Wer diese Pflanze in freier Natur im April oder Mai an einem ihrer nur noch wenigen Standorte gesehen hat, wird verstehen, warum man sie gesetzlich schützt. Sie zählt zu den Kleinodien der Pflanzenwelt. Wegen ihrer Wuchsform in polsterähnlichem Verband, ihren immergrünen Blättern und ihrer Blütenfülle reizt es zugegebenermaßen, sie in Steingärten einzubringen. Wo man sie in Versandgärtnereien erwerben kann, mag man den risikoreichen Versuch wagen. Bekommt sie keinen zumindest schwach kalkhaltigen, humosen und doch eher nährstoffarmen Boden in sommerwarmer Lage, so geht sie unweigerlich zugrunde. Zahllose Naturstandorte wurden so durch Ausgraben in den letzten 100 Jahren nachweislich vernichtet, andere durch „Kulturmaßnahmen". Deshalb hat man, wo immer möglich, größere Standorte meist als Naturschutzgebiete ausgewiesen. Wie seine Verwandten, so ist auch der Rosmarin-Seidelbast giftig.

4 **Steinrösl** *Daphne striata*
Außerhalb der Alpen wird man diesen reizvollen Zwergstrauch vergeblich suchen. Dort aber gehört er zu den auffallendsten Erscheinungen, und dies, obschon er kaum einmal höher als 25 cm wird. Dafür tritt die Pflanze in Polstern auf. Ihre immergrünen Blätter, die an den Zweigenden rosettig gehäuft stehen, kontrastieren zur Blütezeit im Juni oder Juli zu den hellrosa Blüten, die bei näherem Betrachten eine feine Streifung zeigen. Das Steinrösl braucht kalkhaltigen Untergrund und besiedelt nicht selten feinerdereiche Felsspalten. In den nördlichen Kalkketten ist es sehr selten, in den südlichen selten. Es braucht viel Wärme. Wegen seiner Seltenheit genießt es gesetzlichen Schutz. Selbst dem, der eine wohlverdiente und unter Umständen empfindliche Strafe nicht scheut und das Steinrösl allen Verboten zum Trotz ausgräbt, um es in seinem Garten einzupflanzen, sei gesagt, daß es im Tiefland regelmäßig und sehr rasch zugrunde geht. Die Pflanze ist giftig.

1
2
3
4

Blütenpflanzen — Familien Ölweidengewächse *Eleagnaceae,* Weiderichgewächse *Lythraceae,* Nachtkerzengewächse *Onagraceae*

1 **Sanddorn** *Hippophae rhamnoides*
In welcher Hinsicht die alten Griechen den Sanddorn (sofern sie diese Pflanze überhaupt meinten) mit Pferden in Verbindung brachten, liegt im Dunkeln, obschon es mehrere Deutungsversuche gibt, von denen jedoch keiner befriedigt. Jedenfalls steckt in dem wissenschaftlichen Gattungsnamen „hippos", und das heißt Pferd. Aufschlußreicher ist hier schon der deutsche Name Sanddorn. Er verweist auf einen bevorzugten Wuchsort dieser Pflanze auf Schottern von Flüssen oder an sandigen Ufern, sei es von Flüssen, Seen oder an der Meeresküste. Der Strauch vermag auf diesen nährstoffarmen „Böden" nicht zuletzt deshalb gedeihen, weil in seinen Wurzeln Strahlenpilze leben, die den Stickstoff der Luft binden und so auch indirekt dem Sanddorn zugänglich machen können. Neuerdings sind Sanddornpflanzen aus den verschiedensten Gründen Ziersträucher in Gärten oder Anlagen geworden. Einer der Gründe ist ihr herbstlicher Beerenschmuck. Will man ihn haben, dann muß man aufpassen: Sanddorn ist nämlich zweihäusig, und dies bedeutet, es gibt männliche und weibliche Pflanzen. Natürlich tragen nur letztere Früchte und damit Beeren. Diese Beeren sind außerordentlich reich an Vitamin C (500 mg/100 g Früchte). Die Beeren sind eßbar und eignen sich gut zum Entsaften.

2 **Blut-Weiderich** *Lythrum salicaria*
Der Blut-Weiderich hat seinen Namen nicht in erster Linie deswegen erhalten, weil er rot blüht, sondern weil er früher als blutstillendes Mittel verwendet wurde. Hier mag er eine gewisse Wirkung haben, weil er Gerbstoffe enthält. Die auffällige Pflanze, die den ganzen Sommer hindurch blüht und meist zwischen 50 und 150 cm an Höhe erreicht, wobei im Blütenstand hundert oder mehr Blüten stehen können, trifft man vor allem auf ausgesprochen nassen Böden, also im Röhricht, auf Naßwiesen, Mooren und in Gräben. Für die Konkurrenzfähigkeit einer Art an so ausgesetzten Wuchsorten ist natürlich wichtig, daß neu auftretende Anlagen im Erbgut möglichst in allen Kombinationen „getestet" werden. Dies verlangt aber eine möglichst funktionierende Fremdbestäubung, damit die „Durchmischung", besser die Neukombination der Erbanlagen, auch zustandekommt. Hierfür sorgen beim Blut-Weiderich drei Blütentypen, die sich in Griffel- und Staubblattlänge voneinander unterscheiden. Zwischen den Blüten eines Typs, also eines Exemplars, ist eine Bestäubung daher schon technisch unmöglich.

3 **Berg-Weidenröschen** *Epilobium montanum*
Unter den Weidenröschen-Arten gibt es viele kleinblütige, die auseinanderzuhalten selbst Fachbotanikern Schweiß kostet. Eines der häufigen unter ihnen ist das Berg-Weidenröschen, das in feuchten Wäldern aller Art anzutreffen ist und im Sommer blüht. Seine Blütenblätter werden 8—12 mm lang und sind in der Mitte ausgerandet. Sein Stengel ist kahl, und die Blätter stehen oft im Wechsel an ihm. Sie werden 1—2,5 cm breit und zeigen unterseits ein deutliches Adernetz.

4 **Wald-Weidenröschen,** Stauden-Feuerkraut *Epilobium angustifolium (Chamaenerion angustifolium)*
Häufig, auffällig, schön und bemerkenswert: Diese Eigenschaften gelten für das Wald-Weidenröschen. Seine Blüten können 2,5—3 cm im Durchmesser erreichen und stehen zahlreich in einer endständigen Traube. Im Grunde will das Wald-Weidenröschen vor allem stickstoffhaltigen Boden und genügend Licht. Dann gedeiht es. Daher findet man es oft massenweise auf Waldlichtungen, an Waldrändern, aber auch an Bahndämmen, ja unmittelbar am Rand von Geleisen. Es erreicht Höhen zwischen 50 und 150 cm und blüht vom Spätsommer bis zum Frühherbst. Bemerkenswert sind vor allem die behaarten Samen, die auch die anderen Arten der Gattung auszeichnen, hier aber wegen ihrer Menge auffallen. Am Wald-Weidenröschen entdeckte im Jahre 1790 der Botaniker Sprengel die Fremdbestäubung.

1
2
3
4
gb

1 Wald-Sanikel *Sanicula europaea*
Von manchen Pflanzennamen, den wissenschaftlichen besonders, kennen wir die ersten Ursprünge nicht. Anders hier. Möglicherweise geprägt, jedenfalls erstmalig veröffentlicht hat ihn die Hl. Hildegard, die als Hildegard von Bingen bereits mit 8 Jahren 1106 in ein Benediktinerkloster eintrat, das später Zisterzienserkloster wurde. Sie muß für ihre Zeit eine ungewöhnlich gebildete und belesene Frau gewesen sein, die nicht nur theologische Schriften verfaßte und musisch begabt war. Sie ließ — in einem von ihr mit 50 Jahren gegründeten Kloster bei Bingen — in jede Zelle Wasserleitungen legen und erteilte u. a. bindende Ratschläge zur Zahnpflege. Kaiser Konrad III. und Friedrich Barbarossa holten Rat bei ihr. Zwischen 1151 und 1158 brachte sie in zwei Büchern medizinisches Wissen — nicht zuletzt über Heilpflanzen — zu Papier. In dem „Buch der einfachen Heilmittel nach dem Schöpfungsbericht geordnet" wies sie auf die Wald-Sanikel als eine blutstillende Droge hin. Sie muß die Pflanze für sehr wirksam gehalten haben; denn in dem Namen steckt das lateinische Wort sanare = heilen. Die Pflanze enthält zwar Saponine, einen Bitterstoff und Gerbstoffe, die blutungshemmend wirken. Aus der heutigen Heilkunde ist sie indes verschwunden, da wir bessere Mittel kennen.
Woran ist die Wald-Sanikel kenntlich? Die unscheinbaren Blüten stehen in köpfchenartigen Dolden, die nur winzige Hüllblätter haben. Die Blätter — meist nur am Grunde, seltener am Stengel stehend — sind handförmig geteilt. Wäldern mit feuchtem, mullreichem Lehmboden, die nicht zu dicht stehen, fehlt sie kaum irgendwo.

2 Große Sterndolde *Astrantia major*
Wegen ihrer ausgeprägten Hüllblätter, die fast wie Blütenblätter auf den unvoreingenommenen Betrachter wirken, erkennt man die Große Sterndolde nicht auf den ersten Blick als ein Doldengewächs. Wo sie vorkommt, bildet sie meist lockere, aber individuenreiche Bestände. Zu suchen braucht man sie nur in Kalkmittelgebirgen und in den Kalkketten der Alpen, trifft sie aber gebietsweise auch hier nicht an. Sie gedeiht in Schluchtwäldern, geht aber auch auf Bergwiesen und will frischen, nährstoffreichen Lehmboden, der aber nicht verdichtet sein darf.

3 Stranddistel *Eryngium maritimum*
Wer die Stranddistel an einem der wenigen Orte, an denen sie noch die Dünen in nennenswertem Maß besiedelt, in ihrer stacheligen Tracht und ihrem eigentümlichen Blaugrün womöglich im Sommer blühend angetroffen hat, begreift zweierlei: warum man die Pflanze gesetzlich schützt — so mancher Standort wurde wegen „haltbarer Trockensträuße" geplündert — und warum man sie unter den Dünenpflanzen die schönste nennt. An der deutschen Nord- und Ostseeküste kann man die Standorte zählen, an denen sie noch steht. Etwas günstiger sieht es mit ihrer Möglichkeit zum Überleben als interessante Art an den Gestaden des Mittelmeeres aus, vor allem dort, wo sich der Urlauberstrom noch nicht alljährlich in Massen über den Sand ergießt.

4 Wiesen-Kerbel *Anthriscus sylvestris*
Leicht kenntlich oder gar unverwechselbar ist der Wiesen-Kerbel wahrlich nicht. Es gibt eine ganze Reihe von Arten, die sich — hat man nur ein Exemplar vor sich — nur durch genaues Bestimmen identifizieren lassen. Dennoch kann man ihn kennenlernen: Er tritt nämlich auf all den Wiesen, denen man reichlich stickstoffhaltigen Dünger zugeführt hat, in solchen Massen auf, daß er im späten Frühjahr oder frühen Sommer mit seinen weißen „Schirmen" das Bild dieser Wiesen geradezu prägt.

1
2
3
4
gb

1 Sichel-Hasenohr *Bupleurum falcatum*
Zwei Eigenschaften besitzt das Sichel-Hasenohr, die es verhältnismäßig leicht kenntlich machen: die nicht aufgeteilten, ganzrandigen Blätter, die bei mitteleuropäischen Doldengewächsen nur bei zwei Gattungen vorkommen, und die ebenfalls nicht häufigen, gelben Blüten, die man den ganzen Sommer hindurch geöffnet finden kann. Die Dolden sind verhältnismäßig armblütig und tragen deutlich Hüllchenblätter und Hüllblätter unter den Blütenstandstrahlen. In Mitteleuropa kommt das Sichel-Hasenohr ausschließlich auf kalkhaltigen Böden vor, die einigermaßen sommerwarm sein sollten. Es besiedelt sowohl Trokkenwälder und trockenen Gebüsche, vor allem am Rand oder auf Lichtungen, geht aber auch gelegentlich an Wegränder oder in waldnahe Trockenrasen. Fast immer zeichnen sich die Blätter deutlich durch leicht geschwungene Blattränder aus, wodurch ihr schwach sicheliges Aussehen hervorgerufen wird (Name!).

2 Wiesen-Kümmel *Carum carvi*
Kümmel ist bestimmt als Gewürz oder Likör erheblich bekannter als als Pflanze. Sie ist eben ausgesprochen unscheinbar, auch wenn sie häufig vorkommt, wenngleich fast nie in Beständen, andererseits aber kaum einem Orte in Mitteleuropa fehlt. Man kann darüber streiten, ob sie im engen Sinn des Wortes eine „Wildpflanze" an all ihren heutigen Standorten ist oder eine verwilderte, die seit der unbestrittenen Wertschätzung der Pflanze irgendwann aus der Kultur ausgebrochen ist. Gleich den meisten Doldengewächsen hat sie eine reichblühende Dolde, die im Frühsommer in Blüte steht, zuweilen nochmals im Herbst, und fein mehrfach gefiederte Blätter. An ihnen indes ist eines unter ähnlichen Arten einmalig und damit ihr sicherstes Kennzeichen: Das unterste Paar von Blattfiedern steht am Grund der Blattscheiden! Die Früchte eignen sich als Gewürz oder zum Ansetzen von Likören wegen ihres hohen Gehalts an dem ätherischen Öl Carvon, dem man in den üblicherweise verwendeten Gewürzmengen durchaus eine verdauungsfördernde Wirkung bestätigen kann. Die oft knollig verdickte Wurzel der Pflanze wurde — in Notzeiten zumal — ähnlich wie Sellerieknollen auch als Gemüse oder Salat gegessen.

3 Giersch *Aegopodium podagraria*
Die Gicht oder Podagra, die man längst erloschen glaubte, die heute jedoch kein allzu seltenes Krankheitsbild mehr ist und die von ihr Befallenen außerordentlich quält, hat der Pflanze den Namen gegeben. Sie sollte die Schmerzen lindern, wenn man sie auf die erkrankten Körperpartien auflegte. Sie sollte — doch sie konnte nicht. Man hat keinerlei Wirkstoffe in ihr gefunden, die eine arzneiliche oder gar schmerzstillende Wirkung haben könnten. Zugegebenermaßen enthalten die Früchte ätherische Öle wie bei anderen Doldengewächsen auch, aber weniger als bei manch anderer Art. Der Giersch ist an seinen einfach oder doppelt dreiteiligen Blättern und seinem kahlen, hohlen Stengel und nicht zuletzt an seinen typischen Standorten erkennbar: Unkrautbestände vor allem in Gärten und Parkanlagen. Er geht aber auch in feuchte Wälder und Gebüsche; denn er liebt grundwasserfeuchte, nährstoff- und insbesondere stickstoffreiche Böden. Antreffen kann man ihn in Mitteleuropa überall.

4 Alpen-Mutterwurz *Ligusticum mutellina*
Von einzelnen Stellen am Feldberg im Südschwarzwald und im Bayerischen Wald abgesehen, braucht man die Alpen-Mutterwurz außerhalb der Alpen nicht zu suchen. Sie kommt auf alpinen Wiesen und Weiden mit genügender Bodenfeuchte vor, wobei sie Höhen zwischen 1500—2500 m bevorzugt. Zwar fallen dem Bergwanderer ihre roten Dolden auf. Erstaunt wäre er aber, grübe er die Pflanze aus und sähe, wie umfänglich die unterirdischen Organe verglichen mit den oberirdischen sind. Die Alpen-Mutterwurz genießt als Weidekraut einen legendären Ruf. Nicht zuletzt soll sie zur Güte der Alpenmilch beitragen. Verarbeitet ist sie übrigens auch Bestandteil mancher Kräuterkäse.

4
3
1
2

1 Wald-Brustwurz *Angelica sylvestris*
Wenn eine Pflanze — sowohl in der wissenschaftlichen als in der deutschen Benennung — so anspruchsvolle Bedeutungen enthält, muß sie hoch geschätzt worden sein. Allerdings zu Unrecht. Ein Jakob Theodor aus Bergzabern, der zwischen 1588 und 1591 ein voluminöses „Kreuterbuch" in zwei Bänden veröffentlichte, an dem er 36 Jahre gearbeitet haben soll, fixierte erstmalig den Namen „Angelica" auf diese Pflanze, weil sie den Menschen von Engeln gezeigt worden sein soll, damit sie sie gebührend nutzen. Tabaernaemontanus — wie sich Jakob Theodor der Zeitsitte gemäß nannte — mag daran geglaubt haben. Wir wissen über die Pflanze besser Bescheid. Sie enthält alle möglichen Inhaltsstoffe, darunter ätherische Öle, die in hoher Konzentration giftig wirken, denen aber eine hervorstechende Heilwirkung nicht zugeschrieben werden kann. Weiter kommen in der Pflanze Furocumarine vor. Es gibt Menschen, die — wenn man Ihnen Furocumarine mit Pflanzensaft auf die Haut bringt und diese Stelle dann dem Licht aussetzt — dort mehr oder minder heftige Rötungen und Schwellungen bekommen. Die Wald-Brustwurz liebt feuchten Lehmboden. Wo sie ihn in Wäldern, feuchten Wiesen, an Ufern oder auch in Unkrautbeständen vorfindet, da kann man sie antreffen. An ihren oft 50 cm langen Blättern und ihren bauchigen Blattscheiden sowie an dem hohlen, weiß-bläulich bereiften Stengel kann man sie einigermaßen gut erkennen.

2 Gemeiner Pastinak *Pastinaca sativa*
Gewiß ist der Pastinak ein Unkraut, das an Wegen, auf Schuttplätzen und gelegentlich an Getreideäckern oder Bahndämmen gedeiht. Es liebt stickstoffreichen, lehmigen Boden. Aber dieses Unkraut hat manches, was es zu einer „möglichen" Kulturpflanze macht. Seine Wurzel enthält reichlich Eiweiß, Stärke, Pektin und rund 30 mg Vitamin C pro 100 Gramm Frischgewicht. Kein Wunder, daß man sie da und dort als Wildgemüse nutzt oder doch genutzt hat. Extrakte aus der Wurzel wurden und werden manchen „Kräuterschnäpsen" zugesetzt. An den gelben Blüten und den oft nur einfach, gelegentlich auch zweifach gefiederten Blättern mit den verhältnismäßig groben Fiedern ist die Pflanze gut kenntlich.

3 Bärenklau *Heracleum sphondylium*
Diese Art der Doldengewächse ist möglicherweise in Mitteleuropa diejenige, die die meisten gestaltlich verschiedenen Formen ausbildet. Schon aus diesem Grund ist es sehr schwer, jedes einzelne Exemplar gegenüber selteneren oder eingeschleppten Arten richtig abzugrenzen. Fürs erste ist indessen hinreichend, wenn man zur Identifizierung auf die Randblüten der Dolde achtet: Bei ihnen sind die äußeren Blütenblätter deutlich vergrößert. Überdies ist fast allen Formen ein grober Blattzuschnitt eigen.
Der Bärenklau ist so häufig, daß er vielerorts nach dem ersten Schnitt mit seinen Blüten, die sich Ende Juni öffnen und im Oktober noch angetroffen werden können, das Gesicht der Wiesen prägt. So massenweise ist er meist als Wiesenkraut unwillkommen, weil seine Blätter beim Trocknen zerbröseln und nicht als „Öhmd" geborgen werden können. Jung sind sie besonders als Kaninchenfutter geschätzt und meist örtlich unter einem mehr oder minder ausgefallenen Volksnamen bekannt.

4 Wilde Möhre *Daucus carota*
Sie ist die Wildform der „Gelben Rübe", Karotte oder Möhre und damit eine der wichtigsten unserer Gemüsepflanzen. Genutzt wird die Wurzel, die — Geschmack hin, Geschmack her — immerhin in hoher Konzentration Provitamin A enthält. Es ist dies ihr roter Farbstoff. Warum manch einer sie weniger schätzt, liegt an dem Gehalt an ätherischen Ölen, der bei Kulturformen sehr gering, hoch hingegen bei der Wildrasse ist. Der Name Möhre kommt übrigens von der häufig fast schwarz oder doch sehr dunkelrot gefärbten Mittelblüte im Gesamtblütenstand, ein sicheres Kennzeichen der Art.

1
2
3
4

Blütenpflanzen — Familien Araliengewächse *Araliaceae,* Hartriegelgewächse *Cornaceae,* Krähenbeerengewächse *Empetraceae*

1 **Gemeiner Efeu** *Hedera helix*
Kletterer unter den heimischen Pflanzen sind selten, verhältnismäßig vielfältig dagegen die Mittel, mit denen sie das Emporwachsen bewerkstelligen. Der Efeu zum Beispiel bildet Haftwurzeln aus, mit denen er sich an der Unterlage festhält. Sie wachsen aus dem Stengel, und zwar offensichtlich an den Stellen mit Lichtmangel und nicht zu großer Feuchtigkeit. Wäre diese vorhanden, würden sie zu normalen Wurzeln mit all deren Fähigkeiten: Wasser- und Nährsalzaufnahme. So vermögen sie nur zu verankern. Efeupflanzen werden sicherlich sehr alt. So gibt es Pflanzen von mehreren hundert Jahren, deren „Stämme" Dezimeter dick sind, ja es wird von Exemplaren berichtet, die 1000 Jahre erreicht haben sollen. Merkwürdig ist auch das Blühverhalten des Efeus. Jung vermag er noch keine Blüten auszubilden. Erst ab etwa 10 Jahren, umweltabhängig auch etwas früher oder später, wird er blühfähig. Kenntlich wird dies bemerkenswerterweise daran, daß sich die Form der Blätter wesentlich ändert. An nichtblühenden Trieben sind sie charakteristisch 3- bis 5-lappig. Jetzt werden sie fast Birnbaumblättern ähnlich. Die Früchte, die sich aus den Blüten entwickeln, schwarze Beeren, sind giftig, ebenso wahrscheinlich auch andere Teile der Pflanze.

2 **Kornelkirsche** *Cornus mas*
Die Gelehrten streiten sich, ob — und wenn ja, welche — Vorkommen der Kornelkirsche in Mitteleuropa „natürlich" sind oder ob es sich um Gartenflüchtlinge handelt. Unstrittig liegt der Verbreitungsschwerpunkt der Art im Mittelmeergebiet und an den Küsten und im Hinterland des Schwarzen Meeres. In früheren Zeiten zumal wußte man die Beeren als Marmeladelieferanten oder kandierte Früchte zu schätzen. Wegen ihres verhältnismäßig geringen Anteils an Fruchtfleisch und der „Arbeitsintensität" beim Herstellen sind diese Verbrauchsarten indessen heute aus der Mode geraten. Dennoch wird die Kornelkirsche in Mitteleuropa heutzutage wohl mehr als je zuvor angetroffen, angepflanzt wie „wild", weil sie in das Zierstrauchsortiment Eingang gefunden hat. Ausschlaggebend war hierfür wohl zweierlei: Ihr überaus frühzeitiger Blühbeginn, der fast mit dem Schwinden des Schnees zusammenfällt, so daß trotz der Unscheinbarkeit der Einzelblüten und der geringen Auffälligkeit eines selbst mit Blüten übersäten Strauchs zu der Zeit Gleichwertiges in Gärten sonst kaum frosthart zu haben ist. Mit ihrem vielfältig in allen tiefen Rottönen gefärbten Herbstlaub gehört sie auch in dieser Jahreszeit zu einer gesuchten Zierde im Garten. Wo sie einigermaßen warm steht und von rascher wachsenden Gehölzen nicht behindert wird, hat sie gute Chancen zu verwildern.

3 **Roter Hartriegel** *Cornus sanguinea*
Ihn trifft man überall im Gebüschmantel der Wälder an. Seine oft roten Zweige haben ihm den Namen gegeben. An ihnen und an den bogennervigen Blättern ist er gut kenntlich, auch wenn er nicht — wie im Mai und Juni — blüht. Günstigenfalls erreichen kräftige Pflanzen Höhen zwischen 3—5 m.

4 **Krähenbeere** *Empetrum nigrum*
Diese Pflanze, die durch ihre nadelförmigen, dicht stehenden Blätter Aufmerksamkeit erregt, trifft man nur in Sandheiden, auf Dünen und dann wieder auf alpinen Matten an. Sie wird 30—50 cm hoch, hat weibliche und männliche Pflanzen, ist also zweihäusig und an ihren schwarzen Beeren, die sie im Herbst trägt, leicht zu kennen. Hat man sie einmal gesehen, wird man sie so leicht nicht mehr verwechseln. Vom Genuß der Beeren muß man übrigens eindringlich abraten. Sie wie die ganze Pflanze enthalten das Gift Andrometoxin, einmal mehr, einmal weniger.

3
1
2
4

Blütenpflanzen — Familien Wintergrüngewächse *Pyrolaceae,* Heidekrautgewächse *Ericaceae*

1 **Rundblättriges Wintergrün** *Pyrola rotundifolia*
Pflanzen, die im Winter grüne Blätter haben, sind bei uns selten. Um so mehr wird man auf sie aufmerksam. Wie erhalten sie sich in der kalten Jahreszeit am Leben? Dies fragt man sich, sieht man durch Zufall eines der niedrigen Pflänzchen, dessen Blütenstandsstiele zur Blühperiode 25 cm nur vereinzelt überragen, wogegen die Blätter dem Boden mehr oder minder dicht anliegen.
So kann man die Art unter ihren Verwandten sicher erkennen: Am Blütenstandsstiel stehen 8—15 Blüten an allen Seiten, und die Blüten selbst sind offen-glockig. Finden wird man die Art nur auf etwas feuchtem, schwach saurem Lehmboden in Misch- und Nadelwäldern. Wie ihre Verwandten beherbergt sie in ihren Wurzeln symbiotisch Pilze, die sie verdaut und die ihr dadurch Nährstoffe liefern, die sie aber andererseits durch eigenerzeugte organische Substanzen ebenfalls versorgt und so zu ihrem Weiterleben beiträgt. Die Pflanze enthält Arbutin und wurde daher früher in der Volksheilkunde genutzt.

2 **Fichtenspargel** *Monotropa hypopytis*
Diese merkwürdige Pflanze werden nur wenige zu Gesicht bekommen, so selten ist sie. Wer sie aber gesehen hat, wird sie nicht mehr vergessen. Sie kommt ausschließlich in Misch- oder Nadelwäldern mit saurem, mullhaltigem Boden vor. Ihre Stengel fallen durch ihr bleichgelbes Aussehen auf. Anders als bei der Orchidee Nestwurz sind sie aber recht dicht mit Schuppenblättern bestanden und im Blütenstandsbereich deutlich abwärts gekrümmt. Die gelben Blüten, die ihre Blühperiode zwischen Frühsommer und Frühherbst haben, fallen wenig auf. Sie sind glockig, ein weiteres eindeutiges Unterscheidungsmerkmal gegen die Nestwurz. Wie bei dieser werden nämlich die Wurzeln von Pilzfäden durchzogen, die der Pflanze die zum Leben benötigten Stoffe zuführen. Streng genommen schmarotzt sie auf ihnen. Was die Pilze von ihr bekommen, wissen wir nicht. Früher war sie als Heilpflanze gegen Tierkrankheiten gesucht, ein Umstand, der nicht gerade zur Erhaltung ihrer Wuchsorte beitrug; überdies war eine arzneiliche Wirkung, sofern sie überhaupt bestand, unwesentlich.

3 **Porst** *Ledum palustre*
Es gibt Leute, die den Porst als das „Edelweiß der Moore" bezeichnet haben. Die Gemeinsamkeit bestünde dann nur in der Seltenheit und in der Idolisierung der Pflanze. In Süddeutschland, wo sie noch vor rund 100 Jahren mit Sicherheit im Schwarzwald vorkam, gilt sie heute als erloschen, und auch im Norddeutschen Tiefland sind große Moore ohne eine einzige Pflanze der Art.
Der gesetzliche Schutz, den sie genießt, ist vor allem dann unzureichend, wenn man ihre Standorte durch Trockenlegen vernichtet. Die Verherrlichung als „Wilder Rosmarin", ihre Beigabe zu Bieren im Mittelalter vor dem Erlaß des Reinheitsgebots und anderes mehr haben schon früh den Grundstein für ihre Dezimierung gelegt, desgleichen ihre Anwendung in der Volksmedizin. Der Porst enthält das Gift Ledol.

4 **Gränke** *Andromeda polyfolia*
Niemand will der Gränke Schönheit absprechen. Doch sieht man daraus, daß Linné ihr den Gattungsnamen Andromeda gegeben hat, wie schlecht es mit auffälligen Pflanzen an ihrem Standort, in Hochmooren nämlich, bestellt ist: Andromeda, die nach der griechischen Sage eine Tochter des Königs Kepheus und der Kassiopeia gewesen sein soll, hat dieser Quelle zufolge an Schönheit sogar mit der Göttin Juno gewetteifert. Die Pflanze, heute recht selten, ist an ihren stark nach unten eingerollten Blättern, die auf der Unterseite bläulich-weiß bereift sind, und die nur 1—3 mm breit werden, leicht kenntlich. Der Strauch wird kaum 30 cm hoch und blüht vom Spätfrühling bis in den Frühherbst. Er ist giftig.

4
2
3
1

1 Rauhblättriger Almrausch *Rhododendron hirsutum*
Von vereinzelten Orten in den Tälern im Alpenvorland abgesehen, findet man diese herrliche Pflanze nur in den Alpen, genauer in den Ketten, in denen der Untergrund kalkhaltig ist. Sie gehört zu den Pflanzen, die in der Alpenflora geradezu ein Nimbus umgibt. Zu ihrem Schaden. Manche Standorte wurden durch Pflücken schon geplündert. Weitere sind dem rücksichtslosen Bahnen von Abfahrten für Skiläufer zum Opfer gefallen. Der gesetzliche Schutz, den die Pflanze genießt, besteht infolgedessen nicht nur zu Recht, sondern er genügt kaum, obwohl die Art örtlich noch Bestände oberhalb der Baumgrenze bildet. Natürlicherweise sollte sie das tun. Widersprüchlich scheint ihre Frostempfindlichkeit. Aber an ihren natürlichen Standorten und unter natürlichen Bedingungen kann sie mit einer mächtigen winterlichen Schneebedeckung „rechnen“, diese stellt einen wirksamen Frostschutz dar.

2 Rostroter Almrausch *Rhododendron ferrugineum*
Auf den ersten Blick sieht diese Art dem Rauhblättrigen Almrausch täuschend ähnlich. Beim näheren Betrachten, vor allem der Blattunterseite, entdeckt man jedoch einen entscheidenden Unterschied: Sie ist gelb, bei erwachsenen Blättern rostrot punktiert oder überzogen. Auch die Blüte ist üblicherweise etwas intensiver rot gefärbt. Wo es den Rostroten Almrausch gibt, ist der Boden zumindest oberflächlich sauer. Sein Hauptverbreitungsgebiet liegt infolgedessen außerhalb der Kalkalpen in den Ketten mit kristallinem Gestein. Dort bildet er örtlich noch ausgedehnte Bestände, genießt aber aus denselben Gründen wie der Rauhblättrige Almrausch gesetzlichen Schutz. Man braucht kein Fachmann zu sein, um zu sehen, daß es sich hier um nahe verwandte Arten handelt. Sie unterscheiden sich in äußeren Merkmalen, vor allem aber in ihren Ansprüchen an Boden und möglicherweise auch ans Klima. Dadurch vertreten sie sich an entsprechenden Standorten mit anderer Gesteinsunterlage. Diese Erscheinung, die man in den Alpen zwischen den Kalkketten und den Ketten mit kristallinem Gestein nicht selten findet, nennt man „Vikariieren“.

3 Zwergrösl *Rhodothamnus chamaecistus*
Auf entkalkten Böden in den Alpen, und zwar im wesentlichen nur in den Ketten, die östlich des Allgäus liegen, trifft man als kostbare Seltenheit das Zwergrösl an. Obschon es meist nur 10—20 cm hoch wird und selten einmal 40 cm erreicht, fällt es mit seinen bis zu 2 cm im Durchmesser messenden rosenroten Blüten auch in den alpinen Zwergstrauchheiden auf, die es meistens besiedelt. Es genießt gesetzlichen Schutz. Sein Auspflanzen in Steingärten lohnt meist nicht, obgleich die Art dann und wann von Versandgärtnereien angeboten wird. Das immergrüne Pflänzchen erreicht in den Alpen unter günstigen Bedingungen ein Alter von rund 50 Jahren.

4 Felsenröschen, Alpenheide, Niederliegende Alpenazalee *Loiseloiria procumbens*
Meist bleibt die Alpenheide kleiner als ihre Verwandten, die in den Alpen vorkommen; sie kann aber auch einmal 50 cm erreichen. Sicher aber wächst sie durchschnittlich höher am Berg, und zwar meist über den eigentlichen alpinen Zwergstrauchheiden. Dort bildet sie regelrechte „Strauchrasen“. Ihre Blüten sind klein, dafür meist zahlreich ausgebildet, und man kann sie im „Alpensommer“ fast immer offen antreffen. Auch die dichtstehenden, lederartigen Blätter erreichen fast nie 1 cm Länge, sondern sind meist stark halb so lang, immergrün und lederig. Durch die Wuchsform, ihre reiche Verzweigung und dichte Beblätterung vermag sie Humus festzuhalten und die Verdunstung aus dem Untergrund wirksam einzudämmen. Das Felsenröschen genießt gesetzlichen Schutz und ist überdies giftig.

1
2
3
4

1 Moosbeere *Vaccinium oxycoccos (Oxyccocus quadripetalus)*
Was die Höhe anlangt, ist die Moosbeere einer der kleinsten Sträucher. Allerdings kriechen ihre Äste und werden so auch bis fast 1 m lang. Die kleinen, dunkelgrünen, zugespitzten Blätter sind am Rand umgerollt. Sie stehen sehr locker am Stengel. Nichtblühend fällt die Pflanze daher an ihren Wuchsorten, in Hochmooren und sehr sauren Wäldern, meist nicht auf. Blütezeit ist zwischen Juni und August. Dann sieht man am Stengelende kleine, aber entzückende, nickende, rosarote Blüten, deren Blütenblattzipfel zurückgeschlagen sind. Sowohl in den Alpen wie auch in den Hochmooren des Tieflandes kommt die Moosbeere meist in lockeren, aber individuenreichen Beständen vor; doch besiedelt sie nicht jeden potentiellen Standort. Ihre Beeren enthalten reichlich Vitamin C, sind aber erst genießbar, wenn sie wenigstens einmal gehörig durchgefroren waren.

2 Preiselbeere *Vaccinium vitis-idaea*
Preiselbeeren wachsen nur auf sauren Lehmböden, und zwar vorzugsweise in Mischwäldern, Nadelforsten, gehen aber auch in Hochmoore und in alpine Zwergstrauchheiden. Gegenüber den anderen Arten der Gattung sind sie leicht ohne Blüten und Frucht daran zu erkennen, daß die Blätter an den aufrechten, wenngleich niedrig bleibenden Sträuchlein wintergrün sind, am Rande eingerollt, lederig und unterseits hellblaugrün, oberseits dunkelgrün gefärbt. Die Blüten (Mai — August) sind meist unauffällig, die Beeren rot. Die Preiselbeere kommt, wenn überhaupt, oft in ausgedehnten Beständen vor und ist eine wertvolle und geschätzte Wildfrucht. Die Früchte enthalten neben mehreren organischen Säuren Gerbstoffe, etwas Provitamin A und reichlich Vitamin C. Früher nutzte man auch die Blätter als Tee, weil sie viel Arbutin enthalten.

3 Heidelbeere *Vaccinium myrtillus*
Die Heidelbeere ist in manchen Wäldern auf sauren Böden bodendeckend, doch geht sie auch in Moore und auf alpine Matten. Man erkennt sie — ohne auf die Früchte zu schauen — an den hellgrünen Blättern, die stets fein gezähnelt sind. Der Saft der Beeren ist blau, im Unterschied zur Rauschbeere, deren Beeren farblosen Saft führen. Die Früchte enthalten nicht unbeträchtliche Mengen an Vitamin C. Vor allem schmecken sie wegen ihres Gehalts an blauem Farbstoff, dem Anthozyan. Deswegen werden sie örtlich von Liebhabern und gewerblich in größerem Maße gesammelt. Durch diese Ernteweise kann man den Gesamtertrag im Gebiet der Bundesrepublik schwer ermitteln. Doch dürfte er in guten Jahren zwischen 5000 und 10 000 Tonnen liegen.

4 Rauschbeere *Vaccinium uliginosus*
Rauschbeeren wachsen fast nur in Mooren, moorigen Wäldern, gelegentlich auch auf alpinen Matten. Obschon sie meist wesentlich höher als die Heidelbeere werden (diese kaum 50 cm, die Rauschbeere dagegen meist zwischen 30 — 100 cm) werden beide Arten zuweilen miteinander verwechselt. Die Rauschbeere hat blaugrüne und stets ganzrandige Blätter, runde anstelle von kantigen Zweigen und Beeren mit farblosem Saft. Die Unterscheidung ist bedeutsam, weil immer wieder berichtet wird, Menschen, die Rauschbeeren in größerer Menge gegessen hätten, bekämen rauschartige Zustände. Entweder enthalten die Früchte einen Wirkstoff, den man noch nicht näher kennt; möglicherweise werden sie aber auch dann und wann von einem äußerlich nicht erkennbaren Pilz befallen, der den Giftstoff bildet und in das Beerenfleisch abgibt.

3
2
4
1
gb

1 Echte Bärentraube *Arctostaphyllos uva-ursi*
Die Echte Bärentraube erkennt man an den immergrünen, lederigen und unterseits hellgrünen Blättern, die am Rande nicht eingerollt sind. Die Früchte sind rote, mehlige Beeren. Einerseits kommt die Pflanze auf kalkhaltigem Gestein vor allem in den Alpen vor, andererseits auf den Heiden des Tieflands mit sauren Böden. Durchweg scheut sie jedoch nassen Stand, geht also nicht an moorige Stellen, ja sie will es ausgesprochen sommerwarm. Die Bärentraube enthält in ihren Blättern reichlich Arbutin und ist noch heute Bestandteil vieler Blasentees. Merkwürdigerweise wurde sie in der Volksheilkunde entweder lange Zeit nicht beachtet oder ihre Verwendungsmöglichkeit war wieder in Vergessenheit geraten. Jedenfalls wurde sie erst im 18. und 19. Jahrhundert allgemein in Mitteleuropa als Arzneipflanze verwendet.

2 Heidekraut *Calluna vulgaris*
Mit dem Heidekraut ist es so eine Sache. Die hier aufgeführte Art ist fast überall in Mitteleuropa anzutreffen, wo der Boden nicht allzu nährstoffreich und infolgedessen wenigstens schwach sauer ist. In Heiden, Nadelforsten und auf manchen Bergwiesen bildet sie Massenbestände, vereinzelter trifft man sie auch in Misch- und Laubwäldern, ja an Wegrainen. Während ihrer Blühperiode zwischen Juni und Oktober fällt sie mit ihren rosaroten, seltener fleischroten Blüten, die meist zahlreich am Ende der Zweige stehen, trotz deren Kleinheit auf. Die Blätter des Heidekrauts werden nur 1—3 mm lang, stehen einander gegenüber und sind meist deutlich in vier Zeilen angeordnet. Da die Kelchblätter blütenblattartig sind und überdies von einem grünen „Außenkelch“ umstanden werden, scheint die Blüte mehr als fünf Blütenblattzipfel zu haben. Das Heidekraut sieht man, wo es in Massen auftritt, nicht gerne, ganz egal, in welcher Pflanzengesellschaft es steht. Seine Nadeln und Zweige verrotten schlecht, tragen zur weiteren Versauerung und damit zur weiteren Verarmung an Nährstoffen bei.

3 Gemeine Glockenheide *Erica tetralix*
Die Gemeine Glockenheide ist die „Heide“, das „Heidekraut“, das so mancher Dichter besungen hat. Sie kommt in Mitteleuropa in nennenswerten Beständen nur in Gebieten mit sehr hoher Luftfeuchtigkeit vor und besiedelt dort Heiden und Moore. An ihren Standorten wächst sie nicht selten in ausgedehnten Beständen. Dann ist sie eine vorzügliche Bienenweide. Nicht zuletzt ihr verdankt der „Heidehonig“ seinen guten Ruf als besonders wohlschmeckend.
Vom viel häufigeren Heidekraut der Gattung *Calluna* kann man sie dadurch unterscheiden, daß zur Blütezeit zwischen Juli und August die Blüten in endständigen, doldigen Köpfchen stehen und bauchig-glockig fast geschlossen sind. Nur mit Mühe kann man an der Blütenöffnung die vier zurückgeschlagenen Blütenblattzipfelchen erkennen, die der Pflanze ihren wissenschaftlichen Artnamen gegeben haben. Auch im nichtblühenden Zustand ist eine Unterscheidung möglich. Die nadelförmigen Blätter werden nämlich 4 bis 7 mm lang und stehen zu 3—4 quirlständig, niemals jedoch streng gegenständig und in vier Zeilen am Zweigchen.

4 Schnee-Glockenheide *Erica carnea*
Nur wenige werden die Schnee-Glockenheide an ihren natürlichen Standorten in den Alpen je zu Gesicht bekommen. Dort wächst sie in der Nadelwaldstufe und im alpinen Zwergstrauchgebüsch, gelegentlich auch einmal in den Tälern eines aus den Alpen kommenden Flusses. Aber selbst im Alpengebiet fehlt sie größeren Gebieten, in anderen ist sie selten, und in Beständen kommt sie kaum mehr vor. Andererseits fehlt sie in vielen Spielarten, die z. T. der Wildform noch recht nahe stehen, kaum einem Steingarten. Sie stellt keine allzu großen Ansprüche an den Boden, erträgt eher reichlich Licht als Vollschatten und gedeiht fast überall gut, wenn man ihr wuchernde Konkurrenten — gleich welcher Art — vom Leibe hält. Da sie ihre Blüten zum Teil schon unter dem Schnee öffnet, kann man sie bereits im Januar unter günstigen Umständen in vollem Blütenschmuck vor dem Haus stehen haben. Diese Eigenschaft vor allem hat sie zur Zierpflanze gemacht.

4
3
2
1

1 Wald-Schlüsselblume *Primula elatior*
Süddeutschen wird es kaum in den Kopf wollen, daß eine so „gemeine" Pflanze wie die Wald-Schlüsselblume gesetzlichen Schutz genießt. So häufig ist sie hier vielerorts. In großen Teilen Frieslands fehlt sie hingegen oder gehört doch zu den großen Seltenheiten. So wechseln auf engem Raum die Häufigkeiten im Vorkommen einer Art. Die Gründe kennen wir nicht exakt. Sicher will die Wald-Schlüsselblume lockeren, etwas feuchten und lehmigen Boden. Man könnte, nimmt man es nicht allzu genau, fast sagen: Wo die Rotbuche gedeiht, da wächst auch die Wald-Schlüsselblume. Wo die Pflanze auf Wiesen in Massen steht, darf man darin nur den Hinweis erblicken, hier sei ursprünglich ein Wald mit Rotbuchen möglich, die Wiese ist — wie bekannt — eine Kulturlandschaft. Von den heimischen Arten der Gattung zeigt diese Art am besten die Berechtigung des wissenschaftlichen Namens „Primula". Sie blüht örtlich schon im März, was nicht ausschließt, daß man noch in den ersten Junitagen, vor allem in kühleren und feuchten Wäldern einzelne Exemplare in Blüte antreffen kann. Bekanntlich steckt in dem Wort „Primus" = der Erste.

2 Wiesen-Schlüsselblume *Primula veris (Primula officinalis)*
Diese Art ist an ihren goldgelben, im Schlund orange gefleckten und etwas glockigeren Blüten leicht von der Wald-Schlüsselblume zu unterscheiden. Vielerorts blüht sie 1—3 Wochen später als diese auf. Doch ist der Unterschied in den Wuchsorten nicht so bedeutend, wie es der deutsche Artname glauben machen will. Zuweilen kommt die Wiesen-Schlüsselblume sogar vorwiegend in warmen Wäldern mit lockerem, kalkhaltigem Boden vor; andererseits bildet sie auf Bergwiesen örtlich ausgedehnte Bestände. Dennoch genießt sie gesetzlichen Schutz. Sie ist eine alte Heilpflanze, deren Wurzeln Saponine enthalten. Ihre Blätter sind reich an Vitamin C und wurden — und werden gelegentlich noch heute — deshalb als Wildsalat gegessen. Im allgemeinen ist dies unbedenklich, wiewohl auch die Blätter keinesfalls frei von Saponinen sind. Bei krankhaften Zuständen im Magen kann dies zu Schädigungen führen.

3 Mehl-Primel *Primula farinosa*
Unter den rotblühenden, langstieligen Primeln ist die Mehl-Primel die bekannteste. Sie liebt nährstoffarme, aber durchaus nicht kalkfreie Böden. In mittleren Höhenlagen bevorzugt sie als Standorte feuchte Wiesen — die ungenutzt sein sollten — und Moore. Im Hochgebirge geht sie auch in trockenere Matten, ja in Felsspalten. Sie genießt gesetzlichen Schutz. Der „Mehlstaub" ist ein Drüsensekret, das hauptsächlich aus Flavonen besteht.

4 Alpen-Aurikel *Primula auricula*
An den goldgelben Blüten auf 5—25 cm hohem Stiel, die meist einen deutlich hellgelben, wenn nicht gar weißlichen Schlund besitzen, und an den kahlen, dicken, meist mehlig bestäubten Blättern ist die Alpen-Aurikel gut zu erkennen. Im Widerspruch zu ihrem Namen scheint zu stehen, daß sie vereinzelt auch im Südschwarzwald und auf der Fränkischen Alb vorkommt. Doch ist dies eher eine Bestätigung. Man muß in diesen außerhalb der Alpen gelegenen Standorten Überbleibsel des Verbreitungsgebiets sehen, das die Art in den kälteren Vereisungsperioden der „Eiszeit" eingenommen hat. In den Alpen besiedelt die Pflanze Flachmoore, geht aber auch in feuchte Felsspalten und auf steinige Rasen. Zumindest auf steinigen Rasen kann sie wenigstens kurzzeitig der Trockenheit ausgesetzt sein. Sie vermag sie zu überstehen, weil sie in ihren Blättern sowohl reichlich Wasser als auch Nährstoffe speichert. Die Alpen-Aurikel steht unter gesetzlichem Schutz. Wer sie unbedingt im Garten haben will, kann sie unter Umständen von Gärtnereien beziehen. Allerdings werden häufig Bastarde mit der Behaarten Primel angeboten, die die mannigfaltigsten Blütenfarben haben können. Die rotblühende Behaarte Aurikel ist in den Alpen die vikariierende Art zur Alpen-Aurikel (s. Rostroter Almrausch). Trotz der unterschiedlichen Standortansprüche ist eine Kreuzung der Arten noch ohne weiteres möglich, und Aufzucht der Nachkommen gelingt umso besser, je eher man ihnen lästige Konkurrenten vom Leib hält.

3
2
4
1

1 Heilglöckchen *Cortusa matthioli*
Im Alpengebiet wird man das Heilglöckchen nur an umgrenzten Gebieten — etwa im oberen Inntal, in Vorarlberg oder in den niederösterreichischen Kalkalpen, um einige Orte zu nennen — vorfinden. Doch wo es vorkommt, fällt es auf. Es wird meist zwischen 10—40 cm hoch, und der doldige Blütenstand enthält 5—12 nickende, ansehnliche Blüten, die man von der zweiten Maihälfte bis in den Juli hinein geöffnet antreffen kann. Auffällig sind auch die rundlichen Blätter mit ihren gesägten Lappen. Wie die ganze Pflanze sind auch sie zerstreut, aber deutlich behaart. Sie bevorzugt Höhenlagen zwischen 1100 und 1900 m und wächst an feucht-schattigen Wald- oder Gebüschstellen. Sowohl der Gattungs- als auch der Artname verweisen auf zwei Botaniker des 16. Jahrhunderts. A. Cortusi starb 1593 und war Italiener. Auch P. Matthioli stammte aus Italien, wirkte aber hauptsächlich in Wien.

2 Alpen-Troddelblume *Soldanella alpina*
Der Name „Schneeglöckchen" — ganz anders vergeben — würde auch zu fast allen Arten der Gattung passen, und in manchen Alpenorten nennt man sie auch so. Warum? Nicht selten wachsen sie da, wo der Schnee besonders lange liegt, in Schneetälchen oder auf Schneeböden. Wiewohl man sie auch dort antreffen kann, macht diese Art der Gattung hiervon noch am ehesten eine Ausnahme: Sie geht auch in lichte Gebüsche und Wälder, auf Weiden und Matten. Da sie in Höhen zwischen 500 und 3000 m vorkommen kann, ist ihre Aufblühzeit sehr unterschiedlich, günstigstenfalls im April, spätestens im Juli. Die Alpen-Troddelblume hat meist mehr als nur eine Blüte an ihrem 5—15 cm langen Blütenstandsstiel. Die Blüten können verschieden violett getönt, aber auch bläulich sein. Stets ist das „Glöckchen" mindestens bis zur Mitte oder darüberhinaus in Zipfel zerschlitzt.

3 Zwerg-Troddelblume *Soldanella pusilla*
Wer ein Exemplar dieser Art findet, das mit seinem Blütenstiel 10 cm Höhe erreicht, hat schon einen „Riesen" gefunden. Meist bleibt der einblütige Blütenstandsstiel erheblich kürzer, 2—3 cm sind keine Seltenheit. Die Zwerg-Troddelblume findet man nur auf sehr kalkarmen oder gar kalkfreien Böden, und wo unter ihnen Kalkgestein ansteht, ist der Boden meist entkalkt. Diese Art bevorzugt als Wuchsort Schneetälchen, Schneeböden oder sehr kurzrasige Matten und kommt meist nur zwischen 2000—3000 m Höhe vor. Ihre Blüten sind meist eindeutig rötlichviolett. Stets sind die „Glöckchen" auf nur etwa 1/4 ihrer Länge in Zipfel zerspalten. Da ihre Blühperiode zwischen Mai und August liegt, entwickeln sich die Knospen unter dem abschmelzenden Schnee so weit, daß die Blüten geöffnet oder doch fast geöffnet den Schnee durchstoßen. So sehen sie besonders reizvoll aus.

4 Alpenveilchen *Cyclamen purpurascens*
Wer das Alpenveilchen in lichten Wäldern der nordöstlichen Kalkalpen noch reichlich gesehen hat, versteht, warum man ihm gesetzlichen Schutz gewähren muß. Diese kalkstete, an lockeren, humosen, nicht zu trockenen und gut mit Luft versorgten Boden gebundene Pflanze ist unbestritten ein Juwel in der Laubwaldstufe der Alpen. Zugegebenermaßen hat man es da und dort auch ausgepflanzt, vielleicht um den Bestand zu erhalten, vielleicht um eine Zierde bewundern zu können. Dergleichen sollte man den amtlich beauftragten Naturschützern überlassen, die meist für ihr Vorgehen zwingende Gründe haben. Es ist bei vielen Arten — auch beim Alpenveilchen, das früher in Gärten als Heilpflanze gezogen wurde und da und dort regelrecht verwildert ist — ohnedies schwer, die ursprüngliche Verbreitung festzustellen. Will man die Geschichte der Besiedlung mit Pflanzen klären, dann stören solch „ungereimte" Vorkommen zuweilen sehr. Alle Alpenveilchenarten krümmen die befruchteten Blütenstiele zur Erde und „säen" so ihre Samen wuchsgünstig aus. Das Alpenveilchen ist giftig.

2
3
1
4

1 Gilbweiderich *Lysimachia vulgaris*
„Weiderich" spielt auf die weidenblattähnliche Blattform an, die aber beileibe nicht für alle Arten der Gattung kennzeichnend ist. Hier könnte man eine gewisse Ähnlichkeit erkennen. Schließlich können die Blätter erheblich länger als 10 cm werden und dann 3 cm an der breitesten Stelle überschreiten. Oft stehen sie einander am Stengel gegenüber, zuweilen sitzen aber auch 3—4 in einem Quirl beieinander. Sehr kennzeichnend für die Pflanze, die 60—130 cm hoch werden kann, ist der endständige, rispige Blütenstand, in dessen unterstem Teil noch Blätter stehen. Die goldgelben Blüten messen um 1,5 cm im Durchmesser. Der Gilbweiderich wächst vorzugsweise an feuchten Orten, z. B. an Gräben, im Uferröhricht oder in Flachmooren, seltener in lichten Auwäldern.

2 Pfennig-Gilbweiderich, Pfennigkraut *Lysimachia nummularia*
Auf feuchten, verdichteten Lehmböden — sei es in Wäldern, an Gräben, auf Wiesen und Weiden, an Ufern, ja auf feuchten Äckern oder an Wegrändern — fehlt die Pflanze fast nirgends in Mitteleuropa. Ihre Stengel kriechen dezimeterweit flach dem Boden angepreßt, und nur, wo sie mit dichtem Bewuchs konkurrieren, richten sie sich etwas auf. Die fast runden, gegenständigen Blätter am Stengel waren mit Recht namengebend, so typisch sind sie. Vor allem im Hochsommer blüht die Pflanze meist reich und fällt dann auf.
Sehr im Gegensatz dazu spielt die Befruchtung, genauer die Samenbildung, bei der Vermehrung der Art offensichtlich eine untergeordnete Rolle. Meist werden gar keine ausgebildet. Vielmehr wurzeln die Triebe immer aufs neue, sterben aber in ihren älteren Teilen langsam ab, so daß sich an einem Wuchsort „Kolonien" selbständiger Pflanzen entwickeln, die einstmals aus einer Mutterpflanze in einer Art von „Ablegern" entstanden sind. Früher verwendete man das Pfennigkraut in der Volksmedizin, weil es in den Blättern Saponine und Gerbstoffe enthält.

3 Milchkraut *Glaux maritima*
Pflanzen, die Kochsalz ertragen, sind selten. Noch seltener sind solche, die es offensichtlich brauchen oder doch bei seinem Vorhandensein sich gegenüber Konkurrenten durchzusetzen vermögen. Zu diesen „Kochsalzpflanzen" gehört das Milchkraut. Daher findet man es nur auf salzhaltigen Strandwiesen an den Meeresküsten, selten im Binnenland an Salinen. Im Gegensatz zum Queller meidet es an der Küste die Stellen, die regelmäßig bei Hochwasser überflutet werden. Wenngleich man hier noch denken könnte, es sei den mechanischen Beanspruchungen nicht gewachsen, so lassen an der eindeutigen „Kochsalzliebe" zwei Beobachtungen Zweifel aufkommen. Wahrscheinlicher ist, daß die Pflanze in erster Linie hohe Ionenkonzentrationen aushält und unter ihnen erst konkurrenzfähig wird: Samen des Milchkrauts keimen im Salzwasser schlechter als in kochsalzfreier Umgebung. Außerdem kommt das Milchkraut auch auf Böden durch, die hoffnungslos mit Stickstoffsalzen überdüngt sind, und zwar in einem solchen Maße, daß selbst „stickstoffliebende" Pflanzen kümmern oder eingehen. In Südosteuropa trifft man es auch auf Böden, denen Kochsalz fehlt, in denen aber Magnesiumsalze das Pflanzenvorkommen begrenzen.

4 Acker-Gauchheil *Anagallis arvensis*
„Gauchheil" bedeutet so viel wie „heilt Geisteskranke". Zwar enthält die Pflanze etwas Saponine, möglicherweise in geringer Menge auch das giftige Cyclamin, durch das dem Alpenveilchen Giftigkeit verliehen wird, doch keine dieser Substanzen hat irgendeine Wirksamkeit gegen irgendeine psychische Erkrankung. Infolgedessen wird der Acker-Gauchheil in der amtlichen Arzneikunde auch nicht mehr verwendet. Wer das Pflänzchen mit seinen roten, hinfälligen Blüten und seinen meist niederliegenden Stengeln in Hackfruchtäckern unter den Unkräutern, im Garten oder auf Schuttflächen einmal bewußt gesehen hat, wird es künftighin nicht mehr verwechseln. Anders ist es, wenn er an die wesentlich seltenere blaublütige Form derselben Art gerät. Sie hat nämlich einen „Doppelgänger", besser, eine ähnliche verwandte Art, die im Osten Mitteleuropas an Häufigkeit zunimmt: den Blauen Acker-Gauchheil. Bei ihm berühren oder bedecken sich die Blütenblätter mit ihren Rändern nicht.

1
2
3
4

Blütenpflanzen — Familien Strandnelkengewächse *Plumbaginaceae*, Ölbaumgewächse *Oleaceae*

1 Strandnelke *Limonium vulgare*
„Limonium" hat mit Limone nichts zu tun; gleichwohl kommt die Bezeichnung aus dem Griechischen, wo „leimon" eine fette Wiese oder eine Marsch meint. Mit letzterem trifft sie den Wuchsort der Strandnelke haarscharf, wenn man den Begriff auf die begrünten Schlickflächen zwischen überfluteten Quellerbeständen und strandnahen Wirtschaftswiesen beschränkt. Der dickfleischige Bau der Blätter täuscht eine hohe Trockenresistenz der Pflanze vor. In Wirklichkeit ist sie auf feuchte Wuchsorte angewiesen. Die Blütenstände — oft als Schmuck begehrt — sollten zumindest in Mitteleuropa nicht gepflückt werden, weil die Pflanze hier eher an Lebensmöglichkeiten verloren hat.

2 Gemeine Grasnelke *Armeria maritima*
Die in dichten, büscheligen Rosetten wachsende Pflanze beachtet man nur, wenn sie blüht; so sehr ähneln ihre Blätter denen von Gräsern. Blütenstände trifft man vom späten Frühjahr bis zum frühen Herbst mit geöffneten Blüten an. Sie wirken als Ganzes. Denn die einzelnen, rötlichen Blüten stehen dicht kopfiggedrängt beieinander, und die Blütenstandsstiele werden immerhin unter günstigen Bedingungen 20—30 cm hoch. Obwohl die Wildstandorte der Art Salzwiesen an den Meeresküsten oder Felsen in den Gebirgen sind, kennt fast jedermann die Pflanze, und zwar aus dem Garten. Dort hat sie längst als Rabattenpflanze Einzug gehalten, und auch zur Bepflanzung von Gräbern eignet sie sich. Daher gibt es neben den verschiedenen Wildformen noch reichlich Zuchtsorten, die sich in ihren Bodenansprüchen, ihrer Größe und z. T. in ihrer Blütenfärbung voneinander unterscheiden.

3 Esche *Fraxinus excelsior*
Eschen findet man in feuchten Laubwäldern, besonders in Auwäldern, fast überall in Mitteleuropa, solche Orte ausgenommen, an denen Spätfröste mit Regelmäßigkeit, Schärfe und vor allem wiederholt auftreten. Auch Luftfeuchtigkeit schätzt der Baum mehr als Trockenheit. Unter guten Bedingungen wird er rund 200 Jahre alt und kann dann bis in Höhen um 40 m gewachsen sein. Bemerkenswert sind bei ihm schon die Knospen. Sie sind meist tiefschwarz, seltener nur schwarzgrau. Aus ihnen treiben im April oder Mai die hüllenlosen Blüten, die in überhängenden Rispen angeordnet sind, und zwar noch ehe die Blätter sich entfaltet haben. Die Blätter sind sehr groß, gefiedert, wobei selbst die Fiederblättchen noch 10—13 cm lang werden können. Sie sind deutlich kleingesägt.
Besonders die jungen Blätter sind außerordentlich frostempfindlich. Nicht selten erfrieren sie alle und fallen dann ab. Da nur einmal „Reserveblätter" in genügender Zahl aus schlafenden Knospen austreiben können, darf sich an Orten, an denen Eschen durchkommen sollen, dieses fatale Ereignis nicht wiederholen. Eschenholz war noch bis vor wenigen Jahrzehnten als Werkholz sehr geschätzt. Dies erklärt auch, weshalb man den Baum forstlich so oft eingebracht hat. Zierformen wie „Hänge-Esche" oder „Einblättrige Esche" trifft man in Parks und in größeren, älteren Gärten nicht allzu selten an.

4 Gemeiner Liguster *Ligustrum vulgare*
Der Gemeine Liguster ist in Mitteleuropa ein ursprünglicher Bestandteil sonniger Gebüsche und steht dort auch im Gebüschmantel von Wäldern. Als Schnitthecke kennt ihn jedermann, vorzugsweise in einer Form, in der die Blätter im Winter lange Zeit an den Zweigen verbleiben. Für den Schnitt eignet sich der Liguster deshalb, weil seine zahlreichen Seitenknospen nie im Jahr eine „Austriebssperre" haben und infolgedessen immer aufs neue Zweige nachschieben. Andererseits lassen sich nur wenige Holzpflanzen ähnlich leicht vermehren wie Liguster. Zweige, die man in mäßig feuchtes Erdreich steckt, dem Kalk nicht ganz fehlen sollte und die nicht zu „kalt stehen" dürfen, bewurzeln sich meist schon nach kurzer Zeit. Auch freistehend bildet der Liguster ein ungemein verzweigtes und reiches Wurzelwerk. Daher taugt er auch zur Bodenbefestigung an Rainen und als Erstbesiedler auf mäßig trockenen Kalkböden. Die Beeren sind giftig!

3
4
1
2
gb

1 Fieberklee *Menyanthes trifoliata*
Dreigeteilte Blätter werden halt mit „Klee" in Verbindung gebracht, der Gattung, bei der solche Blätter vorkommen und die man wohl am besten kennt. Sieht man dreiteilige Blätter indessen in einem Moor oder gar im Verlandungsgürtel eines Sees, erweisen sie sich bei näherem Zusehen als nicht nur recht groß, sondern auch als fleischig, dann braucht man die Blühperiode im Mai und Juni nicht abzuwarten, um an den Blüten zu merken: Hier handelt es sich nicht um Blätter einer Klee-Art, sondern um Blätter des Fieberklees. Sieht man sie indes auf ihrem meist 20—30 cm langen Stengel, rötlichweiß und tiefgefranst, dann merkt man sofort, daß man es mit einer besonders schönen Pflanze zu tun hat. Zwar genießt sie keinen gesetzlichen Schutz, kommt an manchen ihrer Wuchsorte auch in großen Beständen vor, doch ist es gerade die Gefährdung dieser Standorte, die die Pflanze in Mitteleuropa immer seltener werden lassen. Die Herkunft des Namens ist umstritten. Vermutlich hat er mehr mit „Biber" als mit „Fieber" zu tun, obschon man in der Volksmedizin das Kraut gegen alle möglichen Beschwerden verwendet hat. Wesentlich enthält es einen Bitterstoff.

2 Echtes Tausendgüldenkraut *Centaurium minus (Centaurium umbellatum)*
Wie sehr man früher Pflanzen unter Nutz- und Heilzwecken gesehen hat, das verraten uns ihre zum Teil phantasiereichen Namen. Der wissenschaftliche und der deutsche Gattungsname verweisen auf die griechische Sage: Der verwundete Zentaur Chiron soll durch das Kraut geheilt worden sein, daher „Centaurium". Bei oberflächlicher Betrachtung vermeinte man darin das lateinische Wort „centum" = hundert zu erkennen, und übersetzte im selben Stil zu „Tausend". Um die Geschichte aber dann doch einigermaßen stimmend zu machen, deutete man die Endsilbe „aurium" mit „aureum" = Gold, und das Tausendgüldenkraut war geboren! Bei diesem Namen mußte es natürlich auch wertvoll sein. Glücklicherweise schmeckt es dank mehrerer Bitterstoffe beim Kauen ausgesprochen „gallig", und was so recht schlecht schmeckt, muß von umso größerer Heilwirkung sein. Unbestritten ist eine gewisse Appetitanregung durch Bitterstoffe, wie man sie im Tausendgüldenkraut findet, sofern man sie in Maßen und womöglich im alkoholischen Auszug zu sich nimmt. Doch als Wundermittel erwies es sich begreiflicherweise nicht. Dennoch stellte man es gegen Ausgraben und gewerblichen Mißbrauch unter Schutz, wiewohl man es in warmen, etwas sandigen Wäldern und Gebüschen bei genügend Lichtzutritt fast überall, wenngleich nie in Beständen antrifft. Gegenüber anderen Arten der Gattung ist es an den rosettigen Grundblättern eindeutig kenntlich.

3 Fransen-Kleinenzian *Gentianella ciliata (Gentiana ciliata)*
Auf mageren Wiesen und Weiden, aber auch in lichten, warmen und eher trockenen Wäldern, vorzugsweise wenn sie nicht völlig entkalkt sind, trifft man den Fransen-Kleinenzian immer wieder einmal an. Damit soll zweierlei ausgedrückt werden: das meist vereinzelte Vorkommen (Bestände gibt es, doch sind sie sehr selten) und das gelegentliche Verschwinden der Pflanze von Plätzen, auf denen sie ehedem war und an denen sie unter Umständen Jahre später prompt erneut auftritt. Kenntlich ist der Fransen-Kleinenzian an seiner 4-zipfligen Blüte, deren Zipfel am Rande lange Fransen tragen. Wegen der späten Blühperiode zwischen August und Oktober fällt er meist auf, weil Blüten zu dieser Zeit schon selten werden. Die meisten Exemplare tragen nur eine Blüte, mehrblütige sind selten. Alle Enziane sind geschützt.

4 Deutscher Kleinenzian *Gentianella germanica (Gentiana germanica)*
Manch einer mag den Deutschen Kleinenzian schon gesehen und ihn wegen der Blühperiode (Mai—Oktober), der Größe (15—30 cm) und vor allem der Vielblütigkeit für eine Glokkenblume gehalten haben, zumal diese Art eben nicht blau, sondern violett blüht. Die Blüten haben fünf Blütenblattzipfel; ausnahmsweise können einige auch nur vier besitzen. Da die Art fast nur auf ungedüngten Magerwiesen und in Flachmooren vorkommt, ist sie heute ziemlich selten geworden und genießt zu Recht Schutz.

2
1
3
4

1 Gelber Enzian *Gentiana lutea*
Mit seiner Höhe zwischen rund 50—150 cm, seinen mächtigen, gegenständigen Blättern und seinen blattachselständigen Blüten, die man zahlreich vor allem in der oberen Stengelregion findet und die meist zwischen Juni und August geöffnet sind, läßt sich der Gelbe Enzian schlechterdings nicht übersehen. Allerdings ist er selten. Außerhalb der Alpen findet man ihn nur örtlich in den Mittelgebirgen, und zwar vorzugsweise auf wenigstens zeitweise feuchten und etwas kalkhaltigen Böden, wie sie manchen trockenen und ungenützten Rasen und Bergwiesen eigen sind. Auch in den Alpen, vor allem in den zentralen Ketten, fehlt er stellenweise. Wo er aber gedeiht, da findet man ihn meist in kleineren oder größeren Beständen. Zunächst: Er genießt und braucht gesetzlichen Schutz. Obwohl eine Pflanze um 10 000 Samen erzeugen kann, die der Wind verweht, wird sie um 10 Jahre alt, bis sie zum ersten Mal blüht. Ehe man die Pflanzen schützte, erreichten viele Exemplare dieses Alter nicht. Denn der Gelbe Enzian enthält in allen Organen, besonders aber in seiner Wurzel, reichlich Bitterstoffe, dazu Gerbstoffe. Deshalb setzte man die Wurzel mit Schnaps an und gewann daraus den „Enzian". Für diesen Zweck baut man die Pflanze heutzutage feldmäßig an.

2 Purpur-Enzian *Gentiana purpurea*
Blütenlos kann man den Purpur-Enzian vom Gelben Enzian am besten dadurch unterscheiden, daß er erheblich kurzwüchsiger ist. Pflanzen mit 50 cm gehören zu den großwüchsigen, und wenn sie nur 30 cm erreichen, dann sind sie noch keine Zwerge innerhalb der Art. Dennoch ist das einwandfreie Erkennen nur anhand der zumindest außen roten, innen gelben Blüten möglich, die sich je nach der Höhe des Wuchsortes im Juli oder August öffnen. Vorzugsweise wächst er auf alpinen Matten zwischen 1500 und 2500 m, seltener in Gebüschen und Wäldern. Der Purpur-Enzian braucht nährstoffreiche, aber kalkarme und humose Böden. Sein Verbreitungsgebiet reicht von den Seealpen im Westen bis ins Allgäu. Obwohl er gelegentlich noch bestandsbildend auftritt, ist er doch allgemein selten und braucht den gesetzlichen Schutz, den er genießt, zumal er unter „Kennern" als bester „Schnapsenzian" gerühmt wird.

3 Stengelloser Enzian *Gentiana acaulis*
Fachleute mögen diesen Namen gar nicht; denn für sie werden hier zwei Arten miteinander zusammengefaßt, die sie mit einigem Recht zwar für eng verwandt, aber doch deutlich genug voneinander getrennt halten. Von einigen Ausnahmen im Alpenvorland abgesehen, sind beide rein alpin. Eine Rasse, deren Blüten innen grün gefleckt sind, kommt ausschließlich auf sauren Böden und damit fast nur in den Zentralketten der Alpen vor *(Gentiana kochii)*. Die andere hat reinblaue oder blauviolette Blüten und wächst auf kalkhaltigem Untergrund. Beide Formen (oder wenn man will: Arten) mögen es eher feucht als trocken, bevorzugen Höhen zwischen 1500 und 2500 m und haben am Ende ihres nur wenige Zentimeter langen Stengels (daher „acaulis" = stengellos) eine große Blüte, die immerhin 5—6 cm lang wird. Trotz des oft massenhaften Auftretens ist die Pflanze geschützt.

4 Lungen-Enzian *Gentiana pneumonanthe*
Wenn man den Lungen-Enzian finden will, muß man in Moorwiesen gehen. Dort steht er im Spätsommer in Blüte und fällt selbst dann auf, wenn er — kleinwüchsig — nur 10 cm Höhe erreicht und dann meist nur eine Blüte trägt, oder aber — großwüchsig — fast einen halben Meter aufgeschossen 10 oder gar mehr Blüten am Stengel hat. Warum die Pflanze gegen Lungenerkrankungen helfen sollte, verstehen wir nicht. Sie enthält nämlich — und nicht einmal in bemerkenswerter Menge — nur die Bitterstoffe, die wir auch bei anderen Enzianarten in teilweise erheblich größerer Konzentration vorfinden. Der gesetzliche Schutz besteht dennoch mit größtem Recht. Die Art ist weniger durch Pflücken als durch Standortvernichtung gefährdet. Trockenlegung erträgt sie nicht, dann verschwindet sie meist umgehend.

2
1
3
4
gb

Blütenpflanzen — Familien Hundsgiftgewächse *Apocynaceae,* Schwalbenwurzgewächse *Asclepiadaceae,* Windengewächse *Convolvulaceae*

1 **Immergrün** *Vinca minor*
Gelegentlich trifft man das Immergrün in Laubwäldern mit eher feuchtem und vor allem nährstoffreichem Boden an. Aber ob es sich dabei um ursprünglich wilde oder aber um verwilderte Pflanzen handelt, das läßt sich nur in glücklich gelagerten Einzelfällen sicher feststellen. Jedenfalls hat die Art seit langem als Zierpflanze vor allem in der Friedhofsgärtnerei ihren Eingang gefunden, doch eignet sie sich auch auf nicht zu verfestigtem Lehm als Unterwuchs unter Sträuchern und Bäumen. Das Immergrün vermehrt sich hauptsächlich durch Ausläufer, die Wurzel schlagen und nach einigen Jahren je nach der Gunst des Wuchsortes zu mehr oder weniger dichten „Büschen" heranwachsen. Im Frühling brechen dann daraus zahlreiche Jungsprosse mit ihren leuchtenden, tiefblauen Blüten hervor.

2 **Schwalbenwurz** *Cynanchicum vincetoxicum*
Trotz ihrer Höhe von durchschnittlich 30—60 cm (gelegentlich auch wesentlich mehr) darf man die Schwalbenwurz getrost „unscheinbar" nennen. Ihre weißen Blüten (Blühperiode Juni—August) stehen in blattachselständigen Trugdolden, doch erreichen die einzelnen Blütchen kaum mehr als 1 cm im Durchmesser, und oft nicht einmal diese Marke. Dennoch ist sie mit ihren gegenständigen Blättern, die am Grunde herzförmig gebuchtet sind, kaum mit einer anderen mitteleuropäischen Pflanze zu verwechseln. Die Pflanze enthält in allen ihren Organen ein Gift, das wahrscheinlich aus mehreren Einzelstoffen besteht und in seiner Gesamtwirkung etwas an das der Eisenhut-Arten erinnert. Wenngleich kaum jemand auf den Gedanken kommen dürfte, die Pflanze zu verspeisen, so muß doch davor gewarnt werden.

3 **Zaunwinde** *Calystegia sepium*
Obschon die eigentliche Heimat der Zaunwinde das Röhricht ist, findet man sie auch in feuchten Gebüschen, an Waldrändern, vereinzelt sogar in Sträuchern als Gartenunkraut. Während ihrer Blühperiode (Juni — Oktober) „wirkt" sie selbst da mit ihren 4—6 cm langen weißen Blüten, die sich bei trübem Wetter oder bei Regen schließen. Doch macht es ziemlich Mühe, ihre engwindenden Stengel von den umschlungenen Strauchästen wieder abzuziehen. Früher verwendete man vor allem die Wurzel als Volksheilmittel bei Verdauungsbeschwerden. Sie enthält Herzglycoside und Gerbstoffe, und zwar in größerer Menge, als die Blätter und der Stengel. Dennoch ist der Gebrauch außer Mode gekommen, weil andere Mittel entweder leichter zugänglich oder doch besser dosierbar und in ihrer möglichen Nebenwirkung berechenbarer sind.

4 **Acker-Winde** *Convolvulus arvensis*
Die Acker-Winde gehört zu den lästigsten und am schwersten zu bekämpfenden Unkräutern auf Äckern und in Gärten. Das liegt zum großen Teil an der Lebenszäheit ihrer Wurzel. Selbst, wenn man sie von den grünen oberirdischen Organen abtrennt, stirbt sie mehrere Jahre hindurch nicht ab. Das hat dann oft die kuriose Folge, daß plötzlich aus einem flach geteerten Gehweg in der Mitte einer Aufwölbung Triebe der Acker-Winde erscheinen. Dank dieser Eigenschaft schlüpft sie auch immer wieder durch die Maschen der „chemischen Unkrautbekämpfung", wird zuweilen zum ertragsmindernden Schädling. Andererseits zählt sie mit ihren oft rötlich überlaufenen Blüten, die selten ganz weiß oder ganz rot sind, während ihrer Blühperiode vom späten Frühjahr bis in den frühen Herbst auch zu den schönsten Pflanzen in der Unkrautflora überhaupt. Hinzu kommt eine Eigenheit der Blüten, die dem flüchtigen Betrachter entgehen muß: Die Blüten der Acker-Winde öffnen sich morgens zwischen 7—8 Uhr und schließen sich am selben Tag, meist schon vor 15 Uhr, dann sind sie verblüht. Das Winden kommt durch ungleiches Wachsen der Stengelflanken zustande. Die Stengelspitze beschreibt — je nach Temperatur — in etwa 1 ½ Stunden einen Kreis, wobei die Bewegung entgegen der Uhrzeigerrichtung verläuft. Der Kreis kann mehrere Zentimeter Durchmesser haben. Damit steigt natürlich die Wahrscheinlichkeit, einen „Gegenstand" zu erreichen, den die Pflanze dann umwindet und somit rascher in günstige Lichtverhältnisse gelangt. Wo sie Platz hat, wächst sie indes auch flächendeckend.

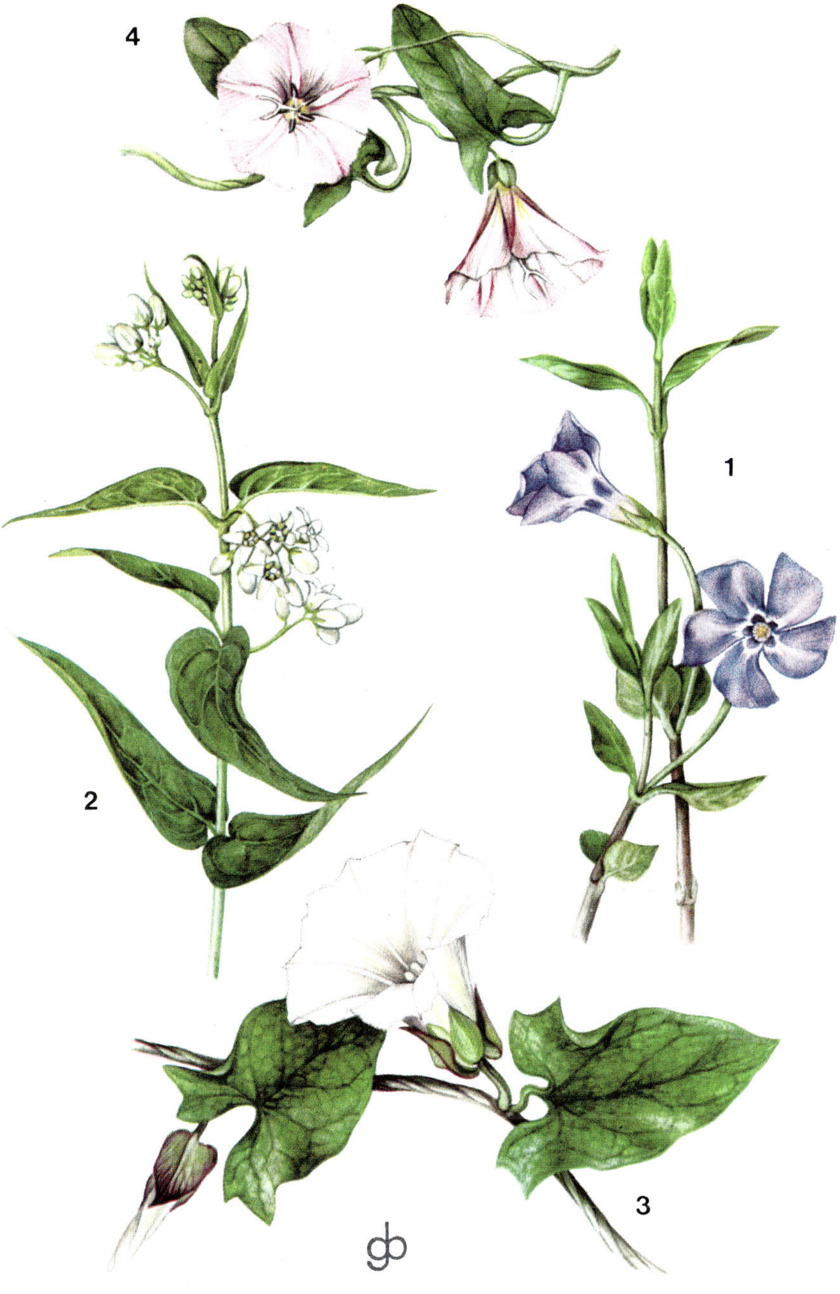

4
1
2
3
gb

1 Alpen-Wachsblume *Cerinthe glabra*
Fast alle Angehörigen dieser Familie zeichnen sich durch borstige Behaarung aus. Eine der Ausnahmen ist die Alpen-Wachsblume. Der deutsche Name verweist darauf ebenso wie auf den bläulichen Reif, der die Blätter überzieht. Ursprünglich war die Art nur in den Gebieten der Alpen beheimatet, in denen der Boden kalkhaltig ist und Regen nicht zu selten fällt, die Luftfeuchtigkeit infolgedessen ziemlich hoch bleibt und unzeitige Fröste nach der Schneeschmelze die Ausnahme sind. Heute ist sie innerhalb der Alpen und z. T. im Vorland verschleppt. Früher hat man aus den fleischigen Blättern Gemüse gekocht, sie vielleicht auch als Salat bereitet. Deshalb zog man sie vielfach in Bauerngärten, aus denen sie verwildert ist. Bemerkenswerterweise gibt es eine entfernte Verwandte der Wachsblume im hohen Norden, die im Gegensatz zu ihr blaublüht und vorwiegend am Meeresstrand vorkommt und die noch heute als Wildsalat geschätzt wird (Austernkraut — *Mertensia maritima*). Von weitem sind die Blüten der Wachsblume (Blühperiode Mai—Juli) unauffällig, wenngleich sie auf 30—50 cm hohen Blütenstandsstielen stehen können. Betrachtet man sie jedoch aus der Nähe, dann kann man den gelbgrünen Glocken mit ihrem roten Streifen oder Punkt auf jedem Blütenblattzipfel den Reiz nicht absprechen.

2 Rotblauer Steinsame *Buglossoides purpurocaerulea (Lithospermum purpureo-coeruleum)*
Der Artname verweist auf den Farbwechsel, dem die Blüten unterliegen: Sie blühen rötlich auf und verblühen blau. Verbunden damit ist ein Wechsel im Säuregrad des Zellsafts der Blütenblätter, in dem der Farbstoff gelöst ist; eine Entwicklung, die nicht allzu selten vorkommt, und zwar nicht nur bei den Boretschgewächsen, sondern auch bei manchen Schmetterlingsblütengewächsen, wie z. B. bei der Frühlings-Platterbse. Obschon sich die Art zum Studium dieses Farbwandels besonders gut eignete, wird man sie als Beobachtungsobjekt nicht empfehlen: Sie ist zu selten. Ausgesprochen wärmeliebend, angewiesen auf humusreichen und kalkhaltigen Boden, gedeiht sie vor allem in lichten, warmen Laubwäldern und trockenen Gebüschen, wobei sie allerdings an ihren Wuchsorten nicht selten in kleineren Beständen auftritt. Im Tiefland fehlt sie ganz, und in den Mittelgebirgen sind die Orte, an denen alle ihre Ansprüche gebührend berücksichtigt sind, nicht eben häufig. Da sie zwischen 10—50 cm hoch wird und von April bis Juni blühen kann, fällt sie meist auf.

3 Acker-Steinsame *Buglossoides arvensis (Lithospermum arvense)*
Noch vor wenigen Jahrzehnten war der Acker-Steinsame in Getreidefeldern so häufig, daß man ihn als Zeigerpflanze für Lehmboden benutzen konnte. Noch ist er auf solchem Untergrund nicht gänzlich verschwunden, aber doch merklich seltener geworden. Sein Durchkommen im Gegensatz zu anderen Unkräutern der Getreidefelder liegt auch daran, daß er unter Umständen schon im April blüht und wenigstens notreife Samen gebildet hat, ehe die chemische Unkrautvernichtung einsetzt. In Vergessenheit geraten ist eine seltsame Verwendung dieses Unkrauts: Es enthält in der Wurzelrinde einen roten Farbstoff, der früher von der weiblichen Dorfbevölkerung „kosmetisch" verwendet wurde („Bauernschminke").

4 Natternkopf *Echium vulgare*
Da der Natternkopf auf trockenen, steinigen Böden gut gedeiht, vor allem, wenn sie nicht bewirtschaftet werden, findet man ihn fast überall in Mitteleuropa an Dämmen, Wegrändern, aufgelassenen Bahnlinien, gelegentlich auch in trockenen Rasen. Das Überdauern an diesen auf den ersten Blick wenig lebensfreundlichen Wuchsorten ist ihm nicht zuletzt deshalb möglich, weil er seine Wurzeln mehr als 2 m in die Tiefe vortreiben kann, in Regionen also, in denen er fast stets genügend Feuchtigkeit und Nährsalze vorfindet. Sein merkwürdiger Name bezieht sich auf den Griffel. Er ist gespalten und ragt weit aus der blauen Blüte (Knospen rot!) hervor. Reiche Phantasie vermag zwischen ihm und einer Schlangenzunge eine Verbindung herzustellen. Auffällig sind an der Pflanze die steifborstigen Haare, die oft auf dunklen Flecken des Stengels sitzen.

3
2
4
1

Blütenpflanzen — Familien Boretschgewächse *Boraginaceae,* Eisenkrautgewächse *Verbenaceae*

1 Sumpf-Vergißmeinnicht *Myosotis palustris*
Hier ist die Rede vom „Sumpf-Mäuseohr". Etwas frei übersetzt heißt der wissenschaftliche Name so. Wie kommt der ganz andersartige deutsche zustande? Bei einem so rauhhaarigen, im Grunde unscheinbaren Gewächs, dessen Blüten überdies noch recht leicht abfallen? Hier muß der Volksglaube seine Hand im Spiel gehabt haben. Blau wird ja oft als Farbsymbol für Treue verstanden. Möglicherweise war das Schenken dieser leicht erreichbaren blauen Blume zwischen „Versprochenen" eine Stille Aufforderung, an die Bindung zu denken. Oder hat es mit blauen Augen zu tun? Sind sie wirklich so schön? Lassen wir die letzten Taufgeheimnisse im Dunkeln. Für Botaniker sind die Arten der Gattung voller Probleme. Für sie bleibt nichts, als sich genau die Stellung der Haare am Stengel anzusehen. Beim Sumpf-Vergißmeinnicht müssen sie abstehen, und die Blüten sollten mindestens 5 mm im Durchmesser erreichen. Innerhalb der Art unterscheidet man noch Rassen. Alle wachsen an nassen Stellen, dort findet man sie in Mitteleuropa fast überall leicht.

2 Echtes Lungenkraut *Pulmonaria officinalis*
Zumindest an manchen Orten in Süddeutschland nennt man die Pflanze auch „Blaue Schlüsselblume". Obschon die Verwandtschaft zwischen beiden Arten nicht eng ist, so ist doch eine oberflächliche Ähnlichkeit im Blütenstand unverkennbar. Ebenso wie die Unterschiede. Das Echte Lungenkraut, das 15—40 cm hoch werden kann, trägt an seinem Blütenstandsstiel stets Blätter. Die untersten Blätter sind am Grunde abgerundet oder herzförmig eingebuchtet und verlaufen nicht allmählich in den Stiel, im Gegensatz zu jenen, die dem Stengel ansitzen. Die Blühperiode dauert meist vom März bis in den Mai. Die Art ist recht formenreich, im Gesamtgebiet eher selten, doch an ihren Standorten meist in lockeren oder dichteren und oft individuenreichen Beständen. Man findet das Echte Lungenkraut in Laub- und Mischwäldern ebenso wie in trockenen Gebüschen und in den angrenzenden, ungenutzten Grasflächen. Es liebt kalkhaltigen, lockeren Boden mit reichlich Humus. Verwandte und recht ähnliche Arten sind erheblich seltener, oft röter getönt, aber selbst für Kenner nur bei genauem Zusehen identifizierbar. Das Echte Lungenkraut enthält neben Schleimstoffen Gerbstoffe, Kieselsäure und Saponine im Kraut, wird aber in der modernen Medizin nicht mehr genutzt.

3 Gemeiner Beinwell *Symphytum officinale*
Wer den Gemeinen Beinwell beschreiben will, tut sich schwer, weil er weiß, gelb, blau, rot oder violett blühen kann. Seine Höhe kann nur 30 cm betragen, andererseits 100 cm erreichen. Auffällig sind vor allem die leistig am Stengel herablaufenden Blätter und die fast kratzende Rauhhaarigkeit. Früher wurde der Gemeine Beinwell als Heilpflanze angebaut. Vielfach ist er verwildert. Er gedeiht am besten an Ufern, Gräben, auf Schuttplätzen, an Wegen, Waldrändern, gelegentlich auf nassen Wiesen. Was hier ursprüngliche Wildstandorte, was eroberte sind, läßt sich nicht mehr feststellen. Ob die Pflanze je gehalten hat, was ihr Name verspricht, nämlich bei Verletzungen am Bein die Heilung zu beschleunigen, bleibe dahingestellt. Jedenfalls enthält das Kraut giftige Alkaloide, wird daher vom Vieh gemieden — ein Umstand, der zur Konkurrenzfähigkeit der Art beiträgt.

4 Eisenkraut *Verbena officinalis*
Vor allem im Tiefland sucht man manchenorts die Art wohl vergeblich, wie sie andererseits in den Mittelgebirgsgegenden kaum einem Gebiet fehlt, vor allem nicht in der Nähe dörflicher Siedlungen. Dort besiedelt sie stickstoffreichen Boden vor allem an Feldwegen oder über alten Dunglagerstätten. In ihrem sparrigen Wuchs prägt sie sich dem Beobachter wohl besser ein als mit ihren unscheinbaren Blüten. Immerhin wird sie meist um 50 cm hoch. Ihre Blühperiode dauert meist vom Juli bis in den Oktober. Früher schätzte man das Eisenkraut als Heilpflanze. Neben anderem enthält es Glycoside und ätherische Öle. Obschon man ihnen gewisse Wirkungen auf Warmblüter — auch auf den Menschen — nicht absprechen kann, verzichtet man heute auf die Verwendung des Eisenkrauts als Arzneipflanze.

1
2
3
4

1 Kriech-Günsel *Ajuga reptans*
Innerhalb der Lippenblütengewächse, die bei uns heimisch sind, gibt es nur zwei Gattungen, bei denen die Oberlippe fehlt oder doch stark rückgebildet ist: die Günsel und die Gamander. Das erleichtert die Orientierung unter den sonst oft ähnlichen Pflanzen. Alle Günsel haben eine 3-lappige Unterlippe. Beim Kriech-Günsel stehen überdies die blauen Blüten (Blühperiode Mai — Juni) in den Achseln von ungeteilten „Hochblättern". Von der grundständigen Blattrosette weg laufen bei fast allen Individuen mehr oder minder lange oberirdische Ausläufer. Einen deutlicheren Steckbrief gibt es für nur wenige Arten. Jedermann vermag den Kriech-Günsel in Mitteleuropa leicht aufzufinden. Er will feuchten, nährstoffreichen Boden. Auf diesem Untergrund besiedelt er Wiesen und lichtere Wälder. In größeren Beständen lohnt es sich zuweilen, nach „Farbmutanten" Ausschau zu halten. Auf einige tausend Pflanzen mit blauen Blüten kommt eine mit rosafarbener Blüte; weiße sind noch seltener. Vor allem die Farbmutanten hat man immer wieder in Gärten gepflanzt, weil sie sich dank ihrer Ausläufervermehrung auf geeigneten Böden gut halten. Die Pflanze enthält reichlich Gerbstoffe und wurde deswegen früher auch arzneilich verwendet.

2 Edel-Gamander *Teucrium chamaedrys*
An der Blüte kann man Gamander von Günseln leicht unterscheiden: Bei Gamandern hat die Unterlippe fünf Lappen. Den Edel-Gamander trifft man nur im Hoch- und Spätsommer in Blüte. Seine Blüten sind stets rötlich, die Blätter wintergrün und deutlich gekerbt. Die Pflanze kommt fast ausschließlich auf kalkigen, humusreichen Böden am Rande von Gebüschen und Wäldern in warmer Lage vor, seltener in trockenen, ungenutzten Rasen. Im eigentlichen Tiefland fehlt die Art, und auch in den Mittelgebirgen und in den Alpen ist sie ihrer Ansprüche wegen selten, wenngleich sie an ihren Wuchsorten meist in Beständen vorkommt. Bemerkenswerterweise treibt der Wurzelstock des Edel-Gamanders alljährlich zwei Generationen beblätterter Stengel, von denen jedoch nur die zweite zur Blüte gelangt.

3 Kappen-Helmkraut *Scutellaria galericulata*
Obschon das Kappen-Helmkraut zwischen 10—40 cm an Höhe erreichen kann, von Juni bis gegen Ende August blüht — allerdings meist nur wenige Blüten gleichzeitig geöffnet — obwohl die Blüten um 1,5 cm lang werden können und tiefblau oder blauviolett sind, wird diese Pflanze häufig übersehen. Das kommt von ihren typischen Standorten. Meist wächst sie im Röhricht stehender oder fließender Gewässer, geht aber auch auf sonst wenig bewachsene Uferstellen, erträgt sowohl volles Tageslicht als auch reichlich Schatten (weswegen man auch an Waldtümpeln nach ihr fahnden kann). Selbst zeitweise Überschwemmung erträgt sie. Daß sie dennoch verhältnismäßig selten ist, mag dem Umstand zuzuschreiben zu sein, daß ihre Samen zwar schwimmfähig sind, aber wohl nur selten durch Wasservögel an gänzlich neue Standorte verschleppt werden.

4 Gundermann *Glechoma hederacea*
Der deutsche Name läßt aufhorchen. So imposant, daß man die Pflanze „Mann" nennen müßte, ist sie mit ihrem meist kleinen Wuchs nicht, und wenn ihr Stengel einmal die Halbmetergrenze übertrifft, kriecht er meist am Boden. Des Rätsels Lösung ist eine begründete Vermutung, mehr nicht. In „gund" könnte möglicherweise das gotische Wort für Eiter überkommen sein. In der Tat hat man den Gundermann als Volksheilmittel bis in die Neuzeit hinein gegen schlecht heilende Wunden verwendet. Er enthält neben Gerbstoffen einen Bitterstoff. Bemerkenswerterweise ist der Gundermann für manche Tiere — Pferde z. B. — giftig. Andererseits wird berichtet, man habe früher die Blätter des Gundermanns als Wildsalat genutzt. Vielleicht hat hier schlechte Erfahrung den Gebrauch außer Mode kommen lassen. Jedenfalls sind Vergiftungen am Menschen aus neuerer (und damit nachprüfbarer) Zeit nicht bekannt geworden. An seiner flachen Oberlippe, den wenigblütigen, blattachselständigen Scheinquirlen und den fast nierenförmig gekerbten Blättern ist der Gundermann gut kenntlich. Er ist überall häufig, gedeiht auf feuchtem, stickstoffhaltigem Boden sowohl in Wäldern als auch in feuchten Wiesen und selbst an Wegrändern. Er blüht im Frühjahr.

4
2
3
1

1 Kleine Braunelle *Prunella vulgaris*
Wo der Mensch nicht ausgesprochen extreme Klimate besiedelt, da findet sich heute auch die Kleine Braunelle: Sie ist weltweit verschleppt, doch war sie möglicherweise eine ursprünglich auf Europa beschränkte Pflanze. Auf nicht zu feuchtem, nicht zu trockenem, eher lehmigem als steinigem Boden gedeiht sie besonders gut, doch vermag sie sich selbst auf Waldwegen zwischen nicht zu groben Schottersteinen zu halten. Diese Anspruchslosigkeit, besser: diese Konkurrenzfähigkeit unter verschiedenen Bedingungen, waren die Vorraussetzungen für ihre weite Verbreitung. In Zierrasen sieht man sie begreiflicherweise nicht gerne. Doch gerade hier hat sie gute Chance, Fuß zu fassen. Mäht man „kurz", läßt es sich nicht immer vermeiden, Lücken aufzureißen. Diese besiedelt sie mit Vorliebe. Da sie Ausläufer treibt, wird vegetativ rasch aus einer Pflanze eine ganze Kolonie. Gegenüber ihrer selteneren und weit anspruchsvolleren Verwandten, der Großblütigen Braunelle *(P. grandiflora)* kann man sie an der Blütengröße gut unterscheiden. Selbst große Blüten der Kleinen Braunelle messen selten 15 mm, kleine der Großblütigen Braunelle dagegen meist 20 mm oder mehr. Die Kleine Braunelle kann vom Frühjahr bis in den Spätherbst blühend angetroffen werden, und je nach Standort nur wenige Zentimeter hoch werden, andererseits aber auch einmal 25 cm erreichen. Sie ist eine alte Heilpflanze. Früher stellte man aus ihr Gurgelwasser gegen „Halsbräune" (Diphtherie) her; so erklärt sich möglichweise der Name.

2 Große Braunelle *Prunella grandiflora*
Zwar wird die „Große" Braunelle auch nicht länger als die Kleine Braunelle; deswegen hieße man sie besser: „Großblütige Braunelle"; denn die Blüten sind oft gut doppelt so groß wie jene der Kleinen. Gerade der Gegensatz zwischen Wuchshöhe und Blütengröße macht den Reiz dieser Pflanze aus. Da zudem die Blüten am Stengelende gehäuft stehen, darf man die Art zu den leider übersehenen Schönheiten unserer Pflanzenwelt rechnen. Allerdings findet man sie nicht überall in Mitteleuropa.
Sie will lockeren, etwas steinigen Boden und siedelt sich gerne auf ungenutzten, trockenen und warmen Rasen an. Auf kalkreichem Boden ist sie wesentlich häufiger als auf kalkarmem, und ob sie auf kalkfreiem vorkommt, ist fraglich.

3 Bunter Hohlzahn *Galeopsis speciosa*
Unstrittig ist der Bunte Hohlzahn ein „Unkraut". Wer es aber in Mitteleuropa in den östlichen Randgebirgen des Rheintals oder westlich davon sucht, wird sich schwer tun, es zu finden. Denn dort kommt es nur vereinzelt, verschleppt und unbeständig vor. Im Osten dagegen steht es auf Waldlichtungen, aber auch an Wegen und Ufern. Die blaßgelbe Blüte trägt auf der Unterlippe einen tiefvioletten Fleck. Wie viele Unkräuter, so vollendet der Bunte Hohlzahn seinen Lebenszyklus in einem Jahr — obwohl er eine Höhe von über einem Meter erreichen kann. Dies ist insofern bemerkenswert, als seine Blühperiode spät im Jahr liegt (Juni — Oktober). Dennoch vermag eine Einzelpflanze meist genügend Samen zur Reife zu bringen.

4 Stechender Hohlzahn Gemeiner Hohlzahn *Galeopsis tetrahit*
Der Gemeine Hohlzahn gehört noch heute zu den gefürchteten Unkräutern, die sich nur schwer im Zaume halten lassen. Er besiedelt nicht nur Äcker — wo er unter Umständen erst spät aufläuft und so von chemischen Bekämpfungsmaßnahmen noch nicht erfaßt wird — sondern auch Wege, Schuttplätze, Dämme, Waldränder und Kahlschläge. Seine Blühperiode reicht vom Juli bis in den Oktober, seine Größe von kaum handlang bis zu fast einem Meter. Woher die Vielfalt? Der schwedische Botaniker A. Müntzing konnte experimentell eine vernünftige Erklärung dafür erbringen: Der Stechende Hohlzahn ist durch Bastardierung aus zwei anderen Hohlzahnarten entstanden! Damit wird auch seine äußerliche Mannigfaltigkeit verständlich, obschon die Gefahr gering ist, ihn mit einer anderen Art der Gattung zu verwechseln.

3
2
1
4

1 Gold-Taubnessel *Lamiastrum galeobdolon (Lamium galeobdolon)*
Eine „Brennessel" mit gelben Blüten im späten Frühjahr, die in Wäldern aller Art wächst: Das gibt es nicht. Richtig. Trotz der aufs erste verblüffenden Ähnlichkeit im Bau hat die Taubnessel, der Brennhaare fehlen, keine enge verwandtschaftliche Verbindung zur Brennessel. Hingegen erkennt man sie sogleich als Lippenblütengewächs. Bemerkenswert sind die braunen Saftmale auf der Unterlippe. Die Anzahl der Blüten, die quirlig in den Blattachseln stehen, ist bei den einzelnen Formen, die man innerhalb der Art unterscheiden kann, verschieden. Fast alle bilden spätestens nach der Blühperiode mehr oder minder lange Ausläufer. Gelegentlich trifft man auf Individuen mit „weißgezeichneter" Blattoberseite. Offensichtlich hat sich hier die Oberhaut von den darunter liegenden Zellen abgehoben. Pflanzen, die hierzu neigen, werden neuerdings in Gärten als „Unterwuchs" unter Baum- und Strauchgruppen gepflanzt. Wo der Boden nährstoffreich, nicht zu trocken und wenigstens oberflächlich locker ist, gedeihen sie meist gut. Vor allem im Schatten sind sie anderen Gewächsen gegenüber oft im Vorteil.

2 Weiße Taubnessel *Lamium album*
Wo es in Mitteleuropa Siedlungen gibt und in deren Nähe Unkrautbestände auf stickstoffreichem Boden, sei es an Wegen, auf Schuttplätzen, an Mauern, Bahndämmen oder an Ufern — da sucht man nach der Weißen Taubnessel meist nicht vergebens. Ihre Blühperiode ist etwas unregelmäßig. Offensichtlich blühen viele Pflanzen etwa vom Höhepunkt des Frühjahrs an bis in den Sommer, manche dann erneut vom Sommer bis in den Herbst. Einzelpflanzen der Weißen Taubnessel findet man selten. Eine Erklärung dafür: ihre Samen werden von Ameisen verschleppt und oft im Umkreis von deren Nestern abgelagert. Die Blüten der Weißen Taubnessel sind nektarreich. Das süße Naß kann jedoch nur von langrüßligen Hummeln „legal" erreicht werden. Andere „Honigsammler" beißen zuweilen den Grund der Blütenröhre an. Die Weiße Taubnessel wurde früher in der Volksmedizin genutzt. Sie enthält Schleim- und Gerbstoffe und etwas ätherisches Öl.

3 Gefleckte Taubnessel *Lamium maculatum*
Unter den rotblühenden heimischen Taubnessel-Arten ist die Gefleckte Taubnessel die Art mit den größten Blüten: Sie können bei ihr 2—3 cm lang werden. Wenn Gruppen dieser Pflanze dennoch selbst zur Blütezeit nicht auffallen, so mag das an zweierlei liegen: Die Blätter werden oft um 5 cm lang, und in deren Achseln stehen bekanntlich die Blüten quirlig. Zum anderen bevorzugt die Gefleckte Taubnessel Wuchsorte an Ufern, in Gebüschen, an Waldrändern oder in krautreichen Wäldern, wo sie trotz ihrer beträchtlichen Höhe (30—80 cm) zwischen anderen Pflanzen stehend, ihre Blüten schlecht zu zeigen vermag. Für die Art bedeutet das keinen Nachteil. Die Blühperiode erstreckt sich je nach Wärme des Standorts vom zeitigen Frühjahr bis in den frühen Herbst. Langrüßlige Hummeln und Tagschmetterlinge befliegen die Blüten. Ameisen verbreiten die Samen. Obschon die Gefleckte Taubnessel in den meisten Gegenden regelmäßig anzutreffen ist, fehlt sie örtlich.

4 Purpur-Taubnessel *Lamium purpureum*
Besonders auf „offenen" Böden, also in Gärten, Weinbergen, auf Schuttplätzen, an Wegen, seltener in grasigen Rainen, bevorzugt auf Lehm: Da findet man die Purpur-Taubnessel, eines der häufigsten Unkräuter unter den Lippenblütengewächsen. Warum hält es sich so gut? Seine Entwicklungszeit vom Samen bis zur Samenreife verläuft unter günstigen Umständen in 4—5 Monaten. Warme Winter vorausgesetzt, vermag es selbst bei geringem Frost funktionstüchtige Blüten auszubilden. Daher trifft man unter Umständen schon im Januar blühende Pflanzen an, ebenso noch im Dezember. Freilich liegt die Blühperiode hauptsächlich zwischen März und Oktober. Dies aber bedeutet, daß grundsätzlich zwei Generationen in einem Jahr Samen reifen können. Da eine Pflanze meist mehr als 20 Blüten hat, genügt das für eine Ausbreitung selbst dann, wenn — wie hier der Fall — jede Blüte bestenfalls nur vier Samen bildet.

1
2
3
4

1 Heil-Batunge *Betonica officinalis (Stachys officinalis)*
Die Heil-Batunge enthält in ihren grünen Teilen reichlich Gerbstoffe, daher wurde sie als Gegenmittel gegen Durchfall viel benutzt — wahrscheinlich schon im Altertum. Eine außergewöhnlich wirksame oder vielseitige Arzneipflanze — wie der Name andeutet — ist sie aber leider nicht. Die Fachleute hat an dieser Pflanze mehr interessiert, wie man sie einordnet. Offensichtlich hat sie enge Beziehungen zur Gattung Ziest *(Stachys)*, von der sie sich hauptsächlich dadurch unterscheidet, daß die meisten Blätter bei ihr nicht am Stengel, sondern in einer grundständigen Rosette stehen. Je nach dem „Wert“, den man dieser Eigenschaft beimaß, behandelte man die Batunge als eine Art der Gattung Ziest oder aber als eigene Gattung. Kenntlich ist sie während ihrer Blühperiode im Sommer vor allem an den endständigen, kopfig gehäuften und ährig angeordneten Blüten am Stengelende, die nicht zuletzt dadurch auffallen, daß die Pflanze immerhin 30—60 cm hoch werden kann. Sie bevorzugt wenigstens zeitweise feuchte Böden an Wiesengräben oder in lichten Wäldern.

2 Berg-Ziest *Stachys recta*
„Stachys“ stammt aus dem Griechischen und heißt „Ähre“. Diese Anordnung der Blüten — sitzend an einer Achse — ist indessen für diese Art gar nicht typisch. Ihre Blüten stehen nämlich quirlig in den Achseln von Blättern. Trotz ihrer Länge, die 1—2 cm betragen kann, und der Höhe der Pflanze von 20—60 cm fällt sie an ihren Standorten in trockenen Rasen, Gebüschen oder an warmen Waldrändern verhältnismäßig wenig auf, obschon sie meist in kleineren Beständen wächst. Überdies fehlt sie in Mitteleuropa, d. h. nördlich der Alpen fast allen Gebieten, in denen der Boden nicht kalkhaltig oder gar kalkreich ist, und im eigentlichen Tiefland kommt sie — wenn überhaupt — nur vereinzelt vor. Ihr Verbreitungsschwerpunkt liegt mindestens zum Teil im Mittelmeergebiet. Dort ist sie auch seit dem Altertum bekannt. Wir vermuten mit gutem Grund, daß es diese Pflanze war, die von den römischen Gladiatoren bei ihren Schaukämpfen als Amulett gegen Hieb- und Stichverletzungen getragen wurde.

3 Klebriger Salbei *Salvia glutinosa*
Nur wer im Voralpengebiet, in den nördlichen Kalkalpen, an einigen wenigen Stellen des Südschwarzwalds, des Hegaus oder der Schwäbischen Alb auf „Pflanzenpirsch“ geht, hat Aussicht, diese schöne Pflanze zu finden. Dort gedeiht sie vor allem in und an Wäldern. Sie wird ½—1 m hoch, ihre 3—4 cm langen Blüten stehen fast traubig gehäuft am Ende des Stengels. Der Stengel ist vor allem im Bereich des Blütenstands recht dicht mit Drüsenhaaren bestanden, die eine klebrige Absonderung enthalten. Faßt man die Pflanze an, merkt man die Klebewirkung sofort.

4 Wiesen-Salbei *Salvia pratensis*
Obwohl im Tiefland selten, örtlich auch fehlend, in den Mittelgebirgen mit kalkarmem Boden selten, aber fast überall vorhanden und in den Kalkgebieten häufig, ist der Wiesen-Salbei eines der bekanntesten Lippenblütengewächse. Einfach deshalb, weil es kaum eine Verwechslung mit einer anderen Pflanze in Mitteleuropa gibt. So gleichförmig die Art wirkt: Farbmutanten kann man in größeren Beständen, die man auf trockenen Wiesen, an Dämmen oder Wegrändern nicht selten antrifft, immer wieder finden. Am häufigsten sind Exemplare mit tiefvioletten Blüten, doch gibt es auch solche, die mehr oder minder intensivblau, ja hellblau, wenn nicht weißblau sein können. Recht selten trifft man auch Pflanzen, die rosarot blühen. Nach reinweißen Exemplaren hingegen muß man oftmals lange suchen. Noch seltener sind Exemplare, bei denen nur die Unterlippe weiß, die übrigen Teile der Blüte jedoch blau sind. Die Blühperiode beginnt mit Frühjahrsende und geht bis in den Hochsommer. Die Pflanze kann über einen halben Meter hoch wachsen.

2
3
1
4

1 **Wirbeldost** *Calamintha clinopodium*
Vor allem im Tiefland gibt es kleinere Gebiete, in denen der Wirbeldost fehlt. Doch selbst da, wo er beheimatet ist, wird er zuweilen übersehen. Die Gründe? Die Blühperiode von Juli bis Oktober und das leichte Abfallen der Blüten. 10—20 Blüten stehen in dichten Quirlen, gelegentlich sitzen 2—4 übereinander. Die Einzelblüten werden recht ansehnlich, sie sind 1,5—2 cm lang. Aber der Wirbeldost wächst meist zwischen anderen Pflanzen, fällt daher nicht auf, obschon er 30—60 cm hoch werden kann. Am ehesten trifft man ihn in Wäldern und da im Grassaum von Wegen, seltener an Wegrainen in vollem Licht.

2 **Dost** *Origanum vulgare*
Das Wort „Dost" trifft man in Pflanzennamen häufig dann an, wenn die Einzelexemplare nicht durch einfache Blüten wirken, sondern durch ihren Blütenstand. In diesem Wort steckt eine mittelhochdeutsche Wortwurzel, die etwa „Strauß" bedeutet. So gesehen ist die Bezeichnung gut gewählt. Denn in der Tat wirkt der Dost nicht nur mit der Gesamtheit seiner Blüten (Blühperiode Juli — Oktober, Höhe 30—60 cm), sondern auch durch seine oft rötlichviolett überlaufenen Blätter im Bereich des Blütenstands.
Der Dost wurde als Heilpflanze früher geschätzt und wahrscheinlich auch örtlich im Garten gezogen. Er enthält ätherische Öle (Blätter zerreiben!) und Gerbstoffe. Im Tiefland fehlt die Art wohl ursprünglich, und Einzelvorkommen sind nur als „Verwilderung" zu erklären. Der Dost will warmen, nährstoff- und kalkreichen Boden. Wild besiedelt er in den Kalkmittelgebirgen trockene Wälder und Rasen, geht aber auch an Wegränder. Wo er vorkommt, bildet er meist kleinere oder größere Bestände.

3 **Sand-Thymian** *Thymus serpyllum*
Thymian kennt wohl jedermann, der die polsterbildende Pflanze am Wegrand mit ihren zahlreichen, kopfig blühenden Stengeln, die kaum 30 cm hoch werden, zwischen Juli und Oktober einmal gesehen hat. Der Fachmann aber tut sich schwer, wenn er eine genaue Beschreibung geben soll. Denn die Zahl der vielgestaltigen Formen, die es von dieser Pflanzenart gibt, erreicht wohl fast zwei Dutzend, „Übergangsformen" gar nicht eingerechnet. Zugegeben, die Unterschiede sind nicht groß, betreffen vor allem Größenmerkmale, Dichtheit des Blütenstands, Blattumriß und dergleichen. Aber möglicherweise entsprechen diesen äußeren Unterschieden auch verschiedene Ansprüche an den Wuchsort. Jedenfalls kann Thymian überall wachsen, wo der Boden locker, nicht gedüngt und einigermaßen warm ist: auf trockenen Rasen, an Wegen, Dämmen, Waldrändern. Mit dem Gewürzthymian ist er verwandt, doch enthält er nicht diesselben Wirkstoffe wie dieser, zumindest nicht im selben Verhältnis. Trotzdem wurde er als Heilpflanze verwendet. Er enthält ätherische Öle und Gerbstoffe.

4 **Acker-Minze** *Mentha arvensis*
Minzen sind ein Kapitel für sich, und zwar, weil das runde halbe Dutzend mitteleuropäischer Arten, recht häufig miteinander Bastarde bildet. Außerdem ähneln sich die Arten teilweise. Beides trifft auch für die Acker-Minze zu. Dennoch ist sie von den häufigeren Arten mit die am leichtesten kenntliche. Ihr „Doppelgänger", von dem sie nur schwer zu unterscheiden ist, kommt recht selten und fast ausschließlich in besonders warmen Gegenden unter den Erstbesiedlern an Ufern vor. Die Acker-Minze wächst hingegen häufig in Gräben, nassen Wiesen, nassen Äckern, nassen Waldrändern, im Röhricht. Bei ihr stehen die Blüten (Blühperiode Juli — Oktober, Höhe 30—100 cm) nie am Stengelende, sondern stets in dichten Quirlen in den Blattachseln. Den aromatischen Geruch (Blätter zerreiben!) teilt sie mit anderen Arten der Gattung. Die Pflanze enthält ätherische Öle.

2
4
1
3
gb

1 Tollkirsche *Atropa belladonna*
„Atropa" ist eine Wortwurzel aus dem Griechischen (tropein = wenden) und meint, auf die Mythologie bezogen, diejenige der drei Parzen, die den Lebensfaden abschneidet. Damit spielt der wissenschaftliche Gattungsname ebenso auf die Giftigkeit der Pflanze an wie der deutsche Name „Tollkirsche". Im Grunde verweist auch das widersprüchliche „belladonna" = schöne Frau auf das Gift, das Atropin. Es ist dies ein Alkaloid, neben dem noch andere, wie Hyoscyamin und Belladonnin in der Pflanze vorkommen. Hyoscyamin und Atropin sind sehr giftig. Schon der Genuß von 3—4 Tollkirschenbeeren soll zum Tode führen. Atropin vor allem hat u. a. die Wirkung, die Pupillen zu erweitern. Das galt einst als schön, und für diesen Zweck verwendete man das Gift — eine nicht unproblematische Anwendung. Tollkirschen sind im Tiefland selten oder sie fehlen dort größeren Gebieten. In den Wäldern der Mittelgebirge findet man sie vor allem an lichten Waldstellen, hauptsächlich auf Schlagflächen und Windwürfen. Kenntlich ist die Pflanze an ihren dunkelrotbraunen-grünlichen, glockigen Blüten (Blühperiode Juni — August) und ihren glänzenden, schwarzen, einzelnstehenden Beeren. Sie wird bis über 1 1/2 m hoch und enthält — wenn auch in unterschiedlichen Mengen — in allen ihren Teilen die genannten Gifte.

2 Bittersüßer Nachtschatten *Solanum dulcamara*
Obschon die Pflanze unter günstigsten Bedingungen bis 3 m Länge erreichen kann, fällt sie meist selbst zur Blütezeit kaum auf; denn ihre Blüten bleiben klein und stehen locker angeordnet beieinander (Blühperiode Juni — August). Die leuchtendroten Beeren sind fast ebenso unauffällig. Wuchsorte des Bittersüßen Nachtschattens sind Röhrichte, feuchte Schuttplätze und feuchte Wälder, die nicht allzu dicht und lichtarm sein sollten. Der Bittersüße Nachtschatten enthält giftige Alkaloide. Vor allem nach dem Verzehr der Beeren sind schwere Vergiftungen beschrieben worden, von denen einige tödlich waren.

3 Schwarzer Nachtschatten *Solanum nigrum*
Wer die Pflanze blühen sieht (Juni — Oktober, Höhe bis 1 m), versteht den Namen nicht, denn die weißen Blüten ähneln unverkennbar denen der Kartoffel, mit der die Art in der Tat nahe verwandt ist. „Schwarz" bezieht sich auf die Farbe der Beeren, die sich nach Befruchtung der Blüten entwickeln. Sie enthalten — wie alle Teile der Pflanze — giftige Alkaloide. Angeblich soll deren Menge in reifen Früchten gering sein, so daß die Beeren schadlos gegessen werden könnten. Dem stehen aber Berichte gegenüber, wonach gerade nach dem Genuß von Beeren schwere, in einigen Fällen tödliche Vergiftungen aufgetreten sind. Wie sich die Widersprüchlichkeit der Berichte erklärt, ob es giftigere und weniger giftige Sippen gibt oder ob Ungenauigkeiten im Spiel sind, liegt noch im Dunkeln. Gesichert ist allerdings, daß die grünen Bestandteile einen höheren Giftgehalt aufweisen als die Beeren, bezieht man ihn auf das Frischgewicht. Der Schwarze Nachtschatten ist ein Unkraut, das in Gärten und vor allem am Rand von Dörfern nicht allzu selten vorkommt.

4 Weißer Stechapfel *Datura stramonium*
Mit seiner 5—8 cm langen, weißen, trichterigen Blüte (Blühperiode Juni — September, Höhe der Pflanze bis 1 m) ist die Art unverwechselbar, erst recht, wenn sie die namengebenden, stacheligen Kapseln trägt. Allerdings ist sie in den letzten Jahrzehnten sehr selten geworden. Ihr Lebenszyklus vollendet sich in einem Jahr. Ihre Ausbreitungsintensität ist wenig ausgeprägt. Auch die Orte, an denen sie am besten gedeiht: stickstoffreiche Flecke — vorzugsweise ehemalige Dunglagerstätten an warmen Mauern — sind heutzutage fast verschwunden. In den Dörfern gibt es sie nicht mehr, und Aussiedlerhöfe bieten sie nur ausnahmsweise. Der Stechapfel ist — wie viele andere Angehörige der Nachtschattengewächse — stark giftig. Er enthält Alkaloide.

3
2
1
4
gb

1 Kleinblütige Königskerze *Verbascum thapsus*
Wenn eine Pflanze wie die Kleinblütige Königskerze bis zu 150 cm hoch werden kann, übersät mit gelben Blüten, von denen kaum eine unter 1,5 cm mißt, aber 2 cm breit werden kann, dann versteht man, warum man ihr „Königswürde“ zugesteht. Sie fällt auf, beherrscht — im freien Stand zumal — die Pflanzengestalten, zwischen denen sie steht. Das setzt natürlich einen Wuchsort voraus, der üblicherweise von niedrigeren Pflanzen besiedelt wird. In der Tat findet man die Kleinblütige Königskerze in Unkrautbeständen an Wegen, Dämmen, Rainen, Schuttplätzen, doch geht sie auch an Waldränder, wo sie prompt weniger in Erscheinung tritt. Sie hat es gerne warm, möchte Stickstoffsalze im Boden und einen eher lockeren Boden. Bestände sind seltener als Einzelwuchs. Der Grund könnte darin liegen, daß die Pflanze, deren Lebenszyklus sich in zwei Jahren vollendet, zwar unter Umständen nahezu eine Million Samen bildet, von denen auch viele keimen, aber nur wenige Keimlinge sich gegen ihre Konkurrenten soweit durchsetzen können, daß ihnen die Rosettenbildung vor dem Einzug des Winters gelingt. Die Kleinblütige Königskerze vermag auch Kümmerformen zu bilden, die dann — zumindest auf den ersten Blick — nicht leicht zu erkennen sind. Die Pflanze enthält Saponine und Schleimstoffe.

2 Mehlige Königskerze *Verbascum lychnitis*
Obschon die Mehlige Königskerze im Tiefland selten ist, da sie sonnigwarme Standorte und kalkhaltigen Boden bevorzugt, fehlt sie auch dort kaum einem größeren Gebiet. Sie siedelt sich nicht allzu selten entlang von Bahnlinien an und kommt dort auch auf Kalksteinschotter durch. In den Mittelgebirgen, vor allem in jenen mit Kalk, darf sie als die verbreitetste Art ihrer Gattung in Mitteleuropa gelten. Ihre Standorte sind meist ausgesprochen trocken: Wegränder, Dämme, trockene Rasen. Immerhin wurzelt die Pflanze außerordentlich tief. Auch die starke Behaarung der Blätter hat eine gewisse Bedeutung für die Besiedlung trockener Standorte. Sie schränkt durch Lichtreflexion nicht nur die Erwärmung, sondern auch die Verdunstung ein, so daß die Pflanze — bezogen auf ihre Blattfläche — mit verhältnismäßig wenig Wasser auskommt. Sie ist mit keiner anderen Art der Gattung zu verwechseln, denn ihre um 15 mm messenden Blüten sind eher weiß als gelb, meist etwas cremefarben.

3 Zymbelkraut *Cymbalaria muralis*
Die Heimat dieser Pflanze ist das Mittelmeergebiet. Zu uns kam sie als Zierpflanze an Gartenmauern, wo ihr das Klima und der Untergrund zusagten, ist sie häufig verwildert. Sie braucht Wärme, aber nicht unbedingt volle Besonnung, Mauerritzen, die aber nicht allzu trocken sein sollten, und die möglichst in der Feinerde oder in dem durchsickernden Wasser Nährstoffe und Kalk enthalten sollten. Bemerkenswert an der Pflanze ist, daß die befruchteten Blüten im Zuge der Frucht- und Samenreife weg vom Licht und damit in die Spalten hineinwachsen. Damit erhalten die Samen natürlich mit großer Sicherheit ein für sie günstiges Keimbett. Die Pflanze ist mit keiner anderen Art an entsprechenden Standorten in Mitteleuropa zu verwechseln.

4 Leinkraut *Linaria vulgaris*
Manchenorts ist die Pflanze auch als „wildes, gelbes Löwenmäulchen“ bekannt; eine zwar fachlich unhaltbare Bezeichnung, die aber die Pflanze praktisch unverwechselbar macht. Man findet sie meist in Unkrautbeständen an besonders trockenen Standorten: Dämmen, Wegen, Mauern oder Weinbergen. Das hängt mit ihrer Vermehrungsweise zusammen. Jede Pflanze produziert rund 30 000 Samen. Keimt einer, so gelangt die junge Pflanze im ersten Jahr noch nicht zur Blüte. Oberirdisch bleibt sie vielmehr ein Kümmerling. Unter der Erde hingegen treibt sie ihre Wurzeln sowohl in die Tiefe als auch in die Fläche. Aus den Flachwurzeln sprossen im folgenden Jahr dann ebenfalls oberirdische Triebe. Daher findet man die Pflanzen oft in kleineren, aber verhältnismäßig dichten Beständen.

4
1
2
3

1 Knotige Braunwurz *Scrophularia nodosa*
Wer diese Pflanze nur im Vorbeigehen betrachtet, wird — falls er sie überhaupt wahrnimmt — ihren Namen nicht verstehen. Nirgends trägt sie Knoten! Diese sitzen als Wurzelstock unter der Erde. Obschon die Pflanze fast 1 1/2 m hoch werden kann und dann meist Dutzende von Blüten trägt, die immerhin größer als 1/2 cm werden, fällt sie uns mit ihrem Blütenschmuck nicht auf. Wohl aber den bestäubenden Insekten. Denn die braunroten Blüten werfen Ultraviolettes Licht besonders stark zurück.
In Wäldern mit feuchten Böden kommt die Pflanze nicht selten vor, meist allerdings einzeln und nicht in Beständen wachsend. Sie kann mit einer nahe verwandten Art verwechselt werden, der Geflügelten Braunwurz *(S. umbrosa = S. alata).* Bei ihr laufen häutige Flügel entlang der Kanten des Stengels. Die Art bevorzugt nicht nur feuchte, sondern nasse Wuchsorte und kommt daher fast nur in Gewässernähe vor, seien die Bäche oder Tümpel auch noch so klein. Beide Arten sind zumindest schwach giftig.

2 Persischer Ehrenpreis *Veronica persica*
Vor 1800 kannte man die Art nur aus Botanischen Gärten, doch schon 100 Jahre später fehlte sie kaum einem Ackerbaugebiet irgendwo in Europa. Wie schaffte der Persische Ehrenpreis diese plötzliche Verbreitung? Die Ursachen kennen wir nicht. Doch gibt es Zahlen, die zumindest einen Teil des Weges markieren, den die Art genommen hat. Nachweislich brach die Pflanze um 1805 aus dem Botanischen Garten in Karlsruhe aus. 1815 wurde sie aus Basel, 1839 aus Zürich gemeldet. 1866 fand man sie in Magdeburg. Möglicherweise hatte die Art um dieselbe Zeit über die Türkei den südöstlichen Zipfel Mitteleuropas erreicht. Denn in Schlesien traf man sie ebenfalls schon in der ersten Hälfte des 19. Jahrhunderts an. Kenntlich ist die Art an ihren verhältnismäßig großen Blüten (um 1 cm im Durchmesser). Sie blüht praktisch das ganze Jahr über, besser: Ihr Lebenszyklus kann unter günstigen Bedingungen nur einige Wochen dauern, so daß es fast stets blühbereite Exemplare gibt.

3 Gamander-Ehrenpreis *Veronica chamaedrys*
Ehrenpreisarten sind nicht leicht zu bestimmen. Zu den leichtkenntlichen gehört der Gamander-Ehrenpreis. Bei ihm stehen die Haare am Stengel fast stets in zwei deutlichen Reihen. Er blüht vor allem im Frühjahr bis in den Frühsommer und wächst oft in kleineren, aber individuenreichen Beständen in Wiesen, an Waldrändern, auf Waldwegen oder an lichteren Stellen im Wald selbst. Versucht man ihn wegen seiner zunächst reizenden Blüten zu pflücken, versteht man auch den da und dort geläufigen Volksnamen „Männertreu“: Die Blüten fallen außerordentlich leicht ab. Der Gamander-Ehrenpreis enthält etwas Aucubin, ein Glycosid, das zumindest für manche Warmblüter giftig ist.

4 Wald-Ehrenpreis *Veronica officinalis*
Zugegebenermaßen liegt das Hauptverbreitungsgebiet der Art in Mitteleuropa in Wäldern, in denen der Boden zumindest oberirdisch versauert ist, doch geht die Pflanze auch in offene Wiesen, Heiden und in den Alpen auch auf saure Matten. Beim Wald-Ehrenpreis kriecht der Haupttrieb oft mehrere Dezimeter flach am Boden. Von ihm zweigt der blühende Trieb ab. Die Blüten selbst sind stark 1/2 cm breit und meist blauviolett und dunkler geadert. Die derben Blätter sind kurzstielig und gesägt. Blühperiode ist der Sommer.
Auf diese Pflanze war der gängige deutsche Name „Ehrenpreis“ ursprünglich allein gemünzt. Denn man verwendete sie als Heilpflanze. Sie enthält Aucubin, Gerbstoffe und einen Bitterstoff, muß daher als giftverdächtig oder schwach giftig gelten. Vergiftungen sind aber kaum zu befürchten, da selbst in der Volksheilkunde kaum mehr auf die Pflanze zurückgegriffen wird.

2
3
4
1
gb

1 **Acker-Wachtelweizen** *Melampyrum arvense*
Den Namen hat man lange damit erklären wollen, daß Wachteln den Samen besonders gerne fressen. Diese naheliegende Deutung dürfte falsch sein. Der dem Griechischen entlehnte, wissenschaftliche Gattungsname trifft hier wohl besser: „Melas" heißt schwarz, „pyros" = Weizen; damit meint man wohl die Eigenschaft, daß bei vielen Arten der Gattung die Samen im Verlauf der Reife schwarz werden.
Unbestritten gehört der Acker-Wachtelweizen zu den farblich reizvollsten Pflanzen unserer Flora. Noch vor dem Siegeszug der Herbizide als Ackerunkraut gemein, findet man ihn jetzt vornehmlich auf trockenen, ungenutzten Rasen, im Grassaum von Feldgebüschen oder feldnahen Waldrändern, und zwar auch hier selten; vielerorts unbeständig.
Der Acker-Wachtelweizen braucht kalkhaltigen, humusreichen, sommerwarmen Boden. Möglicherweise war er schon vor Einführen des Ackerbaues in Mitteleuropa da heimisch, wohin er sich heute zurückgezogen hat. Vielleicht kam er auch erst mit der Ackerkultur hierher. Sein Verbreitungsschwerpunkt liegt jedenfalls im südöstlichen Europa. Da seine Samen in besonderem Maße — wie übrigens die ganze Pflanze in geringerer Konzentration — Aucubin enthalten, ist er zumindest für einige Warmblüter giftig.

2 **Wiesen-Wachtelweizen** *Melampyrum pratense*
Alle Arten dieser Gattung sind „Halbschmarotzer": Sie zapfen mit ihren Wurzeln andere Pflanzen an und entziehen diesen lebenswichtige Stoffe, obschon sie selbst dank ihres Gehalts an Blattgrün imstande sind, aus anorganischer Substanz mit Hilfe des Sonnenlichts organische aufzubauen. Der Wiesen-Wachtelweizen gedeiht am besten auf sauren, humushaltigen, lockeren und oft lehmig-sandigen Böden. Dort besiedelt er Heiden und Wälder. Gegenüber anderen ähnlichen Arten erkennt man ihn am besten an seinen Blüten, die zwischen 1,2—1,8 cm lang werden (Blühperiode Juni—September; Höhe der Pflanze 15—30 cm). Entweder sind bei den „Doppelgängern" die Blüten kleiner oder die Blätter im Blütenstand sind violett überlaufen. Die Pflanze enthält Aucubin und ist daher für manche Warmblüter giftig. Braune Flecken am Grund der Blütenröhre zeigen, daß Insekten, die den Nektar auf „normalem" Weg nicht erreichen konnten, „eingebrochen" sind und sich so das süße Naß geholt haben.

3 **Augentrost** *Euphrasia officinalis*
Namen wie dieser weisen auf den Gebrauch als Heilpflanze hin. In der Tat enthält Augentrost neben dem für manche Warmblüter giftigen Aucubin noch Gerbstoffe, die schwach entzündungswidrig sind. Doch kennt die Heilkunde bei Bindehautentzündungen wirksamere und gezielter einsetzbare Mittel, zumal unerwünschte Nebenwirkungen von Aucubin kaum verhindert werden können. Keinerlei „Trost", sondern vielmehr Unruhe bereitet die Pflanze den Fachleuten. Unter dem Artnamen, wie ihn erstmals Linné gebraucht hat, werden unserem heutigen Verständnis nach Sippen von Artrang und solche ungeklärten Ranges zusammengefaßt, die indessen nur genaue Kenner mit dem nötigen Grad von Sicherheit auseinanderhalten können. Alle diese Formen lieben eher magere Rasen und zugleich winterlichen Frost. Deshalb fehlen sie im küstennahen Tiefland oder kommen dort nur vereinzelt vor. Als Halbschmarotzer sind sie unerwünscht, aber meist deswegen nicht schädlich, weil ihre Standorte ohnedies keiner intensiven Nutzung unterliegen. Bereits Düngung mit stickstoffreichem Dünger vertreibt sie, desgleichen mehrmalige Mahd im Jahr.

4 **Zahntrost** *Odondites rubra*
Bei Zahnschmerzen auf die Linderung durch Zahntrost zu hoffen, wäre sinnlos. Außerdem ist die Pflanze selten geworden und fast ausschließlich nur noch auf offenen, warmen, schweren Böden in luftfeuchtem Klima anzutreffen. Sie geht auch auf oder an Wege, in Nutzwiesen findet man sie dagegen kaum mehr. Als Halbschmarotzer, wie manche Braunwurzgewächse, hat sie die Eigenheit, bei dichtem Wuchs ihresgleichen anzuzapfen, wodurch kümmerlichere Exemplare entstehen, die nicht zur Blüte kommen. Die Blühperiode liegt erst zwischen August und Oktober. Da die Pflanzen 15—40 cm hoch werden können und oft buschig verzweigt sind, fallen sie auf, wo es sie noch gibt.

3
4
gb
2
1

1 Kleiner Klappertopf *Rhinanthus minor*
Wer diese Pflanze finden will, darf sie nicht auf wohlgedüngten Wiesen suchen. Sie wächst auf mageren, nährstoff- und kalkarmen Rasen, die zeitweise feucht, zeitweise (eher überwiegend) trocken sein sollten, aber sonst lehmig, lehmig-sandig oder gar torfig sein dürfen. Natürlich findet man sie in der Blühperiode (Mai—Juli) am ehesten. Ihr bestes Kennzeichen ist die gerade Blütenröhre, denn diese kann durchaus 40 cm Länge erreichen und damit in die Bereiche vorstoßen, die „größere" Klappertopfarten üblicherweise erreichen. In den Mittelgebirgen trifft man sie fast überall, im Tiefland hingegen ist sie gebietsweise sehr selten. Ihr Schaden als Halbschmarotzer ist kaum nennenswert, weil ihr regelmäßige Düngung und Mahd, wie sie auf intensiv genutztem Grünland üblich ist, nicht zusagen. Der Kleine Klappertopf enthält Aucubin, das für manche Warmblüter giftig ist.

2 Zottiger Klappertopf *Rhinanthus alectorolophus*
So häufig der Zottige Klappertopf in den Mittelgebirgen mit wenigstens schwach kalkhaltigem Boden ist: Im Tiefland fehlt er fast überall. Er ist gegenüber anderen Arten an der gekrümmten Blütenröhre und dem behaarten Kelch gut kenntlich. Hauptsächlich besiedelt er trockene Rasen und Wiesen mit nährstoff- und kalkreichem Boden, geht aber auch in Getreideäcker. Dort gehört er zu den Arten, die den Herbiziden verhältnismäßig viel Widerstand leisten. Zur Blüte gelangt der Zottige Klappertopf nur, wenn er eine andere Pflanze mit seinen Wurzeln angezapft hat (Halbschmarotzer). Da er Düngung erträgt, kann er in trockeneren Mähwiesen durchaus Schaden anrichten. Auch in Getreidebeständen muß er vernichtet werden, weil seine großen Samen schwer von den Körnern getrennt werden können und das Mehl wegen des Gehalts an Aucubin verderben könnten. Blühperiode ist Mai—Juli; üblicherweise wird die Pflanze 10—50 cm hoch.

3 Alpenhelm *Bartsia alpina*
Wo man — wie z. B. im Südschwarzwald, den Vogesen oder im Alpenvorland — den Alpenhelm antrifft, ist dies ein „Überbleibsel" aus einer der Vereisungsphasen der Eiszeit. In Mitteleuropa ist der Alpenhelm auf die Alpen beschränkt. Dort bevorzugt er Höhen zwischen etwa 1800 und 2500 m, wobei er eher kalkreiche, moorige Stellen besiedelt. Man findet ihn auch in tieferliegenden alpinen Zwergstrauchheiden, die sich aber durch eine lange winterliche Schneebedeckung auszeichnen und daher auch im Frühling relativ feucht bleiben.
Seine Blühperiode liegt im Sommer. Meist wird er nur 5—10 cm hoch, fällt aber wegen seiner etwa 2 cm langen, violetten Blüten und den häufig violett überlaufenen Blättern trotzdem auf. Als Halbschmarotzer, der er ist, nimmt er als „Wirt", was gerade in seiner Nähe ist.

4 Wald-Läusekraut *Pedicularis sylvatica*
Der Gattungsname „Läusekraut" kommt von der früheren Verwendung der Pflanze gegen Läuse bei Tier und Mensch. Sie vertragen das Gift Aucubin nicht, das aber auch für einige Warmblüter giftig ist. Vor allem im Raum der Alpen gibt es von der Gattung viele Arten, die selbst Botanikern Schwierigkeiten bereiten. Zwar kommt das Wald-Läusekraut dort auch vor (und zwar gelegentlich in „untypischem" Wuchs), doch findet man umgekehrt die rein alpinen Arten nicht an den außeralpinen Standorten des Wald-Läusekrauts. Es ist selten genug. Es braucht nämlich sauren und daher meist kalkfreien, sandigen oder torfigen Boden. Nur, wo es diesen gibt, besiedelt es Flachmoore, feuchte Wiesen und Waldwege. Die Pflanze ist ein Halbschmarotzer, die vornehmlich Riedgrasgewächse anzapft.

1
2
3
4

1 Roter Fingerhut *Digitalis purpurea*
Vor allem wo es Fichtenforste auf sauren, sandigen Böden gibt, kann man den Roten Fingerhut auffinden. Er ist — als Garten- und als Arzneipflanze — so berühmt, daß man ihn nicht in einer langen Beschreibung vorzustellen braucht. Allerdings war er mit Sicherheit nicht überall, wo er heute wächst, auch ursprünglich zu Hause. Die Westgrenze seines Verbreitungsgebiets dürfte etwa an die westlichen Sandsteintafeln des Schwarzwaldes und von dort nordostwärts bis etwa zum Harz gereicht haben. Der Rote Fingerhut enthält sehr giftige Glycoside, die aber in geringen Dosen wirksame Herzheilmittel (natürlich nur in der Hand des Arztes und in Gestalt standardisierter Präparate!) darstellen. Daher hat man ihn örtlich feldmäßig angebaut. Als Lieferant dieser Drogen wurde er aber seit einigen Jahrzehnten mehr und mehr von einer verwandten Art *(D. lanata)* verdrängt. Geschützt!

2 Gelber Fingerhut *Digitalis lutea*
Diese reizvolle Pflanze erreicht mit ihren östlichen Vorposten noch das Taubertal, die Schwäbische Alb und das süddeutsche Stufenland, sonst tritt sie östlich der Linie Bodensee-Eifel nur vereinzelt und nicht immer ursprünglich — vielleicht da und dort verwildert — auf. Die Blüten des Gelben Fingerhuts werden nur 2—2,5 cm lang und stehen in einer einseitswendigen Traube. Als Wuchsort bevorzugt er trockene Wälder und Gebüsche sowie lichte Wälder mit steinigem, eher feuchtem Boden. Gleich den anderen Arten der Gattung enthält die Pflanze giftige Glycoside, wenngleich in etwas veränderter Mischung. Trotz dieser Giftigkeit pflanzt man den Gelben Fingerhut zuweilen in Steingärten an, und zwar vor allem an Stellen, in denen Schatten längere Zeit am Tage nicht zu vermeiden ist. Die Pflanze wird allerdings 50—100 cm hoch und sieht zwischen niedrigwüchsigen „Bodendekkern", denen der Vorzug gegeben werden sollte, meist nicht sehr harmonisch aus. Gesetzlich geschützt!

3 Großblütiger Fingerhut *Digitalis grandiflora*
Diese Pflanze kann man in warmen, lichten Wäldern, aber auch auf Geröllhalden in den Alpen überall in Mitteleuropa antreffen, wenn der Boden nährstoffreich, aber nicht kalkreich und nicht ausgesprochen sauer-sandig ist. Bei so hohen Ansprüchen wird es verständlich, daß die Pflanze überall sehr selten ist, gebietsweise fehlt, wie sie denn unvermutet bei geeigneten Bedingungen auftauchen kann. Ihre 3—4,5 cm langen gelben Blüten machen sie unverkennbar. Sie enthält giftige Glycoside und ist geschützt.

4 Schuppenwurz *Lathraea squamaria*
Diese Pflanze, die man nur in feuchten Wäldern und Gebüschen antrifft, ist ebenso selten wie sehenswert. Nicht nur, weil sie von März bis Mai blüht und meist in dichtestem Bestand vorkommt, sondern weil ihre Lebensweise so bemerkenswert ist. Sie ist unverwechselbar, weil die ganze Pflanze rosagelblich ist und damit offenkundig ein Schmarotzer. Sie zapft die Wurzeln von Gehölzen an, und zwar nur die Wasserleitungsbahnen. Dennoch gelangt sie auf diese Weise zu organischen Substanzen. Denn bekanntlich führen diese Bahnen zur Zeit des frühjährlichen Saftsteigens reichlich Zucker und andere lebenswichtige Verbindungen mit sich. So ist es auch verständlich, daß die Schuppenwurz rund 10 Jahre braucht, bis sie „reif" ist, damit sie blühen kann. Letztlich kann ihr Pflanzenkörper — daher der dichte Stand — so viele Triebe bilden, daß er um 5 kg schwer wird. Solche Pflanzen sind natürlich viele Jahrzehnte alt. Übrigens ist es auch der Steigdruck in den Gefäßen der Wirtspflanze, der die zur Versorgung nötigen Stoffe in die Schuppenwurz hineinpreßt.

1
2
3
4
gb

Blütenpflanzen — Familien Fettkrautgewächse *Lentibulariaceae,* Kugelblumengewächse *Globulariaceae*

1 Alpen-Fettkraut *Pinguicula alpina*
Ärzte waren vielfach im Mittelalter und in der beginnenden Neuzeit die Träger der Wissenschaft von den Pflanzen. Zu ihnen gehörte auch der Schweizer Konrad Gesner, der — 1516 in Zürich geboren — sich als Professor und Stadtarzt von Zürich Verdienste bei der Linderung der Pestepidemie 1564 gemacht hat. Man hat nicht nur Pflanzen nach im genannt, sondern er benannte auch selbst welche, darunter die Gattung Fettkraut. Ihm schienen die fleischigen und glänzenden Blätter so bemerkenswert, daß er das lateinische Wort von der Wurzel „pinguis" ableitete, die neben „fett" auch fettig, ölig meinen kann, neben der Dicke also auch den Glanz miteinfängt. C. von Linné übernahm von ihm diese bis heute gültige Gattungsbezeichnung. Die Arten der Gattung gleichen sich. Nimmt man die Artaufgliederung sehr genau, so hat man es in Mitteleuropa mit drei Arten zu tun, von denen das Alpen-Fettkraut an seinen weißen Blüten am eindeutigsten kenntlich ist. Es braucht nassen und zugleich lockeren Boden, der steinig sein kann, ja es besiedelt sogar Felsspalten. Kalkhaltiger Untergrund wird eher bevorzugt. Wo man die Pflanze (Blühperiode Mai—Juni) im Alpenvorland antrifft oder gar im Jura, ist dies ein Zeichen eiszeitlicher Wanderung.

2 Echtes Fettkraut *Pinguicula vulgaris*
Das Echte Fettkraut ist die verbreitetste Art der Gattung. Gegenüber verwandten europäischen Arten, die ebenfalls blau blühen, ist sie an ihren Blüten zu erkennen (Blühperiode Mai bis Juni). Die blauvioletten Blüten werden nur 1—1,3 cm lang, und die Lappen der Unterlippe sind deutlich länger als breit. Das Echte Fettkraut ist wie das Alpen-Fettkraut ein „Leimrutenfänger". Kleine Tiere, vor allem Insekten und kleine Spinnen, die über die Blätter kriechen, bleiben auf dem Leim hängen, der von gestielten Drüsen auf der Blattoberfläche ausgeschieden wird. Je mehr sie zu entkommen trachten, desto mehr schleimen sie sich ein, werden bewegungsunfähig und sacken auf die Blattoberfläche ab. Dadurch gelangen sie in den Bereich sitzender Drüsen, die ein eiweißspaltendes Enzym enthalten und bei Beschädigung absondern. Es verdaut die Eiweißstoffe. Die Blätter rollen sich nur schwach und können — anders als beim Sonnentau — die Beutetiere nicht wesentlich am Entkommen hindern. Da Fettkraut-Arten Wurzeln besitzen und demnach grundsätzlich Nährsalze aufnehmen könnten, muß man klären, inwieweit das Fangen von Tieren lebensnotwendig ist.

3 Großer Wasserschlauch *Utricularia vulgaris*
In Mitteleuropa gibt es rund ein halbes Dutzend Wasserschlauch-Arten, von denen der Große Wasserschlauch nicht nur zu den häufigsten gehört, sondern auch am ehesten kenntlich ist. Er schwimmt frei, seine Blüten sind goldgelb (nie blaßgelb) und 1,3—2 cm lang. Die Unterlippe der Blüte ist nie flach, sondern umgeschlagen. Blühperiode ist Juni—September. Der Große Wasserschlauch kommt nur in stehenden, allenfalls sehr langsam fließenden Gewässern vor, die zwar kalkarm, aber doch nährstoffreich und nicht zu kühl sind. Solche Gewässer sind in Mitteleuropa selten, aber wo sie sich finden, da gibt es den Großen Wasserschlauch meist in Beständen. Bemerkenswert ist er — wie die anderen Arten der Gattung — als „kleintierfressende Pflanze". An den Blättern befinden sich „Fangblasen", in denen Unterdruck herrscht. Berührt ein kleines Wassertier (z. B. ein Wasserfloh) die unstabil gelagerte Klapptür, so springt diese nach innen auf. Durch den Sog wird das Tier in das Innere der Blase gestrudelt, durch den Gegenstrom die Tür wieder geschlossen. Anschließend wird das Insekt verdaut. Der Große Wasserschlauch ist auf diese „Spezialernährung" offensichtlich angewiesen. Im Gegensatz zum Fettkraut besitzt er keine echten Wurzeln.

4 Gewöhnliche Kugelblume *Globularia elongata*
Die Gewöhnliche Kugelblume ist an ihrem 1—1,5 cm breiten Blütenstandsköpfchen und an ihrem beblätterten Stengel eindeutig kenntlich (Blühperiode Mai—Juli; Höhe 5—50 cm). Sie liebt flachgründigen, kalkreichen, felsigen Boden, geht aber auch auf Löß. Obwohl sie in den Alpen an den günstigsten Stellen bis fast 2000 m steigen kann, ist sie wärmebedürftig und daher insgesamt selten. Früher nutzte man sie als Heilpflanze. Sie enthält das giftige Glycosid Globularin.

1
2
3
4
gb

1 **Krähenfuß-Wegerich** *Plantago coronopus*
Wer den Krähenfuß-Wegerich außerhalb des küstennahen Tieflandes antreffen will, muß Glück haben. Er ist dort auf Dünen, an Wegrändern, in offenen und lückigen Rasen oder Steinschuttböden zu Hause, vor allem, wenn sie etwas feucht und salzig sind. Obwohl er den ganzen Sommer über blüht, fällt er wegen der Unscheinbarkeit der Einzelblüten wie der Blütenstände weniger auf als wegen seiner meist dem Boden aufliegenden Blattrosette. Die Rosettenblätter sind — ganz ungewöhnlich für Wegerich-Arten — eindeutig fiederspaltig oder zumindest grob gezähnt. Wo er gelegentlich verschleppt im Binnenlande auftritt, vermag er sich selbst kurzzeitig nur zu halten, wo ihm die Bodenverhältnisse zusagen, also am ehesten in der Nähe von Salzquellen.

2 **Breit-Wegerich** *Plantago major*
Der wissenschaftliche Artname „major" = größer, spielt an auf die lange Ähre des Breit-Wegerichs. Sie ist wenigstens so lang wie der Blütenstandsstiel, dem sie aufsitzt. Weil die Blühperiode vom Juni bis in den Oktober hinein andauert und danach die Früchtchen noch erkennbar sind, läßt sich an diesem Merkmal die Pflanze meist eindeutig bestimmen. Die Blätter sind sehr breit und deutlich gestielt, wobei der Blattstiel etwa halb so lang oder länger als die Blattfäche ist. Der Breit-Wegerich bevorzugt Unkrautbestände an Wegen, Dämmen, Schuttplätzen, geht aber auch auf Wiesen und Weiden. Er gedeiht auf Böden mit reichlich Stickstoffsalzen besonders gut und ist recht unempfindlich gegen Tritt. Mit dieser Eigenschaft hängt in gewisser Weise auch die Ausbreitung der Art zusammen: Die reifen Samen bleiben nämlich an den auftretenden Gliedern — Sohlen, Schuhen — haften und werden so verschleppt. Da die Pflanze Schleimstoffe enthält, nutzte man sie früher als Heilpflanze.

3 **Weide-Wegerich,** Mittlerer Wegerich *Plantago media*
Am besten erkennt man die Art wohl an der Rosette aus ungestielten, höchstens ganz kurzstieligen Blättern. Blütenstände sind meist nur zwischen Mai und Anfang Juli ausgebildet. Dann sieht man ein weiteres Charakteristikum: Der Blütenstandsstiel ist mindestens 2—5mal so lang wie die Blütenähre. Die Blüten selbst sind unscheinbar. Am ehesten fallen noch die violetten, manchmal fast weißen Staubfäden auf. Im Tiefland ist die Art merklich seltener als in den Mittelgebirgen, wo sie — zum Kummer vieler Zierrasenbesitzer — häufig massenweise auftritt und besonders dann in Konkurrenzvorteil kommt, wenn durch Tritt andere Pflanzen im Rasenverband geschädigt werden. Auf trockeneren, etwas kalkhaltigen Böden kann dann der Weide-Wegerich kleinere, aber individuenreiche Bestände bilden. Ursprünglich hat er wohl trockene Rasen, magere Wiesen und Wegränder besiedelt. Er enthält Schleimstoffe und wurde früher als Heilpflanze genutzt.

4 **Spitz-Wegerich** *Plantago lanceolata*
Von den Wegerich-Arten mit lanzettförmigen Blättern unterscheidet sich der Spitz-Wegerich durch seine Blätter, die 5—7 Nerven haben und durch seinen gefurchten Blütenstandsstengel. Der Blütenstand selbst ist kurz, unscheinbar, braun, die Staubfäden sind erst weißlich, dann bräunlich. Blühperiode ist der ganze Sommer bis in den Herbst. Die Pflanze kann weniger als handlang oder bis über $^1/_2$ m hoch heranwachsen. Neben Wegrändern und Rainen besiedelt die Art auch Wiesen und Weiden. Vor allem auf den beiden letzteren sieht man ihn nicht sonderlich gerne, wenn er in größeren Beständen auftritt. Frisch liefert er ein recht wasserhaltiges Futter. Weidetiere sollen dadurch Durchfall bekommen können. Für die Heutrocknung ist er ebensowenig geeignet. Die dürren Blätter zerbröseln und fallen durch die Zähne der aufsammelnden Rechen oder Lader. Im Volke war der Spitz-Wegerich in früheren Zeiten als Heilpflanze über Gebühr geschätzt. Er enthält Schleimstoffe und in geringen Mengen das für einige Warmblüter giftige Aucubin. „Säfte" aus der Pflanze wurden gegen Husten genauso verordnet wie gegen Durchfälle. Die moderne Arzneimittelforschung konnte indessen keinen Stoff auffinden, der eine wirklich heilende Wirkung hat.

3
2
1
4

1 Gemeine Ackerröte *Sherardia arvensis*
Heute muß man die Gemeine Ackerröte regelrecht suchen. Noch vor weniger als 30 Jahren war sie auf warmen, nicht zu trockenen, lockeren und kalkhaltigen Böden in Getreideäckern, seltener in Hackkulturen sehr häufig. Oft hatten die 4—5 mm langen kleinen Blütchen da, wo die Pflanze bestandsbildend auftrat, einen rötlichen Schimmer über das Grün gelegt. Jedenfalls soll sich so der deutsche Artname erklären. Da die Ackerröte ihren Lebenszyklus in nur einem Jahr durchläuft und bereits im Mai zur Blüte gelangen kann — sie wird nur etwa 30 cm hoch — wird sie von den Herbiziden voll erfaßt und trotz ihrer verhältnismäßig kleinen Blattfläche vernichtet. Ihre ursprüngliche Heimat war sicher nicht Mitteleuropa, sondern das Mittelmeergebiet. Sie ist wohl mit Saatgut von dort — allerdings in lange zurückliegender Zeit — zu uns gekommen. Es ist sehr zu bezweifeln, ob sie sich in grasigem Ödland, wo man sie gelegentlich antrifft, auf die Dauer wird halten können.

2 Waldmeister *Galium odoratum (Asperula odorata)*
Die wohlvertrauten Gattungen Asperula = Meister und Galium = Labkraut konnten selbst Fachleute nur mit Mühe trennen. Gründliche Bearbeitungen zeigten, daß das Verbindende das mühsam als trennend Aufgebaute überwog, und folgerichtig vereinte man beide Gattungen zu einer. Unbefriedigend ist jetzt nur deren Artenreichtum, und natürlicherweise ist die Artbestimmung in den seit je kritischen Fällen auch nicht einfacher geworden. Recht leicht war sie gerade beim Waldmeister, und das bleibt auch unter dem „neuen“ wissenschaftlichen Namen so: An dem vierkantigen Stengel stehen 6—8 dunkelgrüne Blätter in einem Quirl. Läßt man die Pflanzen anwelken, duften sie stark nach — Waldmeister! Grund hierfür sind Verbindungen von Cumarin, die beim Welken diesen Stoff freisetzen. Als Aromatikum vor allem für Bowlen hat es einen guten Ruf erlangt. Einen zu guten, wie wir meinen. Denn in größeren Mengen ist Cumarin zumindest nicht bekömmlich. Besonders cumarinreiche Waldmeisterbowlen sind denn auch zu Recht berüchtigt für den im „Kopf verkrallten Kater“, den sie hinterlassen, durchaus ein Anzeichen für eine milde Vergiftung.

3 Echtes Labkraut *Galium verum*
Mit seinen nicht einmal 1 mm breiten Blättern und der endständigen Rispe, in der unzählige kleine 4-zipflige und wohlriechende Blüten stehen (Blühperiode Juni—Oktober, Höhe 15—60 cm) ist das Echte Labkraut unverwechselbar. Es besiedelt trockene Rasen und Raine an Feldwegen ebenso wie Dämme. Besondere Bodenansprüche stellt es nicht. Daher ist es überall zu finden, wenngleich auch in unterschiedlicher Häufigkeit, im Tiefland etwas seltener als in den kalkigen Mittelgebirgen. Das Labkraut wurde früher zur Käsebereitung benutzt. In 100 Gramm Blattgewebe sind nämlich etwa 1 mg Labferment enthalten, das die Milch zum Gerinnen bringt.

4 Wiesen-Labkraut *Galium mollugo*
Von den weißblühenden Arten der Gattung ist das Wiesen-Labkraut sicher nicht das am leichtesten kenntliche, aber eines der häufigsten, das außerhalb von Wäldern wächst. Man kann es mit einiger Sicherheit ansprechen, wenn es fast bestandbildend auf Wiesen, Weiden oder an Wegrainen vorkommt (Blühperiode Mai—August, Höhe 30—100 cm), wenn der Stengel vierkantig ist und die Spitzen der Blütenblätter haarfein auslaufen. Die Blätter stehen meist zu acht in einem Quirl und werden 2—8 mm breit. Das Wiesen-Labkraut liebt stickstoffreiche, lehmige Böden mit guter Nährstoffversorgung, die eher trocken oder höchstens feucht sein sollten. Es enthält Glycoside und wurde früher in der Volksmedizin als Heilpflanze verwendet. Indessen gibt es für eine spezifische Wirksamkeit kaum nachprüfbare Belege.

4
2
3
1

1 Schwarzer Holunder *Sambucus nigra*
Der Schwarze Holunder wächst weit öfter in Strauchform denn als kleiner Baum. In beiden Wuchsformen kann er 3—6 m Höhe erreichen. Kenntlich ist er in der Blühperiode an den doldigen, flachen Blütenständen, in denen die gelblichweißen Blüten am Ende der Stengel angeordnet sind. Er blüht im Mai oder Juni. Aus den Blüten entwickeln sich Beeren, die unreif grün, dann schwarzblau sind. Charakteristisch ist ihr roter Saft.
Der Schwarze Holunder ist eine alte Volksheilpflanze. Wenig wirksam ist ein Tee aus den getrockneten Blüten. Früher wurde die frische Rinde als Abführmittel verwendet. Zumindest bei größeren Gaben sind indessen wiederholt unangenehme Nebenwirkungen, z. B. Erbrechen, beobachtet worden, so daß vom „Hausgebrauch" abzuraten ist. Örtlich war andererseits auch die Frucht für Marmeladen oder Säfte begehrt. Sie enthält verhältnismässig wenig Vitamin C (10 mg/100 Gramm Fruchtgewicht), daneben organische Säuren und Gerbstoffe.
Ursprünglich ist der Schwarze Holunder in lichten, feuchten Wäldern zu Hause. Heute findet man ihn ebensooft an schuttigen Stellen in Dörfern oder am Rand von Siedlungen, ein Zeichen für die Stickstoffliebe der Pflanze.

2 Trauben-Holunder *Sambucus racemosa*
Zur Blütezeit bereits unterscheidet sich der Trauben-Holunder auffällig vom Schwarzen Holunder: Er blüht schon im April oder Mai, wird meist nur 1—3,5 m hoch, wächst eigentlich immer als Strauch und besitzt grünlichgelbe, kleine Blüten, die in einer gedrungenen, eiförmigen Rispe angeordnet sind. Seine Beeren reifen schon im Spätsommer und sind dann leuchtendscharlachrot. Als Wuchsorte bevorzugt er Kahlschläge, lichte Waldstellen auf nährstoffreichen, doch eher kalkarmen Böden. In den Mittelgebirgen und in den Alpen besiedelt er auch dann und wann Gesteinsschutthalden. Die Samen des Trauben-Holunders enthalten einen zumindest schwach giftigen Stoff. Auf ihn scheinen die Störungen im Magen und Darm zurückzugehen, die nach dem Genuß der Beeren auftraten (mehr oder minder schwere Brechdurchfälle). Andererseits hat man im Fruchtfleisch selbst bislang Gifte nicht nachweisen können. Es enthält — je nach Jahr und Standort — zwischen 25—60 mg Vitamin C in 100 g Fruchtfleisch, darf also als reich an Vitamin C gelten. Daneben kommen noch Provitamin A und Pektine vor.

3 Rote Heckenkirsche, Gemeine Heckenkirsche *Lonicera xylosteum*
Zur Blütezeit im Mai und Juni erkennt man den hellrindigen Strauch, der im Unterholz lichter Wälder auf Kalkboden örtlich häufig ist, leicht an seinen paarigen, schmutzigweißen und gelblich verblühenden, zweilippigen Blüten. Aus den Blüten reifen im Verlauf des Spätsommers hellrote Beeren, die paarweise beieinanderstehen. Früher verwendete man — zumindest in Süddeutschland — das verhältnismäßig harte Holz der langrutigen jungen Zweige, um daraus Besen zu binden. Heute wird die Rote Heckenkirsche nicht selten in Wildwuchshecken eingebracht. Über Vergiftungen durch die Früchte ist ebensooft berichtet worden, wie in Abrede gestellt wurde, daß Gifte in den Beeren enthalten seien. Mit Sicherheit konnte jedenfalls keines nachgewiesen werden. Die angeblichen Vergiftungen werden jedoch als so schwer beschrieben, daß die Pflanze so lange als zumindest giftverdächtig bezeichnet werden muß, ehe nicht eindeutig feststeht, daß niemals — auch nicht durch Parasiten — Giftstoffe in den Beeren erzeugt werden können.

4 Gemeiner Schneeball *Viburnum opulus*
Feuchte Wälder auf nährstoff- und kalkreichen Böden sind die Heimat des Gemeinen Schneeballs. Er ist an seinen 3- bis 5-lappigen Blättern, die buchtig gezähnt sind, ebensogut kenntlich wie zur Blütezeit (Mai—Juni) an den doldigen Blütenständen, bei denen die äußeren Blüten vergrößert sind, oder zur Fruchtzeit im Spätsommer und Herbst an den roten Beeren. Die Art besiedelt daneben auch Ufergebüsche und wird deshalb nicht selten auf Hochwasserdämmen angepflanzt, desgleichen in mehreren Gartenformen als Einzel- oder Heckenstrauch. Die Beeren gelten als zumindest giftverdächtig.

4

1

3

2

Blütenpflanzen — Familien Moschuskrautgewächse *Adoxaceae*, Baldriangewächse *Valerianaceae*

1 **Moschuskraut** *Adoxa moschatellina*
Wer das Moschuskraut in seiner Blütezeit überhaupt findet, trifft es in der Regel in einem Massenbestand an. Es ist in Mitteleuropa selten, denn es braucht lockeren, etwas feuchten, stickstoffhaltigen Lehmboden, der nicht zu sehr entkalkt sein darf und auf dem Wälder mit eher lichtem Baumstand oder lockerstehende Büsche stocken sollten. Im Sommer hat es seine oberirdischen Organe bereits wieder eingezogen. Der Moschusduft der Blätter ist weniger auffällig, als es der deutsche Namen glauben macht. Hingegen lohnt es sich, den wissenschaftlichen Gattungsnamen zu analysieren. Er entstammt dem Griechischen, in dem „adoxos" sowohl ehrlos als auch unscheinbar bedeutet. Die wissenschaftsgeschichtliche Würze erhält dieser Gattungsname durch den Namengeber, C. von Linné. Bekanntlich hat er die Pflanzen in einem System geordnet, in dem — neben anderem — die Zahl der Blütenblätter eine Rolle spielt. Und da liegt der Hase im Pfeffer! Die Blüten des Moschuskrauts, in einem dichten Köpfchen angeordnet und schon durch ihre geringe Größe, erst recht durch ihre grüne Farbe unscheinbar, tragen fast regelmäßig je nach der Stellung in diesem Köpfchen eine unterschiedliche Anzahl von Blütenblättern. Die seitlichen Blüten haben stets fünf, die oberste hat nur vier Blütenblätter. Bei beiden ist — was für Linné wichtiger war — die Zahl der Griffel gleich der Zahl der Blütenblätter. Damit war scheinbar sein System „nicht griffig", weil es nicht alle vorkommenden Fälle zweifelsfrei einzufangen gestattete. Durch die Benennung wollte Linné aber gerade zeigen, wie wenig ihn eine solche „Kuriosität" beeinflussen konnte.

2 **Salat-Rapünzchen** *Valerianella locusta*
Der Fall ist selten: Nahezu jedermann kennt die nichtblühende, fürs Überwintern eingerichtete Pflanze, kaum einer die blühende. Denn hinter dem Namen Salat-Rapünzchen verbirgt sich nichts anderes als der Feld- oder Ackersalat, der den köstlichsten Salat im Spätjahr und auch noch im milden Winter und zeitigen Frühjahr liefert. Seit dem Spätmittelalter dürfte die Pflanze „Kulturpflanze" sein. Blühend wirkt sie schon gestaltlich anders. Die Stengel sind gestreckt. An ihnen stehen gegenständig die Blätter, die Blüten sind außerordentlich klein. Stammheimat des Salat-Rapünzchens sind wahrscheinlich Unkrautgesellschaften auf Brachen oder in mageren, eher trockeneren Rasen.

3 **Echter Baldrian** *Valeriana officinalis*
Der Echte Baldrian ist an seinem hohen Wuchs (30—170 cm, Blühperiode Juli—September) und an seinen unpaarig gefiederten Blättern zu erkennen. Denn endständige, fast doldig angeordnete, hellrote Blüten haben auch andere Baldrian-Arten. Seine Heimat sind feuchte Wälder, nasse Wiesen, Flachmoore und Gräben, in denen Nährstoffe eher reichlich vorhanden sein sollten. Er fehlt in Mitteleuropa nirgends.
Der Echte Baldrian wird noch immer als Heilpflanze gebraucht. Die Wurzel vor allem enthält ätherische Öle und Alkaloide. Auszüge aus der Pflanze sind in größerer Menge zumindest schwach giftig.

4 **Kleiner Baldrian** *Valeriana dioica*
Beim Kleinen Baldrian sind die unteren Blätter ungeteilt und nur die oberen fiederteilig. Meist wird er 10—20 cm, selten einmal 30 cm hoch. Blühperiode ist Mai—Juli. Man findet ihn — wenn auch selten in auffälligen Beständen — überall in Mitteleuropa, wo es nasse Wiesen, Gräben, Ufer, Flachmoore oder nasse Wälder gibt. Denn er braucht zum guten Gedeihen grundwasserfeuchten, nährstoffreichen Boden. Der Kleine Baldrian scheint die wesentlichen Wirkstoffe des Großen Baldrians ebenfalls zu enthalten, wenngleich auch in geringerer Menge, möglicherweise auch in etwas anderer Zusammensetzung.

2
1
3
4
gb

1 Wilde Karde *Dipsacus fullonum (Dipsacus sylvestris)*
Was alles ist bei dieser Pflanze stachelig: Der Blütenstand mit den stachelspitzen Spreublättern, darunter die Hüllblätter, am Stengel stehen die Stacheln gleich in Reihen, und selbst der Hauptnerv der gegenständigen Blätter ist auf der Unterseite mit Stacheln besetzt. Eine so bizarre Pflanze fällt auch nichtblühend auf, zumal sie recht hoch wird (1—2 m). Wuchsorte sind Unkrautbestände an Wegen, Böschungen, Dämmen und auf Schuttplätzen, Orte also, an denen es an Stickstoffsalzen in der Regel nicht mangelt. Zur Blütezeit im Hochsommer kann man die Beobachtung machen, daß die Blüten in der Köpfchenmitte als erste aufblühen. Die Zone der geöffneten Blüten schiebt sich recht gleichmäßig nach oben und unten, so daß durchaus Pflanzen zu finden sind, an deren Köpfchen zwei Ringe offener Blüten stehen. Fälschlicherweise nennt man örtlich die Wilde Karde „Weberkarde". Diese Pflanze, die früher als Nutzpflanze angebaut wurde, gibt es wild im westlichen Mittelmeergebiet. Bei ihr sind die Spreublätter hart und unbiegsam. Deswegen konnte man mit ihr — im Gegensatz zu den Köpfchen der Wilden Karde mit ihren biegsamen Spreublättern — Stoffe „aufkratzen".

2 Acker-Witwenblume *Knautia arvensis*
Das Geschäft, Pflanzensippen in unterscheidbare, enger oder weiter miteinander verwandte Formenkreise aufzugliedern, ist gar nicht so einfach. Oft gewichtet man dann einige wenige Merkmale besonders stark, obschon sie auf den ersten Blick weniger in Erscheinung treten als andere. Mit den Gattungen Witwenblume und Skabiose ist es z.B. so. Betrachtet man nur die Blüten, vermag man kaum griffige Unterschiede zu finden. Anders hingegen, wenn man im Blütenstand zwischen den Blüten die normalerweise gar nicht sichtbaren Spreublätter sucht. Knautien haben keine, Skabiosen besitzen welche. Auch in der Art, wie die Blütenstiele behaart sind, kann man einigermaßen die Angehörigen der Gattungen voneinander trennen. Unter den Fachleuten herrschte hier allerdings nicht immer Einigkeit. Die Acker-Witwenblume erkennt man recht gut an dem abstehend behaarten Blütenstandsstiel (Blühperiode Juli—Oktober) und daran, daß die obersten Blätter fiederteilig sind. Sie ist in eher trockenen Rasen und Wiesen fast überall häufig, wenngleich man sie in Mähwiesen oder auf Weiden nicht allzu gerne sieht: Sie liefert ein grobes Futter, das frisch ungern genommen wird, langsam bei der Heubereitung trocknet und obendrein noch zum Zerbröseln neigt.

3 Teufelsabbiß *Succisa pratensis*
Wo der Boden eher schwach sauer als ausgesprochen basisch ist, wo es Wiesen gibt, die zumindest feucht sind oder gar Flachmoore, da findet man sicher den Teufelsabbiß; seltener trifft man ihn in lichten, feuchten Wäldern. Bei ihm sind die Randblüten nicht größer als die inneren im Köpfchen, der Stengel unter dem Blütenstand ist anliegend behaart, die obersten Blätter sind ungeteilt. Der merkwürdige Name bezieht sich auf den Wurzelstock, der im Herbst wie abgebissen aussieht. Die Pflanze ist als alte Arzneipflanze bekannt, enthält Saponine, Glycoside und Gerbstoffe, wird aber in der modernen Medizin nicht mehr verwendet.

4 Tauben-Skabiose *Scabiosa columbaria*
Will man die Tauben-Skabiose sicher erkennen, dann muß man auf zweierlei achten: Der Blütenstandsstiel darf nie abstehend behaart sein, sondern die Haare müssen ihm anliegen. Zwischen den Blüten im Köpfchen sieht man beim Auseinanderbiegen schwarzbraune Borsten. Sonst sind wie bei der Acker-Witwenblume die obersten Blätter fiederteilig und die Randblüten im Köpfchen vergrößert. Die Pflanze enthält das Glycosid Scabiosid. Früher versuchte man mit ihm Krätze zu heilen. Darauf deutet der wissenschaftliche Gattungsname (lat. scabies = Grind, Krätze).

2
4
3
1
gb

Blütenpflanzen — Familien Glockenblumengewächse *Campanulaceae*, Kürbisgewächse *Cucurbitaceae*

1 Wiesen-Glockenblume *Campanula patula*
In den Mittelgebirgen und in den Alpentälern kann man im Mai bis zum Heuschnitt feuchte Wiesen finden, auf denen das zarte Violett der Wiesen-Glockenblumen überwiegt. An ungenutzen Rainen und auf Waldlichtungen steht sie bis in den Juli hinein in Blüte. Hingegen tut man sich schwer, will man sie westlich des Rheins oder im Tiefland finden. Zumindest fehlt sie dort gebietsweise. Die Wiesen-Glockenblume erkennt man gegenüber anderen Arten der Gattung an ihren verhältnismäßig armblütigen Rispen. An ihnen stehen Blüten, die 1,5—2,5 cm lang werden, deren Zipfel hell-blauviolett und deren Stengelblätter länglich sind. Das Abspreizen der Blütenzipfel ist vor allem deswegen möglich, weil die Glocken bis etwa zur Mitte gespalten sind. Wenn auch in geringerem Maße als bei anderen Arten, so kann man doch auch bei der Wiesen-Glockenblume sehen, daß die geöffneten Blüten sich grob nach der Sonne zu orientieren.

2 Rundblättrige Glockenblume *Campanula rotundifolia*
Die Rundblättrige Glockenblume ist wahrscheinlich die häufigste Art der Gattung in Mitteleuropa, aber nicht die am leichtesten kenntliche. Was zeichnet sie aus? Lockerrasiger Wuchs, nur wenig blütenlose Triebe an jeder Pflanze, eher blaue als violette Blüten, sehr schmale, ganzrandige Stengelblätter, glockiger Blütenschnitt, eine Glockenlänge von 1,5—2 cm, wobei die Zipfel höchstens auf 1/3 der Glockenlänge eingeschnitten sind und meist nicht oder nur wenig spreizen, nickende Blüten — und nicht zum wenigsten — rundlich-nierenförmige, gestielte Grundblätter.
Die Rundblättrige Glockenblume blüht den ganzen Sommer über, wird bis 50 cm hoch, gedeiht in Wiesen, auf Heiden, in trockenen Rasen, lichten Wäldern und an Wegen. Es gibt von ihr mehrere, gestaltlich etwas verschiedene Wuchsformen, die aber nur schwer gegeneinander abzugrenzen sind. Im Alpengebiet hat sie „Doppelgänger“, sprich Arten, die nur nach genauem Bestimmen sicher gegen sie abgetrennt werden können.

3 Büschel-Glockenblume *Campanula glomerata*
Zu den auffallendsten, aber auch selteneren Arten der Gattung gehört die Büschel-Glockenblume. Das hängt mit ihren Ansprüchen zusammen. Sie will zunächst einmal kalkhaltigen Boden, der auch reich an Nährstoffen und zugleich warm sein sollte. Wasser kann sie sich aus tieferen Schichten beschaffen, da sie ihre Wurzeln bis zu 1/2 m absenken kann. Damit fallen als Wuchsorte die kalkarmen oder kalkfreien Mittelgebirge und die feuchteren Gegenden im Tiefland aus. Was macht die Büschel-Glockenblume so anziehend? Der Name deutet es an. Zur Blütezeit (Mai—September) sitzen auf dem 15—70 cm hohen Stengel sechs oder mehr Blüten köpfchenartig am Ende des Stengels. Jede von ihnen wird in der Regel deutlich länger als 2 cm. Meist sind sie tiefblauviolett. Ihr Stengel ist weichhaarig. Wild besiedelt die Büschel-Glockenblume trockene Rasen und Waldränder. Wo sie vorkommt, ist sie nicht selten in lockeren Beständen vertreten. Da der Pflanze zweifellos Zierwert zukommt, wird sie immer wieder von Staudengärtnereien als Steingarten- oder Rabattenpflanze angeboten, und zwar in Formen, die der Wildform meist sehr nahestehen, seltener in Formen mit helleren Blüten.

4 Zaunrübe *Bryonia dioica*
Kletternde Pflanzen sind in unserer Pflanzenwelt nicht sehr häufig, und unter ihnen gehört die Zaunrübe zu den seltenen. Wie ihr wissenschaftlicher Artname ausweist (dioicus = zweihäusig), gibt es von ihr männliche und weibliche Pflanzen. Man findet sie auf Kalkboden, der locker sein muß, in Gebüschen, an Waldrändern und an Zäunen in warmer Klimalage. Die Pflanze klettert mit dem Stengel. Ihre Blätter sind 5-lappig und fühlen sich rauh an. Je nach den Lichtverhältnissen kann sie zwischen 1/2—3 m lang werden. Sie blüht im Sommer, doch sind die Blüten unauffällig. Eher bemerkt man die Beeren. Die Zaunrübe gilt als alte Heilpflanze. Sie enthält Glycoside, Gerbstoffe und Alkaloide und ist giftig.

3
4
2
1

1 Strauß-Glockenblume *Campanula thyrsoidea*
Zumindest in einer Hinsicht fällt die Strauß-Glockenblume unter den anderen Glockenblumen auf: Sie blüht gelb! Außerdem stehen die Blüten in einer dichten, kolbigen Ähre, und zwar zu 1—3 in den Achseln vor Tragblättern. Die Blüten selbst sind ungewöhnlich engglockig, werden aber etwa 2 cm lang. Blühperiode ist der Spätsommer; meist wird die Pflanze zwischen 10—50 cm hoch. Außerhalb der Alpen trifft man die Strauß-Glockenblume nicht an. Dort kommt sie fast ausschließlich in den Kalkketten vor, und zwar bevorzugt in Höhen zwischen 1500 und 2500 m. Sie besiedelt Matten, Weiden und Felsspalten, geht aber auch auf ruhenden Schutt, seltener auf Flußgerölle. Immer sollte der Untergrund, auf dem sie wächst, locker und gut durchlüftet sein, eher feucht, aber nicht kalt, sondern etwas sonnig und warm.

2 Pfirsichblättrige Glockenblume *Campanula persicifolia*
Von allen Arten der Gattung ist diese Art wohl am meisten in unseren Gärten vertreten, und zwar sowohl in Formen, die der Wildsippe nahestehen als auch in solchen, die insbesondere in der Blütenfärbung von ihr abweichen. Ursache dafür ist sicher die ungewöhnlich große Blüte. Sie erreicht selbst bei der Wildform einen Durchmesser, der zwischen 2,5 und 4 cm liegt. Allerdings ist der einseitswendige Blütenstand eher armblütig, und auch die Blühperiode ist im wesentlichen auf die Monate Juni und Juli beschränkt. Wild gedeiht die Pfirsichblättrige Glockenblume in warmen, kalkreichen Wäldern, die eher trockenen und etwas lockeren, jedenfalls aber nährstoffreichen Boden haben sollten. Im Tiefland fehlt sie gebietsweise.

3 Acker-Glockenblume *Campanula rapunculoides*
Die Acker-Glockenblume zeigt, wie eine nicht an die Kulturlandschaft angepaßte Pflanze in einem bestimmten Nutzpflanzenanbau Fuß fassen kann. Ihre ursprüngliche Heimat ist wahrscheinlich neben dem Mittelmeergebiet Osteuropa. Dort — und natürlich auch in Mitteleuropa — besiedelt sie die Ränder von Wäldern und Gebüschen. Sie liebt kalkhaltigen, nährstoffreichen, tiefgründigen Lehmboden, der eher trocken sein darf; denn sie vermag ihre Wurzeln weit abzusenken. Das macht sie am Rande von Getreidefeldern konkurrenzfähig. Selbst wenn die Grundblätter im Frühjahr durch Herbizide zerstört werden, vermag die Wurzel dank ihrer Nährstoffvorräte meist rechtzeitig einen zweiten Sproß auszutreiben, der dann im Spätsommer noch vor dem Schnitt des Getreides zur Blüte gelangt. Die Erzeugung von organischen Stoffen findet in der erwachsenen Phase der Pflanze vorwiegend, ja ausschließlich in den herz-eiförmigen Stengelblättern statt; denn die Grundblätter sterben ab, wenn sie unter einer gewissen Menge Licht erhalten. Die zahlreichen Blüten stehen in einer einseitswendigen Traube und werden immerhin 2—3,5 cm lang. Da die Pflanze zwischen 30—60 cm Höhe erreicht, fallen auch einzelne Exemplare auf, zumal das Violett ihrer Blüten zu dem gelbwerdenden Getreide gut kontrastiert.

4 Nesselblättrige Glockenblume *Campanula trachelium*
Die Nesselblättrige Glockenblume besitzt wohl die größten Blüten unter den mitteleuropäischen Glockenblumen. Sie werden im Durchschnitt 3,5—4,5 cm lang und sind an den Zipfeln auffallend lang gewimpert. An dem scharfkantigen Stiel sitzen die brennesselartigen, steifhaarigen Blätter. Im Gegensatz zur Acker-Glockenblume sitzen die Blüten allseitswendig am Stengel. Wild kommt die Nesselblättrige Glockenblume in Wäldern mit etwas feuchtem, lehmigem oder steinigem, doch stets mullhaltigem Boden vor. Wo es solche Wälder gibt, fehlt die Art kaum irgendwo, doch bildet sie ebenso selten Bestände.
Ihre Blütezeit liegt im Hochsommer. Da die Pflanze ½—1 m Höhe erreichen kann, fallen auch Einzelexemplare meist auf. Als Gartenpflanze hat sich die Art nicht recht durchsetzen können, weil ihre Standortsansprüche meist nicht genügend berücksichtigt werden können.

3
2
4
1

1 Ährige Teufelskralle *Phyteuma spicatum*
Im Gegensatz zu den meisten Arten der Gattung kommt die Ährige Teufelskralle nicht nur in den Mittelgebirgen und den Alpen, sondern — wenn auch seltener — im Tiefland vor. Üblicherweise ist die Art an ihren gelbweißen, krallenartig gebogenen Blüten gut kenntlich, die in einer langgestreckten Ähre angeordnet sind. Verhältnismäßig selten spielt die Blütenfarbe ins Bläuliche oder ist ein ausgesprochenes Hellblau. Die Grundblätter sind bei der Ährigen Teufelskralle etwa so lang wie breit und doppelt gekerbt oder gezähnt. Sie braucht nährstoffreichen, eher feuchten Boden, der aber nicht zu verfestigt sein sollte. Einen hohen Humusgehalt liebt sie. Deshalb wächst sie in Wäldern, selten allerdings in Reinbeständen von Nadelholz, geht aber auch auf Bergwiesen. Ihre Wurzel ist stattlich ausgebildet und wurde — zumindest in Notzeiten — als Wildgemüse gegessen.

2 Schwarze Teufelskralle *Phyteuma nigrum*
An den Exemplaren der Schwarzen Teufelskralle, die gerade vor dem Aufblühen stehen (Blühperiode Mai—Juli; Höhe 20—50 cm) begreift man den Gattungsnamen leicht: Die Blüten sind vor dem Aufblühen nicht nur — wie auch bei der Ährigen Teufelskralle — gekrümmt, sondern im Gegensatz zu dieser tief schwarzblau-violett. Anders ist auch die Form der Grundblätter. Sie sind fast doppelt so lang wie breit und nur einfach gekerbt. Die Schwarze Teufelskralle ist eine Pflanze, die für mittlere Höhenlagen typisch ist. Im Tiefland fehlt sie mindestens gebietsweise, und Angaben über Funde könnten auf einer Verwechslung mit blaublühenden Exemplaren der Ährigen Teufelskralle beruhen. Sie braucht feuchten, aber nicht besonders nährstoffreichen, eher kalkarmen Boden mit guter Humusführung. Dann besiedelt sie Bergwiesen oder in den Tälern auch Laubwälder. Im engeren Alpengebiet findet man sie nicht, obschon sie dort eigentlich zusagende Bedingungen antreffen müßte.

3 Kopfige Teufelskralle *Phyteuma orbiculare*
Auf den ersten Blick scheint die Kopfige Teufelskralle eindeutig durch ihren kugelförmigen Blütenstand ausgewiesen. Doch muß man, will man Verwechslungen mit ähnlichen Arten der Gattung sicher ausschließen, auch noch die untersten Blätter betrachten. Sie dürfen nie grasartig sein, sondern bestenfalls länglich, wenn nicht herz-eiförmig. Ihr Rand ist immer gesägt oder gekerbt. Die Kopfige Teufelskralle fehlt im Tiefland, desgleichen in den Mittelgebirgen, die kalkfreien Boden haben. Andererseits besiedelt sie neben trockenen Rasen und Bergwiesen auch Flachmoore, die jedoch dann nie völlig kalkfrei sind und gut durchlüftet sein müssen. Obschon die Art damit in Mitteleuropa flächenmäßig weit verbreitet ist, trifft man sie doch absolut selten an, weil ihre Ansprüche eben nur an verhältnismäßig wenigen Orten befriedigt werden. Etwas häufiger ist sie in den höheren Lagen der Alb, des Alpenvorlands und der Alpen, wo sie bis weit über die Baumgrenze vordringen kann.

4 Sandknöpfchen *Jasione montana*
Obwohl die Einzelblüten des Sandknöpfchens selten länger als 1 cm werden und nur millimeterbreit sind, wirken sie doch durch ihre dichte Anordnung in einem flachen, endständigen Köpfchen. Gegen den mageren Untergrund, auf dem die Pflanze wächst — kalkarmen, besser kalkfreien Sanden, schütteren und steinigen Rasen — kontrastiert der Blütenstand (Blühperiode Juni—September, Höhe 15—50 cm) durchaus reizvoll und auffallend. Der Stengel der Pflanze ist meist reichlich verzweigt und beblättert. Die kleinen Blätter erkennt man beim genauen Betrachten am Rand als gewellt. Das Durchkommen auf solchermaßen „lebensfeindlichen" Standorten, wie es z. B. Sanddünen sind, meistert das Sandknöpfchen trotz seines nur einjährigen Lebenszyklus vornehmlich deshalb, weil es seine Wurzeln in dem lockeren Untergrund bis auf etwa 1 m Tiefe absenken kann. Dort findet es auch während längerer Trockenzeiten noch die Menge an Wasser, die es zum Überleben braucht.

2
4
3
1
gb

Blütenpflanzen — Familie Korbblütengewächse *Asteraceae (Compositae)*

1 Wasserdost *Eupatorium cannabinum*
Beim Wasserdost wirkt — wie der alte Name ausdrücken will — der Blütenstand als Ganzes. Damit ist weniger das einzelne „Körbchen" gemeint, sondern deren Vielheit am Ende des langaufgeschossenen (70—170 cm) Stengels. Die Blütezeit erstreckt sich von Juni bis fast in den Oktober. Typischer Wuchsort sind Kahlschläge oder lichte Stellen in Laub- und Mischwäldern, Auwäldern und auch im Ufergebüsch, seltener im Röhricht. Der Wasserdost braucht nährstoffreichen, recht stickstoffhaltigen und zumindest feuchten, wenn nicht nassen Lehm- oder Tonboden. Früher genoß die Pflanze ein unangemessen hohes Ansehen als Heilpflanze. Sie enthält einen chemisch noch nicht näher erforschten Bitterstoff und muß als giftverdächtig gelten.

2 Grauer Alpendost *Adenostyles alliariae*
In den Alpen gibt es eine besondere „Gesellschaft" von Pflanzen da, wo Viehherden nächtigen, gefüttert, gemolken oder aus anderen Gründen oft zusammengetrieben werden: die Lägerflur. Dort ist der Boden mit Nährstoffen, insbesondere mit Stickstoffsalzen angereichert, wegen der häufigen Hanglage oft gut durchsickert, auf jeden Fall feucht. Hier gedeiht örtlich der Graue Alpendost als typische Pflanze in größeren und auffälligen Beständen. Von einer ähnlichen Art unterscheidet er sich dadurch, daß bei ihm die oberen Stengelblätter meist sitzen. Ursprünglich war er wohl eine Pflanze des lichten, feuchten Bergwaldes. Seine Blütezeit liegt im Hoch- und Spätsommer. Je nach Standortgunst wird er zwischen 50 und 150 cm hoch. Zweierlei ist an dieser Pflanze bemerkenswert: Außer ihrem sicher natürlichen Vorkommen (das heute insgesamt weniger Individuen enthalten dürfte) ist sie ein Charakteristikum einer durch den Menschen in den Alpen geschaffenen, eigenen „Pflanzengesellschaft" geworden. Zum anderen findet man den Grauen Alpendost vereinzelt in den süddeutschen Mittelgebirgen (z. B. Südschwarzwald) als ein Überbleibsel einer der Vereisungsperioden, die Pflanzenwanderungen begünstigt haben.

3 Echte Goldrute *Solidago virgaurea*
Die Echte Goldrute hat — für einen Angehörigen der Familie — nur wenige (5—12) Zungenblüten im Körbchen, die ebenfalls wenige unscheinbare Röhrenblüten umgeben. Obschon zur Blütezeit zwischen Juli und September in dem endständigen, allseitswendigen Blütenstand meist mehr als 10 Körbchen gleichzeitig geöffnet sind und die Pflanze meist 60—100 cm hoch wird, fällt sie dennoch recht wenig auf. Sie wächst an lichten Stellen, vor allem auf Schlägen, aber auch am Rand von Wäldern. Allerdings sollte sie wenigstens zeitweise beschattet werden. Wasser vermag sie den oft trockenen und eher kalkarmen Böden auch an warmen Tagen dadurch zu entnehmen, daß sie oft bis 1 m tief wurzelt. Früher wurde die Pflanze als Volksheilmittel viel verwendet. Sie enthält Saponine, ätherische Öle, Gerbstoffe und einen Bitterstoff.

4 Gänseblümchen *Bellis perennis*
Diese Pflanze braucht nicht vorgestellt zu werden, weil jedermann sie kennt. Man hat sie auf Wiesen aller Art — Zierrasen eingeschlossen — an Wegrändern und auf Feldwegen Jahr für Jahr gesehen. Eben deshalb läuft man Gefahr, daß einem Besonderheiten der Pflanze entgehen. Am wenigsten die, daß man sich gewundert hat, unmittelbar nach der Schneeschmelze im Januar oder Februar offene Blütenkörbchen gesehen zu haben. Das hat damit zu tun, daß die Art bis zu — 15 °C erträgt, wenn die Luft nicht ausgesprochen feucht ist. Bemerkenswerterweise reagiert das Körbchen, das ja ein Blütenstand ist, wie eine Einzelblüte. Es schließt sich sowohl bei feuchter Witterung als auch nachts. Häufig sieht man auch, daß sich die Körbchen nach der Sonne ausrichten. Vom Gänseblümchen gibt es Wildformen, die sich durch mehr oder minder rot überlaufene Zungenblüten auszeichnen. Diese Farbe hat man auch züchterisch bevorzugt bei all den Sippen, die man — mit vergrößertem Körbchen, gefülltem Körbchen, hohem Blütenstandsstiel — als Gartenpflanzen herausgezüchtet hat. Vergessen ist heute in der Regel die Wertschätzung, die man der Pflanze früher als Heilpflanze entgegenbrachte. Sie enthält in den Blüten Saponine, ätherisches Öl Gerbstoffe, Bitterstoff und einen Schleimstoff.

4
3
1
2
gb

1 Strand-Aster *Aster tripolium*
Unbestritten gehört die Strand-Aster zur Zierde der Salzwiesen an den Meeresküsten. Das will auch indirekt ihr wissenschaftlicher Artname sagen, in dem die griechischen Worte „drei" und „wechseln" stecken. Bei der Strand-Aster wird damit angespielt auf die rote Hülle der Körbchen, die blauen Zungenblüten und die gelben Röhrenblüten. Zwar werden ihre Blütenkörbchen selten breiter als 2,5 cm, doch sind auf einem Stengel oft mehr als ein halbes Hundert Körbchen zur Blütezeit im Spätsommer geöffnet. Da die Pflanze meist Höhen zwischen 20 und 50 cm erreicht, wirkt sie dadurch äußerst ansehnlich. Gartenliebhaber finden indessen keine Freude an der Pflanze. Sie braucht nämlich kochsalzhaltigen Boden, der ihr in der Kultur nicht geboten werden kann.

2 Berg-Aster *Aster amellus*
Das äußerliche Gegenstück zur Strand-Aster ist die Berg-Aster, die im Tiefland schon deswegen nicht vorkommt, weil sie trockenen, warmen Kalkboden braucht. Wo sie ihn vorfindet, in den Mittelgebirgen vor allem, besiedelt sie trockene Rasen, lichte, trockene Gebüsche und den Rand von warmen Trockenwäldern. Ihre Körbchen erreichen die ansehnliche Größe von 3—5 cm im Durchmesser — ein bemerkenswerter Unterschied zur Strand-Aster. Eigenartigerweise besiedelt diese Aster-Art die Alpen nicht, obschon es dort Stellen gäbe, an denen die Bodenverhältnisse ihr zusagen müßten. Begrenzend scheinen infolgedessen die kürzeren Vegetationszeiten zu sein, die ihr dort blieben. Verständlich ist dies, vergegenwärtigt man sich die relativ spät im Jahr liegende Blühperiode, die von Ende Juli bis Ende September reicht und der sich ja noch die Samenreife anschließen muß. Um diese Zeit sind auch mittlere Hochtäler der Alpen nicht mehr so frostsicher, wie es nötig wäre. Die sehr streng abstehenden Zungenblüten bei der Berg-Aster machen den wissenschaftlichen Namen verständlich, der sich von dem lateinischen Wort aster = Stern ableitet.

3 Kanadisches Berufkraut *Conyza canadensis (Erigeron canadensis)*
Die Pflanze kann man trotz ihrer Unscheinbarkeit kaum verwechseln. Sie blüht zwischen Juni und Oktober, wird 30—100 cm hoch und wächst vor allem in den Unkrautbeständen, die man auf Bahnschotter, an Wegen, Mauern und auf Schuttplätzen, aber auch auf Kahlschlägen findet. Die Pflanze wurde erst Mitte des 17. Jahrhunderts aus Nordamerika nach Europa eingeschleppt. Offensichtlich begann sie ihren „Zug" durch Europa in West- oder Südeuropa. Jedenfalls war sie um 1700 im Zentrum Mitteleuropas entweder nicht vorhanden oder doch so selten, daß niemand sie bemerkte und darüber berichtete. Andererseits war sie um 1900 über ganz Mitteleuropa verbreitet und z. T. schon nach Nordeuropa vorgedrungen. Bemerkenswert ist die Zunahme ihrer Wanderungsgeschwindigkeit mit Störeingriffen in der Landschaft. Als einen solchen muß man z. B. den Bau von Eisenbahnlinien bezeichnen, entlang derer sie sich besonders erfolgreich angesiedelt hat.

4 Katzenpfötchen *Antennaria dioica*
Die Pflanze ist leicht daran kenntlich, daß nur 3—12 kleine Körbchen (Blühperiode Mai bis Juni) in endständiger, oft doldiger Traube beieinanderstehen. Ihre Blätter sind durchweg ungeteilt. Die untersten stehen in einer mehr oder minder flach dem Boden anliegenden Rosette. Unterseits sind sie weißfilzig, oberseits kahl. Das Katzenpfötchen braucht lockeren, sandigen Boden, der wenig Nährstoffe enthalten sollte. Gerade solche Standorte sind durch die immer intensiver werdende Kultivierung allein in den letzten 50 Jahren fast von Jahr zu Jahr seltener geworden. Natürlich ging in gleichem Maße auch das Katzenpfötchen zurück. Ehemals in entsprechenden Gegenden allgemein bekannte Volksarzneipflanze, ist sie heute gebietsweise schon selten geworden und örtlich sogar verschwunden. Einigermaßen häufig kommt sie noch in mageren Rasen der Mittelgebirge und der Alpen vor, wo ihr der Untergrund natürlich zusagen muß.

3
2
1
4

1 Edelweiß *Leontopodium alpinum*
Kaum einer Alpenpflanze hat törichte Idolisierung so sehr den Lebensraum beschnitten wie dem Edelweiß. Noch um die Jahrhundertwende galt es im deutschen Alpengebiet zumindest örtlich noch als häufig. Heute muß man es hier mit der Lupe suchen, besser: die wenigen Stellen, an denen es noch in zählbarem Bestand vorkommt, durch die Bergwacht bewachen lassen. Denn der gesetzliche Schutz vermag nichts, wo es um den Beweis von Mut und „Kletterkunst" von zumeist alpin Unerfahrenen geht! Der wirkliche Liebhaber der Bergwelt gehört nämlich in den meisten Fällen auch zu den ernsthaften Verteidigern der Pflanzenwelt, wofür wir alle ihm Dank schulden. An den begangeneren Routen findet man das Edelweiß meist nur noch in schier unerreichbaren Felsspalten, und nur noch an wenigen Stellen der Zentralalpen gedeiht es noch ausgedehnt auf feinerde-armen Felsböden. Die dichtwollige Behaarung der Hochblätter dürfte in erster Linie einen Strahlungsschutz darstellen. Jedenfalls ist sie bei Exemplaren, die man im Flachland gezogen hat, trotz identischer Erbanlagen weniger stark ausgebildet. Obschon Edelweiß ein Glycosid enthält, das bei Kaltblütern giftig wirkt, wurde es als Heilpflanze eigentlich nie genutzt.

2 Wald-Ruhrkraut *Gnaphalium sylvaticum*
Auf kalkarmen und humosen Waldböden findet man es häufig, vor allem, wenn sie noch sandig-lehmig und nicht zu arm an Stickstoffsalzen sind, wenn Kahlschläge oder Windwurf Licht schaffen, an Wegen durch solche Wälder, aber auch in Heiden und auf sauren Bergwiesen. Dennoch wird es meist übersehen, obschon es 20—40 cm hoch wird und einige Dutzend Blütenkörbchen tragen kann (Blühperiode Juli—September). Denn die weißliche Blütenfarbe macht die Pflanze unscheinbar, die Blütenkörbchen bleiben klein, und die auf der Unterseite weißfilzigen Blätter erwecken nur die Neugier dessen, der die Pflanze ohnedies schon im Auge hat. Für angehende Spezialisten sei angemerkt: Es gibt rund ½ Dutzend Arten aus der Gattung in Mitteleuropa, und man kann sie nicht immer auf den ersten Blick unterscheiden. Ein recht brauchbares Erkennungszeichen ist neben der Größe der Pflanze die Einnervigkeit ihrer Blätter, wenigstens was deren Spitzenregion anlangt. In der Volksmedizin hat die Pflanze nie eine Rolle gespielt. Sie enthält auch keinerlei Stoffe, die eine Wirksamkeit gegen irgend etwas versprächen.

3 Dürrwurz-Alant *Inula conyza*
Im Tiefland ist der Dürrwurz-Alant höchstens vereinzelt zu finden, und auch in den Mittelgebirgen ist er zwar da und dort anzutreffen, doch bildet er auch hier kaum auffallende Bestände. Da er aber fast 1 m hoch werden kann, fällt er auch als Einzelpflanze trotz seiner oft kleinen Köpfchen auf (um 1 cm Durchmesser, Blühperiode Juli und August), zuweilen, weil einige dieser Köpfchen Zungenblüten — wenn auch verkümmert — zeigen, andere nicht. Er besiedelt fast ausschließlich Waldränder und Lichtungen in sonnenwarmer Lage. Seine frühere Verwendung als Heilpflanze ist wegen des Fehlens eindeutiger Wirkungen aufgegeben worden.

4 Rindsauge *Buphthalmum salicifolium*
Vor allem, wer sich erstmals mit der Fülle der heimischen Pflanzen befaßt, wird ob der Mannigfaltigkeit der Korbblütengewächse verzweifeln können. Zu viele ähneln sich und sind nur schwer zu unterscheiden. Dankbar sieht man dann Arten, die leicht festzustellende Merkmale zeigen, an denen man sie kennt. Das Rindsauge gehört zu ihnen, wild die einzige Art ihrer Gattung in Mitteleuropa. Die Körbchen werden nicht nur 3—6 cm im Durchmesser groß (Blühperiode Juli—August, Höhe 15—50 cm): Die Pflanze führt auch keinen Milchsaft und unterscheidet sich hierdurch von manch ähnlichem Verwandten. Ihr bevorzugter Wuchsort sind trockene Gebüsche und Wälder, die licht sein sollten, sowie trockene Rasen. Sie braucht zum guten Gedeihen kalkhaltigen Boden. Daher ist sie nur in Kalkgebieten anzutreffen, auch dort nicht häufig, doch stets auffallend.

4
1
3
2

1 Kleinblütiges Knopfkraut *Galinsoga parviflora*
„Südamerikaner", die bei uns heimisch geworden sind, findet man selten. Das Kleinblütige Knopfkraut gehört zu ihnen. Sein Verbreitungsschwerpunkt liegt in Peru. Um 1800 wurde es aus Botanischen Gärten in Spanien und Frankreich erstmals beschrieben, war aber damals sicher auch an anderen Orten Europas in Kultur. Jedenfalls fand man die Pflanze erstmals 1805 in Deutschland bei Karlsruhe verwildert vor. Zwei Jahre später wurde sie aus Ostpreußen und Pommern als „wild" gemeldet.
Die Pflanze bestäubt sich selbst; ihre Samen werden sowohl durch den Wind als auch durch Tiere verbreitet. Sie liebt lockeren, ja sandigen Boden, der aber nicht zu arm an Nährstoffen sein sollte, und zieht luftfeuchtes Klima eindeutig trockenerem vor. Obwohl aus Gebirgslagen stammend, leidet sie unter Frösten. Hingegen kann sie in feuchten und warmen Sommern an ihren Standorten gleich zwei oder gar drei Generationen hervorbringen und so auf Unkrautflächen, Schuttplätzen oder in Gärten auffallen, zumal sie sehr spät im Sommer aufblüht und bis zum Wintereintritt blühend angetroffen werden kann. Zum Verwechseln ähnlich ist das Behaarte Knopfkraut *(G. ciliata)*, dessen Stengel im Blütenstandsbereich zottig-haarig ist. Auch sind die Blätter bei dieser Art grobzähnig und nicht fein gezähnt, wie dies beim Kleinblütigen Knopfkraut der Fall ist. In Südwestdeutschland ist das Behaarte Knopfkraut örtlich bereits häufiger als das Kleinblütige Knopfkraut, mit dem es die Heimat und die Blühperiode teilt. Verwildert ist es indessen erst seit Mitte des letzten Jahrhunderts bekannt.

2 Sumpf-Schafgarbe *Achillea ptarmica*
Auf nassen Wiesen, an Ufern und in Gräben, an lichten Waldstellen über Lehm und mit hochstehendem Grundwasser kann man die Sumpf-Schafgarbe — sieht man vom östlichen Alpenvorland ab — fast überall mit einiger Sicherheit antreffen, wenn sie auch kaum irgendwo größere Bestände bildet. Ihre Körbchen fallen auf, da sie bis 1,5 cm im Durchmesser erreichen können. Sie tragen außen 8—13 Zungenblüten. Auffällig sind auch die ungeteilten, schmalen, gesägten Blätter. Früher nutzte man die Sumpf-Schafgarbe als Heilpflanze. Sie enthält in der Wurzel einen noch unerforschten, scharfschmeckenden Stoff.

3 Gemeine Schafgarbe *Achillea millefolium*
Die Gemeine Schafgarbe gehört zu den verbreitetsten und allgemein bekannten Pflanzen unserer Flora. Auf Wirtschaftswiesen trifft man sie ebenso an wie auf eher trockeneren Rasen, an Wegen, Rainen oder auf Dämmen. Sie nimmt mit recht unterschiedlichen Böden vorlieb, sofern sie nicht zu arm an Stickstoffsalzen sind. Wie ihr deutscher Name sagt, wird sie von Schafen gerne gefressen. Sie enthält ätherische Öle. Unter ihnen kommt dem Azulen sicher eine gewisse Heilwirkung zu, und zwar in der Richtung, in der auch Kamille wirkt. Andererseits enthält die Schafgarbe Furocumarine. Menschen, die gegen den Saft der frischen Pflanze empfindlich sind, können im Licht von ihm auf der Haut Entzündungen bekommen.

4 Rainfarn *Tanacetum vulgare*
Mit Farnen hat die Pflanze nur insoweit zu tun, als ihre Blätter so fein zerteilt sind, daß sie entfernt an die Wedel von Farnkräutern erinnern. Auf Lehmböden trifft man sie in nährstoffreichen Unkrautbeständen an Wegen, Dämmen und auf Schuttplätzen besonders da an, wo das Klima eher feucht als trocken ist, gleichwohl sommerliche Wärme aber nicht fehlt. Der Rainfarn enthält ätherische Öle und Bitterstoffe. Daher wurde er früher auch als Wurmmittel benutzt, eine nicht ganz unbedenkliche Anwendung, da zumindest ein Teil der Inhaltsstoffe giftig ist.

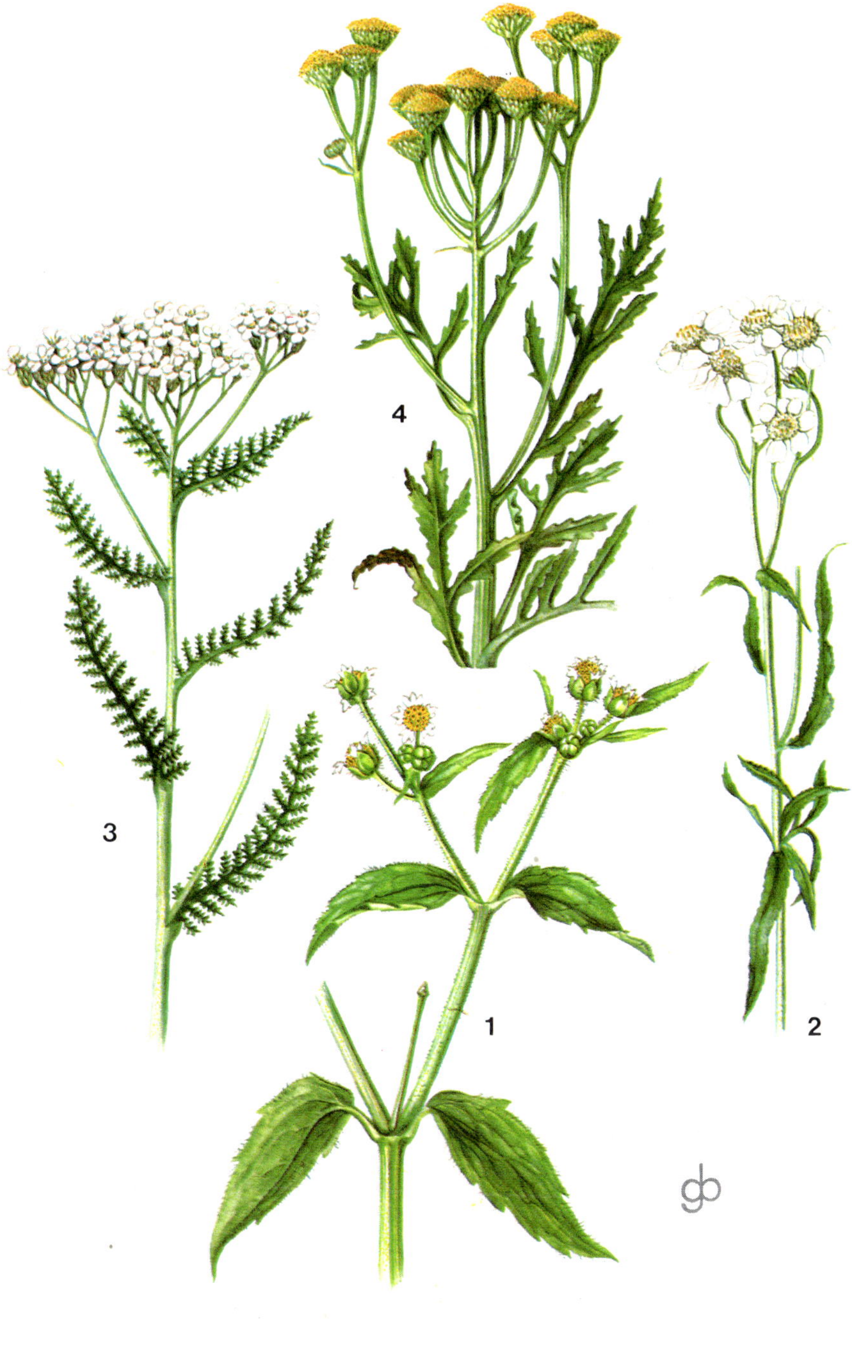
4
3
1
2
gb

1 Acker-Hundskamille *Anthemis arvensis*
„Kamillen" im weitesten Sinn lassen sich nicht so leicht ansprechen. Arten aus verschiedenen Gattungen ähneln sich zuweilen. Man muß im Wortsinne schon genau hinsehen, will man die entscheidenden Unterschiede entdecken. „Hundskamillen" haben auf dem Blütenboden Spreublätter, die man als feine Schüppchen sehen kann, wenn man Blüten aus dem Körbchen herauszupft. Ihre Blätter sind fiederig geteilt wie bei der Echten Kamille, deren Körbchen indes keine Spreublätter besitzen. Man findet sie auf kalkarmen, stickstoffhaltigen Böden in Unkrautgesellschaften. Ihre Blüten sind geruchlos. Zwar enthält die Pflanze auch ätherische Öle, doch kommt ihnen keine arzneilich brauchbare Wirkung zu.

2 Echte Kamille *Matricaria chamomilla*
Die Heilkraft der Kamille war vermutlich schon im alten Griechenland bekannt. Jedenfalls beschreibt sie Galen, der von 130—200 n. Chr. lebte. Dies ist insofern nicht verwunderlich, weil der Verbreitungsschwerpunkt der Art, die auf lehmigen Böden als schwer bekämpfbares, wenngleich zurückgehendes Ackerunkraut in Mitteleuropa fast noch überall vorkommt, ganz sicherlich im südöstlichen Europa liegt.
Der Gehalt an arzneilich wirksamen ätherischen Ölen ist bei Pflanzen aus Südosteuropa fast durchweg höher als bei solchen, die bei uns gesammelt oder angebaut werden. Kenntlich ist die Echte Kamille an ihrem ausgeprägten Duft, dem kegelförmigen, hohlen Blütenkorbboden, dem Spreublätter fehlen, und an den weißen Zungenblüten, die bei älteren Blüten abwärts geschlagen sind. Wirksam sind die ätherischen Öle, vor allem Azulen.

3 Strahllose Kamille *Matricaria discoidea*
Die Strahllose Kamille ist heute überall in der Welt anzutreffen, wo das Klima nicht subtropisch oder gar tropisch ist. Da sie in ihren Körbchen meist nur gelbliche Röhrenblüten hat, ist sie unverkennbar. In Unkrautbeständen an Wegen, Mauern, auf Dämmen findet sie fast überall ein Plätzchen zum Durchkommen, sofern nur der Untergrund reichlich Stickstoffsalze enthält. Dann erträgt sie auch Tritt. Deswegen findet man sie in Großstädten ebenso wie in Dörfern, wo sie regelrecht zum Erscheinungsbild der „Pflasterritzengemeinschaft" gehört. Darob vergißt man, daß diese Pflanze in Mitteleuropa sicher nicht heimisch war. Sie tauchte erst im letzten Jahrhundert auf, setzte sich aber in den Siedlungen rasch durch. Neben Insektenbestäubung kommt Selbstbestäubung vor, und die etwas klebrigen „Früchte" werden durch „Lauftiere" und damit auch durch den Menschen verbreitet. Die ursprüngliche Heimat der Pflanze muß man wohl im nordöstlichen Asien suchen. Nebenbei: Zerrieben duftet sie deutlich nach Kamille, wenngleich den ätherischen Ölen, die sie enthält, die gleiche Wirkung fehlt, die jene der Echten Kamille auszeichnen.

4 Strandkamille *Tripleurospermum inodorum*
Eigentlich muß man fast froh sein, daß diese Art schon durch ihre Wuchshöhe (25—60 cm) aus dem Rahmen der übrigen Kamillen auf den ersten Blick herausfällt, bei näherem Hinsehen dann noch einen markigen (also keinesfalls hohlen) Blütenboden besitzt und allerhöchstens schwach duftet. Denn in sich ist die Art außerordentlich vielgestaltig. Obwohl sie eher kalkarmen, aber nicht unbedingt kalkfreien Boden bevorzugt, kommt eine Rasse von ihr ausschließlich in der noch versalzenen Dünenlandschaft am Strand vor. Andere Rassen, zu denen es gestaltlich alle Übergänge gibt, finden wir hingegen eher an Wegen, auf Schuttplätzen und auf Bahnschotter; an einem noch vor wenigen Jahren gerne besiedelten Wuchsort, auf Hackfruchtäckern, sucht man sie indes heute meist vergebens. Vor allem die Binnenrassen sind oft nicht einjährig in ihrem Lebenszyklus, sondern wickeln ihn im Lauf von zwei oder gar mehr Jahren ab. Das hat sie gegen Bekämpfungsmaßnahmen empfindlich sein lassen. Die Strandkamille enthält kaum ätherische Öle und kann daher auch nicht als Heilpflanze gebraucht werden.

3
1
4
2
gb

1 **Margerite,** Wucherblume *Chrysanthemum leucanthemum*
Obschon der Name „Wucherblume“ sich kaum im Volksmund durchgesetzt hat, so beschreibt er doch treffend wesentliche Eigenschaften der Pflanze, die so bekannt ist, daß man sie nicht mehr vorzustellen braucht. Es gibt von ihr zahlreiche Sippen, denen fast allen gemein ist, daß ihre Angehörigen die Wurzeln oft über einen Meter in die Tiefe treiben können. Das sichert ihr in Trockenzeiten gute Wasserversorgung. Ihre Wurzelstöcke vermögen sich oftmals zu verzweigen. Oberirdisch bilden sich alsdann Blätter, die vor allem dann dicht dem Boden anliegen, wenn dieser entweder scharf beweidet oder häufig gemäht wird. In Trockenzeiten vermag die Wucherblume in Zierrasen ihrem Namen denn auch alle Ehre zu machen: Sie breitet sich vor allem auf Kosten feuchtigkeitsliebender Gräser aus.

2 **Beifuß** *Artemisia vulgaris*
In den gemäßigten Zonen zumindest der Nordhalbkugel trifft man den Beifuß siedlungsnah auf verunkrauteten Stellen an Wegrändern, Stapelplätzen, Dämmen, aber auch an Gebüsch- und Waldrändern an. Er ist ursprünglich sicher in Europa und im westlichen Asien beheimatet, und zwar — im Gegensatz zu vielen anderen Arten der Gattung — mit Schwerpunkt im Tiefland und in den Mittelgebirgen. Wenn man die Pflanze einmal wirklich gesehen hat, wird man sie an ihren Standorten leicht wiedererkennen und nicht verwechseln, obschon sie im Einzelnen vielgestaltig sein kann; doch führt der typische aromatische Geruch leicht zur Identifizierung. Früher nutzte man den Beifuß wegen seiner ätherischen Öle als Heilpflanze, hat dies heute jedoch aufgegeben. Die Pflanze ist schwach giftig.

3 **Arnika** *Arnica montana*
Arnika ist wild selten. Das liegt an ihren Standortansprüchen. In erster Linie ist sie eine Pflanze der Mittelgebirge, aber auch der tiefergelegenen Wiesen und Weiden im Hochgebirge, wo sie 2000 m übersteigen kann. Im ausgesprochenen Tiefland ist sie selbst da selten, wo ihr Bodeneigenschaften zusagen. Sie will sauren, sandigen oder torfigen, gelegentlich auch etwas lehmigen Boden, der keinesfalls reich an Nährstoffen sein sollte. Da sie einen gewissen Ruf als Arzneipflanze genießt, steht sie zu Recht unter gesetzlichem Schutz, zumal auch manche ihrer wenigen Standorte, an denen sie meist in größeren oder kleineren Beständen auftritt, gefährdet sind.
So beliebt Arnikatinktur bei allen möglichen Beschwerden auch ist — wobei ihr Wirksamkeit nicht abgesprochen werden soll —: Zumindest im Übermaß kann sie Vergiftungen hervorrufen, wendet man sie innerlich an; äußerliches Auftragen kann zu Entzündungen der Haut führen, wenn man empfindlich ist. An Inhaltsstoffen konnten ätherische Öle und Bitterstoffe aufgefunden werden.

4 **Großblütige Gemswurz** *Doronicum grandiflorum*
Der Gattungsname „Gemswurz“ deutet schon auf die Heimat der Pflanze: die Alpen. Dort findet man sie vor allem auf kalkhaltigem Schutt, der durchsickert sein muß, meist lange von Schnee bedeckt bleibt, doch meist nicht höher als 1500—2500 m liegt. Vor allem im deutschen Alpengebiet ist die Art nicht ausgesprochen selten, sollte aber — wie übrigens alle Alpenpflanzen — ihrem Standort weder entnommen noch gepflückt werden; der natürliche Kampf ums Überleben ist meist hart und vernichtend genug. Ähnliche Arten der Gattung kommen auf kalkarmem Gestein vor. Für Liebhaber der großblumigen Pflanze sei angemerkt: Eine verwandte Art, die im Alpengebiet sehr selten geworden ist, nämlich die Herzblättrige Gemswurz, ist in den meisten Staudengärtnereien als Steingartenpflanze zu beziehen. Sie erblüht schon im Frühjahr, wogegen die Großblütige Gemswurz erst im Sommer ihre Blüten entfaltet.

2
1
3
4

1 Dreiteiliger Zweizahn *Bidens tripartitus*
Der Dreiteilige Zweizahn ist recht vielgestaltig: Seine Höhe kann 10 cm betragen, aber an günstigen Stellen auch 1 m erreichen, wenn nicht sogar überschreiten. Da er erst zwischen Juli und Oktober aufblüht, seine Körbchen klein bleiben und meist nur unscheinbare bräunlichgelbe Röhrenblüten enthalten (Zungenblüten sind sehr selten ausgebildet), fällt die Pflanze meist nicht auf. Sie hat einen einjährigen Lebenszyklus und tritt vor allem an Gräben und Ufern auf, da sie auf leicht schlammigem oder doch torfig-nassem Boden am besten gedeiht. Selten geht sie da und dort in vernäßte Hackfruchtäcker oder — wo es sie noch gibt — auf Gänseanger am Dorfweiher. Kenntlich ist die Gattung auch an ihren zweigrannigen Früchten, die Art an den meist dreiteiligen, gegenständigen Blättern.

2 Huflattich *Tussilago farfara*
Der Huflattich gehört zu den Pflanzen unserer Flora, die als erste im Frühjahr blühen. Schon im Winter sind die Körbchen unterirdisch am Wurzelstock angelegt. Wenn die Wärmesumme einen bestimmten Betrag überschreitet, durchbricht der Blütenschaft die Erde. Je nach Winterverlauf und -länge kann man die Pflanze im Februar oder März, in höheren Lagen auch noch später antreffen. Der Blütenstandsschaft trägt keine eigentlichen Blätter, sondern nur spinnwebig behaarte Hochblätter. Das liegt an der unterschiedlichen Grenztemperatur, mit der die Blattknospen austreiben. Sie brauchen mehr Wärme. Wenn Blätter gebildet werden, sind meist die Früchte schon verweht. Lohnend ist auch das Betrachten der blühenden und der verblühten Köpfchen. Die blühenden Köpfchen wenden sich nicht nur in Richtung des stärksten Lichteinfalls, sondern schließen sich bei trübem Wetter und abends. Nach dem Verblühen nicken sie und richten sich erst bei der Fruchtreife wieder auf. Diese „Bewegungen" sind Ausdruck unterschiedlichen Wachstums der Flanken am Blütenstandsschaft. Huflattich ist eine noch heute wichtige Heilpflanze und als solche Bestandteil vieler Hustenmittel. Sie enthält vor allem im Blatt Schleim- und Gerbstoffe.

3 Rote Pestwurz *Petasites hybridus*
Die Blütenstandsschäfte der Roten Pestwurz können 30—60 cm hoch werden und erscheinen schon im März oder April. Trotzdem übersieht man sie weit häufiger als die fast rhabarbergroßen Blätter, die sie im Verlauf des Sommerhalbjahres ausbildet. Die Blüten in den vergleichsweise kleinen Körbchen sind nämlich recht unscheinbar. Da die Pflanze fast ausschließlich an nassen Standorten vorkommt und fast nirgends fehlt, braucht man nur an Ufern, Gräben und an den nassesten Stellen ungenutzter Talauen zu suchen, will man sie finden.
Der Name Pestwurz erinnert an die Zeiten, in denen die Pest noch in Mitteleuropa grassierte und in denen alles recht schien, was gegen diese Menschheitsgeißel Hilfe versprach. Als Heilpflanze ist das Kraut wertlos, obwohl es im Wurzelstock ätherische Öle, Bitter- und Gerbstoffe enthält.

4 Roter Alpenlattich *Homogyne alpina*
Zwar wird der Rote Alpenlattich kaum 30 cm hoch; doch ist er als Korbblütengewächs dem nicht ganz unkundigen Alpenwanderer durch seine herz-nierenförmigen Blätter und seine — gemessen an der Höhe des Standorts — recht zeitige Blühperiode (Mai—Juli) wohl vertraut. Er siedelt in Nadelwäldern ebenso wie im Zwergstrauchgestrüpp und geht auf feuchten, lange schneebedeckten Matten über saurem Grund bis etwa 3000 m Höhe. Er kommt dort nicht zuletzt deswegen durch, weil er außer durch Insekten — auch nach Selbstbestäubung Samen bilden kann. Seine „Früchte" werden vom Wind verweht. Wo die Art — wie im Südschwarzwald — außerhalb des Alpengebiets angetroffen wird, ist sie Überbleibsel der Vereisungsperioden. Gelegentlich stellt sie sich auch im Alpenvorland ein, ist dort aber meist nicht beständig.

1
2
3
4

1 **Hain-Greiskraut** *Senecio nemorensis*
Auf Schlagflächen, Windwürfen oder an Waldrändern der Wälder in den Mittelgebirgen und der Alpen, seltener im Tiefland sieht man im Hoch- und Spätsommer zuweilen größere Bestände einer stattlichen (80—200 cm) Pflanze mit gelben Korbblüten, die gerade deswegen auffallen, weil sie nur verhältnismäßig wenige (5—10) Zungenblüten enthalten: Das Hain-Greiskraut, das ungeteilte, lanzettförmige Blätter besitzt. Es ist recht vielgestaltig. Wenigstens zwei Sippen kann man recht gut gegeneinander trennen: das Fuchs-Greiskraut *(S. fuchsii)* und das Hain-Greiskraut im engeren Sinn *(S. nemorensis)*. Die erstere der beiden ist in den Mittelgebirgen und — wenn überhaupt — in der Ebene zu Hause, die zweite in den höheren Mittelgebirgslagen und in den Alpen. Zuweilen unterscheidet man beide Sippen auch als Arten, doch ist dann da, wo beide nebeneinander vorkommen, eine Trennung nur für Kenner einigermaßen rasch möglich.

2 **Raukenblatt-Greiskraut** *Senecio erucifolius*
Die Pflanze gehört nicht nur zu den „Allerweltspflanzen", wenigstens auf kalkhaltigen Böden, sondern auch zu denen, die man zwar sieht, jedoch nicht zur Kenntnis nimmt und zu jenen, die einen „Doppelgänger" besitzen. „Allerweltspflanze" deswegen, weil außer etwas Kalk und ordentlich Nährstoffen der Boden recht beliebig in Zusammensetzung und Aufbau sein kann: Das Raukenblatt-Greiskraut faßt Fuß und kommt durch — an Wegen, trockenen Rasen, Waldrändern und in Gebüschen. Es blüht vom Hochsommer bis in den Herbst, ist aber trotz seiner rund 1 cm großen und zahlreichen Körbchen und trotz seiner Höhe von 30—100 cm unscheinbar.
„Doppelgänger" ist das Jakobs-Greiskraut, bei dem der Wurzelstock steil in die Erde eindringt, wogegen er beim Raukenblatt-Greiskraut eher unter der Erde „kriecht". Doch wer gräbt schon zum Bestimmen gerne Pflanzen aus? Bei einiger Kenntnis sieht man auch an den stets vergleichsweise schmaleren Zipfeln der fiederteiligen Blätter, daß man das Raukenblatt-Greiskraut vor sich hat. Es besitzt auch nicht — wie häufig das Jakobs-Greiskraut — einen breiten „Endzipfel" an jedem Blatt.

3 **Gemeines Greiskraut** *Senecio vulgaris*
Das Gemeine Greiskraut gehört zu den Pflanzen, die keine eigentliche „Blütezeit" haben: Man kann es — einigermaßen günstige Umstände vorausgesetzt — ebenso im Januar, Juli oder Dezember blühend antreffen. Bevorzugt gedeiht es auf Hackfruchtäckern, in Gärten oder auf ehemaligen Kompostlagerstätten. Es will einigermaßen stickstoffreichen Boden, der sonst keinerlei Besonderheiten aufweisen muß. Obschon unscheinbar, weil kaum einmal mit der Maximalhöhe von 50 cm anzutreffen, weil keine strahlenden Zungenblüten den Blick auf die kleinen, nur Röhrenblüten umschließenden schlanken Körbchen lenkt, so hat es doch jedermann gesehen, erkennt es wieder, macht er sich einmal bewußt, welche Art er vor sich hat. Obwohl kaum jemand auf den Gedanken kommen wird, dieses Kraut zu essen, sei darauf hingewiesen: Es enthält giftige Alkaloide.

4 **Kleb-Greiskraut** *Senecio viscosus*
Im Sommer bis in den Herbst trifft man die Pflanze vor allem auf Waldwegen, lichten Stellen in Wald und Gebüsch, aber auch an Wegen, Bahnschotter, Schuttplätzen in Blüte an. Dabei fallen einem recht bald die eingerollten Zungenblüten an den „älteren" Körbchen auf. Faßt man es an, bemerkt man den klebrigen Stengel und erkennt dann die Art (Höhe der Pflanze 15—50 cm). „Greiskraut" heißt die Gattung, weil — wie am Klebrigen Greiskraut oft sichtbar — sich die ersten Fruchtstände während der Blühperiode entwickeln. Die „Früchtchen" haben schneeweiße Flughaare. Auf sie bezieht sich der eigenartige Name, der übrigens auch in der wissenschaftlichen Gattungsbezeichnung steckt (senex, lat. = Greis). Verballhornt ist da und dort daraus „Kreuzkraut" geworden, eine Bezeichnung, die man wegen fehlender „Kreuzblüten" oder „über Kreuz gestellter Blätter" nicht versteht.

1
4
2
3

1 Silberdistel *Carlina acaulis*
Die Silberdistel gehört in vielen Teilen Deutschlands zu den auffälligsten Erscheinungen auf trockenen Rasen mit vorzugsweise kalkhaltigem Untergrund. Eindeutig liegt ihr Verbreitungsschwerpunkt in den entsprechenden Mittelgebirgen und in den Alpen, wo sie bis gegen 2500 m vordringt. Andererseits fehlt sie im Tiefland fast überall. Nicht zuletzt, weil man sie immer wieder zu „Dauersträußen" gepflückt hat, steht sie unter gesetzlichem Schutz. Denn obschon sie an manchen Wuchsorten noch zahlreich vorkommt, so sind doch diese selbst wie auch die Art als solche in den letzten hundert Jahren eher seltener geworden. Was bei der Silberdistel wie „Blütenblätter" aussieht und sicher auch für Insekten einen Anlockapparat darstellt, sind nicht Blüten-, sondern Hochblätter. Sie glänzen weithin silbrigweiß, allerdings nur bei schönem Wetter. Ab etwa Ende Juni kann man „geöffnete" Körbchen antreffen. Bei trockenem Wetter geben die abgestorbenen Hochblätter Wasser ab und biegen sich infolgedessen nach außen; bei feuchter Luft verläuft die Bewegung umgekehrt. Die „Empfindlichkeit" dieser Quellungsbewegung ist so groß, daß Bauern, die die Natur noch zu beobachten wußten, der Pflanze örtlich den Namen „Wetterdistel" gaben.

2 Golddistel *Carlina vulgaris*
In tieferen Lagen ist zumindest örtlich die Golddistel noch verbreiteter als ihre großkorbige Verwandte, die Silberdistel. Auf den ersten Blick würde man beide Arten nicht in eine enge Verwandtschaft bringen: Die Golddistel wird meist um 30 cm hoch oder höher, und ihre fast stets in Vielzahl vorhandenen Blütenkörbchen erreichen nur Durchmesser zwischen 2—3 cm, wohingegen Silberdisteln Körbchendurchmesser zwischen 5—15 cm aufweisen. Läßt man sich durch die strohgelbe Farbe der Hochblätter nicht zu sehr ablenken, dann erkennt man allerdings Gemeinsamkeiten rascher. Ihr Lebenszyklus ist einjährig. Gesetzlichen Schutz genießt sie nicht, da sie seltener gepflückt wird. Andererseits werden ihre Wuchsmöglichkeiten an ungenutzten Grasflächen, sommerwarmen und grasigen Wald- und Gebüschrändern und auf Schafweiden langsam, aber bedrohlich geringer — eine der Ursachen, warum man die Art heutzutage seltener findet als noch vor zwei oder drei Jahrzehnten.

3 Filz-Klette *Arctium tomentosum*
„Kletten" haben ihren Namen von ihren Fruchtständen, in denen die einzelnen Früchte zusammenbleiben. Die Hüllblätter, die im Frucht- wie im Blütenstand stehen, haben eine widerhakige Spitze. An ihr „verhaken" sich vorbeistreichende Tiere und reißen den Fruchtstand vom brüchig gewordenen Stengel ab. Dieses Muster führt denn auch zur Bezeichnung Klettverbreitung, wo es das Verhakungsprinzip in irgendeiner Form benennen soll.
Kletten sind nicht immer mit Sicherheit voneinander zu unterscheiden, weil sie nicht selten miteinander Bastarde bilden. Mit am leichtesten kenntlich ist die Filz-Klette. Bei ihr sind die Hüllblätter zur Blütezeit (Hochsommer) rötlich und dicht mit spinnwebigen Haaren verbunden. Man findet sie vorzugsweise auf kalkhaltigem Untergrund auf Schuttplätzen, an Wegen und an Ufern, durchweg also an Stellen, an denen Stickstoffsalze im Boden eher überdurchschnittlich reichlich vorhanden sind.

4 Kleine Klette *Arctium minus*
„Klein" darf man bei dieser Pflanze nicht auf ihr Erscheinungsbild beziehen, sondern nur auf die relative Größe ihrer Blütenkörbchen. Sie kann nämlich erheblich höher als 1 m werden; ihre Blütenkörbchen hingegen gelten mit 2 cm Durchmesser schon als sehr groß und mit 1 cm Durchmesser nur als „eher" klein. Blühperiode ist der späte Sommer. Dann trifft man die Art vorzugsweise auf Schuttplätzen, an Wegen und Mauern, kurz in Unkrautbeständen, die keiner Kultur unterliegen, gleichwohl aber auf stickstoffreichen Böden wachsen. Die Kleine Klette enthält in ihrer Wurzel ätherische Öle, Gerb- und Schleimstoffe. Deshalb hat man sie früher als Heilpflanze genutzt.

2
3
4
1

1 **Nickende Distel** *Carduus nutans*
„Distel" ist kein umrissener botanischer Begriff. Dieser Volksnamen enthält eine indogermanische Wurzel, die sowohl „spitz" als auch „stechen" bedeuten kann. Daher findet man den Namensbestandteil „Distel" prompt bei allen möglichen „stacheligen" Pflanzen. Der Botaniker sähe es lieber, nennte man nur Angehörige der Gattung *Carduus* „Distel". Gegen die ähnlichen Kratzdisteln grenzt er sie ab, weil die Flughaare der „echten" Disteln stets ungefiedert sind, während die Kratzdisteln immer gefiederte Flughaare besitzen. Die Nickende Distel könnte mit ihrer Fülle an leuchtendroten Röhrenblüten und ihren spinnwebig verklebten Hüllblättern mit mancher Zierpflanze in Wettstreit treten, gälte sie nicht als lästiges Unkraut. Sie bevorzugt nährstoff-, vor allem stickstoffreichen Boden und braucht Sommerwärme. Wo sie dies vorfindet, stellt sie sich meist ungebeten ein: Eine Zierde an Rainen und ein Schmuck der Schuttplätze, lästig aber auf Weiden, wo sie — von Tieren verschmäht — überhand nehmen kann, oder in Zierrasen, die man dann besser nicht mehr barfuß betritt, wenn sich die überwinternden Blattrosetten erst einmal breit gemacht haben.

2 **Acker-Kratzdistel** *Cirsium arvense*
Für Landwirte überall in Europa ist „Distel" schlechthin die Acker-Kratzdistel, ein verhaßtes Unkraut, das trotz der Bekämpfung von Unkraut durch Herbizide noch immer eine erhebliche und zuweilen fatale Rolle spielt. Man findet sie — außer auf Äckern aller Art — auch an Waldrändern, an Ufern, auf Schutt und selbst mitten in Städten auf Verladeplätzen oder nicht geteerten Abstellplätzen von Fabriken. Die Acker-Kratzdistel verdankt dies nicht zuletzt ihrem Vermögen, die Wurzeln bis zu 1½ m in die Tiefe zu treiben; zu Stellen also, die den meisten Pflanzen unzugänglich sind und an denen sie fast stets ausreichend Feuchtigkeit und Nährstoffe vorfindet. Empfindlich ist die Pflanze eigentlich nur gegen zu starke Beschattung, der sie im Verband mit anderen Pflanzen indessen durch gesteigertes Wachstum entgehen kann. 150 cm Höhe sind daher für sie zwar Obergrenze, aber nicht absoluter Rekord. An ihren zartlila Blüten, die zu nur kleinen, wenn auch zahlreichen Köpfchen vereint sind, erkennt man sie leicht, obwohl sie längst nicht so auffällt wie viele ihrer Verwandten.

3 **Kohl-Kratzdistel** *Cirsium oleraceum*
Wer bei „Distel" an unberührbar stachelig und an Trockenheit des Standorts denkt, muß bei der Kohl-Kratzdistel umdenken. Sie paßt nicht in dieses Klischee. Ihre Standorte sind nasse Wiesen, Flachmoore und feuchte Wälder. Dort kann sie überall in Massenbeständen auftreten. Bienenzüchtern ist dies eher eine Freude als den Bauern, die das Grünland nutzen wollen. Schließlich liefert die Kohl-Kratzdistel kein Futter, das Tiere übermäßig schätzen. Getrocknet neigt sie überdies zum Zerbröseln. Gleichwohl hat man diese Pflanze in Notzeiten schon genutzt, um aus ihr Gemüse zu kochen (wie der Name schon andeutet), allerdings keines, das sich großer Wertschätzung erfreut: Das Gewebe ist zwar wasserreich, doch auch gekocht grobfaserig. Die Kohl-Kratzdistel blüht im Spätsommer vor dem zweiten Wiesenschnitt.

4 **Lanzett-Kratzdistel** *Cirsium vulgare*
Die Lanzett-Kratzdistel findet man an Wegen und auf Schuttplätzen ebenso wie auf Weiden, an Ufern und an ganz lichten Waldstellen. Sie braucht nährstoffreichen, vor allem an Stickstoffsalzen reichen Boden. Gebiete mit ausgesprochen kalten Wintern meidet sie. An ihren schmalen, eiförmigen Blütenkörbchen (Blühperiode Hoch- und Spätsommer), die nur 2—4 cm breit werden, gleichwohl prächtig wirken, ist sie leicht zu erkennen. Auffallend sind auch die sehr stark aufgeteilten und stachelbewehrten Blätter, die unterseits kaum filzig behaart sind, aber am Stengel deutlich etwas herablaufen.

1
2
3
4
gb

1 Wiesen-Flockenblume *Centaurea jacea*
Die Wiesen-Flockenblume trifft man vor allem in trockenerem Grünland, doch meidet sie auch Naßwiesen nicht völlig, und genauso geht sie an Wegränder und Raine. Ursache hierfür ist sicher eine Sippenvielfalt. Dies drückt sich auch in den verschiedenen Erscheinungsbildern aus, die die Pflanze bietet. So sieht man Exemplare mit aufgebogenem Stengel, die ihr Blütenkörbchen kaum 20 cm über den Boden heben, andererseits solche, die — reich verzweigt — fast 1 m hoch werden. Blühperiode ist vom Frühsommer bis in den Herbst. Ob sich auch hierin eine Sippenverschiedenheit oder aber eine Anpassung, etwa an die Mahd, ausdrückt, muß noch geklärt werden. Erblich unterscheidet sich gewiß die Behaarungsstärke der Blätter. An den bräunlichen, selten gefransten Hüllblättern und den ungeteilten Blättern ist die Art indessen gegenüber selteneren Verwandten aus derselben Gattung leidlich gut kenntlich. Bemerkenswert ist die Sterilität der äußeren Blüten im Körbchen. Sie dienen als Schauapparat für die bestäubenden Insekten.

2 Korn-Flockenblume, Kornblume *Centaurea cyanus*
So bekannt und alltäglich die „Kornblume" für Ältere ist, die Jüngeren kennen sie praktisch nicht mehr. Einstmals so verbreitet, daß „kornblumenblau" nicht nur Schlagerwort, sondern auch ein Farbbegriff war, hat gerade diesem Getreideunkraut mit Einzug der chemischen Unkrautbekämpfung die letzte Stunde an vielen seiner klassischen Standorte geschlagen. Wer etwas Schönheitssinn hat, muß bei allen Nützlichkeitserwägungen bedauern, diese Zierde der Kornfelder künftig entbehren zu müssen. Vielleicht trifft er sie noch auf Schuttflächen in geringer Individuenzahl, auf frisch umbrochenem, zuvor ackerbaulich nicht genutztem Land dank der langen Keimfähigkeit der Samen da und dort in größerer Zahl an: Sonst wird er Zeuge, wie eine Pflanze aus einem „angestammten" Lebensraum binnen kurzem verschwindet. Er wird sich kaum damit trösten lassen, daß die Art erst ihren Höhepunkt in der und durch die Ackerbaukultur in Mitteleuropa erreicht hat, und daß ihr Verbreitungsschwerpunkt ursprünglich im Süden und Osten Europas gelegen haben dürfte.

3 Berg-Flockenblume *Centaurea montana*
Auch wer nicht in einem Mittelgebirge oder in den Alpen wohnt, obendrein an einem Ort, an dem der Boden kalkreich ist, kann die Berg-Flockenblume kennen. Eben weil sie in den genannten Gegenden mit ihren prachtvollen blauen oder blauvioletten Blütenkörbchen und ihren locker spinnwebig behaarten Blättern zu den Zierden der feuchteren Wälder oder Bergwiesen gehört, auffällig durch ihren horstartigen Wuchs, hat man sie zur Zierpflanze gemacht. Sie wird heute von vielen Staudengärtnereien angeboten, und zwar vielfach in Formen, die der Wildsippe zumindest nahestehen, wenn nicht gleichen. Daher lohnt es nicht, aus falsch verstandener „Naturliebe" die Pflanze an ihren Wildstandorten auszugraben, weil sie — da in ihren Bestand nicht unmittelbar gefährdet — keinen gesetzlichen Schutz genießt.

4 Skabiosen-Flockenblume *Centaurea scabiosa*
Diese prächtige Pflanze verdankt ihren Namen ihren gefiederten Blättern. An ihnen und daran, daß ihre Blütenkörbchen stets mehr als 2 cm, oft 4—6 cm im Durchmesser erreichen, ist sie leicht und eindeutig unter ebenfalls violettrot blühenden mitteleuropäischen Arten kenntlich. Ihre Blühperiode reicht von Juni bis in den September, ihre Höhe kann nur 30 cm betragen, aber auch 1 m beträchtlich übertreffen. Ungenutzte, trockene Rasen, aber auch Raine oder Waldränder sind ihr typischer Wildstandort; in den Alpen geht sie aber auch in felsige Matten. Im Tiefland ist sie selten und fehlt gebietsweise, desgleichen in den Mittelgebirgen mit ausgesprochen kalkarmem oder kalkfreiem Gestein.

2
1
4
3
gb

1 **Wegwarte** *Cichorium intybus*
Für diese Pflanze hat der Volksmund eine treffende Bezeichnung gefunden: In der Tat sind grasige Wegsäume der bevorzugte Standort dieser bemerkenswerten Pflanze, die kaum einem Gebiet außerhalb der Alpen völlig fehlt. Ihre Blühperiode beginnt im Juli und erstreckt sich bis in den Herbst. Mit geöffneten Körbchen, die übrigens nur Zungenblüten enthalten (weswegen man sie und entsprechend nur mit Zungenblüten ausgestattete „Korbblütengewächse" in eine gesonderte Familie stellt), trifft man sie nur an normal hellen Tagen und nur vor etwa 15 Uhr an: Dann schließen sich die Körbchen wieder. Man könnte in dieser Pflanze den „Urtyp" des harmlosen, kulturbegleitenden „Unkrauts" sehen, sollte es vielleicht auch tun. Schließlich sind es nicht selten solche Unkräuter, die züchterisch zu Nutzpflanzen werden können. So auch hier. Seit dem 17. Jahrhundert baut man eine etwas veredelte Sorte ihrer Wurzelstöcke wegen an. Diese ergeben geröstet die „Cichorie". Eine blattreiche Sippe wird ebenfalls kultiviert, und zwar ähnlich wie Kartoffeln oder Spargel in „Anhäufelkulturen". So zwingt man den noch zarten, austreibenden Sproß, länger unter der Erde und damit unter Lichtabschluß zu wachsen. Das Produkt: „Chicorée".

2 **Rainkohl** *Lapsana communis*
Die unscheinbare Pflanze ist recht gut kenntlich, weil sie nur Zungenblüten besitzt, von denen in einem Körbchen die vergleichsweise geringe Zahl von 8—12 zu finden sind. Die Früchtchen (evtl. Blüten herausziehen) tragen keine Haarkrone. An den gefiederten Blättern fällt der sehr große Endzipfel auf. Die Blühperiode erstreckt sich von Juni bis September. Die Pflanze kann mit 10 cm ebenso ihre Endhöhe erreicht haben wie mit 120 cm! Ihre Körbchen schließen sich meist gegen 16 Uhr. Standorte sind lichte Stellen in Gehölzen, aber auch Äcker, Schuttplätze und gelegentlich Gärten. Die Pflanze findet überall da für sie geeignete Wuchsorte, wo Getreideanbau möglich ist.

3 **Herbst-Löwenzahn** *Leontodon autumnalis*
Um es gleich vorwegzunehmen: Der „Löwenzahn" der Botaniker ist nicht dieselbe Pflanze, die man überall mit diesem Namen nennt, bei Kindern zuweilen auch als Pusteblume kennt. Unter vielen ähnlichen Korbblütengewächsen hat man diesen Namen zumindest zwei Gattungen gegeben, bei denen die Blätter auffallend grobzähnig sind: Unserer Gattung *Leontodon* und der Pusteblume, Kuhblume, dem „Löwenzahn". Zwischen diesen beiden Gattungen sind die Unterschiede offenkundig: *Leontodon* hat Stengel, die nie hohl sind; die der Pusteblume sind bekannt. Die Artunterschiede der *Leontodon*-Arten sind für Laien schwer zu erkennen: Der Herbst-Löwenzahn (Blühperiode Hochsommer — Herbst) hat verzweigte Stengel, und seine Körbchen nicken vor dem Aufblühen nie. Er kommt in gedüngtem Grünland fast überall vor, wird aber häufig übersehen, obwohl seine Körbchen meist um 2 cm Durchmesser erreichen.

4 **Rauher Löwenzahn** *Leontodon hispidus*
Im Gegensatz zu seinem Verwandten, dem Herbst-Löwenzahn, mit dem er die Blühperiode und den Wuchsort etwa teilt, hat der Rauhe Löwenzahn keine verzweigten Stengel, trägt also stets nur ein Körbchen, das meist 2—3 cm im Durchmesser erreicht. Junge Körbchen nicken oftmals, die abgeblühten Stengel rollen sich an der Spitze etwas ein. Wie auch bei verwandten Gattungen, so schließen und öffnen sich die Körbchen im Tagesablauf. Die Öffnungszeit liegt noch in der Morgendämmerung, das Schließen erfolgt am späten Nachmittag zwischen 15 und 16 Uhr.

1
2
3
4
gb

1 Habichts-Bitterkraut *Picris hieracioides*
Trotz seiner großen Blütenkörbchen, die 2—3 cm im Durchmesser erreichen können und die — da der Stengel verzweigt ist — zu mehreren locker beieinanderstehen, fällt das Habichts-Bitterkraut weder in seiner Blühperiode von Juli — Oktober (Höhe 30—150 cm) noch davor auf. Sein Wuchsort liegt vornehmlich in etwas lückigen, trockeneren Rasen und an Rainen. Es liebt Kalk. Gebietsweise ist es selten oder fehlt ganz. Gelegentlich tritt es mehrere Jahre hindurch auf und verschwindet dann wieder.

2 Wiesen-Bocksbart *Tragopogon pratensis*
Im Grunde ist der Wiesen-Bocksbart unverwechselbar: Er besitzt nicht nur kahle, bläulichgrüne, ganzrandige Blätter, die am Grunde fast stengelumfassend ansitzen, sondern auch einzelne goldgelbe Körbchen, die 4—6 cm im Durchmesser erreichen können. Gleichwohl gibt es von der Art in Mitteleuropa mehrere Sippen, die sich gestaltlich, in ihren Standortsansprüchen und in ihrer Reaktionsweise unterscheiden. Am deutlichsten sieht man dies beim Öffnen bzw. Schließen der Körbchen: Manche Sippen schließen schon vor Mittag, andere erst Stunden danach. Nährstoffreiche Wiesen werden als Standorte bevorzugt, doch geht eine Sippe auch auf Unkrautbestände an Wegränder.
In früheren Zeiten nutzte man die Blätter als Wildgemüse. Ganz im Gegensatz zu diesem Gebrauch steht die Einschätzung des Krauts als mäßig gutes Futter, vor allem, wenn man es zu Heu trocknet. Dabei spielt neben anderem allerdings auch eine Rolle, daß so flächige Organe wie die Blätter des Wiesen-Bocksbarts zum Zerbröseln neigen und deswegen schlecht aufgesammelt werden können.

3 Kuhblume, Pusteblume, Gemeiner Löwenzahn *Taraxacum officinale*
„Den“ Löwenzahn gibt es nicht: Nicht nur, weil ihm dieser Name gar nicht zukommt, da er schon an eine andere Gattung vergeben ist, sondern auch, weil kaum eine Pflanze der anderen gleicht. Schuld ist die hohe Anpassungsfähigkeit der Pusteblume an Umweltbedingungen. Fast jedes Schulbuch weiß von dem klassischem Versuch, in dem man einen Wurzelstock der Pusteblume gehälftet und an wesentlich verschiedenen Wuchsorten — Hochgebirge und Tiefland z.B. — ausgepflanzt hat, mit dem Resultat, daß die erbgleichen Pflanzen äußerlich grundverschieden waren. Neben diesen „modifikativen“ Gestaltänderungen gibt es indes auch erbliche: Die Kuhblume pflanzt sich in der Regel nämlich nicht geschlechtlich fort. Vielmehr entwickeln sich keimfähige Samen aus unbefruchteten Zellen, allerdings mit „normaler“ Chromosomenausstattung. Natürlich kann ohne Bestäubung und nachfolgende Befruchtung kein Austausch von Erbgut stattfinden. Zufällig entstandene Erbänderungen können mit der Zeit daher nicht allen Individuen eines Kuhblumenbestands mitgegeben werden, sondern nur den ungeschlechtlich vermehrten Nachkommen der Pflanze, bei der die Erbänderung stattgefunden hat. Folge sind zahllose Kleinrassen, die selbst Spezialisten kaum zu überschauen vermögen. Wahrscheinlich erstreckt sich die so entstandene Mannigfaltigkeit nicht nur auf mehr oder minder sichtbare Äußerlichkeiten, sondern auch auf die Ansprüche, die die Pflanzen an ihren Standort stellen.

4 Alpen-Milchlattich *Cicerbita alpina*
Diese Pflanze gibt es nicht nur in den Alpen, wie der Name meint, sondern auch in den höchsten Mittelgebirgslagen. Im Südschwarzwald, in der Rhön, im Sauerland und am Vogelsberg. Die Pflanze, die vor allem wegen ihrer Höhe (50—200 cm) und ihren blauvioletten, meist zahlreichen Blütenkörbchen auffällt (Blühperiode Spätsommer), bevorzugt feuchte, lichte Wälder oder Hochstaudenfluren auf Bergwiesen. Bei Bergbauern ist gelegentlich immer noch der Irrglaube anzutreffen, daß die Pflanze die Milchleistung von Kühen erhöhe. Nach heutiger Erkenntnis spricht nichts dafür.

2
1
4
3

1 **Rauhe Gänsedistel** *Sonchus asper*
Gänsedistel-Arten sind nicht leicht zu unterscheiden, da es bei uns mehrere ähnliche und häufige zugleich gibt. Die Rauhe Gänsedistel hat immer einen ästigen Stengel und mehrere Körbchen. Ihre Blätter sind stachelig, dunkelgrün, buchtig-fiederschnittig. Man trifft sie an den ungenutzten Stellen am Rand menschlicher Siedlungen fast stets an. An den Boden stellt sie nur den Anspruch, reichlich Nährstoffe zu enthalten. Klimaeigenheiten beschränken in Europa das Gedeihen nicht. Wärme und etwas Feuchtigkeit werden ertragen. Exemplare mit schwach ausgeprägten Ährchen am Blattgrund kann man mit der Kohl-Gänsedistel *(S. oleraceus)* verwechseln. Gänsedisteln kommen typisch in Unkrautgesellschaften auf Schuttplätzen, in Gärten oder auf Hackfruchtäckern vor.

2 **Mauerlattich** *Mycelis muralis*
Unter den gelbblühenden Korbblütengewächsen ist der Mauerlattich besonders gut kenntlich, weil in seinen kleinen, wenngleich zahlreichen Körbchen meist nur fünf Zungenblüten stehen. Die Blüten selbst sind auffallend blaßgelb. Der Name ist insoweit unglücklich, weil Mauern zwar mögliche, nicht aber typische oder häufige Wuchsorte der Pflanze sind. Vielmehr bevorzugt sie Standorte in Wäldern, die auf nährstoffreichen, eher schwach feuchten und humusreichen, oft auch steinigen Böden stocken. Volles Tageslicht bekommt ihr nicht, während sie Halbschatten erträgt.

3 **Stachel-Lattich** *Lactuca serriola*
Blühend fällt die bemerkenswerte Pflanze, die man außerhalb der Alpen fast überall in siedlungsnahen Unkrautgesellschaften wenigstens vereinzelt antreffen kann, kaum auf: Ihre Blühperiode liegt zwischen Juli und Oktober, und trotz der Höhe von 60—130 cm und den meist zu Dutzenden in einer Rispe stehenden Körbchen ziehen diese, wegen ihrer Kleinheit und der wenig ausgebreiteten hellgelben Zungenblüten, kaum einen Blick auf sich. Eher die scharf gezähnten und auf der Mittelrippe bestachelten Blätter. Sie stehen nämlich nicht, wie man das sonst von Pflanzen gewohnt ist, mehr oder minder mit der Flachseite nach oben vom Stengel ab. Vielmehr sind die Blattränder etwa in Nord-Südrichtung einreguliert. Dadurch wird eine zu starke Bestrahlung und vor allem eine Erhitzung durch die Mittagssonne vermieden (Kompaßpflanze). Erzwingt man unter Versuchsbedingungen das Ausbilden flach stehender Blätter und setzt sie unter vergleichbaren Bedingungen der Sonne aus, dann erhitzen sie sich zwischen rund 4—7 °C stärker als steil ansitzende. Die Rolle des „Einstrahleffekts“ kann man auch an Störungen in freier Natur beobachten. Nicht allzu selten wachsen Individuen der Art sehr nahe an Mauern, die die Einstrahlung lange und stark zurückwerfen. Ihre Wirkung kann die der direkten Sonnenwirkung übertreffen. Dann richten sich die Ränder senkrecht zum Mauerverlauf aus. Der Milchsaft des Stachel-Lattichs enthält schwach giftige Bitterstoffe.

4 **Blauer Lattich** *Lactuca perennis*
Auf sehr warmen, trockenen und ungenützten Rasen, auf felsigen Partien der Mittelgebirge und zuweilen hier auch in Mauerritzen findet man ein Korbblütengewächs, das mit seinen blauen Körbchen (die 3—4 cm Durchmesser erreichen können und die im Mai oder Juni geöffnet sind) eine der seltenen Kostbarkeiten unserer Flora ist: den Blauen Lattich.
Die bläulichgrünen, kahlen Blätter weisen ihn durch den Gehalt an Milchsaft rasch und eindeutig aus. Die Pflanze genießt keinen gesetzlichen Schutz — trotz ihrer Seltenheit. Es sind auch mehr ihre Standorte, die gefährdet und daher erhaltenswert sind, da gepflückte Exemplare rasch welken und sich infolgedessen nicht als „Straußblumen“ eignen.

2
3
1
4

1 Sumpf-Pippau *Crepis paludosa*
Der Sumpf-Pippau wird zwar 30—120 cm hoch und hat stets mehrere Blütenkörbchen, die doldig-rispig angeordnet und 2—3 cm breit sind. Dennoch gehört er nicht zu den Pflanzen, die „man" kennt. Vor allem im Tiefland, aber auch in kalkarmen Mittelgebirgen fehlt er gebietsweise oder ist dort doch selten. Und dann ist er einfach nicht auf den ersten Blick kenntlich. Schon die Unterscheidung Habichtskraut—Pippau fällt bei ihm nicht leicht. Üblicherweise gelingt sie durch Prüfen der Farbe und Biegsamkeit der Flughaare an reifen oder fast reifen Früchtchen (verblühende Blüten!). Pippau-Arten haben fast stets weiße und biegsame Flughaare; der Sumpf-Pippau hat schmutzigweiße, die auf Fingerdruck brechen. Hilfreich sind neben Standorteigentümlichkeiten noch die buchtig gezähnten Blätter, die den Stengel fast umfassen, die Blühperiode vom Mai—August und die lanzettförmigen Blätter im Bereich der Stengelverzweigung. Wuchsorte für den Sumpf-Pippau sind vor allem nasse Wiesen und Flachmoore in mittleren oder höheren Lagen.

2 Kleinköpfiger Pippau *Crepis capillaris*
Wo es Rasen, verunkrautete Flächen, ja Wege gibt, die nicht zu sehr begangen oder befahren werden, da stellt sich der Kleinköpfige Pippau mit hoher Regelmäßigkeit ein, sofern das Klima nicht zu lufttrocken, andererseits Regen und Fröste im Frühjahr nicht zu häufig sind. Vom späten Frühjahr bis in den Spätherbst gehört die Pflanze zu den am regelmäßigsten auffindbaren Blühern in Mitteleuropa, sieht man von den höheren Lagen der Mittelgebirge und der Alpen und vom nordwestlichen Tiefland ab. Obschon im Grunde mit einjährigem Lebenszyklus ausgestattet, kann sich unter regelmäßiger Mahd oder entsprechender Beweidung eine Wuchsform herausbilden, die praktisch einer Mehrjährigkeit gleichkommt: Die Pflanzen bilden dann dicht bei dicht Kleinrosetten, die als Ganzes buschig wirken.

3 Wiesen-Pippau *Crepis biennis*
Der Wiesen-Pippau ist nicht nur eine der häufigsten gelbblühenden Arten aus der Familie der Korbblütengewächse, die nur Zungenblüten besitzen: Er fällt durch seine großen Blütenkörbchen von 3—4 cm Durchmesser (Blühperiode Mai — September), seine Höhe (bis fast 150 cm) und seine Häufigkeit ebenso auf und ist daher — wenn vielleicht auch „namenlos" — weithin bekannt, zumal er kaum einer Wirtschaftswiese außerhalb des engeren Alpengebiets fehlt oder in ihr selten ist. Das steht in einem umgekehrten Verhältnis zu seiner Beliebtheit als Futterkraut. Er trocknet wegen seiner verhältnismäßig dicken Stengel schlecht und ergibt kein wohlschmeckendes, sondern ein bitteres Futter. Allerdings läßt er sich nicht durch Düngen wie manch anderes „Unkraut" bekämpfen. Im Gegenteil. Er liebt Nährstoffe und nimmt daher auf Mähwiesen eher zu. Scheinbar widersinnig ist das Rezept, mit dem er eingedämmt werden kann: Beweidung. Er ist nämlich nicht trittfest. Auch rasch aufeinanderfolgende Mahden schädigen ihn, wie man sie z.B. durchführt, wenn man Grünland als Frischfutterlieferant mit rascher Schnittfolge nutzt.

4 Hasenlattich *Prenanthes purpurea*
Im Tiefland braucht man den Hasenlattich gar nicht erst zu suchen. Er ist nämlich eine typische Pflanze der feuchteren Wälder in den Mittelgebirgen, geht aber auch auf Bergwiesen und alpine Matten. Was er braucht, ist humusreicher Boden, der eher kalkarm, wenn nicht gar kalkfrei sein sollte. Unter guten Bedingungen kann er dann über 150 cm hoch werden. Kenntlich ist er leicht an den Körbchen, die nur 3—5 rote bis violette Zungenblüten enthalten (Blühperiode Juli—August). Gelegentlich wird behauptet, der Name leite sich davon her, daß Hasen die Pflanze gerne fräßen. Wahrscheinlicher ist jedoch die Deutung, es handle sich um einen Lattich, der für die menschliche Ernährung nicht tauge und den man daher den Tieren überlassen könne.

4
2
1
3
gb

1 Kleines Habichtskraut *Hieracium pilosella*
Das Kleine Habichtskraut macht den Spezialisten große Schwierigkeiten. Wie manch andere Korbblütengewächse vermehrt es sich vorwiegend durch Samen, die ohne Befruchtung mit normalem Chromosomenbestand keimfähig sind. Daher ist es kein Wunder, daß man viele Sippen antrifft, die sich unzweifelhaft ähneln, weil sie nahe verwandt sind, die aber das eine oder andere Merkmal besitzen, das anderen Sippen fehlt. Das kann, muß aber nicht äußerlich sichtbar sein. Es vermag sich auch in den Standortansprüchen auszudrücken.
Vielfach unterscheidet man zahllose „Kleinarten". Ihnen allen ist aber gemeinsam: Der Stengel ist unverzweigt, trägt also nur ein Körbchen, und von der grundständigen Blattrosette gehen fast immer Ausläufer ab. Nimmt man dies als umfassende Kennzeichnung „Kleines Habichtskraut", dann findet man es vom Tiefland bis in die Alpenmatten in fast allen Rasen, die nicht zu nährstoffreich sind vor, handle es sich um ungenutzte, trockene Grasflächen, kurzrasige Weiden oder Raine.
Örtlich können die Rosetten — als Folge der Ausläuferbildung — dicht bei dicht stehen, und in manchen Sippen durch ausgesprochen lange, vereinzelte Haare auf den Blättern auffallen.

2 Orangerotes Habichtskraut *Hieracium aurantiacum*
Ursprünglich war das Orangerote Habichtskraut — schon an der Blütenfarbe eindeutig kenntlich — wohl nur im Alpengebiet, im Südschwarzwald und im Bayerischen Wald beheimatet und dort eher selten. Typische Wuchsorte, auf dem es ihm behagt, sind feuchte, saure, humose Böden. Wer die Pflanze jedoch wild gesehen hat, begreift, daß sie Gärtner dazu herausfordern mußte, eine Gartenpflanze aus ihr zu machen. Und dies ist gelungen. In Mitteleuropa gibt es wohl mehr kultivierte Individuen als wilde. Ob sie indes in allen Merkmalen mit den ursprünglichen Sippen übereinstimmen, mag dahingestellt bleiben. Jedenfalls sind sie in ihren Bodenansprüchen zum Teil weit weniger anspruchsvoll als die „bodenständigen" Rassen. Daher trifft man selbst in niedrigeren Mittelgebirgslagen gelegentlich an grasigen, feuchten Waldrändern auf sie und wundert sich, daß sie hier überhaupt konkurrenzfähig sind. Dabei ist es umgekehrt: Mit hoher Wahrscheinlichkeit sind die Wildsippen nur an ihren hochgelegenen Standorten wirklich konkurrenzfähig. Sie geben also vermutlich weit weniger lebenstüchtige Gartenpflanzen ab als die, die der Handel anbietet. Ausgraben lohnt infolgedessen nicht, auch wenn es nicht ausdrücklich verboten ist.

3 Wald-Habichtskraut *Hieracium sylvaticum (Hieracium murorum)*
Das Wald-Habichtskraut läßt sich wegen seines Formenreichtums nur schwer eindeutig beschreiben. Sein Blütenstandsschaft (Blühperiode Mai—Oktober; Höhe 30—60 cm) ist fast stets blattlos oder trägt nur 1—2 kleine, unscheinbare Blätter. Die übrigen sind weich, eher dunkelgrün und stehen in einer bodennahen Rosette. Im Gegensatz zu den Stengelblättern sind sie grob gezähnt. Die Art ist überall anzutreffen, und zwar vor allem in Wäldern, aber auch an Wegen und selbst in Mauerritzen.

4 Doldiges Habichtskraut *Hieracium umbellatum*
Das Doldige Habichtskraut gehört zu den großwüchsigen Vertretern seiner Gattung. Es kann zur Blütezeit im Spätsommer und Herbst etwa 1 m hoch werden. Es ist nicht klebrig. Wie der Name sagt, besitzt es einen verzweigten Stengel, also mehrere Körbchen von ansehnlicher Größe, und schmale, am Rande oft eingerollte Blätter. In Heiden, auf mageren Wiesen findet man es ebenso wie in lichten Wäldern, die sich allerdings nicht gerade durch nährstoffreiche Böden auszeichnen dürfen. Frost erträgt es schlecht. Deswegen besiedelt es die höchsten Lagen der Mittelgebirge und entsprechende Höhenstufen in den Alpen nicht mehr.

2
3
1
4

Ausführliche Bestimmungswerke

Bertsch, K.: Flora von Südwest-Deutschland, Wissenschaftliche Verlagsgesellschaft, Stuttgart 1962

Hegi, G.: Illustrierte Flora von Mitteleuropa. C. Hanser Verlag, München. Erscheinungsjahr nach Bänden verschieden

Hermann, F.: Flora von Nord- und Mitteleuropa. G. Fischer, Stuttgart 1956

Oberdorfer, E.: Pflanzensoziologische Exkursionsflora für Südwestdeutschland. Eugen Ulmer Verlag, Stuttgart 1970

Rothmaler, W.: Exkursionsflora, II. Gefäßpflanzen. VEB Volk und Wissen, Berlin 1961

Schmeil/Fitschen: Flora von Deutschland. Quelle & Meyer, Heidelberg 1976

Einführung in die Pflanzensystematik:

Weberling, F., Schwantes, H. O.: Pflanzensystematik. Eugen Ulmer Verlag, UTB 62, Stuttgart 1975

Register

ES IST SCHON MEHR ALS 40 JAHRE HER –

In einer schmalen Bude in der Hartmannstraße in Görlitz, die außer Tisch, Stuhl, Bett und Bücherbord kaum etwas anderes aufweist, sitzt ein junger Student. Er arbeitet an der Verwirklichung eines Planes, den er seit Jahren mit sich herumtrug, den er beim Botanisieren immer wieder überlegt und geprüft hat, der viel Kenntnisse, viel Geduld und sorgsame Überlegung erfordert. Es soll ein botanisches Bestimmungsbuch entstehen für Laien, für Leute, welche die Natur lieben und die zunächst die Systematik ängstigt.

Vielleicht konnte nur gerade er – Alois Kosch – auf den einfachen und deshalb richtigen Gedanken kommen, den Laien-Führer zum Pflanzenbestimmen nach der Blütenfarbe zu ordnen. Er, der Autodidakt von einst, Volksschüler, Drogisten-Lehrling und jetzt endlich Student der Medizin, hat den Weg erlebt, der, von dem rein äußerlichen Kennzeichen der Blütenfarbe ausgehend, dann Schritt für Schritt die Einzelmerkmale prüfend, zur Bestimmung der Art führt; dann erst hat er die wissenschaftlich exakte Eingliederung nach Art, Gattung und Familie erfahren und erlernt. Der offene Blick und die schlichte Frage „Was blüht denn da?“ sind die Wurzeln des Erkenntnisdranges und der Erkenntnis, deren krönende Zusammenfassung das wissenschaftliche „System“ bildet. Nur ein Mann, der den Weg von den Anfängen bis zum Ziel an sich selber erlebt hat, konnte ihn für andere weisen, konnte Idee und Gestalt für die „Kosmos-Naturführer“ finden.

Heute sind der Name von Alois Kosch und die Grundidee der „Kosmos-Naturführer“ ein Begriff für alle, die Geschöpfe, Lebewesen und Formen der Natur kennenlernen und richtig bestimmen möchten: für Eltern, die ihren Kindern die Wunder der Schöpfung zeigen – für Lehrer und Schüler, die „Kosmos-Naturführer“ im Unterricht, bei Lerngängen, im Landschulheim zu Rate ziehen – für die Studierenden der Fach- und Hochschulen – für Naturfreunde und alle, die ein Auge haben für Blumen und Tiere, für Steine und Sterne, die ihnen daheim oder unterwegs, bei der Arbeit oder im Urlaub begegnen.

In Millionen Exemplaren sind die reich und fast durchweg auch farbig illustrierten „Kosmos-Naturführer“ bis heute allein in Deutschland verbreitet, und viele Bände sind auch im benachbarten Ausland, in holländischer und französischer, in englischer, in italienischer, in tschechischer Sprache, erschienen:

Was blüht denn da? In Farbe, der Führer zum Bestimmen von wildwachsenden Blütenpflanzen Mitteleuropas in der von Dr. Dietmar Aichele neu verfaßten und von Marianne Golte-Bechtle farbig illustrierten Neuauflage. – *Welcher Baum ist das? In Farbe,* der Band, der die Bäume und Sträucher, Zier- und Nutzgewächse mit den besonderen Merkmalen von Stamm, Blatt, Blüte, Frucht nennt und auch die Winterknospen im Bilde zeigt. – Der Band *Unsere Gräser* charakterisiert die Grasarten präzis in Wort und Bild. – *Der Kosmos-Gartenführer,* ein Ratgeber zum Bestimmen, zum Pflanzen und Pflegen der Blütenpflanzen im Garten. – *Der Große Naturführer,* der ideale Begleiter für jeden Naturfreund. Über 1000 Tiere und Pflanzen lassen sich rasch und sicher bestimmen. – *Welche Heilpflanze ist das?* verhilft dazu, Merkmale, Sammelgut, Anwendungen der einheimischen Heil- und Giftpflanzen richtig kennenzulernen. – *Pilze Mitteleuropas,* das Farbtafelwerk mit 80 lebensechten Bildern, enthält zuverlässige Angaben zum Bestimmen, Sammeln, Verwerten. – *Unsere Moos- und Farnpflanzen* gibt über Bau, Lebensweise, Bestimmung der Moose, Farne, Bärlappe, Schachtelhalme Auskunft.

Weitere „Kosmos-Naturführer“ sind in jeder Buchhandlung vorrätig. Ausführliche Informationsschriften erhalten Sie vom Verlag. – Mitglieder des KOSMOS erhalten die Kosmos-Naturführer zum Sonderpreis. Über weitere Vorteile der Kosmos-Mitglieder unterrichtet Sie die Informationsschrift P 850, die Sie auf Anforderung vom Verlag erhalten.

Weitere „Kosmos-Naturführer“ über die Pflanzenwelt

Was blüht denn da? In Farbe
D. Aichele
Mit diesem Buch wurde vor Jahrzehnten das Leitbild der Kosmos-Naturführer geschaffen. Es fand rund eine halbe Million zufriedener Käufer. Jetzt liegt der Band in ganz neuer Form vor: Alle Pflanzen wurden in jahrelanger Kleinarbeit von Marianne Golte-Bechtle naturgetreu farbig gemalt. Die Gliederung nach Farbe, Blütenform, Standort und Blütezeit ermöglicht die zuverlässige Bestimmung der Arten.

Welcher Baum ist das? In Farbe
Aichele/Schwegler
Der neue Baumführer ermöglicht die einwandfreie Bestimmung der Holzgewächse anhand erstklassiger Farbfotos und mit Hilfe knapper, übersichtlicher Texte. Dabei erfolgt die Bestimmung nach verschiedenen, ganz unterschiedlichen Merkmalen: Blüte, Blattform, Wuchsform, Winterknospen, so daß der Benützer in jedem Falle rasch und zuverlässig zum Ziel kommt.

Blumen der Alpen und der nordischen Länder
Aichele/Schwegler
Für den Naturfreund hat dieser Pflanzenführer für beide Gebiete entscheidende Vorteile: Er findet die Pflanzenwelt der Alpen beschrieben und abgebildet, und er kann dasselbe Buch auch auf einer Nordlandreise benützen.
Fast 700 ausgesuchte Farbfotos zeigen die schönsten und bemerkenswertesten Pflanzen der Alpen und der nordischen Länder, klare Texte helfen, die Arten zu bestimmen.

Unsere Moos- und Farnpflanzen
Aichele/Schwegler
Schönheit, Eigenart und Bedeutung der Moose und Farne wurden in diesem Naturführer eingefangen. Nach der „Bilderbuchmethode“ kann jeder die Pflanzen erkennen und sich anhand der genauen Artbeschreibungen über ihre Eigenschaften informieren.

Unsere Gräser
Aichele/Schwegler
Gräser, die häufigsten Pflanzen unserer Flora, sind am schwierigsten zu bestimmen. Durch übersichtliche Anordnung und präzise Angaben wichtiger Merkmale ist es dem Autor gelungen, ein einfaches, jedermann verständliches Bestimmungssystem zu entwickeln.

Pilze Mitteleuropas
Haas/Gossner
Jeder Pilzsammler muß Speise- und Giftpflanzen genau unterscheiden können. Anhand der naturgetreu abgebildeten Pilze ist die Bestimmung möglich. Der begleitende Text nennt Kennzeichen, weist auf Vorkommen, Wert und Verwechslungsmöglichkeiten hin. Angaben über Bau und Leben, Sammeln und Verwendung der Pilze.